DANTE TRINGALI

a retórica antiga e as outras retóricas
a retórica como crítica literária

© Dante Tringali, 2013

Biblioteca aula | Musa Ler os clássicos | volume 10

THEREZA POZZOLI
Preparação

VINÍCIUS DE MELO JUSTO
Revisão

MARINA MATTOS e RAQUEL MATSUSHITA
Capa e projeto gráfico

CAMILA ARAÚJO e CECILIA CANGELLO | ENTRELINHA DESIGN
Diagramação

Edição conforme o Novo Acordo Ortográfico da Língua Portuguesa.
EDIÇÃO COMEMORATIVA, DANTE TRINGALI, 90 ANOS.

DADOS INTERNACIONAIS DE CATALOGAÇÃO NA PUBLICAÇÃO (CIP)
(Câmara Brasileira do Livro, SP, Brasil)

Tringali, Dante, 1924-
    A retórica antiga e as outras retóricas :
A retórica como crítica literária / Dante Tringali. - São Paulo :
Musa Editora, 2014. - (Musa ler os clássicos)

ISBN 978-85-85653-95-8 (Musa Editora)

1. Aristóteles - Retórica 2. Crítica literária 3. Eloquência
4. Persuasão (Retórica) 5. Semiótica 6. Retórica antiga
I. Título. II. Título: A retórica como crítica literária. III. Série.

08-01095   CDD-808.00901

Índices para catálogo sistemático:
1. Retórica antiga : História 808.00901

Todos os direitos reservados.
Impresso no Brasil, 1ª edição, 2014.
3ª reimpressão, 2024.

Musa Editora Ltda.
Tel/fax (5511) 3862.6435 | 9.9354.3700
musaeditora@uol.com.br
www.musaambulante.com.br
www.musaeditora.com.br
www.twitter.com/MusaEditora
www.facebook.com/MusaEditora

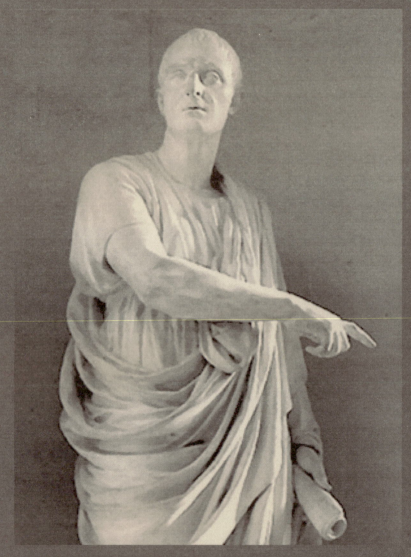

"O estoicismo de Zenão de Cicio (340-265) inventa a palavra Lógica e a divide em Dialética – uma exposição dialogada (como se fosse uma mão fechada) e Retórica – uma exposição ininterrupta (como se fosse uma mão aberta)." (p. 42 de "A Retórica...")

Cícero (Caio Túlio Cícero), 106 a.C. - 43 a.C.

SUMÁRIO

11 INTRODUÇÃO: **A Retórica Antiga e as outras Retóricas**
13 I. AS RETÓRICAS
   1. A Retórica Antiga, ou Retórica integral, ou Retórica Aristotélica = A Retórica
   2. As Retóricas redutivas
   3. A Retórica generalizante: A Retórica Semiótica
16 II. POSIÇÃO CRÍTICA EM FACE DAS RETÓRICAS
   A Retórica Antiga
   O modelo crítico

19 1ª PARTE: **A Retórica Antiga = Retórica Integral = Retórica**
21 I. A RETÓRICA E AS SUAS CIRCUNSTÂNCIAS
   1. A definição da retórica
   2. A constituição da Retórica pelas causas aristotélicas
   3. Os nomes da disciplina: Retórica, Oratória, Eloquência. Etimologia e semântica das três palavras.
   4. O sentido pejorativo da Retórica: A salvação na distinção. Condena-se a Retórica para salvar a Eloquência. Rui Barbosa embarca nesse barco furado. Não há por que repudiar a palavra "Retórica"
   5. O discurso retórico ou oratório
   Etimologia da palavra discurso
   A constituição do discurso retórico ou oratório
   Texto ou composição
   A caracterização do discurso oratório
   Antilogia
   Leis fundamentais do discurso oratório
   Observação: analogia da prece com o discurso
   Oração (*oratio*, em latim) significa discurso e prece
   6. O discurso enquanto dialético
   As três áreas do conhecimento: 1) A Sofística, 2) A Analítica, 3) A Dialética
   Dialética especial: o diálogo e o discurso
   7. O conceito de opinião
   Os dois partidos sobre a opinião
   8. A Dialética aristotélica e as outras dialéticas
   Sentido metafísico, místico. Sentido lógico: o diálogo socrático. O estoicismo e a Dialética. A Dialética no *Trivium*. Dialética Escolástica. A Dialética protestante: Melanchthon. A Dialética de Kant. A Dialética de Hegel e Marx / Engels. Benedetto Croce. Perelman. O mérito de Aristóteles.
   9. O Discurso enquanto persuasivo
   A concepção de persuasão em Aristóteles e Cícero. Persuade-se provando. A retoricidade. A persuasão na "Retórica Semiótica". O bom e o mau uso da persuasão.

10. Os *"Tria Officia"*: os três modos de persuadir
    As duas concepções de *docere*. Redução insatisfatória a duas funções: "persuadir e convencer"
11. A persuasão platônica
    Entrementes, Platão desfigura a Retórica. Consequência do ponto de vista platônico
12. O cisma de Quintiliano
    Quintiliano se apoia na Lógica. Na defesa de sua tese, Quintiliano se apoia mais fortemente na Moral
13. Unidade e divergência na Retórica Antiga
    Unidade da Retórica Antiga. As duas vertentes antagônicas da Retórica Antiga
14. A extensão da Retórica 1) Limites que derivam da concepção da Retórica. 2) Limites que derivam da gnosiologia do conceito de discutível. 3) Limites que derivam da moral (ou Política). A Semiótica potencializa os limites da retoricidade.
15. Os gêneros oratórios. I. Classificação aristotélica. A classificação aristotélica tem validade geral. 1) Gênero laudatório ou epidítico ou demonstrativo. 2) Gênero judicial ou judiciário ou forense. 3) Gênero deliberativo. A interpenetração e dominância dos gêneros. II. A Retórica sacra e profana. A Retórica sacra. A Retórica profana. Formas especiais do discurso sacro e profano.
16. O orador e o auditório. 1) O orador. O ideal do *"Orator perfectus"*. 2) O auditório. A divisão dos auditórios
17. Gnosiologia do saber retórico. "O império da Retórica". A Retórica enquanto disciplina prática. A dupla natureza da prática: fazer e agir. A universalização semiótica da Retórica. A velha polêmica entre Filosofia e Eloquência.
18. Pedagogia e Didática da retórica. Os ingredientes formadores do orador. *"Natura an arte?"*. O exemplo de Demóstenes e Isócrates. O problema do orador perfeito. A engenhosidade dos exercícios retóricos da Antiguidade. Primeiro estágio: *Progymnasmata*. Segundo estágio: a declamação: controvérsias e suasórias. A Retórica nos currículos escolares. Atualidade educadora da Retórica em nossos dias. Projeto de preparação do orador
19. História da Retórica. A Retórica grega. A Retórica sofística (V e IV a.C.). Os expoentes da Retórica grega: Isócrates, Platão. Aristóteles. A Retórica romana e seus problemas. Catão, o Censor (234-149 a.C.): a definição moral do orador. *Rhetorica ad Herennium*. Cícero (106-43 a.C.). Quintiliano (século I d.C.), o cisma. As duas vertentes da Retórica a partir de Quintiliano. Tácito (57-123 d.C.). A polêmica de Apolodoro e Teodoro. Escola de Apolodoro. Escola de Teodoro. *Do Sublime* – de autor anônimo. As cinco fontes do sublime. As escolas retóricas internacionais da Antiguidade. 1) A Escola Ática. 2 A Escola Asiática. 3) A Escola Ródia. A Retórica na Idade Média. A Retórica cristã. Santo Agostinho (354-430), pai da Retórica cristã. Santo Isidoro, bispo de Sevilha (570-636). Evolução medieval dos três estilos. A Retórica na Renascença (século XV). O ressurgir de uma nova Retórica: a Retórica Clássica. Petrus Ramus. A função específica das três disciplinas segundo Petrus Ramus. Século XVIII-XIX: a Retórica das figuras. A desvalorização romântica das Retórica. A obsessão incessante

de criar novas Retóricas ou restaurar velhas Retóricas. Os mais importantes problemas morais de toda a História da Retórica.

125   II. A QUESTÃO
    1. A questão, motor do discurso
    2. Divisão da questão: questão geral ou tese, e questão particular ou hipótese
    3. O estado da questão e a constituição da causa
    4. Os estados da questão
    5. A proposição

129   III. AS CINCO PARTES TRADICIONAIS DA RETÓRICA
    1. O aumento e a diminuição do número de partes
    2. A "sexta parte". A meditação. 1) A Invenção. As duas tarefas da invenção: Achar e julgar. O conceito de prova em Retórica. Quadro geral das provas retóricas. Provas intrínsecas e extrínsecas? As provas extrínsecas. Para Cícero prova extrínseca = testemunho da testemunha. A forma mais usual de testemunhar: a citação. Exemplificação de provas extrínsecas famosas. Moisés e as provas extrínsecas. Voltemos às provas intrínsecas. Provas lógicas: 1. Dedutivas. O Silogismo em geral e o silogismo oratório. Aspecto formal e material do silogismo. Análise do ponto de vista material. Formas de silogismos. Entimema. Silogismo oratório. Provas I. Lógicas: 2. Indutivas: a exemplificação. O exemplo. Não se confunda exemplo com narrativa. II. Provas Éticas. III. Provas Patéticas. As principais paixões na Retórica. Afetividade e sinceridade. Redução de toda prova ao raciocínio. Sociologia e psicologia do auditório.
    3. A tópica retórica e as outras tópicas. Os lugares-comuns. 1) A Tópica retórica ou aristotélica ou argumentativa. Que são lugares comuns retóricos? Caracterização dos lugares-comuns retóricos. Divisão dos lugares-comuns. Classificação dos lugares-comuns segundo a procedência. O recenseamento dos lugares-comuns. Qual o valor dos lugares-comuns aristotélicos? Outras tópicas. 2) Tópica estilística. 3) Tópica temática. O conceito pejorativo de lugar-comum. A disposição. As duas tarefas da disposição. A construção do modelo. Esquema padrão da divisão do discurso. As partes do discurso: 1) Exórdio. Elementos do exórdio. O estabelecimento da comunicação. A divisão do exórdio: princípio e insinuação. O perigo dessa distinção do exórdio. 2) Narração. 3) Proposição. 4) Partição. 5) Argumentação. 6) Peroração. 7) Partes eventuais e móveis: A digressão. A altercação. A amplificação.O planejamento retórico na Literatura. A elocução. Elocução e composição. Várias redações. Pensamento sem linguagem. As virtudes fundamentais da elocução. 1) A adequação ou conveniência ou decoro. 2) A correção. 3) A clareza. 4) A ornamentação ou elegância. As figuras. O problema da brevidade e da abundância. Amplificação.Os estilos oratórios. O aticismo. O aticismo ateniense ressurge em Roma. Neoaticismo romano. A polêmica. Ciceronismo = aticismo. Atualidade do aticismo? As figuras de estilo. Introdução geral. Análise do conceito de figuras. As figuras como fenômeno linguístico. Necessidade de interpretação de certos exemplos de figuras. As figuras como um fenômeno

estilístico. A figura como desvio de uma "norma". O nível poético e retórico das figuras. O número das figuras. O problema da divisão e classificação das figuras. A importância do estudo das figuras. Léxico das figuras retóricas. Confronto entre Metáfora, Metonímia e Sinédoque. Redução dessas três figuras.

4. A memória. A memória e seus problemas na Retórica. A memória na comunicação do discurso. O culto místico da memória na Antiguidade. O platonismo da Memória e a Retórica. O conflito entre escrita e memória. Ler ou decorar o discurso? A reação histórica contra o discurso decorado

5. A ação. O problema do nome: ação ou pronunciação? Supremacia da ação. duplo processo de comunicação: pela voz e pelos gestos. A pronunciação: a voz. A gestualidade. A gesticulação e a proxêmica. A Retórica e o teatro. O equilíbrio do patético. O cômico e o riso. O estatuto do discurso improvisado e preparado. Os dois modos de discursar. Diferença entre discurso improvisado e não improvisado. Um importante ponto em comum: a memória. Improviso e preparação. Improviso e preparação remota. O verdadeiro improviso. Relatividade do improviso. O improviso e as etapas do discurso. Improviso na arte e na Retórica. Os partidários do discurso improvisado e não improvisado. Em defesa do discurso improvisado. Conciliação dos dois estatutos. Preparação e improviso se completam. O discurso livre como exercício preparatório. Ninguém é obrigado a improvisar. Em conclusão.

231   2ª PARTE: **As outras retóricas**

233   I. AS RETÓRICAS REDUTIVAS

1. A Retórica Clássica.
   A oposição entre Retórica Antiga e Clássica. Antecedentes formadores da Retórica Clássica.

2. A intervenção da Reforma e Contrarreforma na formação da Retórica clássica. A Reforma Protestante e a Retórica: Pierre de La Ramée e Filipe Melanchton. A Contrarreforma e os jesuítas: Cypriano Soarez. A Estlística. Sobrevivência da Retórica Clássica sob o nome de Estilística. Os principais rumos da Estilística. 3. A Retórica de I. A. Richards. A Retórica dos desentendimentos verbais e seus remédios. A nova Retórica. A filosofia da metáfora. A importância da Retórica de Richards.

3. A nova Retórica de Perelman. Retórical redutiva – generalizada. Demonstração e argumentação. A teoria da argumentação como uma "nova racionalidade". A invenção – teoria da argumentação. A divisão do auditório em universal e particular. "Persuadir e convencer". Objeto de acordo. Lugares ou tópoi ou loci. O orador. "Império da Retórica": A Retórica como método das ciências humanas. Confronto de duas culturas.

4. A Retórica das Figuras: 1) A Retórica Geral do "Grupo mi". A definição de Retórica. Retórica Geral e Poética. Função estética e não estética da linguagem. Retórica Geral e Estilística. A razão do nome. Classificação das figuras do código. 2) A Retórica de Barthes. Em busca de uma nova crítica. O cadáver da Retórica Antiga. Antiaristotelismo. Juízo de valor sobre esse movimento

261 II. RETÓRICA SEMIÓTICA: A RETÓRICA GENERALIZANTE
   1. A Retórica Semiótica
   2. A semiotização da Retórica
   3. Retorização da semiótica. O aparelho semiótico à disposição da Retórica. A constituição do signo. Classificação dos signos. "Semiose" ou "Significação" ou "sentido". Significação denotativa e conotativa. O modelo semiótico da comunicação. Os fatores e funções do discurso. Retoricidade da Semiótica.

271 3ª PARTE: **A Retórica como Crítica. A Crítica como Retórica**
273 I. CONCEITUAÇÃO DA CRÍTICA
   1. O aspecto retórico da crítica
275 II. A CRÍTICA RETÓRICA INVESTIDA NA LITERATURA
   1. A Crítica Retórica literária como "realista-socialista"
   2. Retoricidade da Poética e poeticidade da Retórica. 1)A poetização da Retórica. 2) A retorização da poesia. O conflito entre Poética e Retórica. Retórica e Poética na Idade Média. A ascensão da Poética na Renascença. A reação romântica contra a Retórica clássica e a Poética enquanto disciplinas despóticas. A reação Simbolista contra a Retórica Antiga.
   3. A Oratória não é Literatura
   4. A retoricidade da Literatura é ou não um desvalor. 1) Posições esteticistas – antirretóricas. A teoria da arte pela arte. O formalismo e o estruturalismo. 2) A posição eticista. 3) A posição conciliatória. A insustentabiliadade das posições radicais esteticistas ou eticistas. Concluindo. A eloquência poética de Fagundes Varela.
   5. Dimensão estruturalmente retórica da Literatura. A relação entre os gêneros retóricos e literários. 1) A questão retórica. A tese e a hipótese num texto literário. O *status quaestiones* na Literatura. 2) Os gêneros retóricos. A presença do gênero epíditico na Literatura. A presença do gênero judiciário na Literatura. Apologia e apologética. A presença do gênero deliberativo na Literatura. Efeito da equivocidade na mistura de gêneros.

299 4ª PARTE: **O modelo retórico**
301 I. O MODELO RETÓRICO GERAL
306 II. O MODELO SEMIÓTICO ESPECIAL: a Retórica da narrativa ou Retórica da ficção
   1. Relação entre autor e leitor – W. Booth. Caracterização das narrativas retóricas.
   2. Dois tipos de narrativas: as eticistas e as estetizantes. O autor persuade ou senega a persuadir o leitor. Retóricas esteticistas.
   3. Relação de influência entre os personagens – Bremond
   4. Bakhtin: relação entre autor e personagens. Narrativas monológicas e dialógicas. As origens da narrativa dialógica.

311   5ª PARTE: **Parte: Aplicação crítica do modelo a um poema**

313   A JESUS CRISTO NOSSO SENHOR – Gregório de Matos Guerra. Este soneto é um plágio?

325   6ª PARTE: **Retórica e Ideologia**

327   I. RETÓRICA IDEOLÓGICA E IDEOLOGIA RETÓRICA
      1. A Retórica é ideológica?
      2. A ideologia é retórica?

330   II. RETÓRICA E IDEOLOGIA DA LÍNGUA
      A hipótese Sapir-Whorf

333   III. TERAPÊUTICA DA LINGUAGEM: O controle da influência dialética e persuasiva das línguas
      1. Wittgenstein e a terapêutica da linguagem
      4. "A Semântica Geral" de A. Korzybski. Doutrina e programa. Novos princípios linguísticos da semântiga geral. A semântica de Korzybski em oposição à semantica de Michel Bréal.

339   IV. As figuras de retórica e ideologia. As principais figuras cognitivas: 1. A metáfora e 2. A oposição: alegoria e símbolo. 1. A metáfora, segundo Lakoff. 2. A oposição: "alegoria e símbolo". Oposição entre escolas literárias tradicionais. O movimento simbolista em oposição ao realismo alegórico. Oposição entre escolas realistas-socialistas. A primeira corrente estética. A segunda corrente estética. A alegoria e símbolo – realismo socialista

345   V. LUGARES-COMUNS" E IDEOLOGIA. Aristóteles. Francis Bacon. Roland Barthes.

351   VI. RETÓRICA E MÚSICA: Athanasius Kircher. Retoricidade da Música com palavras. Athanasius Kircher e a música com palavras.

354   VII. RETÓRICA E MORAL. A Retórica romana em uma encruzilhada. As brechas abertas

360   VIII. A RETÓRICA E A MULHER

363   IX. A RETÓRICA E AS CIÊNCIAS. As diferenças. As analogias. Processo de comunicação do discurso.

366   X. HUMANISMO RETÓRICO. O humanismo é retórico. O que especifica o homem. A Retórica, o fastígio da linguagem.

368   XI. O BACHARELISMO: RUI BARBOSA

370   XII. O ORADOR COMO TIPO PSICOLÓGICO

372   XIII. DECADÊNCIA, MORTE E VITALIDADE DA RETÓRICA

375   XIV. RETÓRICA E DEMOCRACIA

377   FINAL: **A retórica e seus triunfos**
      "Eu tenho um sonho"– Martin Luther King

BIBLIOGRAFIA

381   I. BIBLIOGRAFIA – OFF LINE
383   II. BIBLIOGRAFIA – ON LINE

INTRODUÇÃO
A Retórica Antiga e as outras Retóricas

I. AS RETÓRICAS

Quando, hoje em dia, a palavra "Retórica" vem à baila, para se evitar mal-entendidos, importa precisar de que Retórica se está tratando, pois há, em circulação, várias disciplinas que assim se rotulam, apesar de divergirem, entre si, pelos objetivos e pelos limites e, nada obstante, todas se gabam de representar, com exclusividade, a verdadeira Retórica.

Entre essas pretendentes se destacam: a Retórica Antiga, a Retórica Clássica, a Retórica de Richards, a Retórica das Figuras, a Nova Retórica e a Retórica Semiótica. A Retórica Antiga se contrapõe às outras Retóricas que se pretendem novas e modernas.

A Retórica Antiga é a Retórica integral, dotada de estrutura completa. A Retórica Clássica, a Retórica de Richards, a Retórica das Figuras, a Nova Retórica são Retóricas redutivas que generalizam a própria redução. A Retórica Semiótica é uma Retórica generalizante, pois aplica o modelo da Retórica Integral a qualquer linguagem, em qualquer texto desde que dotado de retoricidade.

1. A RETÓRICA ANTIGA, OU RETÓRICA INTEGRAL, OU RETÓRICA ARISTOTÉLICA = A RETÓRICA

Chama-se antiga, apenas porque nasceu e se formou no seio da antiguidade grega e latina. A qualificação de Antiga, sem nenhum sentido pejorativo, serve apenas para diferenciá-la das novas Retóricas que, aliás, dela nasceram.

Chama-se integral porque compreende todas as etapas da produção do discurso: invenção, disposição, elocução, memória, ação. É uma Retórica completa. Ela almeja, acima de tudo, persuadir.

Chama-se aristotélica porque se baseia principalmente na obra fundadora de Aristóteles e de seus continuadores. E, em sendo uma retórica aristotélica, é, por isso mesmo, uma Retórica Lógica, pois faz parte da Lógica através da Dialética.

Chama-se também Retórica tradicional porque representa uma herança multissecular, em vigor, no Ocidente, há 25 séculos. Demóstenes e Cícero são os príncipes da Retórica Antiga.

E no final das contas, se chama simplesmente Retórica, a Retórica por excelência.

Note-se que a Retórica Antiga acaba por harmonizar o profundo conflito entre a Retórica concebida como persuasão e a Retórica concebida como arte de dizer bem.

2. AS RETÓRICAS REDUTIVAS

Dizem-se redutivas porque restringem a Retórica Integral a apenas algumas de suas partes. São disciplinas autônomas em seus propósitos, mas incompletas como Retóricas. E, ao mesmo tempo em que restringem, generalizam o que restringem.

a) *Retórica Clássica*. Denomina-se assim porque se consolida em contraposição à Retórica Antiga, durante o Classicismo da Renascença e se consolida graças à intervenção de Petrus Ramus (1525-1572), adversário do aristotelismo. Ela se desenvolve particularmente favorecida pela ala da História da Filosofia que faz oposição a Aristóteles.

No conflito que havia nas entranhas da Retórica Antiga entre os que concebiam a Retórica como arte de persuadir ou como arte de dizer bem, a Retórica Clássica se filia a essa segunda postura, circunscrevendo o domínio da Retórica ao estudo da elocução, generalizando a Retórica como uma teoria da composição e do estilo, visando ensinar a arte não só de falar bem, mas de escrever bem sobre qualquer assunto. Nos fins do Século XIX, deixa de existir sob o nome de Retórica para sobreviver vitoriosa principalmente sob o nome de Estilística.

b) *Retórica de Richards*. Reduz e generaliza o papel da Retórica a lidar apenas com a propriedade das palavras, intentando evitar os equívocos verbais na linguagem utilitária e acolhendo a equivocidade na linguagem artística.

c) *Retórica das Figuras*. A Retórica Clássica reduz a Retórica ao estudo da elocução, a Retórica das Figuras reduz a elocução ao campo exclusivo das figuras de estilo. Ela se constitui como uma redução da redução.

Entre as várias Retóricas das Figuras em circulação, vamos destacar apenas duas das mais representativas: a Retórica Geral do Grupo de Liège, também chamado de Grupo mi e a Retórica de Barthes.

d) *Nova Retórica* ou *Teoria da Argumentação*. Essa foi proposta por Perelman. Não deixa de ser também redutiva, pois se interessa praticamente pela invenção generalizada como "uma teoria da argumentação provável", trabalhando com a opinião, não com a certeza. Surpreendentemente, a obra de Perelman pertence mais à Lógica e à Dialética que à Retórica!

3. A RETÓRICA GENERALIZANTE: A RETÓRICA SEMIÓTICA

A Retórica Semiótica resulta da transação entre a Retórica e a Semiótica, uma disciplina de última moda. A Retórica se semiotiza e a Semiótica se retoriza. Em outros termos, a Retórica considerada como linguagem pela Semiótica se enriquece. Por outra parte, a Semiótica abre um espaço dentro de seus domínios para se utilizar do modelo retórico, transformando-o em uma metalinguagem. A essência da Retórica Semiótica consiste na aplicação do modelo retórico a qualquer texto dotado de "retoricidade", em qualquer linguagem. A retoricidade é a virtude que tem qualquer texto de ser dialético e persuasivo.

O modelo retórico se torna também um instrumento válido de análise crítica não só do discurso retórico propriamente dito, mas de qualquer outro discurso dotado de retoricidade, em qualquer linguagem: pictórica, musical, onírica, cinematográfica, jornalística...

II. POSIÇÃO CRÍTICA EM FACE DAS RETÓRICAS

Sustentamos que é a Retórica Antiga, com todas as suas partes, que representa a autêntica Retórica, a Retórica por antonomásia. É na Retórica Antiga que se encontra a verdadeira definição da Retórica como tal.

A falácia reducionista. No princípio, só existia a Retórica Antiga. Com o andar dos tempos, algumas de suas partes se separaram e se declararam independentes, ambicionando constituir, com exclusividade, toda a Retórica, sob o falso pretexto de que a Retórica Antiga já era "uma disciplina defunta". Ora, a Retórica Antiga, a despeito dos abalos que sofreu, continua antiga e sempre atual, nada importando que, de onde em onde, se anuncie a sua morte, quase sempre retoricamente! Cícero (106-43 a.C.), com ironia, considera Platão (427-347 a.C.) como um exímio orador e que como tal nunca foi mais eloquente do que quando discursou contra a Retórica! E Quintiliano, por sua vez, denuncia aqueles que se servem da própria Retórica para desacreditá-la.

Quer queiramos quer não, vivemos sob seu império, pois, o que mais se faz, em nossa civilização, são discursos. Nós nadamos e nos afogamos em discursos! Importa muito saber o que significa a oratória para o homem.

Explica-se por que algumas das partes da Antiga Retórica tenham tido a pretensão de se constituir em uma disciplina independente, pela importância que cada uma dessas partes gozava dentro do recinto da Retórica integral, onde cada uma delas poderia constituir um volumoso tratado.

Não hostilizamos, aqui, as retóricas redutivas, pelo contrário, as valorizamos pela contribuição indireta que trazem.

A Retórica Clássica, nos fins do Século XIX, deixa de ser considerada como Retórica e continua sendo o que sempre foi: uma "arte da composição e do estilo", sob o nome de Estilística. Deste modo, a chamada Retórica Clássica, como Retórica, só tem valor histórico. O desenvolvimento extraordinário que ela atingiu, sob o nome de Estilística, como arte de trabalhar a linguagem, continua sendo a essência dos estudos humanísticos dos quais se beneficia a Retórica Antiga.

A Retórica de Richards pertence mais à Filosofia da Linguagem que à Retórica. Sem dúvida que contribui de um lado para o estudo da propriedade e clareza da linguagem utilitária e, de outro, para o estudo da ambiguidade como virtude literária.

A Retórica das Figuras, sob qualquer de suas principais manifestações, transforma o estudo das figuras de estilo em uma nova disciplina autônoma, sob o nome discutível de Retórica, na qual as figuras são estudadas de um ponto de vista meramente semântico-estilístico-estético e não de um ponto de vista especificamente retórico. No entanto, na medida em que se limita ao estudo das figuras, traz também grande benefício para a Retórica Antiga. Seu único desacerto consiste em pretender que as figuras foram a única parte que se salvou de um suposto naufrágio da Antiga Retórica. A denominação de Retórica entra nela como Pilatos no *Credo*, uma vez que só estuda o valor poético das figuras e não o seu possível valor argumentativo.

A Nova Retórica de Perelman, reduzida à invenção, se transforma em um capítulo da Lógica, isto é, da Lógica da argumentação provável, uma Lógica da verossimilhança, não da verdade. Nada obstante, realiza uma revolução dentro da Retórica Antiga pelo aprofundamento que faz da "invenção" e da argumentação. Trata-se de uma Retórica particularmente vinculada com o Direito que passa a ser concebido não como verdade, mas como verossimilhança.

As Retóricas redutivas só parcialmente podem ser semióticas, a saber, quando generalizam a própria redução a qualquer linguagem.

A Retórica Semiótica é uma generalização saudável. A visualização semiótica da Retórica se impõe como um dado de modernidade e se legitima plenamente enquanto aprofunda e alarga o campo de aplicação da Retórica.

A RETÓRICA ANTIGA

Nota bene. Não se confunda Retórica Antiga com Retórica Clássica. Com frequência, se costuma denominar a Retórica Antiga de Retórica Clássica. Sem dúvida que a Retórica Antiga também poderia ser chamada de Retórica Clássica, no sentido que se desenvolve dentro do classicismo grego e latino, que vai mais ou menos do Século V a.C. ao Século I d.C.. Entretanto, prefere-se, com razoável fundamento, reservar o nome de Retórica Clássica não para a Retórica Antiga de caráter persuasivo, mas para a Retórica que se consolida no classicismo da Renascença, no século XVI, e se define como arte de dizer adequadamente. A esse propósito, Perelman, com o peso de sua autoridade, sacramenta a distinção: "la rhétorique, dite classique, que l'on oppose à la rhétorique ancienne" (*L'empire*, p.10).

A Retórica Antiga é, pois, a Retórica dos antigos gregos e latinos. Dela participam Platão, Isócrates, os sofistas, Aristóteles..., o autor da *Retórica a Herênio*, Cícero, Quintiliano, Hermógenes... os incontáveis autores medievais... Trata-se da Retórica da antiguidade, sendo Aristóteles a referência fundamental.

O MODELO CRÍTICO

Baseados na contribuição de todas as Retóricas, pretendemos, por nossa conta, construir um modelo retórico como instrumento crítico de validade geral aplicável a qualquer texto dotado de retoricidade. Esse modelo e sua aplicação geral reveste-se de caráter semiótico.

1ª PARTE
A Retórica Antiga = Retórica Integral = Retórica

I. A RETÓRICA E AS SUAS CIRCUNSTÂNCIAS

1. A DEFINIÇÃO DA RETÓRICA

A partir de agora, entendemos por Retórica a Retórica Antiga ou Retórica integral ou Retórica aristotélica. Vamos, pois definir a Retórica pela Retórica Antiga.

Acontece que a Retórica Antiga admite duas linhas de definição em choque: a primeira concebe a Retórica como arte de dizer bem, dizer adequadamente da melhor forma possível seja o que for e a segunda concebe a Retórica como arte de persuadir um auditório, por meio de provas.

Defendemos esta segunda linha, dentro da qual nos situamos.

Nestes termos que é, pois a Retórica?

A Retórica é uma disciplina teórica e prática que tem por objeto central o discurso oratório. Discurso oratório é sinônimo de discurso retórico. Note-se ainda que a palavra "discurso", sozinha, tende fortemente a significar discurso oratório ou retórico.

Por sua essência, o discurso oratório se caracteriza pelo fato de ser dialético e persuasivo de tal sorte que a Retórica pode ser definida como a teoria e prática do discurso dialético-persuasivo. E de modo mais breve, bastaria dizer-se que a Retórica é a teoria e prática do discurso persuasivo, pois o discurso é persuasivo porque dialético.

Dialético e persuasivo têm aqui o sentido que deriva de fonte aristotélica e não platônica.

O discurso é dialético na medida em que defende a opinião mais verossímil a propósito de uma questão qualquer em debate. Tudo que é discutível é dialético. Pelo que o discurso dialético não se confunde com a exposição científica que busca não a opinião, mas a verdade. A Dialética é arte de discutir e argumentar no domínio do provável.

O discurso é persuasivo, na medida em que visa levar um auditório a aceitar, mediante provas lógicas, éticas, patéticas e testemunhais, a melhor opinião sobre uma controvérsia. O discurso oratório se caracteriza essencialmente pelo fato de ser persuasivo, e, pois, argumentativo. A ciência não faz discursos, "demonstra" baseada na observação e experimentação. Ela não precisa persuadir, nem depende da aprovação ou reprovação de um auditório. Que o diga Galileu... "e pur si muove"!

O discurso enquanto dialético é o objeto material da Retórica e enquanto persuasivo é o objeto formal, isto é, diferencial.

"*Dizer bem*". Só secundariamente a Retórica pode ser entendida como uma arte de "dizer bem", enquanto subordinada à persuasão. Diz-se bem para persuadir.

Dizer bem significa ambiguamente, no correr dos tempos, várias coisas: dizer de modo "ornado", ou dizer "adequadamente", ou dizer "honestamente".

Uma "composição meramente expositiva" ainda que bem composta não é um discurso retórico. O discurso retórico é sempre "uma composição argumentativa", de preferência bem elaborada.

Dramatis personae. Do caráter dialético e persuasivo do discurso é que decorrem as personagens imprescindíveis de qualquer situação retórica: o orador e o auditório.

Elementos essenciais: a Retórica pode ser descrita como a teoria da prática do discurso dialético-persuasivo, discurso esse executado por um orador, para obter, por meio de uma linguagem boa e apropriada e mediante provas bem dispostas, a adesão de um auditório à opinião mais verossímil, a respeito de uma questão que se discute.

Advertência necessária. Não se vai tratar aqui da Retórica como uma disciplina prática que visa apenas ensinar a fazer "discurso para todas as ocasiões". A Retórica é aqui concebida como uma disciplina aristotélica e, pois, lógica: dialética e persuasiva.

2. A CONSTITUIÇÃO DA RETÓRICA PELAS CAUSAS ARISTOTÉLICAS

Para Aristóteles, o verdadeiro conhecimento é o conhecimento pelas causas que assim se enumeram: causa material, causa formal, causa final, causa eficiente, a causa instrumental e a exemplar.

Aqui cumpre indagar quais são as causas que constroem o discurso oratório, objeto de estudo da Retórica. Quer se saber como o discurso oratório é produzido. Pelo que somos convidados a visitar a oficina onde o discurso oratório se forja.

Causa eficiente

A causa eficiente é a que produz um efeito. A causa eficiente do discurso é o orador que movido pela causa final, iluminado pela causa exemplar e servindo-se da causa instrumental produz o discurso.

Causa final

A causa final é a razão pela qual se faz alguma coisa.

A causa final da Retórica é persuadir. O orador persuade um auditório a aceitar a opinião mais provável, num debate. Persuadir o auditório é, ao mesmo tempo, o que especifica e dá finalidade à Retórica.

Os escolásticos doutrinavam que a causa final "é a primeira na ordem da intenção e a última na ordem da execução".

A Retórica concebida como "arte de bem dizer" é uma finalidade secundária e subordinada e que por si não especifica logicamente o discurso retórico, como pretendia Quintiliano. Deve-se dizer bem para persuadir.

Causa material e formal

A causa material diz de que é feita alguma coisa e a causa formal diz de que modo uma coisa é feita. A causa material tem valor genérico, a causa formal corresponde à diferença específica de modo a poder distinguir objetos que têm a mesma causa material.

A causa material da Retórica é o discurso enquanto dialético. Um discurso é dialético quando discute uma questão que contém uma controvérsia. Cypriano Soarez repete a lição de Cícero quando este último diz, no *De inventione* (1,8) que o objeto material da Retórica é uma questão. Neste sentido, a Retórica é uma arte de disputar. A causa material é, pois, a potencialidade que tem um texto de vir a ser um discurso retórico.

A causa formal da Retórica é o discurso persuasivo. Nesse sentido, a Retórica é a arte de persuadir pelo discurso. O discurso persuasivo caracteriza a Retórica. Se não é uma composição persuasiva não é discurso retórico.

Causa instrumental e exemplar

A causa instrumental e a causa exemplar são causas secundárias e ligam-se estreitamente com a causa eficiente e final.

A causa instrumental. Ela é constituída pelas tarefas por meio das quais a causa eficiente realiza sua finalidade. A causa instrumental corresponde ao que Cícero chama de "officia oratoris", isto é, os "tria officia oratoris", que é persuadir: convencendo, comovendo, agradando.

Pelo que do objetivo último da Retórica derivam "as tarefas do orador" que é dizer bem, tendo em vista persuadir. A tarefa do orador se resume em dizer de modo apropriado a persuadir, "dicere ad persuadendum accommodate", "adposite". Essa a lição de Cícero. (*De oratore* 1,31,138; *De inventione* 1,6).

A *Causa exemplar* é o modelo teórico, que orienta a causa eficiente na realização de sua finalidade. Na Retórica, é o modelo teórico que mostra o itinerário que cabe ao orador seguir na elaboração do discurso. Esse modelo retórico foi se sistematizando no decorrer de uma longa experiência e subjaz, de alguma forma, na mente do orador, como uma competência na realização do discurso.

A nota mais desconcertante reside no fato de que Aristóteles define a Retórica não pela persuasão em si, mas pela busca dos meios de persuadir. A causa instrumental se transforma em formal.

Em resumo, o orador é a causa eficiente, persuadir é a causa final. Os meios de que o orador se serve para realizar sua finalidade, a saber, a produção do discurso oratório, constituem a causa instrumental. A causa exemplar é a doutrina do discurso. A causa material do discurso é a questão discutida. A causa formal é o discurso como tal, isto é, um texto dialético persuasivo. Pelo visto, a causa formal se identifica com a causa final. A finalidade define o discurso.

3. OS NOMES DA DISCIPLINA: RETÓRICA, ORATÓRIA, ELOQUÊNCIA

Etimologia e semântica das três palavras

A etimologia pesquisa a origem e transformação das palavras do ponto de vista do "significante". A Semântica pesquisa o "significado" das palavras na sincronia e na diacronia.

Etimologia

Essas três palavras, em apreço, derivam de raízes diferentes, mas todas traduzem e sublinham a ideia de dizer e dizer bem. Além do mais, elas documentam as fontes gregas e latinas de que procedem. A palavra Retórica procede do grego e as palavras Oratória e Eloquência procedem do latim.

> 1) Retórica, em grego, se diz *rhetoriké*, que deriva da expressão "téchne rhetoriké", isto é, técnica retórica. "Rhetoriké" é originalmente, em grego, um adjetivo feminino que se substantiva pela elipse do substantivo "téchne". "Téchne rhetoriké" se abrevia em "Rhetoriké", a retórica, a disciplina que é própria do "rhétor".
> A raiz de onde se forma a palavra grega *rhetoriké* significa "falar". Pertence à mesma família "rhêma", que significa palavra, discurso. Etimologicamente, Retórica é a arte de dizer, subentendendo-se dizer bem.
> A palavra portuguesa retórica deriva do grego "rhetoriké", mas por via latina: "rhetorica", com mudança da posição do acento.
> Rétor, em português, deriva da palavra latina "rhetor" que deriva da palavra grega "rhétor". Em Aulete, Michaelis e outros é oxítona. Em Houaiss e outros é paroxítona, forma preferível.
> *Rhétor* em grego significa orador ou mestre de Retórica.
> Não se confunda rétor com reitor. Reitor é palavra de origem latina e se liga ao verbo *regere* = reger, significando aquele que administra uma paróquia ou uma instituição de ensino.

2) Oratória, em português, deriva diretamente do latim "oratoria". Os latinos tomados por um radical espírito patriótico, a fim de evitar um estrangeirismo desnecessário na linguagem, formaram a palavra "Oratoria" destinada a substituir o helenismo "Rhetorica". Entretanto, eles formam a palavra "oratoria" do mesmo modo que os gregos formaram a palavra "rhetorica". "Oratória" é um adjetivo que se refere a "orator", orador. A partir da expressão "arte oratória" ocorre a elipse da palavra arte (que traduz a palavra grega "técnica") e consequentemente se dá a substantivação do adjetivo oratória. Arte oratória > Oratória.

Etimologicamente, oratória pertence à mesma família que "os, oris" que significa boca, o órgão da fala. Pertencem ainda à mesma família as palavras: orar, orador, oração, oratório, oráculo...

3) Eloquência deriva do latim "eloquentia" que se compõe do adjetivo latino "eloquens", mais o sufixo –tia / -ia que forma nomes abstratos e indica propriedade de alguma coisa. "Eloquens" se liga a "eloqui", um verbo composto de "e + loqui" = falar, exprimir. "Eloquens" é o orador que mais convence, comove e agrada. É o que mais atinge os objetivos do discurso. Nele, tudo é adequado. Não há nada em excesso. O orador eloquente fala com elegância, com entusiasmo, com facilidade, com facúndia, com sabedoria.

Semântica

A diferença de sentido entre as três palavras

Embora se possa, em certas circunstâncias, usar uma palavra pela outra: Retórica = Oratória = Eloquência, tecnicamente as três palavras não se confundem, não ocupam sempre o mesmo contexto, havendo forte tendência para se diferenciarem.

Critério da distinção. Todas as três palavras tratam do mesmo objeto: o discurso dialético e persuasivo, mas tratam-no sob perspectivas diferentes, a saber, como teoria do discurso, como produção do discurso e como valor do discurso. A Retórica focaliza especialmente a teoria do discurso; a Oratória focaliza especialmente a produção de discursos; a Eloquência focaliza especialmente a produção de discursos de qualidade.

Historicamente, a Retórica, como teoria do discurso, se constrói a partir do estudo e reflexão sobre a Oratória e a Eloquência. A Retórica estuda a Oratória visando à Eloquência.

Observe-se que, do ponto de vista do valor, com muita frequência, se usa a palavra Retórica em sentido pejorativo em contraposição à Eloquência que tem sempre um tom encomiástico.

Pode-se também usar Oratória no lugar de Retórica, como teoria do discurso, mas ela se especializa como sendo o conjunto dos discursos realizados independentemente do valor. A Oratória é uma força produtora de discursos. Quando digo "Oratória Brasileira", penso no conjunto de discursos proferidos no Brasil. A Eloquência é o refinamento da oratória.

A Eloquência se caracteriza pela busca da perfeição. Orador eloquente é o que arrebata as almas e as mantêm suspensas de seus lábios.

Não se costuma usar Eloquência no sentido de Retórica, como teoria do discurso. A Eloquência é uma espécie de Oratória, a Oratória dos oradores exemplares. Ela resulta de dádivas da natureza e de muita dedicação e esforço. A Oratória é mais geral, pois abrange todos os discursos produzidos, incluindo a Eloquência que é a parte mais valorizada da Oratória. Entre os três níveis de estilo: o simples, o médio e o sublime, a Eloquência atinge o terceiro.

A Retórica é um saber, a Oratória é uma faculdade e a Eloquência uma excelsa faculdade de dizer "sapienter et ornate".

O rétor, o orador, o eloquente. Na terminologia de Quintiliano, o rétor é o que ensina a fazer discursos, o orador é o que discursa, o eloquente é o que realmente discursa bem. Petrus Ramus opina que Cícero é um orador perfeito, eloquente, mas um rétor confuso. O Padre Vieira, no *Sermão da Sexagésima*, se revela um eloquente orador e, ao mesmo tempo, um rétor, um mestre de Retórica, Retórica haurida em Aristóteles, em Cícero e Quintiliano.

Se eu digo: a "oratória de Cícero" estou me referindo aos discursos produzidos pelo autor das *Catilinárias*. Se eu digo "a retórica de Cícero", estou me referindo às suas concepções sobre a Oratória. Se eu digo a "eloquência de Cícero" me refiro ao brilho de sua Oratória.

A História da Retórica compreende a evolução dos estudos teóricos sobre a matéria. A História da Oratória compreende os discursos efetivamente escritos e pronunciados pelo tempo em fora. A História da Eloquência compreende apenas o destaque dos vultos mais altaneiros da Oratória, através dos séculos, como Demóstenes (384-322 a.C.), Cícero (106-46 a.C.), Bossuet (1627-1704), Lacordaire (1802-1861), Vieira (1608-1607), Rui (1849-1923)...

Pelo exposto se conclui que não existe uma Retórica de direita e de esquerda, mas uma Oratória e uma Eloquência de esquerda e de direita. Não existe uma Retórica Católica e outra protestante, mas existe uma Oratória e uma Eloquência católica ou protestante... A Retórica é uma técnica. Só há uma Retórica, mas muitas variedades de oratórias e eloquências.

O nome genérico da disciplina. Embora se possa usar ou Retórica ou Oratória ou Eloquência como nome geral da disciplina, entretanto, a esse propósito, o nome mais aceitável é Retórica. Oratória e Eloquência, na verdade, indicam aspectos específicos da Retórica, realizações da Retórica.

Nota sobre a Declamação

A declamação, além de significar a mera recitação, também significa o exercício escolar de pronunciar discursos sobre temas fictícios. *Declamare* deriva de: *de + clamare*. *Clamare* quer dizer gritar, falar alto, discursar em circunstâncias fictícias. Note-se que rábula significa o que grita raivoso. Declamação adquire assim um sentido normal e um sentido pejorativo, em vista dos abusos que se cometiam nas academias.

4. O SENTIDO PEJORATIVO DA RETÓRICA

Além de uma concepção laudatória de que a Retórica sempre gozou, mais do que qualquer outra disciplina, ela apresenta também a particularidade de ter sido julgada e com certa frequência, por qualquer que seja a razão, como uma coisa inútil, merecedora de menosprezo. Note-se que ela recebe menosprezo seja por seu aspecto persuasivo como por seu aspecto secundário enquanto arte de dizer bem.

É revelador que se costuma dizer, em tom de pouco caso, como um insulto: "isso é retórico!".

Assim, falar-se em decadência da Retórica é uma constante, sendo que para muitos críticos, mais do que decadente, ela já está morta e sepultada depois de séculos de agonia. Desse suposto naufrágio da Retórica, certos teóricos só admitem a sobrevivência de algumas de suas partes. Assim para a Retórica Clássica só se salvaria a elocução, para a Retórica Geral só se salvariam as figuras de estilo.

Seria de se esperar uma crítica construtiva por parte dos que a acusam, como seria de se esperar uma defesa racional por parte dos que a defendem. Em vez disso, houve incompreensão tanto de um lado como de outro.

Tudo começou com Platão que considerava a Retórica uma coisa má e feia e feia porque má. Desde então se trava uma interminável batalha entre os que discursam a favor e os que discursam contra a Retórica! A Retórica é útil ou não?

Muitos séculos depois de Platão, um outro eminente filósofo, I. Kant, confessa que se agrada com um belo poema, mas se desencanta com o melhor discurso. Ele respeita a lealdade da Poética, mas detesta as insídias da Retórica, enquanto arte de persuadir, isto é, de ludibriar. Ela não lhe merece respeito.

A Retórica tem sido estigmatizada como sendo uma mera exibição de um verbalismo oco, vazio, sem substância, sobrecarregada de uma ornamentação enfatuada: um mero exercício escolar de declamação sem realidade. Mas a acusação mais grave atribui-lhe a esperteza sofística de defender indiferentemente o bem e o mal.

Essa concepção desfavorável que a persegue e, às vezes, merecidamente, deriva quase sempre do mau uso que se faz dela, o que acontece com tantas outras boas coisas da vida.

Entretanto, do mau uso inegável que se tenha feito de nossa disciplina não se segue que ela seja inútil e mereça ser irrevogavelmente condenada ao abandono. Trata-se de um mal-entendido, pois a Retórica é um instrumento indispensável de trabalho. Numa verdadeira democracia, ela afugenta o fantasma da violência.

Atrás dessa incompreensão, está, com certeza, uma visão utilitarista de mundo, de acordo com a qual só importa a ação, não as palavras, "res, non verba", como se as palavras não fossem ação! Não nos esqueçamos de que, no princípio, era o "Verbo", o "Lógos", a "Palavra" e foi o discurso de Deus que criou o mundo! E Cristo é o semeador da palavra divina.

Apesar de um discurso se consumar nas palavras pronunciadas, ele tem, contudo, um efeito poderoso na modificação da realidade, pois, uma verdadeira Retórica como quer Platão é a "arte de conduzir as almas mediante o discurso".

A salvação na distinção. Condena-se a Retórica para salvar a Eloquência. A posição de Rui Barbosa

Frequentemente, admitiu-se que nossa disciplina tem um lado bom e um lado mau. A seguir, se tentou salvá-la por meio de uma distinção verbal inconsistente. Para tanto se apela para a "figura ideológica" que Barthes chama de "vacina": fazendo-se uma concessão parcial. Admite-se um bom uso e um mau uso da Oratória. O bom uso da Oratória se conhece sob o nome de Eloquência e o mau uso se conhece sob o nome de Retórica. A Retórica se torna incompatível com a Eloquência. Assim, se condena a Retórica que sufoca o discurso em adornos e se exalta a Eloquência que visa conduzir as almas.

Efetivamente, do ponto de vista do valor, segundo a tradição, a palavra Oratória tende a ser mais ou menos neutra, a palavra Eloquência tende a ser definida de modo laudatório, implicando perfeição. Em geral, a nossa disciplina é denegrida sob o nome de Retórica! É, sobretudo, a palavra Retórica que se torna o bode expiatório. Já desde o princípio, a palavra Retórica era, em Roma, um estrangeirismo, um grecismo malvisto e humilhante. Ela só consegue romper definitivamente as barreiras graças à autoridade de Cícero que a acobertava.

Em seu tempo, o próprio Quintiliano enfrentava ainda as restrições que se faziam à palavra Retórica e, nada obstante, se propunha usá-la "sem medo de zombaria". (2, 14,). No entanto, aqui e ali a zombaria continuou.

Rui Barbosa embarca nesse barco furado

No tempo de Rui, se desencadeava forte reação contra a Retórica por causa de seus abusos didáticos. Na França, na revolucionária reforma do ensino de fins do século XIX, até o nome da Retórica fora abolido dos currículos escolares. Rui, para se justificar como orador, sua "qualidade mestra", se refugia na discutível distinção, absolutamente desnecessária, segundo a qual, como vimos, há, na Oratória, um lado mau que se chama de Retórica e um lado bom, que se chama de Eloquência.

"A Retórica," confirma ele, "é a linguagem rasteira dos baixos interesses", é a linguagem "em bolhas de sabão", ao passo que "A Eloquência é o privilégio divino da palavra... na sua expressão mais bela". A Eloquência, na perspectiva de Rui, não deve ser confundida com a Retórica "como fazem os obscurantistas, de seu tempo, que para deprimir a Eloquência puseram-lhe o nome de Retórica". Mas o ilustre tribuno baiano não tinha nenhuma necessidade de queimar a palavra Retórica para salvar a Eloquência! (*Antologia de Rui* – Ediouro).

Não há por que repudiar a palavra "Retórica"

A Retórica, pelo fato de se chamar Antiga, não quer dizer que seja, de per si, uma coisa abjeta, uma velharia fastidiosa, empoeirada, totalmente anacrônica, inútil. Sem se desnaturar, ela continua em evolução, de modo dinâmico, adaptando-se a todas as contingências dos tempos, renovando-se sem cessar e recebendo os benefícios do progresso. Quintiliano não admitia nada imutável na Retórica, podendo e devendo tudo ser reformulado. A Retórica Antiga não renuncia às partes que lhe tentaram roubar, mas não rejeita a contribuição que essas pretendidas novas Retóricas lhe trazem. Além de que se beneficia de outras disciplinas promissoras como a Linguística, a Semiótica, a Teoria da Comunicação e mais o milagre da tecnologia moderna.

5. O DISCURSO RETÓRICO OU ORATÓRIO

Etimologia da palavra discurso

A palavra discurso deriva de *dis* + *cursus*. *Dis-* é uma partícula que significa: dividir, separar, dispersar. *Cursus* vem do verbo *cursare*, frequentativo de *currere* = correr. Daí, discursar, pelo nome, significa percorrer um tema, através de seus vários ângulos. Da ação de discorrer resulta o discurso, como um produto. Pela força da etimologia, discurso supõe uma atividade predominantemente intelectual, dissertativa, argumentativa.

A constituição do discurso retórico ou oratório

Discurso oratório ou retórico é um texto dialético persuasivo. Todo discurso é um texto. Que é um texto?

Texto é uma fala no sentido que tem essa palavra em F. Saussure (1855-1913). Esse genial linguista distingue entre "langue" e "parole". A *langue*, isto é, a língua é a linguagem coletiva, adotada por um grupo social. A *parole* (que se costuma traduzir, em português, por fala e até mesmo por discurso), é toda e qualquer manifestação da língua por parte de um indivíduo qualquer, em qualquer circunstância. (*Curso de linguística geral*, Cultrix).

O texto é uma fala completa, coesa, com princípio, meio e fim, composta de partes solidárias entre si, formando uma unidade temática e estrutural.

Todavia, se todo discurso oratório é um texto, nem todo texto é um discurso oratório. Quando, pois, um texto é um discurso oratório?

Um texto só se caracteriza como discurso oratório quando dotado de retoricidade. A retoricidade é a competência que tem um texto de ser dialético e persuasivo.

Texto ou composição

Composição é o ato de produzir um texto. O texto produzido pelo ato de compor também se chama composição.

O texto ou composição tem qualquer extensão: um simples período, como um provérbio, um fragmento antológico representativo, um livro, um tratado em vários volumes.

Um texto pode ser produzido em qualquer linguagem verbal ou não verbal. O texto verbal pode ser em prosa ou verso, oral ou escrito. Um texto se apresenta sob variados aspectos, a saber, dissertativo, narrativo, descritivo, dialogado.

Um texto não verbal pode ser musical, pictórico, arquitetônico...

Do ponto de vista semiótico, o discurso é um signo complexo com um nível da expressão e do conteúdo.

Concluindo, dir-se-á que um discurso retórico é um texto ou uma composição argumentativa. Note bem, nem todo texto ou composição é um discurso retórico. Um texto ou composição meramente expositivo não é retórico.

A caracterização do discurso oratório

A Retórica procura estabelecer o que é ou não é um discurso oratório, fixando os seus traços invariantes. Desse modo, a Retórica se torna um código do discurso oratório.

A normatividade relativa do discurso. Ressalvadas as normas que são essenciais à existência do discurso, as demais não têm caráter constrangedor, mas apenas cooperativo. Ninguém está impedido de rejeitar ou descobrir novos expedientes.

O discurso oratório é, por definição, um texto dialético-persuasivo. O discurso oratório propriamente dito parte de uma questão que se controverte e visa, a propósito, levar um auditório a aceitar a opinião preferível.

O objetivo do discurso é "dicere bene", dizer bem ?

Dizer bem é um objetivo do discurso, mas um objetivo secundário e, em qualquer sentido em que seja tomada a expressão, visa sempre ajudar a persuadir. Por dizer bem se entendem várias coisas: dizer honestamente, ou dizer com elegância, ou dizer de modo apropriado o que se pretende. Platão entende por dizer bem: dizer a verdade.

Ensinar a verdade não é também o objetivo específico do discurso como pretendia Platão, mas sim persuadir a opinião mais verossímil, como ensinavam os fundadores da Retórica. A Retórica vive no mundo da opinião, não da verdade e certeza.

Antilogia

Em grego, a palavra significa discurso em contrário, *anti* = contra, *lógos* = discurso. Em redor de qualquer questão, defrontam-se sempre posições diferentes. Desde que se viva em uma democracia, tudo que se diz pode ser contestado. A todo discurso se contrapõe um outro discurso. Teoricamente, todo discurso supõe um discurso anterior ou um discurso posterior que, nesse caso, pode ser uma expectativa imediata ou remota, em aberto. Essa propriedade do discurso foi posta em evidência por Protágoras (480-410 a.C.). Essa propriedade decorre da natureza dialética da oratória.

O outro discurso. A todo discurso corresponde um outro discurso pelo menos virtual. Todo discurso dialoga potencialmente com um outro discurso contraposto. Bakhtin defende a tese que o pensamento assim como a linguagem são, por natureza, "dialógicos".

Com o desaparecimento da antilogia nas ditaduras, a oratória torna-se moralmente inviável. A antilogia é um dom das democracias: o eterno direito de resposta.

Kant parece não ter compreendido o papel da Retórica considerando-a apenas como se fosse uma trapaça que arrasta os homens como máquinas, sem lhes respeitar o livre pensamento.

Discursos opostos. Teoricamente, a Retórica supõe sempre a possibilidade do entrechoque de discursos. Uma questão sempre pede um discurso a favor e outro, contra. Todo discurso se faz em resposta a um discurso anterior. Não importa que a resposta a um discurso fique indeterminadamente em aberto, ela é sempre possível, mesmo que se precise esperar o fim de uma ditadura.

Dialética da diferença. O discurso é dialético porque supõe uma oposição, mas não é preciso que essa oposição seja sempre de contrariedade ou contraditoriedade. No debate oratório, basta que os oradores defendam perspectivas "diferentes" a respeito de uma questão.

Língua natural. O discurso oratório é sempre feito em uma "língua natural", como o português, o italiano, o árabe...
Numa linguagem não verbal, o discurso pertence à Retórica Semiótica. Em qualquer hipótese, o discurso é produto de alguma linguagem.
Nível conotativo. Toda língua se desenrola essencialmente num nível denotativo e sobre esse nível denotativo se podem acrescentar novos níveis conotativos. A língua, no nível denotativo, tem sua significação primeira, básica, exercendo sua função referencial. A língua denotativa se torna conotativa quando, além da função referencial, assume funções secundárias e particulares. Por exemplo, a língua portuguesa passa a ser usada como linguagem científica, poética... O discurso oratório pertence ao nível conotativo da língua. Pode haver conotação sobre conotação.

A Retórica discute as vantagens do Estatuto do discurso improvisado ou não improvisado.

A oralidade é imprescindível ao conceito de discurso. A voz humana é o veículo original de transmissão do discurso. A pronunciação completa o ciclo do discurso. O auditório se compõe necessariamente de ouvintes.

Recorde-se que a Oratória é anterior à escrita! Antes da escrita já se faziam discursos. Provam-no os poemas homéricos. Não é de fato obrigatório escrever o discurso, mas é sumamente aconselhável que se faça, pois isso traz consigo inumeráveis benefícios transformando o orador em escritor. Do ponto de vista prático, às vezes, basta, quem sabe, rabiscar alguns apontamentos.

O discurso retórico não é necessariamente escrito. Se escrito, pode ser lido ou dito de cor. O discurso retórico não precisa ser necessariamente decorado. Na Retórica Antiga, dominava a tendência não só de escrever como de dizer de cor o discurso. E, nesse caso, devia ser escrito para ser decorado. Não raro, se escrevia o discurso na memória. Não é necessário decorar literalmente o discurso. Em todo caso, de alguma forma, a memória sempre entra na produção e reprodução do discurso.

Há uma tradição saudável de se publicar os discursos significativos de alto interesse documental e didático.

O discurso oratório é um dos mais antigos processos de comunicação o qual postula sempre um orador (emissor, quem fala) e um auditório (o receptor, a quem se fala). Sem essas duas personagens, não há falar em discurso oratório. Num jogo dinâmico, o auditório determina as coordenadas do discurso e o discurso configura o auditório.

Todo discurso retórico é um processo de comunicação, mas nem todo processo de comunicação é um discurso retórico. Uma mera comunicação oral feita a um grupo de ouvintes não constitui um discurso oratório, como, por exemplo, um longo e simples aviso. Importa que se pretenda persuadir. Por isso, não é uma definição completa dizer-se simplesmente que a "Retórica é a arte de falar em público". Um "cicerone", com toda sua tagarelice, não é sempre um orador.

O discurso é sempre um texto ininterrupto, contínuo, com partes articuladas. Uma composição em forma de conversação dialogada não é um discurso oratório. A participação de um interlocutor num discurso é episódica e eventual.

Unidade na variedade. Como afirma Vieira, o discurso deve ter "uma só matéria e não muitas matérias", assim como não se semeia centeio sobre o trigo, nem milho sobre o centeio... se não resulta "uma mata brava".

Unidade e complexidade do discurso

As partições retóricas do discurso. Cícero, em sua obra *Partitiones oratoriae*, concebe o discurso como um todo dividido em partes sob vários aspectos. Ele se divide sem se fragmentar.

Assim, o discurso se realiza em cinco momentos: invenção, disposição, elocução, memória e ação. Todo discurso se divide em partes contendo pelo menos uma introdução, uma argumentação e uma conclusão. As provas podem ser lógicas e psicológicas. Todo discurso tem por objeto uma questão que pode ser geral ou particular. Todo discurso pertence a um dos três gêneros: forense, deliberativo, epidítico. No fundo, todo discurso gira ao redor de três estados de questão: a conjectura, a definição e a qualificação. Segundo uma doutrina embaraçosa, toda causa se divide em várias classes: honesta, torpe, dúbia, obscura, pequena, grande...

Leis fundamentais do discurso oratório

A "isegoria" é uma descoberta da democracia ateniense que decorre da isonomia. A isonomia é a igualdade de todos perante a lei. Por isegoria se entendia a igualdade de direito que tinha todo cidadão de tomar a palavra numa assembleia e exprimir a própria opinião. "Não há mais tirano efeito que padecer e calar", comenta poeticamente a questão Gregório de Matos.

A "parrésia" é outra descoberta grega que consiste não só no direito à palavra, mas no direito de tomar a palavra com liberdade, franqueza e destemor. A parrésia inspirou a ousadia da Oratória do cristianismo primitivo.

Ignoratio elenchi (= ignorância da refutação), isto quer dizer que não se deve falar fora do assunto proposto. A "proposição" rege os limites do discurso.

O princípio da adequação determina a funcionalidade de tudo no discurso. Os gregos chamavam esse princípio de "prépon" = o que convém e "kairós" = no momento oportuno. Os latinos diziam: "decorum", "convenientia" que traduzimos por decoro e conveniência.

Segundo esse princípio, na realização do discurso, se deve buscar, acima de tudo, o que convém em função do objetivo final interno e externo do discurso.

Desse princípio deriva o estruturalismo do discurso. O discurso deve ser um conjunto sistemático de elementos integrados entre si e com o todo, formando uma estrutura. Um elemento existe em função do outro e todos em função do conjunto. Nada deve ficar solto.

Princípio do meio-termo. Num discurso, nada deve se afastar da justa medida, sempre "in medio, virtus".

Observação: analogia da prece com o discurso

Oração (*oratio*, em latim) significa discurso e prece

A palavra oração, além do sentido de discurso, (veja-se: *A oração aos moços* de Rui Barbosa), também significa prece.

Todavia, a prece é uma espécie de discurso, que não esconde um inegável caráter dialético persuasivo. Quem reza sempre tenta persuadir a Providência divina.

Os teólogos medievais distinguiam na prece as partes do discurso: exórdio, narração, proposição, argumentação, peroração. Imagine-se que Santo Tomás de Aquino chega a discutir se a famosa "insinuação" também podia fazer parte do exórdio de uma prece.

6. O DISCURSO ENQUANTO DIALÉTICO

O discurso enquanto dialético é o objeto material da Retórica.

A Dialética é a arte de discutir e argumentar a favor ou contra uma opinião controversa. Na Dialética não se discutem verdades, certezas, mas opiniões. Tudo que é discutível é dialético. A verdade, como diz Platão, não pode ser contestada (*Górgias*).

O conceito de "dialético" varia conforme a fonte: Platão, Aristóteles, Kant, Hegel, Marx-Engels...

Vamos, aqui, resgatar o conceito aristotélico de Dialética que é o que mais convém à compreensão da Retórica.

Para se evitar mal-entendidos advirta-se que, em certas épocas, toda a Filosofia era chamada de Dialética e que, em outras épocas, só a Lógica era chamada de Dialética.

De acordo, porém, com Aristóteles, a Dialética é uma parte da "Lógica" e a Lógica, um instrumento da Filosofia. Nem Dialética tem o sentido platônico de Filosofia, nem tem o sentido estoico de Lógica.

Lógica = Órganon

Importa muito advertir que, embora Aristóteles seja o criador da Lógica, ele não usa a palavra "lógica", que será divulgada pelos estoicos. A certa altura, a lógica de Aristóteles ficou conhecida sob o nome de *Órganon*. Chamou-se *Órganon* por ser um instrumento da razão (*órganon* = instrumento). O Órganon aristotélico era constituído por um conjunto de tratados, assim relacionados: "Categorias", "Sobre a interpretação", "Primeiros analíticos", "Segundos analíticos", "Tópicos", "Refutações sofísticas" ou "Elencos sofísticos".

Na sua essência, a lógica de Aristóteles estuda os atos da razão de modo a alcançar os seguintes objetivos: demonstrar a verdade, argumentar a favor ou contra uma opinião e desmascarar os sofismas.

Em qualquer hipótese, os atos da razão se constituem de três operações fundamentais: a simples apreensão, o juízo e o raciocínio.

A mais completa operação da mente é o raciocínio. O raciocínio é a operação da mente em que, postas certas coisas, seguem-se necessariamente outras. Explica-se o menos conhecido pelo mais conhecido. A partir de certas proposições concatenadas chega-se a uma conclusão.

Por sua vez, o raciocínio se compõe de juízos, os juízos se compõem de ideias ou "simples apreensões". A ideia ou simples apreensão se exprime por meio de palavra; o juízo se exprime por meio de uma proposição em que se afirma ou se nega um predicado de um sujeito. O raciocínio pode ser dedutivo e indutivo e se exprime sempre por meio de silogismo. Todo raciocínio, no fundo, se traduz por meio de um silogismo velado ou ostensivo.

A Lógica aristotélica se divide em formal e material.

A Lógica formal estuda o raciocínio do ponto de vista da expressão ou estrutura ou construção independente do conteúdo, é o modo como se raciocina. A Lógica material estuda o raciocínio do ponto de vista do conteúdo, sobre o que se raciocina.

Aqui vamos nos ocupar com a Lógica material, dentro da qual se situa a Dialética e dentro da qual se situa a Retórica de Aristóteles.

A divisão tripartida da Lógica material:
– **Analítica** (ou demonstrativa ou apodítica ou científica);
– **Dialética** (ou provável ou verossímil);
– **Sofística** e **Erística**

Nota: a "Retórica" se vincula com a Lógica através da dialética. Ela é uma disciplina lógica e dialética que opera com o discurso.

Todos esses três ramos da Lógica se distinguem pelo ponto de partida e de chegada do raciocínio tendo em vista a verdade.

Quanto ao ponto de partida, na sofística, o raciocínio deriva de premissas enganadoras; na analítica, deriva de premissas verdadeiras e, pois, evidentes, certas; na dialética, deriva de premissas prováveis fundadas na opinião, não na certeza.

Quanto ao ponto de chegada, na sofística, o raciocínio chega a uma conclusão falaciosa; na analítica, chega a uma conclusão verdadeira e certa; na dialética, chega a uma conclusão provável.

As três áreas de conhecimento

Segundo Aristóteles, o raciocínio sofístico constitui o objeto de estudo de uma subespécie da lógica chamada de Sofística. O raciocínio científico constitui o objeto de estudo de uma subespécie da lógica chamada de Analítica. O raciocínio dialético constitui o objeto de estudo de uma subespécie da lógica chamada de Dialética que se subdivide em Dialógica e Retórica.

A Retórica não se reduz a mero ornato da linguagem. Ela é uma disciplina dialética.

1) A Sofística

A Sofística gera sofismas que são raciocínios falsos, com aparência de verdadeiros. Há muita sabedoria por parte de Aristóteles em isolar, no mundo da cultura, uma região do saber falso e enganoso que realmente existe com suas leis e requintadas técnicas mistificadoras. A ideologia enquanto visão de mundo da classe dominante se alimenta de sofismas! A ideologia é uma sofística que tenta transformar o que é histórico em natural, de acordo com Barthes. Observe-se que hoje as palavras "sofística", "sofisma", "sofista", apesar de sua etimologia: *sophia* = sabedoria, tem sempre sentido pejorativo de trapaça com o saber. Os sofismas também são chamados de falácias, cavilações. Quando o sofisma não tem intenção de enganar, se chama paralogismo, sendo então culposo, não doloso.

A Erística é a arte da disputa sofística, na qual a controvérsia perde a seriedade e se comercializa e se degrada em mera arte da disputa pela disputa, simples desejo de vencer e tripudiar sobre o adversário, defendendo indiferentemente, a favor ou contra, o que quer que seja, como acontecia na Escola de Megara (Séc. V-IV a.C.).

Os dois lados da Sofística. Aristóteles não só caracteriza a Sofista como disciplina que gera sofismas, como também a disciplina que desmascara os sofismas. Assim, ele, no seu livro: *As Refutações Sofísticas* resgata a sofística. Não se estuda a Sofística para enganar, mas para livrar-se de ser enganado.

A Retórica e a Sofística

A Retórica não se confunde com a sofística. Não tem razão Kant quando considera a Dialética e a Retórica de Aristóteles como uma arte de sofismar.

A Retórica, como disciplina Dialética, nunca deve usar a Sofística como instrumento de fraude, como faziam os sofistas gregos, condenados por Platão, por cultivarem uma Retórica imoral, torpe que defendia indiferentemente o justo e o injusto por meio de embustes. Na refrega entre discursos contrários, cabe, portanto, à Retórica, denunciar e não sucumbir à sedução dos sofismas. Trata-se de uma exigência ética.

2) A Analítica

Aristóteles estuda o raciocínio analítico ou apodítico nos *Segundos Analíticos* e naturalmente levando-se sempre em conta a lição dos *Primeiros Analíticos* que tratam do silogismo do ponto de vista formal.

A Analítica compreende a esfera dos conhecimentos evidentes, verdadeiros e certos. Esses conhecimentos são obtidos por meio de raciocínios analíticos ou científicos ou apodíticos. A Analítica pretende descortinar o mundo da autêntica Ciência. Note-se, porém, que para os antigos a verdadeira Ciência era a Filosofia! Hoje se pensa que a verdadeira Ciência é a Ciência natural, experimental.

Do ponto de vista formal, isto é, independente do conteúdo, esse tipo de raciocínio se caracteriza pela correção e validade. A conclusão decorre automaticamente das premissas. Há uma consequência entre o antecedente e o consequente. Do ponto de vista do conteúdo, busca-se chegar à verdade e à certeza, mediante a evidência.

A verdade, em Aristóteles, se define como a concordância do pensamento com a realidade e, como tal, ela reside no juízo, que é uma proposição que afirma ou nega alguma coisa (um predicado) de outra coisa (um sujeito). Se se disser que "todo cisne é branco", isso será verdade se realmente todo cisne for branco. Se se disser que "todo urubu é preto", isso será verdade se, por acaso, não existir urubu de outra cor.

O critério imediato ou mediato de verdade que permite discriminar entre um juízo falso e um verdadeiro, reside, em última análise, na evidência, que é a clareza com que um juízo se impõe à mente de modo irrecusável. É evidente que "o todo é maior do que a parte". A evidência arrebata e exige a adesão da mente. A certeza é um estado de espírito em que se aceita uma sentença, sem hesitação, com segurança, sem medo de rejeitar a sentença contrária.

A Analítica e a Retórica
Segundo Aristóteles, a Analítica fica fora da Retórica. Que a água se componha de Hidrogênio + Oxigênio é um dado inquestionável, demonstra-se, não se argumenta. A Retórica começa onde termina a Analítica. Se não se questiona e opina, não há Retórica.

A extensão do analítico. O problema, como se verá adiante, consiste em determinar se existe e qual a extensão do analítico ou científico ou incontroverso.

É hoje terminologia corrente que demonstração é o modo cientifico de raciocinar e argumentação é o modo dialético de raciocinar.

3) A Dialética

A Retórica se situa dentro da Dialética que, por seu turno, se situa dentro da Lógica. Aristóteles estuda o raciocínio dialético nos *Tópicos*, nas *Refutações sofísticas* e na *Retórica*.

A "Dialética" compreende uma área distinta do conhecimento nem sempre respeitada por muitos filósofos e que se situa, com igualdade de direitos, ao lado do conhecimento científico. Ela gira ao redor de uma questão que sempre admite posições contrárias, contraditórias ou simplesmente diferentes. O conhecimento científico (analítico) procura chegar à verdade, à certeza por meio da evidência. A "Dialética" busca o que é mais aceitável, o que é mais razoável, o que vale mais. Estamos diante do domínio do controverso, do discutível. O que é realmente científico não depende de acordo, obriga; o dialético depende de uma negociação com o receptor. Uma opinião pode ser aceita por todos, ou pela maioria, ou pela elite dos homens. Baseia-se, pois, no argumento de autoridade. A Dialética rege o mundo da opinião, não da certeza. Na Dialética, sempre se pretende ganhar a adesão de alguém.

Um discurso é dialético porque resulta, como ponto de partida, de uma questão discutível, discutível porque controversa e enquanto controversa, admitindo opiniões divergentes. O discurso dialético se propõe defender a melhor opinião.

Assim, a Dialética é uma arte de discutir argumentando a favor ou contra, em que se raciocina baseado não na transferência de verdades das premissas para a conclusão, mas de opiniões.

Note que, mesmo quando uma prova isoladamente é verdadeira, no conjunto da argumentação ela é dialética.

Suponhamos que se levante uma questão problemática e suponhamos que não haja condição de se chegar à verdade e à certeza. Pode-se, porém, chegar à opinião mais verossímil e, pois, mais aceitável. E isso pode ser urgente, necessário. Um participante da discussão defende uma opinião, outro participante defende outra opinião como sendo a preferível. Eles podem debater entre si de dois modos ou por meio do diálogo ou por meio de discursos.

Daí a existência de uma "**Dialética geral e especial**"

A Dialética geral é "a faculdade de fornecer provas nas questões que comportam soluções divergentes", sendo uma arte de discutir, de disputar, de dissertar, de argumentar a favor e contra.

A Dialética rege toda a construção do diálogo e do discurso. Depois de suscitada a questão, o debate dialético começa pela invenção que consiste em achar (*in-*

venire) os argumentos e avaliar o valor lógico dos argumentos encontrados. Vem, a seguir, a segunda fase da atividade dialética que é constituída pela disposição. A Dialética exige também o controle da congruência da elocução. A memória também se põe a serviço da dialética.

A Tópica é uma disciplina dialética destinada a auxiliar particularmente a invenção, sendo um modo todo particular de achar os argumentos "nos lugares-comuns" para depois organizá-los metodicamente. Vigorosa na Antiguidade, atualmente a Tópica é negligenciada.

Dialética especial: o diálogo e o discurso

Desde remota antiguidade, de acordo com o instrumento que usa para persuadir, a Dialética geral se ramifica em duas subdisciplinas: a Retórica e a "Dialógica".

A Dialética como parte da Lógica é uma arte de disputar. Historicamente se formaram dois modos de disputar; seja por meio da conversação, isto é, do diálogo, daí se dizer Dialética Dialógica; seja por meio de discursos retóricos, daí se dizer Dialética Retórica.

Foi Cícero, no *Orator* (32, 113-114), quem impôs essa concepção, que ele julga derivada de Aristóteles, a saber, que a Dialética é uma disciplina geral e que, por sua vez, se divide em duas disciplinas especiais, de acordo com o instrumento de investigação que usa, a saber, o diálogo socrático (*disputatio*) ou o discurso oratório (*oratio*): *utrumque in disserendo est*. A Dialética por meio de diálogos ou por meio de discursos são, como confirma Cícero, os dois caminhos em que a "Dialética" se bifurca, "duplicem docendi viam". A Retórica e a conversação são duas disciplinas afins que empregam o método de pensar dialético.

De fato, esse ponto de vista é realmente assumido por Aristóteles, no início da sua Retórica, onde se lê que a Retórica é "antístrophos" da Dialética, o que significa que é uma contrapartida da Dialética, o outro lado da moeda. Em outros termos, a Dialética geral se divide em duas espécies: Retórica e Dialógica, duas disciplinas irmãs, coordenadas, não subordinadas entre si. Cícero explica esse parentesco dizendo que ambas são "limítrofes", "vizinhas". Pelo que a Retórica e a Dialógica como espécies de um mesmo gênero se assemelham e se distinguem. A Retórica é um debate potencial entre discursos, diante de um auditório; a Dialógica é um debate de falas alternadas, por meio de perguntas e respostas, entre interlocutores os quais, segundo Perelman, devem ser considerados como auditório.

Cícero ilustra, (em *Orator* 32, 113), a diferença entre o discurso retórico e o diálogo socrático, lembrando a lição de Zenão de Cício (340-265 a.C.) que demonstrava a diferença entre uma coisa e outra por meio de um gesto metafórico das mãos "manu demostrare solebat". Cícero documenta esse episódio relatando que ao se perguntar ao fundador do Estoicismo qual a diferença entre ambas as coisas, ele se limitava a abrir e fechar a mão. A mão aberta, espalmada alude ao discurso retórico, mais abundante, ininterrupto, dilatado, descontraído, bem ornamentado. A mão fechada, em punho, quase em guarda, alude ao diálogo mais conciso, contido, contraído, interrompido por perguntas e respostas, entre os interlocutores. No entanto, para se entender corretamente a lição de Zenão de Cício importa saber que ele está fazendo a distinção entre duas espécies de argumentação dialética pelo discurso e pela conversação. Note-se que a mão é a mesma!

Quintiliano segue Aristóteles e Cícero quando trata dos dois tipos de oração: "duo genera orationis" (2.20,7), uma "perpétua", isto é, contínua, outra "concisa", isto é, interrompida.

De qualquer forma, a Dialógica não é um mero diálogo catequético, onde se alternam perguntas e respostas apenas com o intuito de fazer uma verificação do que se aprendeu sobre um assunto.

Nem todo diálogo é dialético!

O diálogo é dialético quando os participantes da conversação debatem pontos de vista diferentes. Pelo que se pode falar em diálogo dialético e não dialético. Sem dúvida que se pode imaginar um diálogo sem preocupação de persuadir. O próprio diálogo catequético, como vimos, não passa de uma verificação do que se aprendeu.

Mistura de Retórica e Dialógica. Momentaneamente, a Retórica se impregna de Dialógica quando, num discurso, se introduzem alguns momentos de diálogo entre orador e ouvinte. A Dialógica se retoriza quando, num debate, as falas se alongam muito, como acontece frequentemente nas falas dos diálogos de Platão.

Resta, ao cabo, não perder de vista e fixar bem a lição que a Retórica também é uma disciplina dialética. A Dialética pode ser retórica ou dialógica.

Na Renascença, ao passo que o educador protestante luterano, Melanchthon (Séc.XVI.), nas pegadas de Aristóteles, afirma o parentesco entre a Retórica e a Dialética considerando-as inseparáveis, outro humanista protestante, o calvinista Petrus Ramus, nega categoricamente que haja algo de comum entre a Retórica e a Dialética. Retórica é uma coisa, Dialética é outra. Petrus Ramus considera a distinção de Zenão como fútil.

Novas disciplinas dialéticas sob a influência da retórica

A partir da Idade Média, amplia-se o leque das disciplinas dialéticas. Entre elas se destacam a epistolografia, os documentos notariais e diplomáticos particularmente sob o influxo do modelo do discurso retórico. A própria prece desenvolve seu caráter dialético.

7. O CONCEITO DE OPINIÃO

Uma vez que a Dialética se restringe ao mundo da opinião, convém caracterizar-se o que seja a opinião.

Distingamos entre: ignorância, dúvida, certeza, opinião que são estados da mente em relação com a verdade. A ignorância é a escuridão; a dúvida é o obscuro e confuso; a certeza é o claro e distinto; a opinião é o claro-escuro.

A opinião se contrapõe à certeza e à dúvida e vai além da ignorância, conciliando um pouco de certeza com um pouco de dúvida.

Na ignorância, temos a ausência da verdade escondida pelas trevas, sem nenhuma réstia de luz.

Temos certeza quando a mente adere, sem medo de errar, a uma sentença que considera verdadeira e evidente. A certeza é a luz.

A dúvida se dá quando a mente hesita entre os dois lados de uma questão sem se decidir nem por um nem por outro. Os dois pratos da balança ficam no mesmo nível.

A opinião acontece quando a mente diante de uma dúvida se inclina para um dos lados da questão, que considera mais aceitável, mas sempre com um tanto de receio que a sentença oposta possa ser melhor. Não se tem a garantia que proporciona a verdade e a certeza. A mente faz um juízo de valor, não de realidade.

A opinião pode ser individual ou pública: tratando-se ou da opinião adotada por um indivíduo ou por todos ou pela maioria ou pela elite de um grupo. A opinião individual se torna pública e a opinião pública se individualiza.

A Retórica, entre os meios de comunicação, tem, sem dúvida, um papel relevante na consagração da opinião pública, pois, a opinião pública, como toda opinião, resulta de um trabalho penetrante de persuasão. A persuasão é inseparável da opinião.

Os dois partidos sobre a opinião

Dois partidos se destacam em relação à opinião na História da Filosofia. De um lado Platão, de outro, Aristóteles.

Platão menospreza o conhecimento pela opinião por ser controverso, podendo tanto ser verdadeiro como falso. Ele só admite o conhecimento da verdade.

Aristóteles entrelaça o conhecimento da verdade com o conhecimento pela opinião.

Na linha de Platão, vem Descartes que repudia o verossímil e só aceita a evidência, vem Kant que rejeita a opinião porque ela trata de ilusões como se fossem verdades.

8. A DIALÉTICA ARISTOTÉLICA E AS OUTRAS DIALÉTICAS

A palavra "Dialética" ora é sinônima de Filosofia, ora é sinônima de Lógica. Em Aristóteles, porém, ela tem um sentido particular, significando uma parte da Lógica, a lógica da opinião e, como tal, continua em vigor e operacional. As teorias dialéticas anteriores (Platão) e posteriores (Hegel...) não a "superaram", além de que, na sua significação básica, ela sobrevive em todas as demais dialéticas.

Convém, no momento, confrontar, ainda que de passagem, o conceito dialético de Aristóteles com outros conceitos em que a Dialética adquire um sentido quase mágico, como se fosse um "deus ex machina".

Zenão de Eleia (490-430 a. C.). Aristóteles considera Zenão de Eleia o fundador da Dialética, como arte de discutir opiniões por meio do diálogo. Ele se converte num dialeta ao defender as teorias paradoxais de seu mestre Parmênides sobre a unidade e imobilidade do ser.

A Dialética sofística. Os sofistas encampam e divulgam a dialética, mas a praticam de modo abusivo.

A Dialética de Platão (428-348) tem dois aspectos: um lógico (como método), outro metafísico (como ciência).

Sentido metafísico, místico

A Dialética é uma ciência, a ciência suprema, a Sabedoria, a Filosofia. Graças à Dialética, os homens se libertam das "sombras da caverna" e se transportam ao reino da luz. Pela Dialética, a alma ascende ao infinito.

Para Platão, sobre o que é individual, sensível, mutável, fugaz só pode haver opinião. E essa nada vale como modo de conhecimento. Só há realmente ciência do universal, do necessário, do imutável. Não há ciência dos fenômenos, mas das essências. Ora, "neste mundo aqui, em que vivemos", tudo é individual, singular, passageiro. Vejo esta árvore, aquela árvore... Todavia, não se chega, segundo Platão, à essência da árvore porque ele recusa o processo de conhecimento por abstração. Quer dizer que a ciência não é exequível? Onde encontrar o objeto universal da ciência? Para salvar a ciência, Platão cria um mundo à parte, o Mundo das Ideias, onde vivem realmente, como indivíduos, as "Ideias" de todas as coisas: árvore, cavalo, homem... Essas ideias são espirituais, imortais, eternas, universais, invisíveis para os sentidos. O homem, preso ao cárcere do corpo, não consegue, enquanto vive neste mundo de sombras, contemplar as ideias. Como se salva então a ciência? Platão acredita na encarnação e reencarnação das almas. Antes de encarnar a alma contemplou intuitivamente o Mundo das Ideias. Ao nascer no corpo, se esquece de tudo, por se ter banhado no rio do esquecimento, mas a sabedoria do que contemplou fica recalcada no fundo do inconsciente. Portanto, o único caminho, para salvar a ciência e alcançar a sabedoria, consiste em recordar, a partir de vários estímulos, o que foi contemplado no Mundo das Ideias.

A Dialética ensina, pois, o processo pelo qual, nesse mundo em que vivemos, se despertam dentro da alma as recordações do Mundo das Ideias, "saber é recordar". Como é isso possível? Não se trata de mera lembrança, mas de uma recordação. O homem se educa para recordar a verdade que já contemplou, um dia, antes de vir a este outro mundo. A virtude, o amor, a beleza, a discussão socrática ajudam a despertar as ideias adormecidas dentro da alma.

Platão concebe a Dialética como sendo o conhecimento científico, perfeito, a verdadeira sabedoria, mas que é, no fundo, uma forma de conhecimento místico pela recordação do que se conheceu antes de reencarnar. Ele só admite verdades evidentes e certas e nega qualquer valor às opiniões. Por isso, podemos dizer que se tivesse conhecido a Dialética de Aristóteles, seu aluno, certamente a teria repudiado.

Sentido lógico: o diálogo socrático

Platão propõe como método de investigação e ensino da verdade, o diálogo socrático, não o discurso, feito de longas e ampulosas falas e que deixa muito pouca margem para contestação, visto que esta só se efetua num discurso provocado por um discurso anterior. Além de que o discurso dispõe de muita oportunidade para trapaças. Platão confessa que a arte oratória não lhe agrada. Ele prefere a conversação em que se discute por meio de perguntas e respostas e onde a contestação é imediata, pontual. A verdade tem mais condições de nascer na relação pessoal entre poucos interlocutores mais ou menos qualificados do que entre um orador e um auditório constituído por uma multidão anônima, incontrolada e insaciável de bajulação.

Além de tudo, o diálogo socrático que Platão documenta em sua obra se constrói sobre dois recursos: a ironia e a maiêutica. Pela ironia o mestre simula e finge que nada sabe e que o interlocutor tudo sabe. Pela maiêutica o mestre faz com que o interlocutor dê à luz a verdade pela "recordação" da sabedoria, adormecida no âmago da alma renascida.

Retórica frustrada. Assim, de acordo com a concepção platônica, a Retórica só se salvaria como método de ensino do que é verdadeiro e bom. Então não se trataria mais de uma legítima retórica, mas de uma mera lição de Filosofia.

Note-se que para Aristóteles Dialética é o conhecimento pela opinião, não pela verdade! A concepção de Dialética de Aristóteles (384-322 a.C.) difere da concepção de seu professor Platão porque Aristóteles reconhece a validade do conhecimento não só da verdade, mas também da opinião. Por isso, com frequência, ele é acusado de admitir "duas lógicas", uma lógica analítica e uma dialética. Ao passo que para Platão só vale como conhecimento a certeza da recordação do que se apreendeu no Mundo das Ideias, antes da encarnação.

O estoicismo e a Dialética. Dialética = Lógica

O estoicismo de Zenão de Cício (340-265) inventa a palavra Lógica e a divide em Dialética – uma exposição dialogada (como se fosse uma mão fechada) e Retórica – uma exposição ininterrupta (como se fosse uma mão aberta).

A Dialética no *Trivium*

O *Trivium* é a primeira parte do currículo escolar medieval que compreendia a Gramática, a Retórica, a Dialética. A Dialética (= Lógica) ensina a bem pensar, bem disputar. A Gramática ensina a escrever e falar corretamente. A Retórica ensina a falar bem, com abundância, de modo ornado. Ela se vincula com a Gramática e a Dialética.

Dialética Escolástica

Com Santo Tomás de Aquino (1225-1274), realiza-se a volta a Aristóteles. A Dialética mais a Analítica e mais a Sofística constituem a Lógica. O dialético volta a ter o mesmo sentido que tinha em Aristóteles. A Filosofia respira aliviada, pois fica assegurado um lugar não só para as verdades como também para as opiniões.

A Dialética protestante: Melanchthon (1497-1560)

Ele é daqueles que identifica a Dialética com a Lógica, fazendo concessões a Platão e a Aristóteles. Como Platão ele caracteriza a dialética como a arte que ensina a ensinar. "Ensinar," diz ele, "é o que é próprio e principal da Dialética". "Dialecticae finis est docere". Pelo que a Dialética é a arte de bem ensinar, com ordem, com clareza: "Dialectica est ars recte docendi". No fundo ele quer dizer que a Dialética ensina a tratar logicamente de um assunto que se quer transmitir. Ora a lógica ensina a discutir, dissertar corretamente. Um assunto deve ser bem definido, dividido, bem argumentado a favor ou contra. "A elocução é o que é realmente próprio da Retórica". Cabendo ainda à Retórica comover. A Retórica expõe de modo ornado, o que a dialética expõe de modo simples, despojado. A Retórica veste a nudez da Dialética. Adorna-a. A Dialética é a mera exposição didática de qualquer assunto a fim de ensiná-lo corretamente, com ordem. A Retórica é um problema de estilo.

A Dialética é extremamente útil ao pregador a quem incumbe ensinar didaticamente os mistérios da fé. A Dialética serve-se da lógica como um instrumento didático e pedagógico.

A dialética de Kant (1724-1804) – (*Logique*)

Kant também divide a Lógica em analítica e dialética.

Todavia, a Analítica constitui a Lógica da verdade formal, independente de conteúdo. Quanto à Dialética, distingue entre a velha dialética aristotélica e a nova reformulação que faz da Dialética.

Ele repudia radicalmente a velha Dialética aristotélica, como sendo um mau uso da Analítica, sendo uma "lógica da aparência", "uma lógica da ilusão", "uma arte de mera disputa", pretendendo justificar a metafísica: Deus, a alma, o mundo. É "uma arte sofística", disputatória onde tudo pode ser sustentado ou negado, fazendo do redondo quadrado, transformando o negro em branco. Raciocina-se sem base na experiência.

Ao identificar a Dialética persuasiva com a Sofística acaba descarregando o sentido pejorativo da Dialética sobre a Retórica que considera uma arte capciosa de convencer que só serve para iludir o povo, sendo uma autêntica charlatanice. A Dialética, com sua irmã, a Retórica, merecem, por isso, desprezo e deveriam ser abandonadas como coisas de advogados e oradores e indignas de um verdadeiro filósofo!

Nesse ponto, Kant recupera a Dialética, como "Dialética transcendental" que tem por objetivo fazer a crítica da dialética sofística, defendendo-se das ilusões.

Kant, como Platão, mutila o conhecimento humano que se compõe não apenas de verdades, mas também de opiniões verossímeis admitidas por todos os homens ou pela maioria dos homens ou pela elite dos homens. Nosso mundo é feito mais de opiniões do que de verdades.

A Dialética de Hegel (1770-1831) e Marx / Engels (1818-1883; 1820-1895)

Com esses pensadores, fixa-se até agora o conceito moderno e dominante de Dialética como síntese de opostos. A dialética passa a reger toda a realidade, com a diferença de que a realidade para Hegel é espírito e para Marx-Engels é matéria, mas, em qualquer caso, uma realidade dinâmica em conflito.

A dialética não se restringe apenas à marcha do pensamento, como em Aristóteles, mas passa a reger o movimento de tudo: do pensamento, da natureza, da história, estabelecendo as leis do desenvolvimento da realidade: tudo está em movimento; tudo se relaciona; a quantidade se transforma em qualidade; a causa do movimento é a contradição que há dentro de tudo; tudo se nega a si mesmo. Todo processo se desdobra em três momentos: tese (afirmação), antítese (negação da afirmação) e síntese (negação da negação, a conciliação dos contrários). Poder-se-ia dizer que tudo que é dialético se torna analítico e o que é analítico, de novo, se torna dialético. Dialético tem, como em Platão, o sentido de científico.

O declínio previsível de Hegel e do marxismo, depois da "queda do Muro", permitirá um retorno mais confortável da palavra dialética à pureza das fontes aristotélicas.

Benedetto Croce (1866-1952)

"Nexo de distintos". Este filósofo, embora neo-hegeliano, reformula a dialética de Hegel. A dialética não se dá apenas entre opostos, mas também entre distintos, um "nexo de distintos". Assim, intelecto e fantasia, lógica e moral não se opõem, mas se distinguem. As categorias se distinguem e se completam, inclusive há oposição dentro das próprias categorias: belo-feio, verdadeiro-falso.

Perelman (1912-1984)

Com Perelman, em nossos dias, dá-se, nesse ponto, um retorno glorioso a Aristóteles. Nas suas pesquisas sobre o raciocínio, como meio de prova nas ciências humanas, sente a necessidade de recobrar a distinção entre Analítica e Dialética. Ele se rebela contra o empobrecimento da Cultura operada por Descartes e Kant e tantos outros. A Lógica não pode ser acurralada apenas no campo dos raciocínios científicos. Existe o mundo das opiniões que faz parte inevitável da vida do homem. Não se excluem da investigação os valores prováveis. Nas ciências humanas, Perelman não acredita em contradição, mas em incompatibilidades.

Todavia, estranhamente, Perelman ao reassumir a Dialética de Aristóteles, prefere chamar a Dialética de Retórica, entre outras razões, porque Hegel se apossou da palavra.

O mérito de Aristóteles

Nesse ponto, como em tantos outros, se revela a genialidade de Aristóteles na História da Filosofia Ocidental ao postular que a mente humana pode conviver com a verdade e com o verossímil, com a certeza e com a opinião, evitando o sofisma. Assim se salvam a Analítica e a Dialética incluindo-se nesta última a Retórica. Não é absolutamente verdade o que diz Petrus Ramus que Aristóteles "bagunçou" a dialética.

Com Aristóteles, temos que admitir a existência de um conhecimento científico, que busca a verdade e um conhecimento dialético que busca a opinião preferível. Mas notemos que o conhecimento científico é como uma ilha e o conhecimento dialético é como um oceano. Nós vivemos mais de opiniões que de verdades!

Aristóteles, ao mesmo tempo que defende dogmaticamente a legitimidade do conhecimento analítico ou científico, garante igualmente, com espírito progressista, a legitimidade do conhecimento dialético, que ele não confunde com o sofístico e, pelo contrário, transforma o conhecimento sofistico em técnica não de cometer sofismas, mas de desmontar sofismas.

Aristóteles consolida definitivamente o domínio do conhecimento próprio da Dialética, protegendo-o, de antemão, contra a sanha da filosofia racionalista, positivista, cientificista.

Adversários de Aristóteles, em duas frentes:
– De um lado, estão todos quantos invalidam o conhecimento analítico ou científico e acham que o homem só pode viver no mundo da dúvida e da opinião, são assim os céticos de todas as cores.
– De outro lado, estão todos quantos negam o conhecimento dialético ou provável e acham que o homem só deve viver com a verdade e a certeza, repudiando a opinião. Pensam assim, entre tantos outros: Platão, para quem só vale o conhecimento pela "recordação", Descartes, para quem só vale o conhecimento pela evidência e o que se revela "claro e distinto", Bacon, para quem só vale o conhecimento do que se obtém pela experimentação e Kant para quem só vale o conhecimento "sintético a priori"...

9. O DISCURSO ENQUANTO PERSUASIVO

A Retórica tem por finalidade principal persuadir, sendo o objeto formal da Retórica a própria finalidade que é persuadir. A persuasão especifica a Retórica. O discurso retórico é exatamente retórico porque persuasivo. Tudo que importa é persuadir. De acordo com categórica afirmação de Cícero: "primum oratoris officium est dicere ad persuadendum accomodate", isto é, o primeiro dever do orador é falar de modo adequado a persuadir. (*De Oratore* 1,31,138).

Sem persuasão não há Retórica. De todas as propriedades que constituem o conceito de discurso oratório, essa é a que mais se evidencia. A persuasão é o traço distintivo e supremo da Retórica enquanto disciplina dialética que debate o que é mais provável, numa questão. Admitamos logo: o auditório é o alvo necessário da persuasão.

Todo o poder da Retórica se concentra na persuasão, aspirando a ser uma verdadeira "oficina de persuasão". O talento de um orador se mede pela capacidade de fazer prevalecer uma opinião sobre outra, ressalvada a moral. Bom orador não é o que "fala bonito", mas o que persuade! Qualquer definição de Retórica, que não leve em conta a persuasão, é trôpega. Há circunstâncias frequentes na vida que não podemos chegar à verdade, mas isso não significa que devamos "suspender o juízo", resta ainda alcançar senão a verdade pelo menos a opinião mais resistente.

Entrementes, em que sentido se deve tomar a persuasão retórica?

Há na História da Retórica dois grandes conceitos de persuasão em choque: há, em primeiro lugar, o conceito dominante que remonta às origens com Córax, Tísias, Górgias, Isócrates, Aristóteles, Cícero... Esse conceito é representado principalmente por Aristóteles e Cícero. Em oposição a esse conceito há, em segundo lugar, o conceito de raiz platônico. Para Platão persuadir quer dizer ensinar alguma coisa, promovendo o bem e a verdade. Quem ensina persuade.

A concepção de persuasão em Aristóteles e Cícero

Aristóteles define a persuasão como a arte de persuadir por meio de provas. Persuadir é argumentar. Provar é a coisa mais importante da Retórica. Para persuadir é preciso descobrir em cada questão que se discute os meios de prova. As provas podem ser lógicas, psicológicas e morais e testemunhais. Segundo Aristóteles, só o verossímil é objeto de persuasão, não a verdade. A persuasão está a serviço da opinião. Nesse ponto Aristóteles se opõe radicalmente a seu professor Platão para quem a persuasão é um instrumento de exposição da verdade e da opinião verdadeira.

Cícero confirma essa posição aristotélica com a famosa definição de persuasão dizendo que a persuasão consiste em "facere fidem", fazer crer, tornar crível, convencer. Numa controvérsia, argumenta-se a favor ou contra uma opinião.

Esse o sentido correto que deve ter a persuasão na autêntica Retórica. Ela persuade convencendo, comovendo e agradando, por meio de provas e argumentos.

No que se refere a Quintiliano, ele não nega a validade do conceito Aristotélico e Ciceroniano de persuasão, mas não admite que a persuasão assim concebida caracterize a Retórica. A Retórica não se define como arte de persuadir, mas de falar bem, de falar adquadamente o que se pretende.

A Retórica só pode existir fundada no conceito de persuasão proposto por Aristóteles e Cícero. Só há discurso retórico quando há controvérsia de opiniões. A Retórica é a arte de persuadir um auditório a aceitar a melhor opinião e não é, como quer Platão, um método de ensinar a verdade. Objeta-se contra Platão que não se persuade a verdade, ela se demonstra. Só se persuade a opinião.

Persuade-se provando

As provas. Em Retórica, considera-se como prova qualquer recurso que sirva para persuadir. A persuasão se realiza por meio de provas. Tudo que persuade é prova. Compete à Retórica fazer um levantamento de todos os recursos aptos a persuadir. Persuade-se de vários modos: convencendo, comovendo, agradando. A persuasão é o fim, as provas são os meios. Por isso, o aprendizado principal da Retórica consiste em dominar os expedientes persuasórios.

Persuadir etimologicamente vem de: *per* + *suadere*. *Suadere* significa aconselhar. Pelo que, persuadir implica a ideia de aconselhar alguém, levando-o a aceitar, habilidosamente, um ponto de vista, de modo suave. Por outro lado, quem aconselha, persuade.

A suavidade é essencial à persuasão. Isso se pode provar pelo "lugar-comum" da etimologia: persuadir é palavra da mesma família que "suavis" (= suave), que "savium" (= beijo terno), que esclarecem o valor da raiz "suadv-". O prefixo per- indica que o sentido da raiz se realiza do modo pleno.

Persuadere (persuadir) e *iubere* (mandar). "Persuadere" se opõe a "iubere" que significa mandar. O orador é um conselheiro, ele não obriga o auditório, este pode aceitar ou não a sua opinião. Ele não ordena, aconselha. O auditório escolhe porque é soberano. Na ditadura, porém, o discurso do poder constrange, intimida. Na democracia, a persuasão apenas prepara para a ação.

Consequência da persuasão. O auditório pode ser persuadido ou não. Se não é persuadido fica disponível. Se persuadido, a persuasão pode implicar a tomada de uma decisão e essa decisão pode levar a determinado comportamento.

O caráter grave e suave da persuasão. Homero reconhece que a oratória, mesmo a oratória guerreira de seus heróis, combina sempre veemência com suavidade. Quando o industrioso Ulisses soltava a sua poderosa voz, de sua boca "caíam as palavras semelhantes a flocos de neve no inverno". Da boca de Nestor "fluíam palavras mais doces que o mel". O discurso busca a suavidade, mesmo quando o orador se torna veemente. No seu machismo, os teóricos latinos apenas temiam que a oratória buscando a suavidade se efeminasse!

"Canina eloquentia". Não se deve persuadir por meio de uma "eloquência canina", como adverte Quintiliano (12,9,9). Certos oradores, diz Cícero, ladram, não falam! (Brutus, 58). O orador nunca se deve mostrar raivoso. O mesmo Cícero já dissera, "não convém, de modo nenhum, ao orador irar-se". Os latinos atribuíam a origem da palavra "rabula" a "rabies" = raiva. Rábula era o advogado gritador. (Ver *Dictionnaire*, Ernout-Meillet). Cícero insiste repetidamente na doçura como ideal do discurso, mas sem nunca perder a gravidade. Nessa linha, dirá, um dia, Pascal: "A eloquência persuade pela doçura, não pela tirania" (*Pensées*).

A persuasão pelo discurso substitui, nas sociedades civilizadas, a violência. A Retórica resolve uma pendência por meio da confrontação de discursos que devem ser elaborados com muita engenhosidade e avaliados livremente pelos ouvintes. Cícero prescreve: "cedant arma togae" que as armas do militar cedam o lugar à eloquência do civil. No debate dialético, não há lugar para o "argumentum baculinum". Persuade-se convencendo a mente, comovendo o coração e agradando o bom-gosto.

Persuadir e dissuadir. Persuadir é aconselhar, dissuadir é desaconselhar. Na persuasão, aconselha-se a aceitar uma opinião; na dissuasão aconselha-se a não aceitar uma opinião. De qualquer forma, dissuadir é também uma forma de persuadir.

Perelman acentua o aspecto de pacto que deve ter a persuasão entre o orador e auditório como uma verdadeira "negociação". Pela persuasão, o orador procura influenciar um auditório a "aceitar" uma opinião como a preferível. O orador deve procurar "obter a adesão" do auditório. Entre quem persuade e quem é persuadido se estabelece um "contato de espíritos".

O resultado da persuasão sobre o auditório. O auditório é, conforme a definição de Perelman, o conjunto daqueles a quem o orador quer persuadir. O dever do orador é persuadir, mas isso não significa que o orador sempre consiga persuadir. Independente de que o orador consiga persuadir, o discurso se define pela intenção de persuadir.

Persuadir em ato e em potência. Se nem sempre, na prática, o discurso retórico persuade, poder-se-ia objetar que a persuasão não deveria pertencer à definição do discurso Retórico? A propósito, Aristóteles já respondera a esta objeção ao ensinar que o papel da Retórica não é exatamente persuadir, mas encontrar os meios de persuadir numa qualquer questão controversa. De fato, um discurso, em ato, pode persuadir ou não. O auditório não é obrigado a se deixar persuadir. Acontece que, num entrechoque de discursos, um persuade, outro não persuade. A persuasão independe do resultado.

Fim e ofício. Neste assunto, Cícero distinguia entre finalidade da Retórica que é persuadir pelo discurso e o ofício do orador que é buscar os meios adequados a persuadir. Existe como ensinavam os escolásticos um "finis operis" que é persuadir e um "finis operantis" que é buscar os meios para realizar o fim da Retórica. O orador realiza a finalidade da Retórica.

Outras coisas além do discurso persuadem! De fato, não é só a Retórica que persuade. Outras coisas além do discurso persuadem como a sedução, a hipnose, a autoridade, a aparência, a violência... Persuadir é realmente um conceito muito amplo. A persuasão pode ser verbal e não verbal. Por isso, não chega a ser uma boa definição dizer apenas que a "Retórica é a arte de persuadir". Todavia, não é pelo fato de que muitas outras coisas além da Retórica persuadem que a persuasão não possa fazer parte essencial da definição da Retórica. O que particulariza a persuasão retórica é que ela se realiza verbalmente por meio do discurso.

A retoricidade

Retoricidade é a virtude que tem qualquer texto, em qualquer linguagem, de ser persuasivo e dialético. Restaria mesmo saber se existe um texto, não científico, como é óbvio, que não fosse, de alguma forma, persuasivo e dialético. Pelo que se pode generalizar dizendo que tudo que persuade é dotado de retoricidade.

Entrementes, a persuasão é uma atividade vital da sociedade humana. Repare-se bem: sempre estamos tentando persuadir! Não há fala inocente. Persuade-se até que não se deve persuadir. Sem persuasão, os homens emudeceriam. Quando é que efetivamente não estamos persuadindo!?

Acontece que a Retórica é o lugar exemplar da retoricidade. Por isso, tudo que persuade tem analogia com o discurso retórico.

A persuasão na "Retórica Semiótica"

Como já advertimos, cabe à Semiótica o estudo de discursos retóricos, em qualquer linguagem, como, por exemplo, em um poema, em um quadro, em um anúncio, em um filme etc. Note-se que, no fundo, o discurso retórico semiótico sempre pode ser traduzido em linguagem verbal. A formosíssima Laís tenta, por suas carícias, vencer o filósofo Xenócrates, mas esse episódio só se torna um discurso oratório semiótico depois que Olavo Bilac o traduz no famoso soneto: *A tentação de Xenócrates*.

O bom e o mau uso da persuasão

Platão só aconselha usar a persuasão como um processo para ensinar a verdade e o bem. Quando se coloca a persuasão a serviço da opinião corre-se severo risco porque a opinião pode ser verdadeira ou falsa, boa ou má. Parece-lhe que a Retórica, em moda, em seu tempo tinha liberalizado demais a persuasão, tornando-a disponível para qualquer aventureiro, a qualquer propósito. Ela pode ser usada por honestos e desonestos.

Entretanto, segundo a lição de Aristóteles, a persuasão em si não é um mal. Como tudo, ela pode ser usada para o bem e para o mal. Quem persuade deve se conduzir pela Moral. Ninguém pode persuadir indiferentemente o bem ou o mal, como faziam os sofistas. Assim, para Aristóteles, a persuasão define a Retórica e deve ser usada a serviço do bem. Por outro lado, o próprio mecanismo da Retórica controla os danos da persuasão, pois a todo discurso se pode contrapor um outro discurso e todo discurso nasce sempre de uma questão debatida democraticamente e o resultado depende da aprovação ou reprovação da maioria dos ouvintes.

10. OS *"TRIA OFFICIA"*: OS TRÊS MODOS DE PERSUADIR

A Retórica antiga distinguia três modos de persuadir, "tres persuadendi viae", a saber, "docere", "movere" e "placere", isto é, ensinar, comover e agradar.

Cícero chamava a esses três modos de persuadir de os *Tria officia*.

A finalidade geral da Retórica é persuadir, mas ela se realiza de três modos. Desses três modos, o único que gera problema é "docere", ensinar. "Movere" e "placere" não oferecem dificuldade. Não exigem reavaliação.

As duas concepções de *docere*

A divergência gira ao redor do conceito de "docere". Efetivamente há uma concepção de "docere" que remonta a Platão e uma que remonta a Cícero.

Para Cícero, *"docere"* quer dizer convencer. Essa doutrina se repete reiteradamente nas obras de Cícero (*Brutus* 197/ *Orator* 21,69/ *De oratore* 2,121)...

Na linha platônica "docere" significa simplesmente ensinar, independente de convencer. De fato, em Platão e seus seguidores "docere" significa ensinar, mas ensinar a verdade sobre um assunto. Com isso Platão descaracteriza a Retórica.

A concepção de Cícero é a vitoriosa. O Padre Vieira confirma essa melhor posição: "uma coisa é ensinar, outra coisa é persuadir" (*Sermão da Sexagésima*). A Retórica deve ser um debate de opiniões.

Com base na doutrina de Cícero nada nos impede de reformular, com mais coerência, os "tria officia" nestes termos mais congruentes: convencer, comover e agradar.

Em obediência aos critérios lógicos da divisão, ao orador cabe persuadir em três níveis: convencendo a mente, comovendo o coração, agradando o bomgosto. Essa, a missão principal do orador.

Persuadir é termo genérico e se exercita em uma área intelectual, em uma área emocional, em uma área estética. Como bem adverte Hegel, a persuasão envolve todo o homem.

1) Convencer corresponde em Cícero a: *docere, probare, conciliare*. O orador persuade convencendo diretamente o entendimento dos ouvintes. Portanto, convencer é um dos modos fundamentais de persuadir. Hoje se poderia dizer que convencer pertence à "inteligência racional". A inteligência racional administra ideias, juízos e raciocínios.

Portanto, *docere*, em Cícero, visa a convencer. De fato, Cícero costuma, com frequência, substituir "docere" por "probare" (provar), "conciliare" (conciliar) e esses termos levam ao sentido de convencer. "Probare" e "Conciliare" visam conquistar a adesão da mente dos ouvintes. Além de que, Cícero reforça esse entendimento ao explicar em que consiste o dever de ensinar. "Docere", confirma ele, consiste em narrar e argumentar. Ora, essas duas partes do discurso: a narrativa e a argumentação pretendem exatamente convencer a mente dos ouvintes. O orador ensina para convencer. Assim, "docere" é ensinar para instruir e instruir para convencer. Quem narra e argumenta pretende convencer.

2) **Comover, em Cícero se diz:** "movere", "commovere", "flectere". Comover é um dos três modos de persuadir, por isso não se deve identificar persuadir apenas com comover, como se costuma. O orador persuade despertando, no auditório, sentimentos que comovem o coração o qual arrasta indiretamente o entendimento. O auditório se sensibiliza com o caráter do orador ou se deixa arrastar pela força das paixões que o discurso suscita. Cabe à "inteligência emocional" administrar a vida afetiva. O orador controla os próprios sentimentos e os sentimentos dos ouvintes.
Aristóteles recrimina seus antecessores que limitavam a persuasão à afetividade. E entretanto, a oratória de procedência estoica pretendia eliminar da oratória qualquer manifestação de afetividade.

3) **Agradar. (Em Cícero: placere, delectare).**
O orador também persuade agradando a faculdade do gosto. O discurso deve agradar sobre todos os pontos de vista, mas sobretudo pela linguagem. De fato, é na elocução que a beleza tem seu lugar de predileção graças às louçanias de estilo, tirando o máximo partido dos efeitos das figuras de linguagem. Os elementos estéticos funcionam como meios de prova, persuadindo indiretamente o entendimento. A intensificação dos recursos estéticos dá à Retórica um caráter quase literário.

Note-se que há sério risco de se sobrevalorizar esse objetivo, pois um discurso não se faz meramente para agradar. Agrada-se para persuadir. Essa preocupação de agradar por agradar sem persuadir é responsável, em boa parte, pelo traço pejorativo que se assaca, às vezes, à Retórica.

Interdependência das três tarefas persuasivas. Praticamente, num discurso, as três tarefas sempre se fazem presentes de alguma forma, mas sempre uma delas é a dominante. Elas se integram harmoniosamente.

Mas qual das três tarefas é a principal, a mais necessária, a mais indispensável? Sem dúvida nenhuma, de acordo com Aristóteles, a principal é convencer. Entretanto, o ideal é harmonizar as três tarefas.

Pode-se apenas convencer sem comover e sem agradar. Mas não se comove e agrada sem convencer. Quem comove, comove para convencer. Quem agrada, agrada para convencer.

Redução final das tarefas. O homem é um ser essencialmente racional. Das três, a função decisiva é convencer a inteligência, as outras tarefas: comover e agradar pressupõem a argumentação. O que não se filtra em um raciocínio, não vale como prova. Não importa que essa operação se faça num nível veloz e quase subconsciente. No fundo, sempre nos comovemos e nos comprazemos mediante um raciocínio. É o intelecto quem ilumina o caminho das emoções e do gosto.

Persuasão clássica e Romântica. A disputa pela hegemonia entre convencer e comover permite distinguir, historicamente, dois tipos de Oratória: a que vigora nas épocas de classicismo, onde domina o convencer e a que vigora nas épocas românticas, onde domina o comover, havendo em ambas as épocas forte preocupação de agradar. Em outros termos, há uma Retórica apolínea que se esmera em convencer e outra dionisíaca que se esmera em comover.

Redução insatisfatória a duas funções: "persuadir e convencer"

Na concepção terminológica que defendemos, com base em Cícero, persuadir é termo genérico que inclui os *"Tria officia"*: convencer, comover, agradar.

Persuadir e convencer

Em oposição a essa doutrina dos *tria officia*, fundada em Cícero, existe uma outra doutrina, que reduz insatisfatoriamente as funções da Retórica a duas, a saber: persuadir e convencer, sem sequer um termo geral. Historicamente, a teoria que reduz a finalidade da Retórica a "persuadir e convencer", nunca harmonizou os termos entre si. De fato, vejam-se os Dicionários de Língua Portuguesa que ora consideram as duas palavras como sinônimas, ora consideraram convencer como operação intelectual e persuadir como operação emocional.

Para Pascal persuade-se pelas razões do coração, de acordo com o "espírito de fineza". Convence-se pelas razões da razão, de acordo com o "espírito geométrico" ou matemático ou científico.

Quase nos mesmos termos, para D´Alambert, persuadir significa comover. Convencer significa conquistar a mente.

Para Hugo Blair convencer é atividade da inteligência, persuadir é atividade da vontade.

Para Kant, persuadir e convencer são formas de crença. Convencer existe quando a crença se funda em razões consideradas objetivas para muitos e subjetivamente suficientes. Persuadir existe quando a crença se funda apenas em razões individuais subjetivamente suficientes. São subjetivas, mas tratadas como se fossem objetivas. Baseia-se numa certeza interior sem fundamento na realidade. Para nosso filósofo, de fato, persuadir quer dizer ludibriar. A arte oratória persuade e, pois, ludibria. "A Filosofia não tolera persuasão", "Toda persuasão é falsa", dizia ele. (*Logique*).

Perelman propõe a mesma distinção apresentada por Kant, mas em termos mais sofisticados. Usa-se persuadir quando se quer obter a adesão de um "auditório particular", usa-se convencer quando se quer obter a adesão de um "auditório universal". O orador persuade quando se dirige a um auditório particular e só exige a adesão desse auditório concreto à sua argumentação. O orador convence quando se dirige a um auditório que ele imagina universal, exigindo então a adesão à sua argumentação de todo ser dotado de racionalidade, seja leitor seja ouvinte.

Chaignet apresenta uma distinção original, muito útil, dando a persuadir o sentido de influenciar os outros e a convencer, o sentido de influenciar-se a si mesmo. Persuade-se alguém, convence-se a si mesmo (*La Rhétorique et son Histoire*). Na verdade, só conseguimos influenciar os outros, começando por influenciar-nos a nós mesmos, como já ensinava Horácio (*Arte Poética*, 100).

11. A PERSUASÃO PLATÔNICA

A oposição entre persuasão platônica e aristotélica. A partir de Platão e Aristóteles se configuram dois conceitos conflitantes de persuasão. Há uma persuasão platônica e uma persuasão aristotélica. Persuadir significa coisa muito diferente para os dois luminares da Filosofia.

A Retórica, nos termos em que foi criada, no seu berço, se constitui como uma arte de persuadir por meio do discurso. Ela nasceu com a finalidade de persuadir. Persuadir queria dizer levar um auditório a aceitar, mediante provas, um dos lados de uma questão discutida.. A Retórica não visava a persuadir a verdade, mas uma opinião. Essa concepção inicial da Retórica foi assumida pelos filósofos sofistas que a introduzem em Atenas de onde ela se difunde pelo mundo conhecido. Cumpre notar que embora abusassem da Retórica tinham dela uma concepção correta. Acontece que, nas mãos deles, dada a visão relativista que adotavam do conhecimento, a Retórica passa a persuadir indiferentemente o lado justo ou injusto de uma opinião. Com eles a Retórica decai realmente em dignidade. A Retórica se torna independente da moral.

Era esse o estado de coisas, quando Platão toma conhecimento dessa Retórica sofista que vigorava em seu tempo, sem nenhum freio. Ele a combate visto que ela se choca violentamente contra os princípios filosóficos que patrocina, sobretudo os princípios morais. Esse comportamento abusivo da Retórica indignou profundamente Platão que passou a investir pesadamente contra tal prática, denunciando, de modo candente, que os discursos promovidos pelos sofistas pretendiam alcançar não o que é, mas o que parece ser de acordo com o interesse particular.

Diante desse espetáculo doloroso, Platão condena a Retórica estabelecida pelo sistema e sugere a possibilidade da criação de uma nova Retórica.

Para destruir essa Retórica viciosa, ele tenta reconstruí-la, o que faz nos dois celebrados diálogos: o *Górgias* e o *Fedro*.

O ponto principal que ele toma na avaliação dessa Retórica é o conceito fundamental de persuasão. Um conceito definidor.

Ele começa por rejeitar a definição da Retórica adotada pelos sofistas como uma arte de persuadir pelo discurso. Diz-se pelo discurso para se diferenciar de outras coisas que também persuadem como a força, a sedução. Além disso, ele ressalta que a Retórica sofista tanto patrocina as opiniões falsas como verdadeiras.

Em lugar dessa conceituação, Platão sugere o projeto de uma nova Retórica baseada num novo modo de conceber a persuasão.

Que é persuadir para Platão? Para ele persuadir quer dizer ensinar. Tudo que se ensina persuade. Quem ensina persuade e quem aprende está persuadido. Ao se ensinar questões de Aritmética, persuade-se Aritmética. Persuadir é ensinar alguma coisa à luz da verdade e sempre respeitando a moral. Pela persuasão se faz conhecer alguma coisa. Platão propõe uma "concepção didática da persuasão".

Ele concebe dois modos distintos de persuadir. Há um modo de persuadir que produz o saber que só pode ser verdadeiro e um modo de persuadir que produz a opinião que é uma crença que tanto pode ser verdadeira como falsa. Contrariamente ao que os sofistas propõem, Platão concebe novos limites para a persuasão. O objeto da persuasão passa a ser a verdade e a opinião verdadeira, nunca a opinião falsa. A persuasão consiste em ensinar a verdade para que alguém a aprenda e fique persuadido e ensine a opinião verdadeira repudiando rigorosamente a opinião falsa. A Retórica não se desvincula da verdade. Em outros termos, a Retórica só pode estar a serviço da Filosofia ou Sabedoria, nunca, em hipótese nenhuma, pode se desviar dos supremos valores que se identificam: a verdade, o bem e o belo.

Nesse ponto, ele lança os germes de uma peculiar concepção da moral da Retórica. Assim a Retórica será honesta se o orador for honesto. A partir daqui, na História da disciplina, começa-se a exigir que o orador seja um homem virtuoso pela honestidade e competência oratória. Essa ideia vai ser retomada por Catão e Quintiliano. O discurso começa a ser um ato de virtude, ideia essa retomada pelos estoicos.

Platão sugere uma Retórica de um rigorismo moral a toda prova. Só se pode persuadir o bem e a verdade, não se admitindo a menor transigência.

Nesse momento, com essa atitude de Platão, vive-se um dos momentos capitais da História do homem. Platão lança a doutrina "que não se pode nem praticar a injustiça, nem receber a injustiça, mas entre estas duas coisas seria preferível receber a injustiça que praticar injustiça". O orador nunca pode ser injusto, nunca. O culpado deve reclamar pelo castigo. O castigo regenera a alma, é uma bênção. Não se deve negar a culpa.

A partir da distinção entre os dois modos de persuadir, Platão concebe a existência de duas Retóricas: uma má, demagógica que é a Retórica operada pela sofística de seu tempo, ela nem chega a ser uma arte, é uma rotina, comparável com a culinária de seu tempo. Essa pretensa Retórica está para a Filosofia assim como a culinária está para a medicina. É uma gastronomia que só busca o prazer, não a saúde. Platão, de modo precursor, denuncia aqui indiretamente que os gregos de seu tempo também não se serviam de uma comida saudável. Em expectativa, se desenha no horizonte uma nova Retórica saudável. Essa Retórica de marca democrática não existe ainda, mas já pode ser pressentida em face dos valores platônicos. A Retórica má, sofística, demagógica precisa ser alijada do convívio humano porque busca o que interessa, não o que importa, não se empenhando em melhorar os homens. Julga-se poderosa, mas de um falso poder ditatorial.

A Retórica platônica não se deve reduzir a ensinar a escrever bem e declamar bem belos discursos, tem que conhecer a verdade sobre que escreve ou declama. Importa conhecer a verdade, não sua aparência, devendo-se buscar a ciência, não a crença subjetiva. É pela verdade que se persuade, não pela aparência de verdade. A Retórica para Platão deve ensinar a falar e escrever bem, não para ensinar o que parece verdade, mas a própria verdade. Se a Retórica é arte de persuadir, todavia não se pode persuadir sem a verdade. Quando já no tempo de Platão se definia a Retórica como arte de "dizer bem", Platão entende que dizer bem é dizer a verdade. Não há uma arte de falar bem desvinculada da Filosofia. A Retórica exige o conhecimento da Filosofia para poder governar as almas. Sem Filosofia, ela não será capaz de falar sobre nada.

A conclusão dessa visão platônica da persuasão retórica é que o orador deve fazer sempre um bom uso da Retórica. "Não se pode utilizar a Oratória de maneira indevida".

Aristóteles, a seguir, faz uma revisão crítica da Retórica e a livra dos desvios teóricos de Platão e dos abusos dos sofistas. Contra estes últimos sustenta que a Retórica é uma técnica cujo emprego tem de se subordinar à moral como todo comportamento do homem. O que sumamente importa e basta para Aristóteles é que as opiniões sejam éticas. Não é preciso que o orador seja um santo. Com ele se opera um saneamento da Retórica sofista. A Retórica busca apenas, numa questão discutida, recolher os meios de prova. A Retórica ensina a provar, sendo essa a coisa mais importante da Retórica. A Retórica se livra dos enganos por meio de uma nova disciplina – a Sofística; a arte de desmascarar sofismas.

Entrementes, Platão desfigura a Retórica

Apesar da nobreza de suas ideias, no afã de construir uma Retórica de pureza moral absoluta, Platão propõe uma Retórica que não é tecnicamente uma Retórica, sendo qualquer outra coisa. A Retórica ou é uma disputa entre opiniões diferentes por meio de discursos sobre uma questão controversa a respeito da qual não se pode chegar à verdade e à certeza ou então não é Retórica. Platão quer converter o discurso retórico numa lição de filosofia. Não cabe à Retórica buscar a verdade. Isso pertence a outra área da Lógica. O homem não vive apenas no mundo da verdade e da certeza, vive, sobretudo, no mundo da opinião. Não se pode evitar o confronto de opiniões. Platão só aceita o mundo da certeza e da verdade e não o mundo mais amplo da opinião. Mais tarde, na mesma esteira navegarão Descartes, Bacon...

Na Retórica de linha aristotélica, a persuasão se vincula com as origens da Retórica cuja finalidade consiste em persuadir. O orador tem de levar um auditório, por meio de provas, a admitir um dos lados de uma opinião. Persuadir é provar. Só se persuade o que é discutível. O discurso, na medida em que é dialético, tem como finalidade defender a melhor opinião, numa questão controvertida, não lhe cabendo buscar a verdade, o que pertence às elucubrações da "Lógica Analítica".

A Retórica não é uma arte de ensinar a verdade como Platão desejaria que ela fosse, pois a Retórica tem como domínio próprio a melhor opinião, não a verdade. Para esse Filósofo imortal, a persuasão é apenas um recurso didático de que se serve quem ensina o que é verdadeiro e justo.

Segundo Aristóteles, cabe à ciência "demonstrar", à Retórica persuadir. Na realidade, a persuasão é estranha ao método científico. A ciência, enquanto ciência, não persuade, demonstra, baseando-se na evidência e não na opinião ou crença. Para ela, não vale o argumento de autoridade. Não se persuade ninguém que, em determinadas condições, a água resulta da combinação de hidrogênio com oxigênio. O que é evidente se admite coercitivamente. A Ciência prova sem precisar persuadir, pois, o que exige persuasão não atingiu o nível científico. Tecnicamente, persuade-se o maior valor que uma opinião tem sobre outra.

Consequência do ponto de vista platônico

A ideia platônica de que a persuasão consiste em ensinar somente a verdade se generaliza e conquista muitos adeptos. Todavia, ela leva a confundir "persuadere" com "docere". E de fato, Quintiliano já testemunha a existência de muitos autores que, sob influência de Platão, atribuem à Retórica como função principal ensinar, "docere" (5.1.1). Diz-se que a persuasão consiste em *docere*, (ensinar), *movere* (comover) e *placere* (agradar), dando-se um sentido inadequado a "docere" de ensinar e não de convencer que é persuadir pela razão.

No *Sermão da Sexagésima*, o nosso Padre Vieira denuncia essa confusão: "uma coisa," diz ele, "é expor e outra pregar; uma ensinar e outra persuadir, desta última é que eu falo".

12. O CISMA DE QUINTILIANO

A Retórica é, na sua essência, a arte de "dizer bem" ou de persuadir?

Segundo afirmação categórica de Quintiliano, a finalidade e o objetivo específico da Retórica é "dizer bem" e não persuadir. Em vista disso, para ele, a Retórica se define como uma arte de bem dizer, "ars bene dicendi", independente de persuadir (2,15). A Retórica ensina a dizer bem o que se tem a dizer.

Embora não se dê conta disso, coube a Quintiliano desencadear uma das maiores dissidências dentro da Retórica ao repudiar a definição da Retórica de procedência aristotélica que concebe a Retórica como arte de persuadir. Apesar de tudo, Quintiliano repudia a definição aristotélica de Retórica como arte de persuadir, sem se afastar do resto da doutrina retórica de Aristóteles a quem ele exalta como um gênio.

A Retórica, desde suas origens com Córax, Tícias, Górgias e depois de sua consolidação com Isócrates, Aristóteles, Cícero se define especificamente pela persuasão. Ela é uma *"ars persuadendi"*, uma arte de persuadir os ouvintes a aceitar a melhor opinião a respeito de uma questão controversa. Dizer bem é apenas um recurso que ajuda a persuadir.

No Século I da Era Cristã, Quintiliano levanta, em nome da Lógica e da Moral, pesada oposição contra a validade dessa concepção persuasiva da Retórica, já consolidada, abrindo assim uma brecha dentro da Retórica Antiga concebida que era como essencialmente persuasiva.

Quintiliano se apoia na Lógica

Ele argumenta que persuadir não define a Retórica, pois muitas outras coisas persuadem como o dinheiro, a força, a beleza, a bajulação... E não fazem parte da Retórica. Ora, de acordo com as leis lógicas propostas pelo próprio Aristóteles, uma definição só deve valer para o definido. Logo, definir a Retórica como arte de persuadir não a caracteriza.

De nada adianta, segundo Quintiliano, acrescentar que a Retórica é a arte de persuadir pela palavra, pelo discurso. Essa definição se aplicaria a outras coisas além da Retórica como, por exemplo, às meretrizes, aos aduladores, aos corruptores que também persuadem pelas palavras.

Além do mais, ele reforça que nem sempre "o orador persuade"! Com efeito, o orador ora persuade, ora não persuade. Por isso, a persuasão nem sempre caracteriza a Retórica. Só valeria para os discursos que efetivamente persuadissem.

Se a Retórica não se define como arte de persuadir pelo discurso, como Quintiliano a define? Ele a define como arte de "dizer bem" (2,16). Sem dúvida uma fórmula vaga e ambígua.

Mesmo assim, nada disso impede Quintiliano de encontrar uma saída para operar com a persuasão. Para persuadir é preciso dizer bem. O discurso persuasivo é apenas um capítulo da arte de dizer bem. Dizer bem é gênero e persuadir pelo discurso é uma espécie. Dizer bem aqui significa dizer de modo adequado o que se pretende dizer. Dizer bem de molde a persuadir quando for o caso.

Na defesa de sua tese, Quintiliano se apoia mais fortemente na Moral

Ele concebe a Retórica como os estoicos para os quais a Retórica é uma virtude e como não existe virtude isolada, a Retórica postula o exercício de todas as virtudes. Como Platão, ele concorda com o ideal de uma nova Retórica posta implacavelmente ao serviço do bem e da verdade. A partir daí, ele adere à máxima de Catão que o orador é "um homem honesto, perito na arte de dizer". A partir desses pressupostos, ele admite que a persuasão é incompatível com a Retórica. Só quem isola a Retórica da virtude é que pode definir a Retórica como arte persuasiva. Admitida a persuasão, ela fica disponível tanto para os bons como para os maus. A persuasão é perigosa. Segue-se daí que um homem mau não pode ser orador, só o homem honesto merece tal qualificativo. Se a persuasão pertencesse à essência do conceito de Oratória, ela estaria à mercê de qualquer aventureiro o que implicaria grave inconveniente. A oratória então descambaria facilmente na desordem, permitindo indiferentemente a defesa do justo e do injusto. Se fosse propriedade da Retórica persuadir, tudo poderia ser persuadido ao bel-prazer.

A repercussão dessa rebeldia. Embora Quintiliano não se afaste do quadro geral da Retórica Antiga da qual se torna o mais enciclopédico divulgador, em todo caso, sua definição de Retórica, que se torna influente, avassaladora, representando um desvio profundo que acabará por separar e dar autonomia à elocução como parte essencial da Retórica, o que efetivamente se consumará com o advento da chamada Retórica Clássica, na Renascença.

Na Renascença, Petrus Ramus concorda com Quintiliano que a finalidade principal da Retórica é "falar bem", independente de persuadir, mas não concorda com Quintiliano que o orador precise ser antes de tudo um "vir bonus", bastando que ele seja um perito em sua arte.

De qualquer forma, a partir desse desencontro, a Retórica passa a se dividir em duas frentes, de um lado, a Retórica como arte de dizer bem e, de outro, a Retórica persuasiva como arte de persuadir.

Quem tem razão nessa polêmica?

Qual é o fim último da Retórica: persuadir ou dizer bem?

Inclusão e hierarquia. Inicialmente, uma coisa não exclui a outra. A Retórica é, ao mesmo tempo, arte de persuadir e persuadir por meio do discurso bem composto. O que se discute aqui é o valor lógico da definição, a saber, se a Retórica se especifica como técnica de persuadir ou como técnica de dizer bem?

De fato, temos que admitir contra Quintiliano que persuadir define logicamente a Retórica. Dizer bem não é o fim principal da Retórica e, pois, não a define. Dizer bem é, sem dúvida, uma contribuição muito útil, sumamente desejável, mas secundária. Diz-se bem para persuadir. Não se diz bem por dizer bem. Dizer bem é um meio e não um fim. Dizer bem, só por si, sem visar persuadir não tem nada que ver com a Retórica.

A definição da Retórica como "ars bene dicendi" é incompleta, vaga e e ambígua.

É uma definição ambígua, como doutrina Soares Barbosa, porque "dizer bem" pode significar várias coisas, ao mesmo tempo, a saber, a) dizer "honestamente", b) dizer "de modo adequado", c) dizer "de modo ornado". Trata-se de uma definição inócua que vale para tudo e para nada. Valeria para qualquer texto bem composto. Para especificar a Retórica, importa completar a definição, acrescentando a finalidade pela qual se diz bem que é persuadir.

O discurso não é retórico apenas porque é bem feito, pois até mesmo um relatório de Química se reveste dessa qualidade. É absolutamente necessário que o modo de dizer se subordine ao fim da Retórica que é persuadir. Além do mais apelando para o humor, poder-se-ia "dizer bem" e, ao mesmo tempo, falar mal de alguém!

De nada vale a argumentação de Quintiliano que outras coisas persuadem. Elas não são discursos retóricos, mas são dotadas de retoricidade e só se visualizam traduzidas em palavras.

Indevidamente Quintiliano rejeita a definição de Retórica como a arte de persuadir pelo discurso porque valeria para os que tentam seduzir por palavras. Nada impede que a atividade do sedutor se realize eventualmente por meio do diálogo ou por meio de um discurso, não importa se bem feito ou mal feito.

Nem vale dizer que, às vezes, um discurso não persuade. O discurso retórico sempre busca persuadir, evidentemente que, num debate, um orador persuade mais eficazmente que seu contendente. Se um discurso não persuade "em ato", persuade "em potência". Ele é virtualmente persuasivo. Isso responde à objeção segundo a qual muitos discursos não persuadem. Compare-se com o que acontece na medicina onde não se atribui ao médico o dom de curar, mas de encontrar os meios de cura. Ele nem sempre cura e nem por isso deixa de ser médico. Assim, o orador que, por acaso, não consegue persuadir, não deixa de ser orador. É a perspectiva de persuadir que define a Retórica. Por isso é que Aristóteles define a Retórica não como arte de persuadir, mas como arte de encontrar em cada questão os meios de persuadir.

Entretanto, o ponto mais intrigante da doutrina de Quintiliano acontece quando ele, sob influência da célebre máxima de Catão, considera a moral não do ponto de vista da causa, mas do orador. "O orador é o homem honesto perito na arte de dizer". Honesta seria a causa defendida ou atacada por um homem honesto. Se ele for desonesto a causa também será desonesta e, no caso, esse homem nem seria orador. Só o homem honesto é orador. Seria uma contradição "in terminis" ser orador e desonesto. Todavia, muita gente da oposição não entende por que Quintiliano considera Demóstenes e Cícero, suspeitos de imoralidades, como os maiores oradores de todos os tempos.

Do ponto de vista moral Quintiliano fica muito longe do rigor implacável de Platão, ele habilmente aponta algumas brechas para o homem honesto defender causas desonestas!

A grande sedução da arte de dizer bem. O fascínio que a elocução exerce sobre os oradores favoreceu um pouco a tese de Quintiliano. Não se nega a importância que assume, na História da Retórica, a preocupação de dizer bem, a ponto de debilitar o objetivo fundamental da Retórica que é persuadir. A arte de dizer bem se torna, sobretudo, no sentido de adornar para agradar, o "demônio" do orador. Nem Isócrates nem Cícero escaparam dessa tentação, mesmo admitindo teoricamente a primazia da persuasão.

Com o cristianismo, a Retórica, concebida como arte de dizer bem, sobretudo esteticamente, sofreu um rígido golpe. Houve muito santo, como é o caso de São Jerônimo, que chegou a se penitenciar por sucumbir à tentação de imitar o estilo invejável de Cícero. Em compensação, a teoria da persuasão ganha força, porque Cristo ordenou aos apóstolos e discípulos que fossem pelo mundo pregar a boa-nova, para "converter" as almas para o reino de Deus e não para fazer exibição das galas de estilo.

13. UNIDADE E DIVERGÊNCIA NA RETÓRICA ANTIGA

Unidade da Retórica Antiga

A Retórica Antiga, durante toda a sua história, goza de uma poderosa unidade, apesar de desenvolver em seu seio uma profunda rivalidade polêmica, mas que, na prática, acaba se desfazendo e se harmonizando. Essa divergência abala, mas não quebra a unidade.

As duas vertentes antagônicas da Retórica Antiga

Logo depois de Quintiliano, com o fascínio de sua influência, a Retórica Antiga passou a se desequilibrar, balançando entre duas posições em confronto. De um lado, a Retórica concebida como arte de persuadir e, de outro, a Retórica concebida arte de dizer, de dizer bem. Advirta-se que dizer bem significa coisas variadas.

A Retórica se apresenta, primeiro, como arte de persuadir, no sentido de provar, convencer, desde suas origens com os fundadores: Córax, Tícias,

Empédocles, Górgias, Isócrates, cabendo a Aristóteles e mais tarde a Cícero assumir a liderança dessa posição. Entretanto, desse lado da questão, há sempre uma condescendência com a teoria oposta. Em essência, se considera que a finalidade principal da retórica é persuadir ao passo que agradar pelo modo de dizer é secundário nos mais variados graus. A arte de dizer bem se realiza em benefício da persuasão. Fala-se bem para persuadir. É muito útil dizer bem.

A Retórica se apresenta, em segundo lugar, como arte de bem dizer, a partir da poderosa obra de Quintiliano de inspiração platônica. Este famoso rétor recusa-se radicalmente a admitir o conceito de persuasão como sendo a finalidade específica da Retórica. Ao invés, ele considera a Retórica como a arte de dizer bem: "ars bene dicendi". Essa definição radical, a partir daí, se suaviza e se torna a preferida pela maioria dos mestres e se repetirá quase obrigatoriamente em todo manual da disciplina. Dizer bem deverá ser sua finalidade inquestionável. Entretanto, entre os partidários da Retórica como arte de dizer bem o que quer que seja, a concepção da Retórica como arte de persuadir acaba sempre encontrando algum lugar. Hugo Blair (1718-1800) define "a Eloquência como a arte de falar de maneira que se consiga o fim pelo qual se fala". Ora, ao se falar pode-se ter em vista a persuasão entre outras coisas. Para muitos autores persuadir cabe não à Retórica, mas à Dialética, ciência irmã. Além de que essa concepção estilística da Retórica se coaduna melhor com a própria etimologia grega da palavra Retórica. Retórica significa etimologicamente "dizer (bem)". Nos seus extremos, a Retórica como arte de dizer bem dá origem à chamada Retórica Clássica.

Essa divergência que irrompe dentro da Retórica Antiga entre os partidários da persuasão e os partidários da arte de bem dizer, acaba por decompor a Retórica Antiga em duas perspectivas, a saber, a Retórica Antiga adepta da persuasão e a Retórica Antiga adepta da arte de bem dizer.

Todavia, essa divergência, a despeito de sua profundidade, não chega a abalar a unidade da Retórica Antiga porque os dois movimentos, em competição, acabam por fazer concessões recíprocas. Para um dos lados, a arte de dizer bem é o fim primário e persuadir, secundário e, do mesmo modo, para o outro lado, a arte de persuadir é o fim primário e dizer bem é secundário.

Santo Isidoro (570-636), em sua época, de modo representativo, define a Retórica, ao mesmo tempo, como ciência de falar bem e de persuadir. (*Etymologiarum liber* 1,1).

R. Llull (1235-1315) fica a favor da Retórica como arte de bem dizer quando declara em sua *Retórica Nova* que o objeto da Retórica é a palavra ordenada, ornada em função da beleza. Por isso, diz ele, "a beleza é a matéria da própria Retórica". Assim a Retórica consiste em compor e redigir sermões ordenados, ornados, belos.

Bernard Lamy (1640-1715) divide claramente a sua Retórica em duas partes, como arte de persuadir e como arte de dizer.

Veja-se, a propósito, a lição exemplar do padre Soarez que escreveu um manual de Retórica baseado na contribuição de Aristóteles, Cícero e Quintiliano, onde concorda com Quintiliano que a Retórica é a arte ou doutrina "bene dicendi" e que dizer bem consiste em dizer de "modo ornado, grave e copioso". E concorda igualmente com as duas outras fontes quando acrescentam que o fim e ofício da Retórica é persuadir.

Pelo que é sempre bom levar em conta não só a unidade da Retórica Antiga, mas a presença inquietante da divergência entre as duas vertentes da Retórica que nunca desaparecerão. Continua havendo, ainda hoje, dentro da Retórica Antiga uma Retórica dialético-persuasiva e uma retórica poético-estilística.

Não obstante tudo, um problema continua a desafiar-nos, a saber, qual das duas vertentes representa a essência da verdadeira Retórica?

De nosso ponto de vista, a teoria da Retórica como arte de falar bem não basta para caracterizar essencialmente a Retórica, pois trata os discursos retóricos apenas como se fossem textos bem escritos sem lhes dar uma diferença específica peculiar à Retórica. Essencialmente, a Retórica é a arte de persuadir. Diz bem quem persuade.

A Retórica como arte de persuadir sobrevive como Retórica ao passo que a Retórica como arte de bem dizer primeiro se transforma em Retórica Clássica e finalmente se anula como Retórica e se converte em uma mera Estilística, uma arte da composição e estilo.

14. A EXTENSÃO DA RETÓRICA

Advirta-se que tratamos da extensão da Retórica enquanto concebida como arte de persuadir pelo discurso e não como mera arte de dizer bem. Tomada apenas nesse segundo sentido, ela não teria limites, mas nem sempre seria retórica. Valeria para todo texto bem feito, bem composto.

Até aonde, pois, vão as fronteiras da Retórica dialética persuasiva? Tudo pode ser objeto de um discurso retórico? Notemos que todo discurso retórico é um texto, mas nem todo texto é um discurso retórico. Quando um texto é um discurso retórico?

A esse propósito, Aristóteles adverte que a Retórica, como de resto a Dialética, não tem uma área exclusiva de aplicação. Ela se estende a qualquer área desde que se verifiquem determinadas condições.

O encaminhamento desse problema depende de três perspectivas: a concepção que se tenha da Retórica, a teoria gnosiológica que se adote sobre a possibilidade do conhecimento e os princípios morais que regem a consciência do orador.

1. Limites que derivam da concepção da Retórica

De acordo com o ensinamento da Lógica, a extensão de um conceito depende da sua compreensão. Ora, há duas concepções fundamentais e antagônicas de Retórica: a) a Concepção de Retórica de Aristóteles segundo a qual é retórico tudo que é discutível e b) a concepção Retórica de Quintiliano segundo a qual é retórico tudo que se "diz bem".

Força é excluir a validade do ponto de vista de Quintiliano para quem "a matéria do discurso é tudo sobre o que se vai falar" (2,21), independente de persuadir ou não, bastando que se trate de um texto bem composto em função de seus objetivos. Aqui estamos diante de limites ambíguos. Tenho de chamar de retórico um texto de Química muito bem escrito?

Cabe a Aristóteles conceber devidamente o conceito de Retórica do qual deriva sua correta extensão. Segundo ele, a extensão da Retórica é uma função do conceito do que é discutível. A Retórica se estende pelo domínio do discutível. Tudo que é discutível é retórico. Daqui se infere que tudo que é discutível pode ser objeto de discurso retórico. Em sentido contrário, se infere que o que é efetivamente indiscutível não pode ser objeto de discurso retórico. Ninguém faz um discurso retórico sobre a verdadeira composição química da água. Isto se demonstra. A verdade é luz.

Assim sendo, resta estabelecer o valor cognitivo dos limites do conceito do que é discutível ou não.

2. Limites que derivam da gnosiologia do conceito de discutível

Sob esta perspectiva, a solução não é tão simples, pois se tem de discutir sobre o que é realmente discutível (mundo da opinião) e o que não é discutível (mundo da certeza).

Tudo depende da teoria que se adote a respeito da possibilidade do conhecimento do que é discutível, o que flutua entre posições radicais ou intermédias.

Eis as hipóteses possíveis sobre os limites do discutível de acordo com as posições assumidas diante do "quadrado lógico":

(A) tudo pode ser discutido .... (E) nada pode
(I) algumas coisas podem .... (O) algumas coisas não podem

Inicialmente, vamos excluir a contradição que existe entre (A) e (O) e entre (I) e (E): tudo pode ser objeto de discussão e alguma coisa não pode ser objeto de discussão...

A seguir se confrontam as posições radicais contrárias: tudo pode ser discutido, nada pode ser discutido.

Posições radicais contrárias: tudo pode ser discutido, nada pode ser discutido.

– Tudo é discutível (A).

Se tudo é discutível, logo tudo é, sem exceção, retórico. Assim se posiciona, em todas as suas formas, o ceticismo que não aceita que se possa chegar à certeza. Partilham dessa atitude os sofistas gregos do Século V a.C. que admitiam que todo o conhecimento é dialético e que não existe conhecimento analítico ou científico, visto que a mente humana só pode chegar à opinião, nunca à verdade. Tudo é discutível. Como consequência, se tudo é discutível, tudo, sem exceção, é retórico. Assim, os sofistas estabelecem uma Retórica sem limites e postulam que tudo pode ser defendido e refutado indiferentemente, inclusive de modo frívolo e venal. A vitória do debate caberia ao mais ardiloso. Górgias conclui que o orador pode falar sobre tudo.

Cícero, no seu discreto e charmoso ceticismo, acha que "o orador completo e perfeito deve ser capaz de falar sobre tudo de modo copioso e variado". Para ele, "a vida humana é matéria própria do orador" e "a própria filosofia não fica fora dos limites da Retórica". "Tudo se submete ao orador", pois, o orador, segundo Cícero, deve ser capaz de falar sobre qualquer assunto que se lhe apresente, uma vez que o verdadeiro orador deve unir a eloquência com a sabedoria. Entretanto, ele aconselhava uma certa cautela ao se tratar de questões inacessíveis.

– Nada é discutível (E).

Não há nada retórico. A Retórica não tem razão de ser. Só se deve demonstrar a verdade. A opinião não tem valor de conhecimento e deve ser desconsiderada. Caminha-se para a abolição de todo discurso dialético.

Essa é a posição daqueles que, no conflito entre Filosofia e Retórica, negam o direito de existência à Retórica porque a mente humana deve lidar apenas com a verdade, não com a opinião.

Platão no seu dogmatismo, em oposição aos sofistas, simplesmente nega o direito de existência à Retórica em vigor em seu tempo. Na Teoria do conhecimento, ele só aceita a "recordação" da verdade e dá pouco valor à opinião. Só deve haver lugar para o que é realmente científico e que deve ser exposto didaticamente, usando de preferência o método socrático de perguntas e respostas, a fim de preparar o oponente ou interlocutor a dar à luz a verdade. Platão só poderia admitir uma Retórica que fosse uma lição sobre uma verdade.

Descartes desaloja a Retórica do quadro da Filosofia onde não há lugar para controvérsias de opiniões, só aceitando a verdade que se revela por sua evidência.

Bacon só concorda com o que se submete ao rigor do método indutivo, sujeitando-se à observação e experimentação.

Posições subcontrárias:
– **Alguma coisa é discutível (I), alguma coisa não é discutível (O).**
Aristóteles reduz a matéria da Retórica aos três gêneros: o epidítico, o deliberativo e o judicial.
Perelman, em nossos dias, esclarece que a verdade não cai sob a Dialética ou Retórica, porque a verdade é "intolerante" e não admite discussão. Essa opinião remonta a Aristóteles para quem o que é analítico é indiscutível, o que é dialético é discutível.

Todavia, urge perguntar se o que é realmente científico é indiscutível, não retórico?
Teoricamente, o que é científico se demonstra, não se persuade, porque se trata de um conhecimento certo. Como diz Kant, a ciência é sempre dogmática. Uma tese científica só se torna objeto de discussão se a evidência em que se apoia entra em crise.
A Redução do científico. Verifica-se, hoje, forte tendência, como observa U. Eco, de se restringir a área atribuída ao que é efetivamente científico. A ciência moderna se torna cada vez mais crítica, menos dogmática.
Popper ensina que a ciência visa não exatamente à verdade, mas ao que se aproxima da verdade. Não chegamos à certeza absoluta, atingimos apenas "hipóteses fortes e resistentes" que sempre podem ser contestadas, discutidas e reformuladas. Assim, o conhecimento tem sempre algo de hipotético, sempre algo de dialético, de retórico!
Fase dialético-retórica da ciência. Pelo menos se pode falar numa fase dialético-retórica da própria ciência natural, pois, enquanto uma proposta científica não atinge o nível razoável de certeza, ela se situa numa zona cinzenta de transição. Isso quer dizer que pode ser objeto de discussão e de discurso.

3. Limites que derivam da moral (ou Política)

A Moral limita a extensão da Retórica. A partir de Platão, a moralidade passa a reger o orador e o discurso. O orador e seu discurso têm de ser honestos. Se o orador não é honesto, o discurso também não é honesto e daí não há oratória. Essa doutrina é consagrada, em Roma, por Catão que define o orador como "vir bonus dicendi peritus". Quintiliano, com o prestígio impositivo de sua autoridade, se filia a essa corrente na teoria, sendo-lhe, porém, infiel na prática. De um lado, admite que o homem mau não pode ser orador e que só o homem honesto pode ser orador, de outro lado, admite que se justifica defender uma causa torpe.
A autocensura. Com Aristóteles, a Retórica fica sob a vigilância da Dialética e da Política (= moral). De um ponto de vista puramente técnico, em sua cons-

trução, o discurso independe da moral. Mas o comportamento do homem, numa discussão, tem de se pautar por um código moral: deve-se praticar o bem e evitar o mal. O orador tem de defender o justo e condenar o injusto não porque é orador, mas porque é um ser humano. Infelizmente, em nome de falsos direitos humanos transgridem-se todos os mais altos valores sociais. Nada obstante, Platão representa ainda hoje a tolerância zero diante da frouxidão de nossas consciências. Sem dúvida que muita gente é indigna de usar a Oratória, fazendo dela uma arma não de defesa do bem, mas do mal. No fundo de sua consciência, o orador sabe o que deve e o que não deve dizer.

A Semiótica potencializa os limites da retoricidade

O modelo Retórico pode se aplicar a qualquer texto em qualquer linguagem desde que dotado de retoricidade, isto é, que seja um texto dialético persuasivo tal como uma pintura, um romance, uma propaganda...

De tudo que se levou dito até aqui se conclui que os limites da Retórica são dados 1) pelo conceito do que é discutível, 2) que algumas coisas podem ser discutidas, outras não e 3) finalmente, que cabe à consciência moral decidir livremente o que se pode ou não discutir por meio de um discurso retórico.

15. OS GÊNEROS ORATÓRIOS

Assim como a Teoria da Literatura classifica todos os textos literários em três gêneros supremos: épico, lírico e dramático, assim também a Retórica procura classificar todos os discursos oratórios em gêneros supremos. Não se trata de um problema irrelevante.

A mais valiosa divisão da Retórica em gêneros se deve a Aristóteles. "Os gêneros retóricos são em número de três, assim como há três categorias de ouvintes", afirma categoricamente Aristóteles. Ei-los:

– Epidítico ou laudatório ou demonstrativo.
– Judicial ou Judiciário ou forense.
– Deliberativo, raramente chamado de político.

Note-se que essa divisão vale para Retórica Antiga concebida como arte de persuadir.

Nada impede que se possam introduzir novas classificações baseadas em muitos outros critérios.

Acresce que principalmente depois do cristianismo, se evidencia uma nova divisão da Retórica em dois gêneros supremos: a Retórica Sacra e a Retórica profana. Entretanto, essa divisão se compagina com a classificação aristotélica.

Do ponto de vista temático poderia haver uma Retórica de motivos especiais tais como uma Retórica da sedução, do abandono, da salvação, do ufanismo, do nacionalismo, da opressão, da antirretórica, da ficção... Sob o influxo da História da Literatura poderíamos ter discursos de estilo clássico, barroco, arcádico, romântico, realista...

Aqui, vamos nos restringir a explorar a classificação aristotélica e a classificação dos discursos em sacros e profanos.

I. Classificação aristotélica

Critérios de classificação dos três gêneros. Segundo Aristóteles, a comunicação retórica consta de três elementos: aquele que fala (o orador) o que se fala, (o discurso) e a quem se fala, (o auditório).

Na classificação dos gêneros oratórios, Aristóteles não se coloca nem na perspectiva do orador nem na perspectiva do discurso, mas significativamente na perspectiva do auditório.

Na classificação dos gêneros oratórios em função do papel do auditório, Aristóteles toma como critério as seguintes referências:
– A reação do auditório depois de ouvido o discurso
– O objetivo do auditório
– O tempo em que a questão tratada pelo auditório acontece
– O valor visado pelo auditório

– A reação do auditório depois de ouvido o discurso
Depois de ouvido o discurso, o auditório se comporta ou como expectador, isto é, como quem apenas assiste ou como árbitro, isto é, como quem não apenas assiste, mas decide ou julga.
Se o auditório se comporta como mero espectador, temos então o gênero epidítico ou laudatório ou demonstrativo. Ele ouve e aprecia o discurso, ficando disponível ou não a assumir um determinado comportamento.
Se depois de ouvido o discurso, o auditório se comporta como árbitro, pode então acontecer duas coisas: ou ele arbitra sentenciando como um juiz, ou votando como um membro de uma assembleia.
No primeiro caso, temos o gênero judicial ou judiciário ou forense. No segundo caso, temos o gênero deliberativo.
– O objetivo do auditório
Quando o auditório visa inocentar ou condenar depois de ouvida a defesa e a acusação, temos o gênero judicial. Quando o auditório visa aconselhar ou desaconselhar, temos o gênero deliberativo. Quando o auditório visa louvar ou vituperar temos o gênero epidítico.
– O tempo em que a questão tratada pelo auditório acontece
O auditório pode tratar de uma questão que acontece no presente, no passado ou no futuro. Se aconteceu no passado, como por exemplo um crime, temos

o judicial. Se se trata de um fato que pode acontecer no futuro, como, por exemplo, a construção de uma ponte, temos o deliberativo. Se a questão se refere principalmente ao presente, o que pode incluir também o passado e o futuro, desde que a questão seja encarada sob uma perspectiva de atualidade, temos o epidítico, assim, quando se louva um herói modelo ou se vitupera a lição de um covarde.
– **O valor visado pelo auditório**
Quando o auditório lida principalmente com o justo ou o injusto, temos o judicial. Quando o auditório lida com o útil ou o nocivo, temos o deliberativo. Quando o auditório lida principalmente com a virtude ou o vício, o belo ou o feio, temos o epidítico.
– **Observação sobre o lugar**
A classificação aristotélica se vincula muito fortemente com o lugar. Entretanto, o lugar: a praça, o foro, o púlpito... não se impõe como índice de classificação geral porque como lembra o nosso L. A. Verney, "todo lugar é teatro para a Retórica". (*Verdadeiro método de estudar*). Pode haver reunião política no fórum...

A classificação aristotélica tem validade geral

Segundo adverte o próprio Aristóteles, nenhum discurso deixa de se enquadrar num dos três gêneros. Todo discurso aconselha ou desaconselha, elogia ou vitupera, inocenta ou condena. Todo discurso gira ao redor do útil ou do nocivo, da virtude ou do vício, do belo ou do feio. Todo discurso ou julga ou delibera ou aprecia.

Todo e qualquer discurso se reduz a um desses três gêneros, nem há outros. Quintiliano concorda com Aristóteles (3,4).

Redução dos gêneros. Entretanto, dizem que Isócrates foi mais longe, pois, para ele, no fundo o deliberativo e o judicial são aspectos do epidítico. Todo discurso ou louva ou vitupera.

Nota bene: para se ter um discurso em gênero deliberativo ou judicial não é necessário que o auditório efetivamente vote ou julgue, basta que ele tenha uma posição equivalente de quem julga ou vota em um processo formal.

Generalização semiótica dos gêneros para qualquer linguagem – Por sua parte, a Semiótica generaliza a classificação Aristotélica para qualquer discurso, em qualquer linguagem verbal ou não verbal. Um romance, por exemplo, pode valer como um discurso judicial ou deliberativo ou laudatório.

1) Gênero laudatório ou epidítico ou demonstrativo

Caracterização:
– Quanto à reação do auditório, depois de ouvido o discurso, o auditório se comporta como mero expectador. Ninguém vota ou sentencia. O auditório gosta ou

não do discurso, concorda ou discorda, o que implica, de alguma forma, uma ponderação. E efetivamente, o discurso epidítico pode exercer uma profunda influência modificando ou reforçando o quadro dos valores sociais vigentes, exercendo um forte papel educativo ou deseducativo. Ele desperta a reflexão crítica, forma a opinião e dispõe remotamente para a ação. Aristóteles vê profunda analogia entre o auditório do discurso epidítico e uma plateia do teatro. Em ambos os casos, há uma avaliação crítica.

– No que se refere ao tempo, o epidítico aborda uma questão situada no presente, mas como o presente é fugaz, efêmero, o laudatório compreende tudo que tem a marca da atualidade. Assim o orador elogia alguém no presente graças às virtudes dos seus antepassados.

– O discurso epidítico gira ao redor dos seguintes valores: a virtude e o vício, o belo e o feio, particularmente discutindo a beleza da virtude, a feiura do vício.

– O discurso epidítico tem por objetivo louvar ou vituperar o que quer que seja.

O problema do nome

Por que laudatório?! Não nos espante a estranheza do nome, "laudatório", conservado pela tradição, pois laudatório tanto compreende o discurso de louvor como o discurso de vitupério, o que parece um paradoxo. Note-se, de passagem, que quem vitupera louva pelo avesso e quem louva vitupera de alguma forma. E por que definir o gênero como sendo de louvor e não de vitupério? Porque laudatório é uma palavra de melhor agouro que vitupério. Cícero explica que se preferiu o nome que representa a melhor parte do gênero.

Por que epidítico? Diz-se epidítico porque ele "mostra" quem merece ser louvado ou vituperado. Epidítico, em grego, quer dizer o que serve para demonstrar.

Por que demonstrativo? Simplesmente porque demonstrativo é uma adaptação do termo grego "epidítico" ao latim. Demonstrativo traduz epidítico.

Que nome preferir?

"Demonstrativo" deveria ser evitado por ser uma palavra muito explorada na Retórica. Demonstrativo refere-se ao raciocínio analítico. A denominação: "laudatório" é a mais aceita e de mais largo emprego, mas ela caracteriza o gênero pela metade. A meu aviso, a melhor denominação seria epidítico que permitiria evitar os inconvenientes das outras duas denominações.

O epidítico é um discurso sem contestação?

Todo discurso oratório, por ser dialético, sempre enseja e provoca um discurso contrário. Todo discurso ou pressupõe um discurso anterior ou prevê um discurso posterior. Teoricamente, não deveria haver nenhum discurso sem resposta. No epidítico, a resposta não é tão urgente como no judicial e deliberativo. Na verdade, nem sempre se requer uma contestação imediata. Não raro, a resposta é irrelevante, mas fica em aberto, em expectativa, podendo acontecer em outro tempo ou em outro lugar. Assim, muito tempo depois, em contradiscursos tardios, assistimos à reabilitação de personagens malditas que permaneciam indefesas, como Catilina, Calabar, Judas... Isócrates faz o encômio de Helena, causadora da guerra de Troia, e de Busíris, um rei cruel. Luciano de Samosata (120-180 p. C.) se propõe elogiar as moscas! Assim, em lugares diferentes, atestamos a existência de discursos contrários, como acontece no âmbito religioso, em que os sermões pronunciados numa Igreja têm contestação candente no espaço de uma outra Igreja.

Na Nova Retórica de Perelman, o discurso epidítico ocupa posição central, pois é "aquele em que o orador se torna educador".

2) Gênero judicial ou judiciário ou forense

Caracterização:

– Reação do auditório: depois de ouvida a sentença, o auditório é levado a julgar e tanto importa que julgue emitindo uma sentença efetiva realmente aplicada, ou se limite a um julgamento virtual. Desde que se postule um julgamento, temos um discurso judicial seguido ou não de sentença, em ato.

– Tempo: quanto ao tempo, o discurso judicial aborda um fato passado. Só se acusa ou se defende, só se condena ou absolve algo que já aconteceu ou se imagina que aconteceu.

– Valor: no que concerne aos valores, este gênero de discurso gira ao redor do justo e do injusto.

– Objetivo: quanto aos objetivos, visa inocentar ou condenar o que pressupõe acusação e defesa.

É o mais importante dos três, pois vigora firme a crença em que a Eloquência nasceu predestinada ao fórum! Vem daí a possibilidade de se dividir os gêneros oratórios em dois: judicial e não judicial. Todavia, Aristóteles já se indignava com a tendência de se privilegiar o gênero judicial.

A escolha do nome. Pode-se usar qualquer dos três nomes, mas qual deles preferir? Forense e judiciário têm caráter muito restritivo, forense supõe o fórum, judiciário supõe o sistema judiciário. Por isso a melhor escolha seria judicial em que se destaca apenas a ideia geral de julgamento.

3) Gênero deliberativo

Caracterização:
– Reação do auditório: depois de ouvido o discurso, o auditório é solicitado a decidir uma questão por meio de um voto real ou potencial, basta que se postule a atitude de quem vota.

– Tempo: assinale-se que o tempo do discurso deliberativo é o futuro. Não se delibera sobre o que já passou. Só se delibera sobre o possível, não sobre o impossível ou inevitável.
– Valor: os valores do discurso deliberativo oscilam entre dois polos: o útil e o nocivo.
– Objetivo: aconselha-se ou desaconselha-se.
Para todos os efeitos, consideramos deliberativo um discurso em que se aconselha ou desaconselha fazer o que é útil ou não fazer o que é nocivo a respeito de um fato futuro. Em última análise, delibera-se em vista da felicidade individual e coletiva.
Raramente é chamado de gênero político. E de fato ele é o mais político dos gêneros! Mas isso não significa que só o deliberativo seja um discurso político, visto que os outros gêneros, como atividades do cidadão, também são políticos. A rigor, todo discurso é político. É político tudo que interessa à "polis" ou à "civitas". Dentro de uma sociedade organizada, tudo que se faz, se faz "em virtude da lei". Além de que o discurso promove uma discussão de valores; ora, toda discussão de valores é política, pois se está tratando de saber qual a opinião da maioria ou da elite de uma comunidade. Com razão, Aristóteles faz da Retórica uma disciplina Ética e Política.
Em todo caso, dos três, o deliberativo é o que mais trata de temas políticos, pois nada há de mais político que deliberar sobre a conveniência ou inconveniência da realização de um projeto coletivo. Nada há de mais político que a discussão sobre o útil e o nocivo. Dos três gêneros é o que aconselha ou desaconselha uma atividade futura. Não se faz política sobre o passado e o presente. O passado é morto e o presente é sempre fugidio. Nesse sentido especial, nem o epidítico, nem o judicial gozam de tão forte caráter político como o deliberativo. O judicial discute a justiça ou injustiça de uma ação passada, permitindo a condenação ou absolvição de acordo com uma lei prévia. O epidítico não delibera sobre vantagens ou desvantagens futuras, mas louva ou vitupera o bem ou o mal sempre sob a perspectiva do presente, atual.
Quando se discute se alguém perpetrou, no passado, um determinado crime, o discurso é judicial. Mas quando Tolstoi, no romance *Ressurreição*, discute como se deve castigar, é atividade deliberativa e política num sentido rigoroso. Discutir um crime cometido é atividade jurídica, mas discutir um castigo futuro é atividade deliberativa, política.

A interpenetração e dominância dos gêneros

Na prática, nunca deparamos com um discurso puramente epidítico, ou puramente judicial ou puramente deliberativo. Já Quintiliano advertia que, no mesmo discurso, os gêneros se misturam em doses diversas. Convém, porém, saber qual o gênero predominante. Na sua forma extrema, não há razão para confundir os gêneros, cada um deles tem sua especificidade. O discurso de Cícero, *Pro Arquia*, é inquestionavelmente judicial, pois que defende seu velho mestre Árquias, a quem se contestara o direito de cidadania romana. A certa altura, Cícero pede licença aos juízes para que, fugindo da praxe do fórum, se demore um tanto em elogiar as "belas letras". É claro que esta passagem tem força persuasiva, por suas segundas intenções. O discurso de Demóstenes, *Oração da Coroa*, apesar de francamente judicial, denota marcadas intenções políticas contra Filipe da Macedônia.

Essa mescla dos gêneros num discurso ocorre porque os gêneros se interpenetram completando-se. Os valores dos três gêneros: o justo, o bem, o útil não se dissociam. Num discurso judicial, ou num discurso deliberativo ocorre louvor ou vitupério. Num discurso epidítico, se aconselha ou desaconselha, se acusa e se defende... A apologia como forma de elogio é também defesa; a apologética como defesa é também elogio.

Os valores de todos os gêneros se subordinam ao honesto. É honesto elogiar a virtude e vituperar o vício; é honesto aconselhar o útil e desaconselhar o nocivo; é honesto defender o justo, é desonesto defender o injusto.

Acontece de um discurso ser desonesto, mas não deveria ser, como reclama Aristóteles.

II. A Retórica sacra e profana

A Retórica sacra

Cristo ordenou aos apóstolos e discípulos que fossem pelo mundo pregar o Evangelho. A partir daí, se acentua uma distinção de extrema relevância: de um lado, a Retórica sacra ou religiosa e, de outro, a Retórica profana ou leiga. Assim, ao lado do orador comum, desenha-se a figura do pregador. São João (347-407), cognominado de Crisóstomo (= "boca de ouro"), é o padroeiro do orador cristão. Bossuet (1627-1704) é proposto como modelo do orador sacro.

Coube a Santo Agostinho (354-430), por coincidência, um professor de Retórica convertido ao cristianismo iniciar o processo de constituição da Retórica sacra, nas páginas de seu livro *De Doctrina Christiana*, um verdadeiro manual do orador sacro.

A Retórica sacra, em sentido amplo, se caracteriza não por se vincular a uma determinada Religião, mas simplesmente por sua religiosidade. O panegírico e a oração fúnebre funcionam nas comemorações civis e religiosas.

Do ponto de vista técnico, a Retórica sacra não se diferencia da profana. Ambas se dividem em cinco partes: invenção, disposição, elocução, memória, ação. Em ambas, o discurso se divide em exórdio, narração, partição... O objetivo final é persuadir.

Todavia, a Retórica sacra tem exigências particulares. O discurso deve obedecer, com mais rigor, às imposições das leis do "decorum" e do "kairós" que regem a Retórica. Mais do que na Retórica profana, na Retórica sacra o conteúdo deve predominar sobre a expressão. A sabedoria se sobrepõe à eloquência. A clareza é qualidade suprema, sendo inconcebível não ser entendido por todos os ouvintes. O orador sacro deve ter vida mais exemplar que o orador profano. Agradar é útil, mas com muita discrição, sempre a serviço da verdade presumida. Não se admite nada de pomposo e vazio. O objetivo da Retórica sacra continua sendo persuadir: convencendo, emocionando, agradando. Convence-se particularmente ensinando.

A Retórica sacra distingue entre questões indiscutíveis e questões relativamente discutíveis.

A mais importante característica da Oratória sacra é a força da argumentação extrínseca. A argumentação religiosa se baseia mais em provas extrínsecas que intrínsecas. Ela se apoia num "Livro" que contém a palavra de Deus. O orador se baseia no argumento de autoridade: "Ipse dixit", Deus disse! O Mestre disse! A pregação religiosa tem, assim, mais evidência e certeza que uma lição científica.

A Retórica profana

Etimologicamente "profano" significa "pro" = fora, "fano" = templo, isto é, o que se passa fora dos templos. A palavra profano não tem sentido pejorativo, pois não quer dizer antissagrado, mas simplesmente o que não é sagrado, o que é leigo.

Formas especiais do discurso sacro e profano

As formas de discurso sacro e profano tendem a se confundir. Eles se distinguem principalmente pelo conteúdo, intenções e ambiente.

Entre as formas mais peculiares da oratória sacra sobressaem o sermão e a homilia.

O sermão é um "discurso retórico" de caráter doutrinário, solene, mais longo que breve, sobre um tema religioso, de inspiração bíblica e acontece em cerimônias festivas, pregado, em geral, do alto de um púlpito.

A homilia é um "discurso retórico" de caráter sacro, sendo mais breve, mais simples, menos solene que o sermão, em tom familiar, consistindo praticamente na explicação, comentário ou paráfrase de uma passagem do Novo Testamento. A Homilia com frequência parte do sentido literal do texto para o espiritual, seguindo-se reflexões e instruções e finalmente uma exortação.

Homilia é palavra de origem grega e etimologicamente significa: conversação familiar.

Homília ou Homilia? Pelo grego é palavra paroxítona, homilia, mas através da fonologia latina, se torna proparoxítona: homília. Em português, se prefere a forma grega paroxítona: homilia.

Vieira não faz muita distinção entre sermão e homilia. Para ele, sermão e homilia se limitam a "apostilar os Evangelhos", isto é, comentar os Evangelhos (*Sermão da Sexagésima*).

Melanchthon divide a Oratória protestante em três gêneros: – didático que visa ensinar, – epitríptico que visa comover, – parenético que visa fazer uma exortação moral.

De resto quase todas as demais formas são comuns a uma e outra Retórica.

A conferência vem do verbo conferir, confrontar. É uma palavra de muitos sentidos. Tanto significa discurso retórico, como um diálogo dialético, onde se discute uma notícia, numa entrevista.

Como gênero retórico é uma exposição oral, um discurso, sobre um tema especializado. Caracteriza-se pelo tom de divulgação cultural sobre temas variados: literários, científicos, históricos... Tem caráter didático.

A conferência apareceu, sob forma de curso, no clima popular do romantismo, na Bélgica, entre os proscritos franceses do Segundo Império, mas é claro que tem antecedentes na Antiguidade, nas salas de leituras públicas, em Roma.

Faz parte especialmente do discurso profano, mas não é estranha ao discurso religioso.

A palestra significa conversação. Trata-se de um discurso didático, mantendo sempre um tom coloquial. Originalmente, na Antiguidade, a palavra palestra se referia ao lugar onde os atletas se exercitavam nas lutas, daí o sentido de ginásio e escola de ginástica e, a seguir, escola de oratória, onde os alunos se exercitavam, numa outra luta, no debate dialético de discursos. O panegírico é um discurso pomposo de louvor em homenagem a alguém ou a alguma coisa.

A oração fúnebre é uma espécie de discurso solene em homenagem a um morto recente e ilustre.

A Retórica da sedução: "Carpe diem" (colhe o dia)
Horácio (65-8 a.C.)
Que tu não indagues, é impiedade saber,
que fim os deuses reservam para mim e para ti,
ó Leucônoe, nem consultes os números babilônios.
Quanto melhor será suportar o que quer que seja!
Ou Júpiter te conceda muitos invernos ou (seja) o último,
o que agora quebra o mar Tirreno de encontro às rochas.
Sê sensata, coa o vinho e limita uma longa esperança
ao breve espaço da vida. Enquanto falamos,
foge o tempo invejoso. Colhe o dia (de hoje),
quanto menos crédula no dia de amanhã. (Odes, 1, 11)
(Tradução do autor)

16. O ORADOR E O AUDITÓRIO

A relação entre orador e auditório se rege pela Teoria da comunicação. Por meio do discurso, que o orador cria e que o auditório recria, se estabelece uma singular comunhão entre ambos. O orador é o emissor da mensagem, o auditório, o receptor. Sem essas duas personagens não há discurso oratório propriamente dito. A Retórica trata do orador e do auditório em sentido rigoroso. Cabe à Semiótica retórica lidar com o equivalente de orador e de auditório em qualquer outra linguagem.

1) O orador

O orador é a causa eficiente do discurso, o discurso é o efeito, o resultado. É o discurso ("oratio") que define o orador ("orator"). O liame entre o orador e o auditório é o discurso.

O discurso é o instrumento de trabalho do orador do qual ele se serve para persuadir o auditório. Diante de uma questão discutível, o orador toma partido, resume sua tese numa proposição, faz a partição do que vai expor, narra o que for indispensável, reúne a argumentação, organiza o discurso, vaza o material numa linguagem apropriada e florida e, se vale a pena, envereda aqui e ali por uma digressão. Se as circunstâncias permitirem, decora o que redigiu e, no momento marcado, dirige a palavra sublinhada de gestos aos seus ouvintes, visando persuadi-los a aceitar sua opinião como a mais provável.

O discurso do outro. Em qualquer questão aberta, há sempre, "em potência", um orador a favor e um orador contra.

Visto que toda questão admite posições divergentes, todo discurso supõe sempre a possibilidade de um contradiscurso. Um orador se completa com outro orador. Há um vínculo potencial entre oradores. Vigora incontestável, no reino da Retórica, o direito democrático da resposta. Todo discurso ou já é uma resposta ou aguarda uma resposta.

Dizer bem ou persuadir? O principal é persuadir. Isócrates define o orador como o "artífice de persuasão". Esse é seu mister específico. Embora muito vantajoso, o mais importante não é dizer bem por falar bem, como acreditava Quintiliano. O ideal é dizer bem para persuadir com mais eficácia. Fala bem quem persuade.

Ensinar ou persuadir? Persuadir é a finalidade principal do orador. A oratória de derivação platônica pretende que o objetivo fundamental da Retórica seja ensinar a verdade. Por isso, persuadir serve como um recurso didático para se ensinar a verdade e nunca para infundir uma opinião. Mas essa posição platônica desnatura a Retórica que deve ser um debate democrático de opiniões.

O orador é um dialeta. Seu objetivo não é chegar à verdade, à certeza, à evidência, mas participar de um debate em que se chocam opiniões diferentes a propósito de uma questão. Tudo que é controverso é dialético e, pois, discutível. O esforço do orador consiste em fazer pender um dos pratos da balança, para um dos lados. Contudo, não lhe cabe sofismar, mas desmascarar os sofismas.

Adaptar-se ao auditório é a regra de ouro que governa a atividade do orador. Isso significa que a argumentação do orador deve partir do que é admitido pelo auditório.

O ideal do "Orator perfectus"

A Retórica Antiga contrapunha ao *orator vulgaris* o *orator perfectus*. O orador comum é o que tem as qualidades suficientes para o desempenho do seu mister. O orador perfeito é o que atinge um nível de excelência, tendo todas as virtudes no mais alto grau e praticamente não tendo defeitos. A Retórica Antiga reconhecia graus de perfeição. A perfeição absoluta era impossível, só encontrável no "Mundo das Ideias" de Platão. Restava, pois, definir esse ideal aproximado de perfeição no plano teórico e tentar verificar quando ele se tenha manifestado na História. O modelo teórico do orador perfeito varia conforme a visão de mundo do investigador. Assim, para Cícero, o orador perfeito é o que une a máxima eloquência com a suma sabedoria. Para Quintiliano, o orador perfeito é o que une profissionalismo com qualidades morais.

Do ponto de vista da História, procura-se assinalar onde e quando existiram oradores perfeitos. No tempo de Cícero, eram considerados, como os mais perfeitos, os oradores áticos, da época clássica da cultura grega. Quintiliano atualiza a lista acrescentando o nome de Cícero. No correr dos tempos, continuam se destacando novos gigantes da Oratória.

Os dois estatutos do orador. A Retórica ensina o orador a improvisar ou preparar previamente o discurso. Preparando o discurso aprende-se a improvisar. Orator e "rhétor". Rétor é o que estuda e ensina a teoria e prática do discurso oratório. Ele pode ser ou não ser um orador. Orador é o que compõe o discurso e o executa diante do público. O orador não precisa ser um rétor consumado, mas precisa ter uma razoável formação retórica. Isócrates é exemplo do rétor. Demóstenes é exemplo do orador. Cícero encarna exemplarmente a figura do rétor e do orador.

Logógrafo é: a) o que escreve, para sua satisfação pessoal, discursos, que não pronuncia; b) é o que escreve discursos para outros pronunciarem. Entre os logógrafos famosos lembramo-nos de Lísias, Isócrates, Demóstenes... Ontem como hoje, todo político "ocupado" tem seu logógrafo oficial.

Nada impede que um discurso seja produzido por um e executado por outro, isso é uma instituição que vem desde a Grécia antiga com os logógrafos.

O orador coletivo. Orador coletivo tem dois sentidos principais.

1º) Sentido: um discurso tem autor coletivo quando é produzido por uma equipe, costume esse que já vigorava na antiga Roma, onde cada parte do discurso podia ser produzida por um especialista, pois havia especialistas em exórdio, em argumentação, em peroração...

2º) Sentido: um discurso tem autor coletivo de acordo com a conceituação de Lucien Goldmann (*Sociologia do romance*). De acordo com essa concepção, todo orador é, ao mesmo tempo, individual e coletivo. Ele é individual enquanto tem uma identidade, como o Padre Vieira que é uma pessoa física. Todo orador é coletivo na medida em que representa as opiniões que vigoram nos vários grupos de que participa efetivamente como a Escola, a Religião, o Partido político... Em nome de quem o Padre Vieira falava?

A visibilidade do orador. Na Oratória, não vale a ideia, que tem dominado a Literatura, segundo a qual o que importa é o texto e não se leva em conta o autor, ser humano, autor individual. A Literatura é mais um fazer, ao passo que a Oratória é mais um agir. A Retórica não forma escritores, literatos, mas oradores. Na História da Oratória, há uma relação metonímica entre o orador e seu discurso. Por isso, não só o discurso, como também o orador fazem parte da História da Oratória. O grande orador merece nossa admiração e entusiasmo.

A profissão de orador. A Oratória já foi uma profissão especial e destacada, constituindo hoje um subsídio indispensável de muitas carreiras.

A oratória feminina. A Retórica não faz diferença essencial, mas acidental entre sexos; de fato, há um estilo masculino e um estilo feminino de oratória. Durante muito tempo, as mulheres foram injustamente excluídas da Retórica. Todavia, hoje, elas não admitem mais que o homem fale por elas, deixando, por conseguinte, de ser o "gênero mudo". (Ver adiante: A mulher e a Retórica).

O sentido semiológico de orador. A semiótica adota uma concepção ampla de orador, identificando-o praticamente com autor. Nesse sentido, o orador é o autor de uma mensagem persuasiva em qualquer linguagem.

2) O auditório

O destinatário do discurso. Se o orador é a causa eficiente do discurso, o auditório é a causa final. O discurso se faz em função do auditório. O orador nunca deve perder de vista o auditório para quem se destina seu discurso. Cabe-lhe persuadir o auditório convencendo-o, comovendo-o, agradando-o. Quem argumenta sempre argumenta para alguém. O valor de um discurso se mede, de um ponto de vista pragmático, pelo efeito exercido. A árvore vale pelos seus frutos. O orador é, segundo a metáfora bíblica, um "semeador", o público é o terreno onde cai a palavra. O semeador deve transformar o auditório em terreno fértil. A semente cria o terreno!

A definição de auditório. Nos últimos tempos, coube a Perelman revolucionar o conceito de auditório, concebendo-o como uma construção do orador.

Nessa linha, define-se o auditório como "o conjunto daqueles a quem o orador pretende persuadir".

Auditório presente, concreto. O discurso é um texto que um orador pronuncia diante de uma assistência, para persuadi-la a aceitar um dos lados de uma questão discutida. Só quando pronunciado em público é que o discurso oratório se atualiza.

E, na autêntica Retórica, o discurso oratório se dirige necessariamente a um auditório, porque sem um auditório, em sentido restrito, isto é, particular, concreto, ao vivo, não há discurso oratório propriamente dito. Decerto que Vieira faz um "sermão aos peixes", à imitação de Santo Antônio, mas ambos falam figuradamente de Deus para os homens.

O auditório se concebe, pois, no sentido rigoroso, "in praesentia", na presença de ouvintes. Não se fala para as paredes, não se prega no deserto, a não ser quando o deserto se enche com as multidões que iam ouvir João Batista, "a voz que clama no deserto" (Mateus 3,3). O autêntico auditório é de ouvintes, não de leitores!

A divisão dos auditórios

Aristóteles divide os auditórios em judiciário, deliberativo e epidítico. Perelman distingue um auditório universal e um particular.

A extensão do auditório tradicional varia indefinidamente podendo constar de uma só pessoa (como no caso do juiz singular), ou de um colegiado (como no caso de um tribunal do júri), ou de uma numerosa assembleia (como uma casa legislativa) ou de qualquer audiência alcançada pelo poder dos meios modernos de comunicação. Hoje se difundem discursos para toda a humanidade, vencendo mesmo distâncias inimagináveis, como quando se enviam mensagens de uma nave espacial à Terra.

No diálogo socrático, considera-se o interlocutor como auditório.

Todavia, o grande problema referente ao auditório surge quando se trata do auditório constituído por multidões que ocupam eventualmente um determinado espaço geográfico, unidas durante um determinado tempo por qualquer que seja o motivo, dotadas de um maior ou menor grau de racionalidade.

Vinculação entre orador e auditório. A Retórica é uma prática significante, comunicativa que só se efetua na relação entre dois sujeitos interdependentes: o emissor e o receptor do discurso.

Não basta ao orador falar ao auditório, tem de estabelecer com ele um laço de união, procurando obter dele "a atenção, a benevolência e a docilidade".

A sintonia de opiniões. O discurso só será eficaz se se promover uma negociação e um acordo entre orador e audiência. O orador se esforça por influenciar os ouvintes, persuadindo-os a aceitar a sua opinião como a melhor.

Nesse empenho, se concentra toda a atividade do orador que não impõe verdades absolutas, nem sofismas, mas opiniões que tenham o máximo de probabilidade. Para que isso aconteça, ele deve lidar com o conjunto de opiniões já aceitas e assimiladas pelo seu público que sempre pode aceitar ou não a opinião do orador.

Criação e recriação do discurso. O auditório pelo fato de ser a causa final do discurso participa da sua produção. É de certa forma coautor. O orador cria o discurso, o auditório o recria. Há uma relação solidária entre orador e auditório. O orador condiciona o auditório e o auditório condiciona o orador. Cabe ao orador arrebatar o auditório explorando suas paixões e seus valores morais. Segundo Perelman, o discurso retrata o auditório, uma vez que o discurso parte das opiniões aceitas pelo auditório.

Estética da recepção. No contato entre orador e auditório, a comunicação não é determinada apenas pelo orador, mas igualmente pelo auditório que interpreta a mensagem que, em sua essência, é constituída pelas opiniões do próprio auditório. Na Retórica, vigora não apenas a estética da "expedição", mas da "recepção", valem os interesses de ambas as partes. O auditório nunca é inteiramente passivo. Ele sempre responde de alguma forma, podendo, depois do discurso, votar, julgar, ponderar.

Retórica visual e auditiva. A Retórica propriamente dita apresenta um aspecto visual e um aspecto auditivo. O ideal é que o orador seja visto e ouvido pelo auditório. Entretanto, o aspecto auditivo é mais essencial.

O auditório se compõe principalmente de ouvintes, o que é, aliás, sublinhado pela etimologia da palavra auditório que deriva de "audire" = ouvir, um auditório de ouvintes, pois que o discurso oratório é uma mensagem em linguagem verbal, oral. A oralidade é elemento essencial da Retórica tradicional. A voz é o meio de comunicação entre orador e auditório.

O lado visual da Retórica, embora não essencial, é extremamente relevante. O orador se comunica não só pela voz, mas também pelo corpo, pois o corpo também fala. O auditório vê e, sobretudo, escuta o orador.

Acidentalmente, o orador pode ser ouvido sem ser visto por qualquer que seja a razão. Inclusive, o orador se comunica muito bem com um auditório de cegos.

O discurso puramente visual acontece no domínio da Semiótica quando o orador se comunica com um auditório que não ouve, mas que pode eventualmente ler os lábios do orador ou quando um orador se comunica mediante a linguagem dos surdos-mudos.

O auditório como personagem. A Retórica Antiga valoriza efetivamente o auditório quando o toma como critério da divisão dos discursos em gêneros. Quanto a esse ponto, tudo depende da atitude que o auditório tome em relação à questão discutida, depois de ouvido o discurso: ou o auditório apenas aprecia o discurso, gostando ou não – temos então o gênero laudatório; ou delibera, votando a favor ou contra – temos então o gênero deliberativo; ou julga, pronunciando uma sentença – temos então o discurso judiciário. Pelo que temos auditórios destinados a julgar, a votar, a apreciar.

Efetivamente, a Retórica é a arte de falar em público? É preciso cuidado com a definição de Retórica como sendo a arte de falar em público. Não basta falar "em público" para se produzir um discurso retórico. Pode-se falar em público sem se fazer um discurso retórico, como é o caso de uma mera comunicação. O discurso retórico tem de ser dialético persuasivo.

Auditório semiótico. Orador do ponto de vista semiótico é o emissor de uma mensagem dotada de retoricidade, em qualquer linguagem e quem quer que seja o receptor: leitor, ouvinte. Assim também, o auditório, do ponto de vista semiótico, é o receptor de uma mensagem, dotada de retoricidade, em qualquer linguagem e quem quer que seja o emissor da mensagem: orador, autor.

17. GNOSIOLOGIA DO SABER RETÓRICO

Qual o modo de ser da Retórica do ponto de vista gnosiológico? Já desde as origens, se discutia a natureza e o valor da Retórica como modo de conhecer.

No decorrer de sua História, a Retórica foi tratada como "uma doutrina", "uma disciplina", "uma técnica" ou "arte", "uma faculdade", "uma ciência". De todas essas qualificações, só essa última provoca questionamentos. A Retórica realmente é uma ciência?

Sem dúvida que é uma doutrina. Como doutrina é um sistema de conhecimentos metódicos, rigorosamente testados, sobre uma determinada matéria e sob um determinado ponto de vista. Doutrina se liga ao verbo "docere" = ensinar e, com efeito, uma doutrina é um saber que se ensina.

A Retórica é igualmente uma disciplina. Disciplina se liga ao verbo "discere" que significa aprender. Isto quer dizer que a Retórica é também objeto de aprendizado. Os termos doutrina e disciplina evidenciam o aspecto fortemente didático da Retórica. É uma doutrina que se ensina e uma disciplina que se aprende.

Considera-se, pois, a Retórica como uma doutrina e uma disciplina consolidadas, através dos séculos, por longa reflexão crítica e provada experiência de erros e acertos, tendo por objetivo: educar e dignificar o homem, tanto mais que ela só floresce no ambiente de Democracia, promovendo um diálogo crítico de discursos. A Retórica, a despeito da hostilidade de seus contestadores, se constitui numa doutrina e numa disciplina sacramentada definitivamente por Aristóteles. A necessidade de se reafirmar que a Retórica seja uma doutrina e uma disciplina se impõe porque esse direito lhe foi muitas vezes cassado.

A Retórica é também uma técnica ou arte. Aqui se entende por técnica ou arte o conjunto de regras justificadas para se realizar bem alguma coisa. Os latinos traduziam a palavra grega "técnica" por "ars" = arte. A Retórica seria um algoritmo para executar belos e persuasivos discursos. Sem dúvida que a Retórica é uma técnica ou arte.

Como resultado do exercício constante e repetido dessa técnica ou arte, a Retórica se torna uma faculdade ou uma virtude adquirida por meio de sólidos hábitos. Essa faculdade ou virtude atribui poder a quem a possui.

Até aqui, tudo é pacífico. A dificuldade advém quando se discute se a Retórica é uma ciência, pois inclusivamente o próprio conceito de ciência era e é bastante questionável.

E, a propósito, a Retórica é uma ciência?

Entre os antigos, havia muita hesitação e escrúpulo em chamar a Retórica de ciência. Em geral se evitava tal qualificação. E quando raramente se qualificava a Retórica de ciência se dava à palavra ciência o sentido de disciplina ou arte e assim tudo se acalmava.

Em termos modernos, a Retórica é efetivamente uma ciência? E se é uma ciência, qual sua natureza?

Hoje em dia, também se evita, por cautela, qualificar a Retórica como ciência porque vigora, de modo preconceituoso, forte tendência de se considerar, com exclusividade, como ciência apenas as "ciências naturais ou experimentais" de índole matemática que buscam a certeza. A palavra ciência seria uma palavra sob suspeição.

Todavia, não há negar, a Retórica é uma Ciência humana.

Nada impede que se considere a Retórica como ciência, se apelarmos para a já consagrada distinção entre ciências naturais e ciências humanas. A Retórica não é obviamente uma ciência natural de cunho experimental e matemático, mas pode ser considerada uma Ciência humana. Ela tem por objeto de estudo uma tremenda realidade: os discursos. Que é que realmente significam os discursos?

Em épocas remotas da História, a Retórica ocupou a vanguarda na escala do saber e muitas das ciências humanas nasceram à sua sombra. No decorrer dos tempos, foi algumas vezes desconsiderada, mas hoje ela tende a assumir um lugar de vanguarda, sendo, com frequência, apontada como a ciência humana exemplar.

Desde a mais alta Antiguidade, até fins do Século XIX, a Retórica figurava como uma das mais importantes disciplinas dos currículos escolares, dando prestígio aos que nela sobressaíam.

"O império da Retórica"!

Cabe particularmente a Perelman e sua escola fazer da Retórica, concebida como teoria da argumentação, não só uma ciência humana, mas o modelo das ciências humanas.

Nessa mesma linha, G. Pretti divide o saber em dois domínios: a Lógica e a Retórica.

Poder-se-ia, sem duvida, introduzindo uma nova terminologia, distinguir entre Ciências analíticas e dialéticas, em vez de ciências naturais e humanas. Diremos que as Ciências Humanas constituem o lado Dialético-Retórico da Cultura e as Ciências Experimentais e Matemáticas constituem o lado analítico, apodítico da Cultura.

Por outro lado, não se pense que a diferença das ciências naturais e humanas seja tão profunda. Evidentemente que as ciências naturais buscam a verdade e as ciências humanas buscam a verossimilhança. Entretanto, segundo a lição de Popper, cumpre constatar que as ciências experimentais também não chegam à verdade, apenas se aproximam da verdade.

Todavia, nesse ponto, para simplificar as coisas em vez de chamar a Retórica de ciência, seria mais confortável considerá-la como uma disciplina. Com isso não se "assusta o burguês"!

A Retórica é uma disciplina teórica ou prática?

Posto nestes termos, o problema está mal colocado. Na verdade não existe uma disciplina que não seja ao mesmo tempo teórica e prática. Não existe teoria sem prática, nem prática sem teoria. A teoria se alimenta da prática e a prática decorre da teoria. A verdadeira questão consiste em saber se se trata de uma disciplina mais voltada à teoria ou à prática.

Entretanto, a Retórica, por sua natureza, é uma disciplina mais de índole prática, como a classifica Quintiliano. Ela é um saber aplicado, visando resultados. Todavia, por outro lado, a Retórica teoriza uma prática. Enquanto teórica é um saber desinteressado, destinando-se mais à contemplação e aprofundamento do que à ação. Enquanto teórica, a Retórica constrói modelos ou teorias, como hipóteses de trabalho. Enquanto prática, ela aplica esses modelos ou teorias.

Historicamente, a Retórica começa pela prática. Em qualquer sociedade mais ou menos civilizada, existe um exercício espontâneo de oratória. De repente, ocorre o surgimento dos oradores mais bem dotados pela natureza, os eloquentes. Aos poucos, se reconhece a necessidade de teorizar a prática do discurso e surge então a Retórica que é a teorização da oratória e da eloquência.

A Retórica enquanto disciplina prática
A dupla natureza da prática: fazer e agir

A Retórica, como disciplina prática, se divide em dois níveis: o nível do agir e o nível do fazer.

Nível do agir – acontece quando da atividade prática não resulta um produto, mas um comportamento. Por exemplo: dançar, tocar flauta, andar a cavalo... Neste nível, a prática estabelece um conjunto de regras racionais fundamentadas para se agir da melhor forma possível (= *recta ratio agibilium*).

Nível do fazer – acontece quando da atividade prática resulta um produto exterior, por exemplo, uma cadeira, um quadro, um poema, uma estátua... Neste nível, a prática estabelece um conjunto de normas racionais fundamentadas para se produzir alguma coisa da melhor forma possível (= *recta ratio factibilium*).

Tradicionalmente, costumamos chamar de poética, no seu sentido etimológico, a prática no nível do fazer.

A Retórica pertence mais ao nível do fazer ou do agir?

Não resta dúvida que a Retórica, por sua natureza, se caracteriza em primeiro lugar como um agir, pois se realiza e se consome na ação, diante de um auditório. Esse, o momento existencial do discurso retórico. A Retórica não deixa de ser, também, sob certo aspecto, um fazer, uma vez que produz um discurso, como um produto, sobretudo quando se compõe, se escreve e se publica o discurso. O orador faz o discurso e executa o discurso.

Como disciplina prática, a Retórica é normativa, enquanto compreende um conjunto de regras justificadas. Não existe agir ou fazer sem regras. A arte se define como um conjunto de regras justificadas.

Como disciplina prática, a Retórica é uma técnica, isto é, um modo hábil de agir e fazer alguma coisa.

A Retórica é uma disciplina dinâmica, viva. Não se trata de uma disciplina passadista, estagnada. Ela deve se desenvolver continuamente e de modo crítico. A causa das suas crises procede do preconceito de que é uma velharia, objeto de museu. Ela pode, sem dúvida, beneficiar-se do progresso e só sobreviverá renovando-se. Essa a lição que vem de Quintiliano.

Entrementes, a Retórica é uma "arte" no sentido estético ou técnico?

A palavra arte historicamente pode ser usada num sentido 1) estético como expressão do belo e do sublime, 2) no sentido de técnica, isto é, modo adequado de fazer ou agir. No primeiro sentido, dado seu caráter eminentemente utilitário, não se pode dizer que a Retórica seja uma arte estética por sua natureza. No entanto, ela tem preocupações estéticas. No segundo sentido, ela se qualifica, por direito, de arte, enquanto técnica. A Retórica é efetivamente uma técnica: um modo de agir ou um fazer. A beleza de um discurso apenas ajuda a persuadir.

A universalização semiótica da Retórica

Através da Semiótica, a Retórica se aplica à análise e interpretação de discursos retóricos em qualquer linguagem. A Retórica se enriquece no contato com a Semiótica, que lhe dá um tratamento especial. De fato, tudo que persuade tem certa afinidade com a Retórica. Muita outra coisa, além do discurso retórico, persuade, como, por exemplo, a sugestão, a autossugestão, a hipnose, a sedução, a propaganda, a força, o dinheiro, a prece... Todavia, estas coisas só pertencem à Semiótica Retórica quando se transformam num texto verbal.

Necessidade da sabedoria. Além de saber como dizer e como dizer da melhor forma possível, importa dominar o que se vai dizer com verdadeiro conhecimento de causa, com cultura e erudição. O orador tem de estar preparado para participar de qualquer lide em que tenha de entrar, mas sem descambar na pretensão dos velhos sofistas que ousavam falar de improviso "sobre tudo, sobre o que se sabe e sobre o que não se sabe".

A relação da Retórica com outras disciplinas. A Retórica não é uma disciplina isolada porque não há nenhuma disciplina isolada. Ela se vincula com toda a Cultura. Sem cultura geral, que é um saber enciclopédico, em que todas as disciplinas se associam por um parentesco, o orador não realiza sua missão que é tratar de qualquer assunto.

A Retórica além das relações gerais com todo o saber, mantém relações especiais com numerosas disciplinas. Assim, na "invenção" e "disposição", se envolve com a Lógica e a Dialética. Na "elocução", se envolve com a Gramática, a Estilística e a Poética, particularmente com o estudo das Figuras. Envolve-se com a Mnemônica, no capítulo da "memória", com a Dramaturgia, no capítulo da "ação" e com a Fonologia, na pronunciação... Envolve-se com a Psicologia, na exploração das paixões humanas a fim de comover e com a Sociologia, no estudo do contexto externo do auditório. E como a Retórica é neutra como técnica, requer-se do orador profundo sentido moral ao promover o bem e repudiar o mal. A Retórica caminha abraçada com a Filosofia e se ampara na Política como um instrumento por meio da qual se realiza a cidadania. Ela afirma o direito que todo homem tem à palavra franca na autêntica democracia.

Aristóteles, vincula a Retórica com a Dialética e a subordina à ciência política ou moral. Cícero também considera a Retórica como parte da "civilis scientia", isto é, da política ou moral.

A velha polêmica entre Filosofia e Eloquência

Na Antiguidade, a Sabedoria era outro nome da Filosofia. Platão preferia chamar a Filosofia ou Sabedoria de Dialética, considerando-a como a ciência ideal, que tem por objetivo a busca da certeza e da verdade.

A briga começa quando Platão e seu mestre Sócrates desvinculam a Filosofia da Eloquência.

Coube a Isócrates e, sobretudo, a Cícero reaproximá-las. E esse se torna o supremo ideal ciceroniano: reunir a sabedoria com a eloquência, pois uma coisa não existe sem a outra. Cícero se bate, por um lado, contra os que encerram a Retórica num simples tecnicismo burocrático, tentando uma eloquência sem sabedoria e se bate, por outro lado, contra os que pretendem uma sabedoria sem eloquência. Contra Sócrates, ele revida que a sabedoria sem eloquência é muda e que "não existe sabedoria incomunicável".

No cristianismo, o problema se formula nos mesmos termos de Cícero, mas num outro contexto. Para Santo Agostinho, a eloquência não se separa da sabedoria, mas não de qualquer sabedoria, mas da sabedoria das Escrituras. E, sem dúvida que, para ele, essa sabedoria vale mais que a mera eloquência que só pode dimanar da verdadeira sabedoria.

E ao mesmo tempo que a sabedoria divina fornece a matéria dos discursos também fornece os moldes da autêntica eloquência. De fato, sem falar dos profetas do Velho Testamento, o apóstolo Paulo, um dos maiores oradores de todos os tempos, não só ensina o que falar, mas também como falar.

Platão, no seu radicalismo, nega qualquer valor cognitivo à Retórica de seu tempo.

Segundo esse filósofo, a Retórica não é nada, nem doutrina, nem uma técnica, nem uma faculdade, nem um poder. Acima de tudo, ela não é uma ciência de qualquer espécie. E não é ciência porque a ciência busca a verdade e a Retórica busca a opinião, busca o que parece, não o que realmente é.

A Retórica não passa de uma rotina que resulta de mero experimentalismo. Não é um verdadeiro conhecimento pelas causas. Não dá razão de nada. Particularmente não é uma ciência porque fica no nível da opinião subjetiva e interesseira. Comporta-se indiferentemente diante do bem e do mal, do justo e do injusto. É pretensiosa ao opinar sobre tudo, sobre o que se sabe e o que não se sabe. Não respeita os peritos. Atribui-se muito poder na vida civil, mas tem apenas um falso poder. E indevidamente, "Entre sofrer ou praticar a injustiça, ela, a Retórica, prefere praticar a injustiça".

Platão compara a Retórica com a culinária de seu tempo. Assim como a culinária não se subordinava à medicina, a Retórica não se subordinava à filosofia. Nem uma nem outra, para ele, se constituíam numa arte, numa ciência. A Retórica faz discursos somente para agradar, para lisonjear, como a culinária faz pratos saborosos visando apenas ao prazer, sem se importar se são saudáveis ou não. Hoje em dia, a comparação de Platão claudica porque a culinária se vincula cada vez mais com a medicina, adquirindo foros de uma verdadeira ciência. E a Retórica digna desse nome deve respeitar o bem e a verdade.

Uma nova Retórica. Nada obstante, Platão acreditava erradamente que a Retórica só poderia elevar-se ao nível de um autêntico saber, na sua República Ideal, quando se livrasse da Sofística e se subordinasse à verdadeira ciência, a "Dialética", definida como ciência da Verdade, da Justiça, do Amor. Mas então a Retórica deixaria de ser Retórica e passaria a ser uma lição de filosofia.

18. PEDAGOGIA E DIDÁTICA DA RETÓRICA

Os ingredientes formadores do orador

Aprende-se e ensina-se Retórica. Por isso, vamos cuidar de alguns de seus problemas pedagógicos e didáticos. Os principais problemas dessa ordem resultam do grau de participação dos ingredientes formadores do orador. Em função disso, se montam os currículos que visam formar um orador competente. Além de que, na Antiguidade, as escolas de Retórica enfrentavam o desafio de traçar a imagem do orador perfeito, "orator perfectus", para propor aos alunos um modelo ideal a ser perseguido.

No decorrer dos tempos, depois de muita polêmica, chegou-se à concepção dominante que o orador é produto dos seguintes fatores fundamentais: a natureza, a teoria e o exercício onde se inclui a imitação. Nesse sentido, o livro de Gabriel Harvey: Rhetor (1577) é exemplar, pois ele é dividido em três partes: "de natura, de arte, de exercitatione rhetorica".

"Natura an arte?"

Sempre se discutiu se o orador é mais um produto da natureza ou da arte. Entenda-se por arte o conhecimento e prática da doutrina. Indaga-se se o orador nasce ou se faz orador? O homem recebe gratuitamente ou adquire, com esforço, a virtude de ser orador?

Retórica natural e artificial. Admitia-se a existência de uma Retórica natural que independe de escolaridade. Ela descreve a "competência" do homem dotado de engenho oratório. Há de outro lado, uma Retórica artificial que depende mais da teoria e da prática que da natureza. Ela descreve "o desempenho" do homem ao adquirir a faculdade oratória.

O grau de influência dos três fatores citados determina a orientação pedagógica e didática da Retórica. Resta saber se a formação do orador depende mais das dádivas da natureza ou do conhecimento da doutrina retórica ou da diuturna exercitação de práticas retóricas.

1) A natureza. Os dons prodigalizados pela natureza constituem o engenho do orador. O orador precisa receber da natureza pelo menos os dons indispensáveis. Ressalvadas tais condições, todo homem pode se tornar orador pelo conhecimento de todo o saber retórico acumulado por uma longa experimentação dos mais provados recursos técnicos. Inclusive, pode superar as deficiências da natureza pelo socorro que recebe dos progressos da civilização. Ninguém tem voz fraca em frente de um alto-falante eletrônico.

Cícero é de opinião que o engenho vale mais que a teoria. A inclinação do homem pela Oratória é quase inata. Basta alguém receber um estímulo, ao assistir a um discurso, para despertar em si a "competência" retórica. Tanto assim é que operários, camponeses premidos pelas circunstâncias da vida, falam com desenvoltura, mesmo sem ter se preparado. Os oradores, historicamente, surgiram antes da Retórica se institucionalizar na Sicília.

Por sua vez, a Retórica natural, com seus vícios e virtudes, recebe auxílio do aprendizado da disciplina e da aplicação prática da teoria.

2) A teoria retórica. O orador se forma também pelo conhecimento teórico da disciplina, incorporando uma experiência coletiva milenar acumulada de acertos e erros. Pelo estudo, ele aprende a sair de encruzilhadas, conseguindo sempre escolher o melhor caminho.

3) A prática retórica. Por meio de exercícios, o aluno desenvolve sua capacidade de produzir e executar discursos. Ao aplicar a teoria à prática, nesse mesmo ato, aprofunda-se a teoria, ajudando a natureza. Entre as práticas, salienta-se a imitação.

A disciplina ajuda a natureza. A técnica funciona como uma segunda natureza! "Facultas oratoria". Diz-se que a Retórica é uma faculdade. De fato, o resultado da cooperação dos três fatores cria no orador a faculdade oratória. A faculdade oratória é uma facilidade, um poder, uma virtude.

O exemplo de Demóstenes e Isócrates

O confronto entre o processo educativo de Demóstenes e de Isócrates ilustra o poder da vontade de superar as dificuldades.

Se Demóstenes (384-322 a.C.) contasse só com os dons naturais, nunca teria sido o que foi: o maior orador de todos os tempos.

Conta-se que, tendo fôlego curto, declamava subindo ladeiras; corrigia as falhas de dicção falando com seixos na boca; para fortalecer sua voz débil e superar o burburinho das massas inquietas, desafiava o marulho das ondas do mar. E quando Demóstenes ia falar, toda a Grécia vinha ouvi-lo!

Isócrates (436-338 a.C.), apesar de seus conhecimentos profundos de Retórica, só uma vez enfrentou um auditório, dele se afastando em virtude de deficiências não superadas.

O problema do orador perfeito

Em termos gerais, orador perfeito quer dizer acabado, excelente, dotado de todas as virtudes necessárias e elevadas ao mais alto grau possível e quase livre de todos os defeitos.

O sonho do orador perfeito se desenvolve nas épocas em que a Retórica ocupa a mais alta expressão do humanismo com Isócrates, na Grécia e com Cícero, em

Roma. Particularmente, Cícero foi o mais eminente idealizador do orador perfeito. Ele traduz, numa fórmula célebre, sua visão do orador perfeito como sendo aquele que une a eloquência com a sabedoria, encarnando, ao mesmo tempo, o "doctus orator" e o "eloquens orator", capaz de falar sobre qualquer assunto que lhe seja proposto e de falar com abundância e ornato, com "pulchra elocutio". A eloquência sem sabedoria é vazia; a sabedoria sem eloquência é muda. Completando o quadro, Cícero conclui que o orador perfeito é capaz de dizer de modo apropriado a persuadir os ouvintes, decorrendo daí que o orador perfeito é aquele que pratica no mais alto grau "os três misteres" do orador que são convencer, comover e agradar. Além de que deve juntar à elevação do que diz a beleza da voz e dos gestos.

Por sua parte, Quintiliano adverte que sem honestidade nem há orador, nem orador perfeito. Não nos esqueçamos, porém, que Quintiliano não impede ninguém de defender uma causa não honesta!

Petrus Ramus, adversário de Cícero, na Renascença, rejeita o ideal do orador perfeito, porque simplesmente ninguém pode ser perfeito, bastando que o orador seja apenas um bom orador, um perito na elocução e ação que são as partes indispensáveis da retórica. Não precisa ser um sábio, basta que estude as questões que tem de patrocinar.

A engenhosidade dos exercícios retóricos da Antiguidade

Nas escolas de Retórica, na Antiguidade, se praticavam exercícios seja num nível primário, seja num nível secundário. A partir de pequenos exercícios se caminhava para a prática de discursos completos em situações artificiais. Vale a pena revê-los dada a repercussão de que gozam ainda hoje, nos círculos educacionais.

Num nível primário, vinham as *progymnasmata* e, num nível secundário, vinham as declamações sob forma de controvérsias e suasórias. Tais exercícios visavam desenvolver a prosa.

Primeiro estágio: *Progymnasmata*

Assim se chamavam, em grego, os "exercícios preparatórios, preliminares", praticados nas escolas tendo em vista a formação do futuro orador. A partir de Quintiliano (2,4), tais exercícios passam a fazer parte de todos os tratados didáticos. Eles foram desenvolvidos por Hermógenes (por volta de 151-225), por Libanios (314-394) e por Aphthonios, seu discípulo. Chegou-se, ao cabo, a uma relação de 14 exercícios.

1) Fábula. O aluno reproduz uma fábula salientando a lição moral: tal como "A raposa e as uvas". Num discurso futuro, a fábula funciona como prova indutiva pela exemplificação. 2) Narração. Reproduz uma narrativa mais complexa seja real ou fictícia, salientando os seus elementos constitutivos: quem? quando? ... Por exemplo, o aluno conta a história de Agamenão e discute sua

significação. 3) *Chria* (= anedota) era constituída ou por uma frase ou por um fato ou, ao mesmo tempo, por uma frase e por um fato de muita sabedoria e utilidade. Isócrates dizia que "a raiz da educação é amarga, mas os frutos, doces". Exemplo de anedota de fatos foi o que ocorreu quando Alexandre Magno se encontrou com Diógenes, o cínico. Digno de nota o livro de Xenofonte: *Ditos e fatos memoráveis de Sócrates*. 4) Máxima. O aluno reflete sobre uma máxima sentenciosa: "água mole, pedra dura...". 5) Refutação da tese do adversário. 6) Confirmação da própria tese. O aluno toma posição contra ou a favor da cólera de Aquiles. 7) Lugares-comuns. Relaciona-se o caso que se está abordando não só com os lugares específicos, mas também com os gerais. Ao atacar um tirano em concreto, abordam-se os lugares-comuns referentes à tirania em geral. Ataca-se o tirano e a tirania, exalta-se a democracia. 8) Louvor. 9) Vitupério. Louvam-se ou vituperam-se coisas pessoas, lugares, épocas... de acordo com um esquema prévio muito vulgarizado. Louva-se Penélope, vitupera-se Helena de Troia. 10) Comparação. Estabelecem-se paralelos, por exemplo, entre o campo e a cidade. 11) Personificação ou caracterização (etopeia). Faz-se o retrato moral de uma personagem: Cícero. 12) Descrição (écfrase) de um jardim, um porto. 13) Tese. Discute uma questão de caráter geral, por exemplo, se se deve casar ou não. 14) Proposição de uma lei: discute-se a favor ou contra a aprovação de uma lei: a pena de morte.

A composição. Neste programa, como se percebe, o aluno se inicia na composição em todas as suas formas. Ele narra, descreve, disserta, discute, dialoga, amplifica. E, no fundo, há exercícios que preparam o gênero deliberativo, o judiciário e o epidítico, trabalhando-se sobre todas as partes do discurso: narração, refutação, confirmação... O aluno escreve e expõe oralmente.

Segundo estágio: a declamação: controvérsias e suasórias

A declamação – consiste em fazer discursos em situações fictícias a título de exercício. A declamação tinha sentido pejorativo devido a seu artificialismo.

Sêneca, o Rétor, (58 a.C.-39 d.C.) deixou-nos um livro: *Controvérsias e Suasórias*, em que recupera, de memória, para uso de seus filhos, inúmeros exemplos desses debates.

a) Controvérsias. Propõe-se à classe um caso concreto de conflito de direitos, construído com requintes de pormenores, incidentes e aventuras complicadas. Não sem fundamento, se acredita que as novelas medievais encontrem aqui suas raízes. Com efeito, aparecem tiranos, piratas, sedutores, prostitutas... há expulsões de filhos, adoções, raptos, exposições de crianças, viagens, envenenamentos...

Eis um caso: Popílio, acusado de parricídio, foi defendido por Cícero. Mais tarde Antônio incumbe o mesmo Popílio de matar Cícero, que se achava no exílio. Que deve fazer? Aos alunos competia defender ou acusar, transformando-se a classe numa espécie de júri simulado. A controvérsia prepara o aluno para o fórum.

b) Suasórias. Parte-se de um fato histórico ou mitológico de caráter político e aos alunos cabe aconselhar ou desaconselhar o melhor modo de agir. Por exemplo, discute-se se Agamenão deveria, por razões de Estado, matar a filha Ifigênia, ou como pai, poupá-la. Alexandre, o Grande, deveria finalmente lançar seus barcos no Oceano? Acham uns que navegar é preciso, outros que não, em face dos mistérios dos mares.

A Retórica nos currículos escolares

Desde o Séc. V a.C., a Retórica fez parte integrante dos currículos escolares oficiais e isso acontece até o declínio do Romantismo no final do Século XIX. Mas o próprio currículo escolar em si, no seu conjunto, prescindindo da Retórica, proporciona elementos que conduzem à formação de futuros oradores. Todavia, eliminada das escolas oficiais, não impediu que cursos particulares de Retórica se multiplicassem pelo mundo. Como disciplina escolar ou não, ela se impõe, porque indispensável para o exercício de muitas profissões e, sobretudo, para exercício da democracia.

Atualidade educadora da Retórica em nossos dias

A formação de um "humanista". O orador deve ter uma cabeça "bem feita" e "bem cheia", adquirindo, além de uma preparação técnica especifica em Retórica, um conhecimento profundo das ciências afins, alargando cada vez mais o horizonte cultural, pois o orador pode discursar sobre tudo que se discute.

Para se formar um orador nada melhor do que frequentar uma escola, sob a orientação de um mestre esclarecido, aproveitando a ajuda dos colegas.

Projeto de preparação do orador

Segundo Quintiliano, o dote supremo do orador reside na grandeza de alma. Entretanto, a formação do orador compreenderá os seguintes tópicos:

O conhecimento da teoria retórica.

Aquisição de uma sólida cultura por meio de estudo, leitura, observação, vivência...

O conhecimento gramatical e estilístico da língua. Saber o que se deve e o que não se deve dizer corretamente. Dominar os recursos facultativos e obrigatórios, conjugando correção com elegância, familiarizando-se com as figuras de retórica.

Cultivar o hábito de meditação, no sentido ocidental de reflexão e no sentido oriental de controle mental.

Exercitar-se na prática da língua escrita e falada. Cícero com sua experiência aconselha que se escreva o mais possível, "quam plurimum scribere". Importa adquirir o hábito de escrever. Valeria a pena fazer um "diário de composições livres", descrevendo, narrando, dissertando, dialogando, dramatizando, parafraseando, inventando sem censura, livremente, sem deixar passar um dia em branco, de acordo com o conselho de Plínio: "Nulla dies sine linea". Felizmente esse poderoso e velho exercício do diário vem sendo ressuscitado e revalorizado hoje pelo computador por meio de blogs.

Procura-se tirar o máximo partido da conversação, participando cortesmente de discussões.

Declamar só ou na presença de amigos. Declamar diante do espelho, o que nada tem a ver com narcisismo!

Fortificar a memória: decorando, com bastante critério, tudo que faça bem à alma e possa ser útil. Aproveitar das oportunidades para recitar as joias que guarda no escrínio da memória.

Desenvolver a autocrítica. Isócrates dizia que uns oradores precisam de freios e outros, de espora.

Praticar a educação física, pondo ênfase na respiração. Cuidar da voz. O orador, segundo Vieira, deve ter "boa voz e bom peito". Aprender a gesticular adequadamente.

Assistir aos discursos. Ler discursos. Analisar discursos. Descobrir estratégias peculiares que favoreçam cada uma das partes da oratória: a invenção, disposição, elocução, memória, ação.

Os antigos insistiam na formação moral do orador que eles caracterizavam como um homem honesto que fala bem. De fato, como persuadir sem ter convicção e sem dar bom exemplo de vida?

Advertência:

Só quem entendeu realmente o que é a Retórica sabe como se exercitar para se converter em um orador proficiente. Não basta saber como se faz ou como se age, importa saber por que se faz ou se age.

19. HISTÓRIA DA RETÓRICA

A Retórica Antiga nasce na Sicília, na Magna Grécia, cresce e se nutre em Atenas e do porto do Pireu se expande mar afora. Conquista Roma e domina todo o Império Romano. Durante a Idade Média, faz parte do Trivium, renasce nos "Tempos Modernos" quando, ao lado da Retórica Antiga, se forma aos poucos a Retórica Clássica e dentro da Retórica Clássica, ocorre a Retórica das Figuras.

A Retórica, de modo geral, se torna malvista pelo romantismo e depois pelo modernismo, sobretudo devido aos abusos didáticos praticados pela Retórica Clássica e Retórica das figuras. Em nossos tempos, ela readquire toda sua vitalidade multissecular, penetrando, através da Semiótica, por todas as linguagens da comunicação humana, onde reine a persuasão.

A Retórica mitológica e lendária. Os deuses da Mitologia Clássica amavam discursar. Conta-se que havia uma divindade da Persuasão a quem os gregos denominavam de Peitho (a que persuade) e os latinos denominavam de Suada (a que aconselha). Ela integrava o cortejo de Vênus-Afrodite, que simbolizava o poder arrebatador da beleza. A propósito, um fragmento da poetisa Safo confirma: "a Persuasão é filha de Afrodite"...

Vênus-Afrodite. Persuadir, na sua raiz, significa tornar suave. Dante Alighieri, já nos fins da Idade Média, subordina a Retórica à suavidade do planeta Vênus.

Um dia, Éris, a deusa da discórdia, magoada, levanta uma questão retórico-dialética, a saber, qual a mais bela das deusas? Então, no primeiro concurso de beleza de que se tem notícia, a deusa Vênus-Afrodite vence as outras candidatas rivais: Hera-Juno e Atena-Minerva, pela eloquência insinuante de seu discurso com que suborna o formoso juiz, o jovem pastor Páris, o qual, um dia, conquistará, pela sedução de sua fala, sua recompensa, Helena de Troia, a mais bela das mulheres.

A musa Calíope, pela beleza persuasiva de seu rosto e de sua voz, se converte em uma poderosa intercessora dos oradores.

Ovídio (43 a.C.-18 d.C.) vincula a Poesia a Apolo e a Eloquência a Baco e, de certa forma, ao vinho. Por isso, ao passo que o poeta se coroa com folhas de louro, em honra de Apolo, o orador empunha o tirso de Baco. (Pônticas, 2,5). Na sua missão evangelizadora, Baco precisa persuadir os descrentes que ele é efetivamente filho de Júpiter e seu sucessor.

Do ponto de vista retórico, enquanto o orador apolíneo se modera, o orador dionisíaco se comporta como uma bacante. A eloquência dionisíaca é teatral.

Hermes-Mercúrio, facundo neto de Atlante (Ode 1,10). De direito, na Mitologia, se atribui o patronato sobre a Retórica ao deus Hermes-Mercúrio a quem Horácio qualifica de "facundo" (Ode 1,10). É ele quem como embaixador e mensageiro de Zeus-Júpiter se identifica com o "logos", a palavra divina, o "verbum". Foi ele quem ensinou aos homens a falar bem para persuadir. Eis porque diz Camões: "Mercúrio, de eloquência soberano". Não sem razão, Marciano Capela, no Século V de nossa era, em seu livro: *De Nuptiis Mercurii et Philologiae*, realiza o casamento de Mercúrio (= Eloquência) com a Filologia (= Sabedoria). Os comerciantes e trapaceiros ficavam sob a proteção de Mercúrio, porque esses misteres requerem muita "lábia" e "negociação". O "marketing" é sempre retórico.

Na Idade Média, a relação diplomática comercial era regida por epístolas "ditadas" em forma de discursos.

Retórica órfica pitagórica. Nesta linha, a Retórica tem ainda antecedentes em Orfeu, Anfião, Empédocles e em Pitágoras que praticavam uma Retórica "psicagógica" (= condutora de almas) pelo poder encantatório que conferiam às palavras ritmadas. Essa concepção mágica da Retórica se repete pelos tempos em fora e, de fato, que eram *Os livros dos mortos* senão discurso às almas dos mortos? Ainda na Renascença, se pesquisa uma Retórica misteriosa com Giordano Bruno (1548-1600), T. Campanella (1568-1639)... Este último inclui os oradores entre os mágicos.

As origens bíblicas da Retórica. A tradição cristã remonta a origem da Retórica às páginas da Bíblia. Entre outros, Boncompagno da Signa (1179-1240) doutrina que a Retórica faz a sua primeira aparição quando das batalhas oratórias que se travaram no céu e, a seguir, no Jardim do Éden. A obra monumental de Milton, no Século XVII, o *Paraíso Perdido*, retrata genialmente esses candentes momentos retóricos e dialéticos que emergem das páginas do Gênese. Oratória natural depende exclusivamente de dons da natureza quando o homem se descobre orador sem se ter preparado. Inegavelmente que sempre deve ter existido uma oratória espontânea, desde que tenha existido uma vida comunitária, "pois não se concebe sociedade sem justiça e sem discursos".

Retórica homérica. As obras imortais de Homero: a *Ilíada* e a *Odisseia* documentam a existência de uma poderosa oratória espontânea, muito antes da invenção da Retórica.

"A artificiosa eloquência". Objeto de longa investigação, a certa altura, inventa-se uma teoria da oratória e da Eloquência que denominamos de Retórica a qual pode ser ensinada e aprendida.

O berço da Retórica artificial: Siracusa. A Retórica surgiu na Sicília por obra de Córax e Tísias.

Marca-se, mais ou menos convencionalmente, como data inaugural do nascimento da Retórica a publicação do primeiro manual dessa disciplina, em Siracusa, na Sicília, em meados do século V a.C., de autoria de Córax e seu discípulo Tísias. Diz-se que Córax e Tísias tiveram, como precursor, o também siciliano Empédocles. Significativamente, a Retórica se constitui quando Siracusa se livra da ditadura, em 465 a.C. Ela serve então como instrumento para resolver, de modo não violento, todas as controvérsias que vieram à tona. Em vista disso, Cícero adverte corretamente que a Retórica só floresce nas democracias.

Assim nasceu a Retórica! Conta-se que Tísias (o nome vem de uma raiz que significa pagar), ao se matricular na escola de Córax (Corax, em grego, quer dizer corvo!) e não podendo pagar as lições, combina com o mestre que só o compensaria quando vencesse a primeira causa. Depois de terminado o curso, para não saldar a dívida, Tísias evitava defender qualquer causa. Por isso, Córax o processa, dizendo-lhe: – "Quer você perca ou ganhe esta nossa causa, em qualquer hipótese tem de me pagar. Se perder, porque perdeu. Se ganhar porque ganhou a sua primeira causa". Ao que Tísias, retrucou com outro dilema: – "Se eu perder ou ganhar, não tenho que lhe pagar. Se perder, não lhe pago porque não ganhei a primeira causa. Se ganhar, não lhe pago, porque você perdeu a causa".

A Retórica Grega

A Retórica sofística (V e IV a.C.)

O vício de origem. A Retórica nasceu na Sicília e se desenvolveu, em Atenas, sob o signo da sofística e esse vício de origem a perseguirá como um fantasma, pelo tempo em fora.

Os filósofos sofistas vivem afortunadamente numa época democrática, quando havia liberdade de se falar e discutir sobre tudo. A educação deixa de ser conservadora e passa a ser aberta. Os sofistas se tornam mestres profissionais e se comportam como verdadeiros caixeiros-viajantes do saber, cobrando alto pelo ensino no qual a Retórica ocupa lugar de destaque, pelo poder que confere.

Eles professam o agnosticismo e pregam a relatividade da verdade e dos valores, reduzindo o conhecimento à opinião. Tomam por norma de vida a utilidade, o sucesso e o lucro. Nesse ponto, eles tratam igualmente do que se sabe e do que não se sabe, treinando seus alunos para defender qualquer um dos lados de qualquer questão, argumentando por meio de sofismas, cobiçando apenas vencer a causa, sem levar em conta os aspectos éticos. A Retórica se desvincula da moral. Defende-se indiferentemente tanto o justo como o injusto, o honesto como o desonesto.

Advirta-se, como observação essencial, que para eles a Retórica se define como a arte de persuadir uma opinião verossímil. Competia ao aluno converter uma causa fraca em forte e vice-versa.

Com eles, a linguagem se impõe como problema central. Cumpre salientar que os sofistas praticamente criam a prosa artística pela imitação dos poetas.

Entre eles se destacam: Protágoras e Górgias.

Foi Górgias (490-388 a C), siciliano, discípulo de Empédocles e de Tísias, quem levou a Retórica a Atenas, em 427, aonde fora como embaixador. Com sua Eloquência, fascina a juventude da terra. Quando Sócrates lhe pergunta qual é a disciplina que ensina, ele responde: "Minha arte é a Retórica". Por influência de Górgias, em Atenas, cidade-luz, se abrem as primeiras escolas onde se ensina a Retórica, a arte de persuadir, patrocinando, sem escrúpulos, o justo e o injusto, por meio de discursos "sofisticados", ornamentados com figuras de estilo. No seu ceticismo, Górgias declarava que o ser não existe e se existisse não poderia ser conhecido e se pudesse ser conhecido, seria inefável. Em compensação, se propunha responder a qualquer pergunta, sobre qualquer assunto. Para ele, o campo da Retórica não tinha limites.

Protágoras (486-410), outro sofista famoso, afirmava que "o homem é a medida de todas as coisas". Ele não sabia dizer se os deuses existiam ou não. Como mestre de Retórica, escreve o tratado das Antilogias, segundo o qual a todo discurso corresponde um discurso antitético.

Os expoentes da Retórica Grega: Isócrates, Platão, Aristóteles

Isócrates (436-338)

Com o despontar desse vulto, a Retórica se consolida como disciplina: "Isócrates igitur exsistit"! Eis, senão quando surge Isócrates, o pai da eloquência, "pater eloquentiae" (Brutus, 8). Assim, Cícero anuncia a entrada em cena de Isócrates como um dos momentos mais memoráveis da História da Retórica.

Incumbe a Isócrates a missão de defender a Retórica dos ataques dos adversários: os sofistas, de um lado, e Platão, de outro.

Contra os sofistas dos quais fora discípulo, procura livrar a Retórica da demagogia, da imoralidade e da frivolidade. Contra Platão, ele defende a Retórica como uma disciplina e como uma disciplina extremamente útil e não mera rotina. Ela dá fama e enriquece.

No conflito entre Filosofia e Retórica, ele afirma contra Platão que cabe à Retórica educar a Grécia. A Retórica é parte da Filosofia, mas cabe à Filosofia servir à Retórica. Nas mãos de Isócrates, a Retórica se torna uma arte de bem pensar, bem viver e bem falar. Ao passo que para Platão cabia à "Filosofia" educar a Grécia, livrando-a dos malefícios da Retórica sofística. Platão achava que não poderia ser orador quem não conhecesse condignamente a Filosofia. Quem não conhece Filosofia não conhece a verdade sobre que fala porque "não há arte de falar desligada da verdade, nunca haverá".

Ainda contra Platão argumenta que incumbe ao homem conhecer não só a verdade, mas conviver com o mundo da opinião. A finalidade da Retórica é persuadir não a verdade, mas a opinião.

A Retórica, segundo Isócrates, promove a educação integral do homem, abrindo o caminho para o humanismo, que exalta mais do que qualquer outra coisa a dignidade do homem, animal racional que fala e faz discursos. A Retórica não se divorcia da Sabedoria.

Isócrates, rétor. Como não tinha qualidades oratórias, incapaz de falar em público, tímido, ele canaliza sua acendrada devoção pela Retórica sob variadas formas.

Apenas uma vez tentou discursar em público. Acima de tudo, se torna um famoso logógrafo, escrevendo discursos por encomenda ou por seu bel-prazer. Compôs famosos discursos, com esmero incrível, para servir de modelo para seus alunos. Nesse sentido, se realiza como um grande escritor. Com ele, a elocução conhece dias de glória pela criação da prosa artística.

Além de que compensa sua inabilidade de discursar, tornando-se "o mestre perfeito" da arte de falar em público e Cícero chega a dizer que a casa de Isócrates tinha as portas abertas para toda a Grécia e que sua escola era um verdadeiro "laboratório experimental da eloquência". De fato, foi o primeiro a criar o "número oratório", retomado por Cícero, Quintiliano e Santo Agostinho... Embora o discurso seja em prosa, o orador, que adotava o "número oratório", devia metrificar a cláusula final de todo período do discurso.

Ele foi, na Antiguidade, um dos mais importantes estudiosos e pesquisadores da Retórica. Entre suas obras programáticas sobrevivem: *Antídosis* e *Contra os Sofistas*. Ao mesmo tempo escreveu maravilhosos discursos, destacando-se entre eles: "Sobre a paz", que marca um dos mais elevados momentos da dignidade humana.

Platão (427-347 a.C.)

Platão é, segundo a denúncia de Cícero: "exagitator omnium rhetorum", o flagelo de todos os rétores! (*Orator* 13,42).

Ele trata da Retórica particularmente em três diálogos: *Górgias*, *Fedro* e *Apologia de Sócrates* onde expõe e refuta a Retórica sofista e propõe uma nova Retórica, "não desligada da verdade".

Para Platão, a Retórica sofística, em moda em seu tempo, não é uma verdadeira arte, uma disciplina. Não é porque não busca a verdade, mas o que parece ser verdade. Transmite crença, não ciência, uma crença sem saber. Ela não tem fundamento científico. Não há um aprendizado dessa Retórica. Trata-se de uma prática adquirida pela rotina, um mero empirismo. Ela não dá a razão de nada, não é um saber pelas causas.

Platão confessa que não gosta de discursos e prefere como método de pesquisa a conversação socrática em que se dialoga por meio de perguntas e respostas sobre um ponto controverso. A conversação se efetua por meio de dois processos: a ironia e a maiêutica, fazendo o interlocutor dar à luz a verdade por meio da ironia.

Todavia, de vez em quando, o próprio Platão sucumbe aos arroubos da Retórica não se livrando de longas falas que parecem verdadeiros discursos. Seu mestre, Sócrates, por meio de quem ele expõe seu pensamento é acusado por Aristófanes (445-388 p. C.) de ser sofista a defender indiferentemente o justo como o injusto (*As Nuvens*). A certa altura, no *Górgias*, Sócrates tenta se justificar por ter se alongado extensamente! Nesse diálogo, alguém chama Sócrates, que representa Platão, de orador demagógico, fogoso!

Ele não tem, do mesmo modo, simpatia pelos auditórios que a Retórica sofista tem de enfrentar e lisonjear demagogicamente. Ele prefere a conversação entre poucos interlocutores.

Refuta principalmente a falsa concepção que a Retórica sofista faz da persuasão. A persuasão eficaz para Platão tem apenas uma finalidade didática, ela serve para ensinar a verdade. Quem ensina está persuadindo aquilo que ensina. Ela é apenas um recurso didático para ensinar a verdade, não para produzir crenças, quando se persuade sem ensinar.

Mas a mais séria objeção platônica contra a Retórica em vigor é que ela persuade indiferentemente o justo como o injusto, o bem como o mal. Persuadir, a bel-prazer, o que quer que seja, à disposição de qualquer um, não é a finalidade de uma autêntica Retórica.

Platão nega que a Retórica seja dotada de um verdadeiro poder, ao contrário é dotada de um falso poder, um poder abusivo, pois inocentar o culpado não é um verdadeiro poder.

Acha inconcebível a presunção que tem o orador de falar sobre tudo, a favor ou contra, mesmo sobre o que ignora, tomando o lugar dos entendidos e peritos.

Aqui ele antecipa a doutrina que concebe o orador como o "vir bonus dicendi peritus". Ele afirma que "o orador deve ter bondade e qualidade".

A Retórica não é a mais nobre das artes, como se pretende, pelo contrário é "ridícula", "feia", "sem nenhuma utilidade".

Do ponto de vista moral, a Retórica sofista merece severas censuras porque defende indiferentemente o belo e o feio, a virtude e vício, o justo e o injusto, o útil e o nocivo. Ela transforma o que é pequeno em grande e, o grande, em pequeno.

A Retórica sofística, segundo Platão, não passa de mero divertimento, sem nenhuma seriedade, procurando satisfazer o interesse particular e não o interesse social. Não cabe ao orador satisfazer a avidez que os auditórios têm de adulação e bajulação.

Ao que parece, Platão postula uma "outra definição" de Retórica, livre das contradições da Retórica de Górgias.

Uma verdadeira retórica não pode jamais se desvincular da Filosofia. A Retórica só se salva a serviço da verdade. Em hipótese nenhuma, pode mentir. A Retórica só deve servir à virtude, à beleza, ao bem, ao útil, à justiça.

Sobretudo, o que Platão condena na Retórica Sofística é que ela pretende ser um poder a serviço de interesses escusos. Em vez de se limitar a patrocinar, nas causas judiciais, exclusivamente o justo, ela tanto patrocina o justo como o injusto. E a propósito Platão lança a regra fundamental segundo a qual "nem se deve sofrer injustiça nem praticar a injustiça". A injustiça é o mal supremo. E entre sofrer injustiça e praticar injustiça, sem dúvida nenhuma, "é preferível sofrer injustiça a praticar injustiça". Nunca se deve defender o culpado quem quer que seja. O castigo não é um mal, mas um bem, pois regenera a alma.

Entrementes, Platão desnatura a Retórica. Ele busca "outra definição da arte oratória". O projeto de Retórica que propõe nada tem a ver com a autêntica Retórica: uma disputa de opiniões prováveis e passa a ser uma lição de filosofia, uma busca obrigatória da verdade. "Não há uma arte de falar desvinculada da verdade!" A Retórica platônica se limitaria a fazer uma "demonstração" pelo discurso. Ora, o papel da Retórica é exatamente discutir, por meio de discursos, de modo crítico, questões em conflito, questões abertas, diante de um auditório. A Retórica se interessa apenas pelas questões em que não se pode chegar à verdade e se busca alcançar a melhor opinião. A vida se rege não apenas pela verdade, mas também pela opinião.

Repercussão das censuras platônicas à Retórica de seu tempo: dado o peso de sua autoridade, repercutiram, através da Antiguidade, da Idade Média e pelos séculos em fora. Ele tem razão em condenar implacavelmente a Retórica demagógica que defende indiferentemente o honesto como o desonesto. Mas não tem razão em fazer da Retórica uma outra coisa. O discurso passa a ser uma exposição filosófica em busca da verdade.

A falsa pretensão de Platão. Por outro lado, nem a filosofia de Platão nem nenhuma outra filosofia podem ter a pretensão de chegar à verdade. Nada na Filosofia é indiscutível, isto quer dizer que toda filosofia é dialética e retórica, inclusive a de Platão.

O legado de Platão: O discurso nunca pode se desvincular da perspectiva moral.

Aristóteles (384-322 a.C.): A Retórica Lógica-Dialética

Eis o verdadeiro pai da Retórica. Desse filósofo, chegou até nós o mais nutritivo e substancial tratado de Retórica, ainda que com falhas: *A Arte Retórica* que, por assim dizer, compendia criticamente toda a Retórica Antiga, torna-se o substrato básico sobre o qual se apoia todo o edifício retórico.

Na linha de Isócrates, sustenta contra Platão que a Retórica é uma disciplina e uma disciplina útil.

Ele supera, a seu modo, o conflito entre Filosofia e Retórica que se trava entre Platão e Isócrates, ao considerar a Retórica como um ramo da Dialética que, por sua vez, faz parte da "Lógica" que é o instrumento de trabalho da Filosofia. A Retórica é, pois, uma disciplina dialética.

A Retorica é, diz ele, "antísfrofos", a contrapartida da Dialética. No decorrer de sua obra, ele explica o que a palavra significa, a saber, que a Retórica é análoga à dialética, que ela é um ramo da dialética. Cabe à Retórica, como disciplina dialética, discutir, por meio de discursos, não de diálogos, as opiniões, não as verdades.

A Retórica como a dialética não tem um campo determinado, trata-se mais de uma faculdade, de um modo de operar, aplicando-se, sobretudo, quando há controvérsia.

Sem dúvida que a concepção da Retórica como arte de persuadir se fundamenta em Aristóteles. Entretanto, para refutar as objeções que se faziam contra a persuasão, ele define a Retórica não meramente como arte de persuadir, mas como a capacidade de descobrir em qualquer questão os meios de persuadir. Assim a Retórica independe do sucesso ou insucesso em persuadir.

E quanto à imoralidade que Platão atribui à Retórica, Aristóteles retruca que embora se possa persuadir o bem ou o mal, não se deve persuadir o mal. A Retórica é uma disciplina controlada pela Ética e Política. Importa compreender a natureza da Retórica como um instrumento formal de trabalho que não deve se destinar ao mal, mas ao bem, como tudo numa sociedade. Num conflito de opiniões, a Retórica busca o mais provável, o que está mais de acordo com a crença geral. Trata-se de uma prática útil e democrática que dá direito de defesa aos dois lados em contenda. A discussão moral se põe num plano dialético e não num Plano sofístico ou analítico.

Das três formas de persuadir: convencer, comover e agradar, acha que a mais importante é convencer e reprova os que reduzem a persuasão ao patético.

Em vista disso, ele reconhece que as provas são o que a Retórica tem de mais importante, sendo tudo o mais secundário. Ele divide as provas em intrínsecas e extrínsecas. Os argumentos são encontrados nos lugares-comuns.

Pertence-lhe a mais criteriosa divisão da Retórica, em função dos ouvintes, em três gêneros supremos: judiciário, deliberativo e epidítico, acrescentando a advertência de que não se deve sobrevalorizar o gênero judiciário. O mais importante dos três é o deliberativo, em vista de seu caráter político. Todo discurso pertence necessariamente a um desses três gêneros.

Com Aristóteles, a Retórica chega a seu ponto mais alto. Releve-se o preconceito de Kant que, embora sentindo verdadeira veneração pela Lógica Analítica do Estagirita, sente pela Dialética e Retórica imensa repulsa!

Aristóteles liberta a Retórica do nível sofístico em que jazia e que mereceu a condenação platônica, concebendo um manual geral de investigação e refutação dos sofismas.

Ele não confunde Retórica com Poética. Assim, uma metáfora na Poética não tem o mesmo valor que na Retórica. Poesia é uma coisa, discurso oratório é outra. A futura Retórica Clássica, a Retórica da elocução, não poderia ter antecedentes em Aristóteles.

Continuamos a estimar Aristóteles como o fundador da "filosofia perene". Estamos muito longe de concordar com Barthes que o aristotelismo está morto como filosofia, como lógica, como estética e retórica!

Não concordamos com a hostilidade de Petrus Ramus e de outros homens da Renascença contra tudo que Aristóteles disse. Nem concordamos com Quintiliano que a Retórica de Aristóteles seja redutiva, reduzindo-se à invenção, pelo contrário, Aristóteles repudia as retóricas incompletas. Não se nega, porém, a relevância que o filosofo atribui à invenção.

A Retórica romana e seus problemas

Depois de muitas vicissitudes, a Retórica se implanta em Roma e de Roma se difunde para a posteridade. A introdução da Retórica grega, em Roma, se deu de modo atribulado. Bem recebida pelo círculo helenizante dos Cipiões e repudiada pelo partido nacionalista, conservador, liderado por Catão, o Censor, que tentava sobrepor os valores romanos aos gregos.

Independente da influência grega, o romano já demonstrava pronunciada vocação natural para a Retórica, favorecida ainda pela constituição política da cidade. Já havia notáveis oradores no senado, nos tribunais e nos comícios.

No entanto, logo se instalam as primeiras escolas de rétores gregos que, além de tudo, ministravam o ensino em língua grega. Eles seduziram a juventude. Isso provocou a reação dos nacionalistas que expulsaram não só os "rhétores" como também os filósofos gregos. Todavia, logo se reabrem as escolas de Retórica, agora regidas por rétores latinos, sendo a primeira desse gênero fundada por L. Plotius Gallus, em 94 a.C.. De novo, houve a resistência dos conservadores. Os censores, em 92, publicam um edito pelo qual expulsam L. Plotius Gallus e demais mestres, acusando-os de divulgarem um novo gênero de disciplina que contrariava a tradição dos antepassados. Depois de breve espaço de tempo, a Retórica grega se impõe definitivamente em Roma, sofrendo, porém, um processo de adaptação ao espírito latino.

Catão, o Censor (234-149 a.C.): a definição moral do orador

Catão teve o dissabor de ouvir o filosofo acadêmico, Carnéades (214-129 a.C.), diante da juventude romana, num dia, louvar a justiça e, em outro dia, vituperar a justiça.

Catão tenta fundar uma Retórica latina, livre da influência grega. De sua obra, sobrevive a surpreendente definição do orador que inclui, de um lado, a competência técnica e de outro a honestidade, fazendo da honestidade um traço essencial da constituição do orador. Em seu extremo rigor, o velho censor romano caracteriza o orador como sendo o homem bom, perito na arte de falar, "vir bonus dicendi peritus". Se faltar uma dessas duas condições: honestidade e perícia, não se configura a imagem do orador. Desse modo, ele pretendia salvar a Retórica da condenação platônica. A verdadeira Retórica não pode ser má, uma vez que, por definição, só se qualifica como orador o homem honesto. Se não é honesto não é orador (12,1).

Rhetorica ad Herennium

Trata-se de um dos mais antigos manuais da disciplina, em latim, bastante completo, que chegou até nós publicado por volta de 85 a.C., destinado a exercer uma forte influência ao longo do tempo, sobretudo na Idade Média. Por meio dele se procura aclimatar a Retórica Grega, em Roma. Sendo anônimo, foi indevidamente atribuído a Cícero, mas hoje se acredita, com mais viabilidade, que sua autoria pertence a um tal de Cornifício. Que não pertence a Cícero se constata pelas divergências doutrinais entre ambos.

Dois pontos se destacam nessa obra e que se perpetuarão pelos séculos afora: 1) a classificação das causas em função da qualidade moral e 2) a divisão do exórdio em função da causa em princípio e insinuação.

1) As quatro classes de causas

A Retórica a Herênio (1,5...) divide e divulga uma classificação quádrupla dos tipos de causas que o orador tem de enfrentar. Segundo o livro, "genera causarum sunt quattuor", a saber, causa honesta, torpe, dúbia, humilde. Elas são concebidas de modo ambíguo com diferentes critérios.

A causa é honesta quando se defende "o que parece" dever ser defendido por todos ou se combate "o que parece" dever ser combatido por todos. "Uma causa é torpe quando combate o que é honesto e defende o que é torpe". Assim se propõe a discussão do valor moral de qualquer discurso.

Uma causa é dúbia quando é em parte honesta e em parte desonesta. Rege-se também por critérios morais. Ela provoca a indecisão. Os ouvintes se dividem. Um orador pode defender Agamenão, general-chefe dos gregos, por ter sacrificado a filha Ifigênia por razões de estado. Se ela não fosse sacrificada, não haveria bons ventos para conduzir a armada grega. Esse o lado honesto. Outro orador também pode incriminar Agamenão por sacrificar a filha, violando o direito natural. Esse o lado desonesto. A seguir, Clitemnestra mata o marido Agamenão porque matou a filha. Orestes matou a mãe Clitemnestra porque ela matou o pai.

Uma causa é humilde quando se trata de uma questão de muito pouca monta. Aqui o critério da divisão é a importância da causa. Restaria saber se efetivamente existe "na luta pelo direito" uma causa desprezível, pois, qualquer que seja, o direito sempre deve prevalecer.

Através desse esquema se introduz na Retórica a discussão do valor moral do discurso. Não basta distinguir o discurso honesto do torpe, importa saber como se comportar em relação diante deles, vigorando a respeito uma lição ambígua. No fundo, cuida-se apenas de que o orador se prepare para defender ou combater, como bom profissional, qualquer tipo de causa.

2) A divisão do exórdio em "principio" e "insinuação", em função das causas (1,6)

Essa distinção, de fonte grega, é uma exigência imposta pelo fato de se ter de defender ou combater causas difíceis quando há resistência ou não por parte dos ouvintes, sobretudo quando se trata de causas desonestas.

Usa-se o princípio, como exórdio, quando a causa não oferece problemas.

Com facilidade, diretamente se obtém a atenção, a benevolência e a docilidade dos ouvintes, sem artimanhas. Há causas tão fáceis que se pode até dispensar o "princípio".

Usa-se a insinuação, como exórdio, quando a causa é difícil por qualquer razão, sobretudo quando suspeita e, sobretudo, quando torpe. Ela exige a manipulação dos ouvintes, sendo uma maneira astuta e dissimulada de conduzir-lhes o espírito. O manual diz textualmente: "quando a causa é torpe deve-se usar a insinuação".

A esperteza dessa distinção escandalosa se perpetuará a partir da *Retórica a Herênio* através dos tempos e a lição ainda vigora!

Cícero (106-43 a.C.)

Cícero foi um *rhetor* (um mestre), um *orator* (um orador) e um *eloquens orator* (orador eloquente). Como rétor ele escreveu os seguintes *tratados: De inventione, De Oratore, De partitione oratoriae, Brutus, Orator, De Optimo genere oratorum, Topica.*

Merece certamente exaltação, não apenas por ser um mestre da arte retórica, mas igualmente por ser um dos maiores oradores de todos os tempos, título que desfruta com Demóstenes.

A Filosofia pela qual orienta sua Retórica se situa entre um moderado ceticismo e um moderado dogmatismo eclético.

O ofício do orador e o fim da Retórica é persuadir.

Ele divide insatisfatoriamente a Retórica em três partes: *Orator, oratio, quaestio.* De fato, quando surge um conflito (uma questão), alguém (um orador) assume um partido e faz um discurso (uma oração). Na prática, o que se refere ao orador e ao discurso se estudam conjuntamente, pois tanto faz dizer como se faz um discurso ou como o discurso é feito.

Praticamente, Cícero catalisa a Retórica Antiga da qual se torna para a posteridade a referência fundamental depois de Aristóteles. Não se trata de discutir méritos, mas poder de influência, pois o ciceronianismo, criado por Quintiliano, não desaparece nem mesmo na Idade Média e se revigora na Renascença, sobretudo quando Cícero é proposto como modelo de estilo nas escolas dos jesuítas pela *Ratio Studiorum.*

O orador perfeito. Cícero não se propõe apenas traçar a imagem comum do orador, mas toda sua investigação retórica se destina a traçar a imagem ideal do "orador perfeito" e sua possível tentativa de realização neste mundo. Os raros oradores que mais se aproximam da perfeição se tornam objeto de imitação. Para tanto, importa localizar tais modelos e imitá-los. E a propósito, Cícero informa que o fenômeno do orador perfeito já ocorrera, na Grécia, em Atenas, que se situa na Ática. E entre todos os oradores áticos, o maior de todos, segundo sua opinião, fora, sem dúvida, Demóstenes.

O orador perfeito além de dominar totalmente o "ofício de orador" deve unir eloquência e sabedoria em alto grau, sendo capaz de falar, com conhecimento de causa sobre qualquer assunto com variedade e elegância. Ninguém pode defender ou acusar um general sem estudar a arte militar.

A classificação quíntupla das causas. Em oposição à classificação quádrupla das causas da *Retórica a Herênio*, Cícero contrapõe uma classificação quíntupla que se tornará dominante: "Genera causarum quinque sunt". Segundo Cícero, as causas podem ser honestas, admiráveis (ou paradoxais), humildes, dúbias, obscuras. (*De inventione* 1,20). Era de se esperar que as causas torpes fossem excluídas pelo moralismo de Cícero, mas o foram apenas em aparência. As causas honestas postulam as desonestas! As causas dúbias misturam o honesto com o torpe.

Na conceituação de Cícero, honestas são as causas a que os ouvintes de imediato, sem precisar sofrer influência do orador, são favoráveis. Estranha definição: honesta é uma causa sem oposição! Admiráveis são as causas quando paradoxais, inauditas, indo de encontro à opinião geral, deixando o ouvinte aturdido, alienado. As humildes quando tidas pelos ouvintes como de pouco apreço. Dúbias ou porque têm julgamento dúbio ou porque participam, ao mesmo tempo, da honestidade e da torpeza, provocando irritação e benevolência no ouvinte. As obscuras quando são complicadas e custam muito aos ouvintes acompanhá-las.

Nada de espantar que a causa torpe, de alguma forma, encontre abrigo dentro desse esquema. Assim, Cícero se desmascara ao ensinar que ao se despertar a benevolência do ouvinte se faz com que o lado torpe pareça honesto. Bastaria para provar que as causas torpes sobrevivem em Cícero o simples fato que ele também divide o exórdio em "princípio" para causas honestas e "insinuação" para as causas suspeitas.

Cícero e Platão. Cícero afirma contra Platão que a Retórica é não só uma disciplina como também a mais bela e útil de todas. Contra Platão afirma que é o poder do discurso que funda e mantém o governo das cidades. Contra Platão, afirma que é a Filosofia, mãe de todas as ciências, quem serve à Oratória.

Enquanto Platão constrange a Retórica a apenas ensinar a verdade, Cícero diz que a Retórica não visa à verdade, mas a verossimilhança. Acrescente-se que para Cícero a verdade é relativa, equivalendo à opinião, sendo, pois, dialética, retórica.

Quintiliano (Séc. I d.C.), o cisma

Enquanto Cícero se destaca como rétor e orador, Quintiliano se destaca apenas como rétor. O título de sua obra: *Instituição Oratória* (*De Institutione Oratoria*) poderia ser traduzida por educação pela oratória! Nessa obra, ele realiza a consolidação de toda a Retórica Antiga, flutuando entre a influência de Aristóteles de Platão e de Catão.

Divide, de modo redundante, sem muita coerência, a Retórica, de modo diferente de Cícero em a) *ars* = o que se ensina e se aprende, a doutrina, os princípios gerais; responde à pergunta: como se faz o discurso? b) *artifex* = quem apreende, o orador; responde à pergunta: quem faz o discurso? c) o *artefactum* = o que é produzido pelo orador, o discurso; responde à pergunta: como é feito o discurso? (2,14).

Independente, eclético, sem se subordinar a nenhuma escola, o traço mais marcante de Quintiliano se encontra em seu espírito antidogmático. Não há regras invioláveis, tudo depende das circunstâncias. (2,14). Nem mesmo segue integralmente seus guias supremos Platão, Aristóteles e Cícero. Não admite nenhum absolutismo das regras. Dá liberdade aos alunos. Liberaliza a Retórica. As classificações perdem a rigidez e ganham em funcionalidade. A lei da conveniência se impõe. E na produção do discurso, ele exige muita meditação.

Na mesma linha de Catão, define o orador como o "vir bonus, dicendi peritus" (12,1,1). Esse passa a ser também o ideal do orador perfeito. De acordo com essa orientação, só os homens bons podem ser classificados realmente como oradores. A Eloquência é inseparável da honestidade e da virtude. A recompensa do orador é ter boa consciência e não triunfar! Em qualquer hipótese, se um homem é mau, simplesmente não pertence à classe dos oradores, "non posse oratorem esse". Nesse ponto, ele teve que responder por que razão considerava Demóstenes e Cícero como os príncipes da Oratória, se ambos levaram, como corre fama, uma vida suspeita. Se não foram homens de bem, não deveriam do mesmo modo serem considerados como oradores, muito menos como os maiores de todos os tempos! A despeito de todo seu rigorismo moral, concorda que o homem de bem possa mentir quando tiver boas razões (2,8).

O cisma de Quintiliano proclama que a Retórica é a arte de falar bem, não de persuadir (2.16). Ele cria assim uma segunda linha de frente na Retórica, opondo-se nesse ponto principalmente a Aristóteles, Isócrates e Cícero. Por razões lógicas e morais, a persuasão deixa de ser a finalidade principal da Retórica. Em vez de definir a Retórica como a arte de persuadir pelo discurso, ele a define como a arte de falar bem, "ars bene dicendi". Persuadir é um perigo e acha que "não se deve entregar as armas ao bandido". Assim a persuasão em sua Retórica fica sob vigilância. Somente o homem honesto tem o direito de persuadir. Se, pelo contrário, o homem mau fosse admitido como orador, ele não teria escrúpulos de persuadir qualquer coisa. Essa sutileza conceptual indiretamente determinará o desvio de rumo da Retórica, tornando-se a semente da futura "Retórica Clássica", a retórica da elocução, a arte de falar bem e de escrever bem, independente de persuadir.

Diversamente de Platão, ele considera a Retórica, concebida em seus termos, como uma disciplina extremamente útil.

Quintiliano trai seus ideais morais ao retomar a classificação das causas (4,1,5}. Inicialmente, ele faz uma observação extremamente desconcertante ao informar que muitos autores acrescentam às cinco classes de causas propostas por Cícero as torpes e, para nossa maior surpresa, ele diz que o fazem corretamente ("recte") e que muitos outros preferem incluir as causas torpes nas causas admiráveis e humildes! Note-se que o famoso Jesuíta Soarez repete essa lição na Renascença.

De acordo com a classificação das causas que adota, Quintiliano necessita também distinguir o exórdio em princípio e insinuação (4,1,6). Princípio para as causas favoráveis sem obstáculos e insinuação para as causas desfavoráveis, ou suspeitas e até torpes!

Quintiliano liberaliza o patrocínio das causas torpes? (12,1)

Certamente que ele merece aplausos quando diz que a Eloquência deve ser um porto de salvação, não um abrigo de piratas (12,7). Todavia, em essência, a doutrina de Quintiliano é ambígua nesse ponto. Ele é acusado de contemporizar com a defesa de causas desonestas. Não nega isso e procura mesmo se justificar. Por vezes, aceita que é um recurso educativo que o aluno se exercite sobre uma causa torpe. E, em termos gerais, conclui que é inevitável que o homem de bem tenha que defender uma causa desonesta, desde que baseado num bom motivo. Concorda mesmo que um homem que delinquiu merece ser defendido por meio de um perdão generoso a fim de se regenerar. Um general benemérito que realmente falhou, não merece uma justa defesa?

As duas vertentes da Retórica a partir de Quintiliano

A partir do cisma de Quintiliano (que considera a Retórica não como arte de persuadir, mas de dizer bem), inicia-se um intenso esforço para compatibilizar as duas áreas em choque.

Tácito (57-123 d.C.)

Sua obra *Diálogo dos Oradores* (*Dialogus de oratoribus*) goza de inegável atualidade pela relevância dos problemas que levanta:

a) Qual vale mais: a poesia ou a eloquência? Um interlocutor louva a Eloquência, outro, a poesia. Aqui se subentende o problema da educação utilitária.

b) Quem vale mais: a Eloquência antiga ou a moderna? Um interlocutor defende os contemporâneos, outro, os antigos. Retoma-se aqui a velha e eterna "querela dos antigos e modernos", já posta, em termos candentes, por Horácio a respeito da poesia. A propósito, veja-se sua Epístola 2,1.

c) Pelo que a partir de então discutir a crise da Retórica se torna um lugar-comum.

A partir de Tácito, de Quintiliano e de muitos outros sem esquecer bem mais tarde principalmente de Juan Luis Vives, discutir a crise da Retórica, buscando suas causas, torna-se um lugar-comum e, imagine-se, a própria crise da Retórica passa a ser objeto de longos discursos.

A que se deve a decadência da Eloquência? A propósito desta última questão, apontam-se causas variadas: corrupção dos costumes, deficiências do ensino, ausência de liberdade...

A polêmica de Apolodoro e Teodoro

Apolodoro e Teodoro são chefes de escolas antagônicas: sendo o primeiro chefe da escola Retórica de Pérgamo, sendo o segundo, chefe da escola Retórica de Rodes. Para situá-los no tempo, basta lembrar que Apolodoro foi mestre de Augusto e Teodoro, mestre de Tibério. Teodoro é mais jovem que Apolodoro. Podemos localizá-los entre o fim do século primeiro antes de Cristo e inícios do século primeiro depois de Cristo, mais ou menos entre Augusto e Cláudio.

Eles polemizam não apenas acerca de Retórica, mas de Gramática, Direito, Poética...

Escola de Apolodoro

Filosoficamente, os adeptos desta escola se ligam com o aristotelismo. Consideram a Retórica como uma disciplina de rigor científico, positiva, sujeita a um severo normativismo.

A faculdade dominante do orador é a razão, a cujo poder se subordinam a emoção e a fantasia. Por isso, em Retórica, os argumentos racionais monopolizam totalmente o discurso e só admitem o emocionalismo, com discrição, em lugar próprio, a saber, no exórdio e na peroração.

Em Linguística, se declaram partidários da escola filológica de Alexandria. Em Gramática, seguem a teoria da analogia, pois defendem que a língua tende para a regularidade. Acreditam que a língua se rege por leis. O que não se enquadra nas leis se explica como exceção, elipse, ênfase, pleonasmo... São contra toda inovação. Para eles, a língua significa, por natureza, não por convenção. A língua domina sobre a fala, no que lembram o positivismo dos neogramáticos do século XIX.

Em estilo, perfilham o aticismo. Admiram Lísias. Obedecem a um implacável purismo, não tolerando solecismos, barbarismos... Ostentam uma elegância sóbria, sem requintes de enfeites e adornos estilísticos.

Em estética, se vinculam ao classicismo, definindo a arte como imitação. A arte é mais produto do esforço que da inspiração.

Escola de Teodoro

Os discípulos de Teodoro seguem a Filosofia platônica. Não consideram a Retórica como uma disciplina científica, mas como uma arte, dando asas à criatividade do orador, livre do rigor das regras.

Antecipando o romantismo, deixam-se dominar pelo emocionalismo não apenas no início e fim do discurso, mas em qualquer momento. Os argumentos racionais têm valor secundário. A emoção solta a fantasia que gera a expressão. Arrebatada pela paixão, a fantasia retórica aumenta a força da persuasão.

Em Gramática, são partidários da anomalia, achando que a língua não se rege por leis naturais rígidas, mas pelo gosto estético, admitindo a exceção, a irregularidade, a novidade, o neologismo. Ao contrário de seus adversários, sentenciam que a língua não significa por natureza, mas por convenção.

Em estilo, aderem ao asianismo, uma espécie de barroco, que se caracteriza pela abundância e pelo excesso de figuras de linguagem. Eles se opõem ao aticismo frio e parcimonioso.

A relevância desta escola se depreende do fato de casarem a Retórica com a Poética, pois tanto uma como a outra se nutrem da emoção e fantasia.

Em estética, define-se a arte não como imitação, mas como criação. O engenho se sobrepõe à arte.

É dentro desta escola que se situa o célebre tratado: *Do Sublime*.

Do Sublime – de autor anônimo

O livro se situa dentro da Escola de Teodoro, talvez tenha sido escrito no Século I ou II d.C.. (Veja-se, por exemplo, a edição de A. ROSTAGNI. *Del Sublime*. Milão: Istituto Editoriale Italiano). Trata-se de uma obra anônima. Atribuído, durante muito tempo, a um certo Longino, ficou, por isso, conhecido como obra de um "Pseudo-Longino".

A Retórica conhecia três estilos de discurso: o simples, o médio e o sublime. O livro trata do sublime estilístico, de suas causas e modos de manifestação. Além do valor retórico, possui um alto interesse estético. A arte é concebida mais como emoção do que como razão, mais como inspiração do que como técnica.

Em Oratória, o estilo sublime produz a eloquência. O Orador eloquente é o que atinge o sublime, que se define "pela excelência da expressão".

O sublime para existir pressupõe o clima de democracia e de liberdade. Requer sempre grandeza de alma, pois, "é a ressonância de uma alma grande". Dessa grandeza de alma, como de sua fonte, deriva uma poderosa fantasia donde resulta a intensidade da paixão. Da fantasia e da paixão brota a grandeza das ideias. Desse conjunto de causas se produz o sublime capaz de levar a alma do ouvinte não apenas à persuasão, mas ao estado de êxtase.

As cinco fontes do sublime

1ª. Reside na excelência e elevação do pensamento.
2ª. Reside na veemência e entusiasmo da paixão que gera o patético. A frieza de estilo se opõe ao sublime.

3ª. Reside na habilidade no uso das figuras de pensamento e de palavras. Particularmente a linguagem figurada causa a grandeza do estilo.

4ª. Reside na nobreza da elocução que resulta da escolha apropriada das palavras.

5ª. Reside na harmonia que resulta da composição e arranjo de palavras que formam o período.

O livro insiste no poder da paixão. O orador deve ser um homem apaixonado, Cícero era um incêndio! O valor de um discurso se mede pelo patético e pelo grau de arrebatamento da fantasia. O tratado ensina a canalizar essa energia por meio da nobreza da expressão artística, sobretudo por meio de figuras de pensamento, pela escolha e composição das palavras.

O sublime é a expressão do patético que vem do entusiasmo da fantasia, gerando tanto a poesia como a eloquência. A importância estética do tratado vem da distinção lúcida que se estabelece entre o sublime da poesia e da retórica. O sublime poético visa surpreender, maravilhar; o sublime oratório visa principalmente persuadir.

Note-se, porém, que o sublime do estilo que leva ao êxtase só se alcança em alguns momentos do discurso.

Um exemplo muito repetido de sublime se encontra no Gênesis quando Deus diz: "Fiat lux..."

Boileau (1636-1711), em sua época, traduz o livro e polemiza sobre ele (*Oeuvres*).

O sublime filosófico. No Século XVIII, graças à influência de Burke se opera radical transformação no conceito de sublime, não mais considerado como um problema apenas de expressão estilística.

Sublime se torna uma categoria estética em contraposição ao belo, sendo este o grau normal e aquele, o grau superlativo. Enquanto o belo resulta da contemplação de um objeto limitado, o sublime resulta da inquietante contemplação de um objeto absolutamente grande, forte e espantoso.

No Romantismo, o sublime tenta traduzir o infinito, o que implica certa angústia. O sublime perturba dada a impotência da fantasia diante do incomensurável. Nada obstante, o sublime tem sua beleza e deleite que lhes são próprios. Cultiva-se esteticamente o terror.

As escolas retóricas internacionais na Antiguidade

Com o correr do tempo, no mundo greco-romano, formam-se três Escolas de Retórica, dispersas pelo mundo conhecido e que disputavam, entre si, a realização do projeto de uma Retórica ideal. Elas recebiam o nome de acordo com o seu centro geográfico de irradiação. A primeira é a escola Ática, a segunda é a escola Asiática e a terceira a escola Ródia. Elas logo desaparecem, mas deixam profundas consequências conceituais.

As escolas retóricas da Antiguidade visavam à formação integral do orador, mas sem dúvida que nesse empenho se destacava o estilo.

As Escolas competiam entre si, todas se propondo idealizar o orador perfeito. Quem é melhor orador o que segue a escola Ática ou a escola Asiática ou a escola Ródia?

A escola Ática se contrapõe radicalmente à escola Asiática. De um lado, o equilíbrio ático, de outro, o transbordamenteo asiático. A escola Ródia pretendia ser uma conciliação entre as duas, apresentando-se mesmo como sendo uma das mais desejáveis variantes do aticismo.

1) Escola Ática

A Escola Ática floresce e se desenvolve em Atenas, que fica numa região chamada Ática, advindo daí o nome da escola. Pretende-se realizar o modelo do orador perfeito despojado de todos os vícios e dotado de todas as virtudes.

Vigora, em pleno esplendor, de 500 a 323 a.C.. Esse período é, sem dúvida, a idade de ouro da Retórica universal. Entre tantos oradores excelentes chegou-se a compor um cânon dos dez mais representativos: Antífonte (480-411), Lísias ((440-380), Isócrates (436-338), Iseu (420-340), Demóstenes (384-322), Ésquines (390-314?), Hipéride (389-322), Licurgo (390-324), Andócides (440-390), Dinarco (360-290).

O aticismo cultiva um estilo contido, discreto, equilibrado, sem nada de supérfluo, é claro, correto, sóbrio, elegante, adequado.

A Escola Ática se torna um lugar imaginário de retorno em busca do orador perfeito. Tanto é assim que, em Roma, no tempo de Cícero, se funda uma escola neoática.

Como testemunha Cícero, o aticismo admite muita variedade, compreendendo dois gêneros principais: um mais contido, parcimonioso, outro mais distenso, abundante.

Escolas neoáticas. Depois do período ático propriamente dito, ocorrem movimentos neoáticos.

Entre as escolas neoáticas, se destaca a escola dos jovens oradores romanos, no Século I a.C.. Ela foi promovida por um grupo de "jovens oradores" que se consideravam exclusivamente como os novos e autênticos imitadores dos oradores áticos, tendo Cícero na conta de um orador asiático. Eles se inclinavam para uma forma contida de aticismo.

O aticismo ao penetrar no mundo asiático se corrompe em asianismo. Entretanto, da síntese entre aticismo e asianismo surge a escola Ródia.

2) Escola Asiática

Esta escola foi fundada por Hegésias, no século III a.C. Quando a Eloquência embarca no porto de Atenas e peregrina por toda a Ásia Menor, ela se impregna, em contrapartida, do gosto asiático, que Cícero chama de "insalubre". O mais expressivo representante dessa escola, em Roma, foi Hortênsio.

A Retórica é então assimilada e transformada pelo espírito pomposo e redundante do oriental. Os habitantes das colônias gregas da Ásia pretendem falar melhor que os gregos de Atenas. Trata-se de um fenômeno de hiperurbanismo. E o que acontece? Cometem toda sorte de abusos. E assim surge o asianismo, um antecedente do barroco nas suas duas vertentes, como documenta Cícero: "duo genera orationis": conceptismo, no domínio do conteúdo e culteranismo, no domínio da expressão (*Brutus* 95).

Falta aos oradores asiáticos gosto e medida, são inflados, "nimis redundantes" (*Brutus* 51), excessivamente redundantes, como os caracteriza Cícero. O orador desta escola não cuida muito da clareza, pelo contrário, busca certa obscuridade, não se esforça em se adequar às circunstâncias, entregando-se, com volúpia, aos adornos, às figuras de palavras e sentenças, raiando pela engenhosidade. Persuade mais comovendo e agradando do que convencendo. Repudia a brevidade e cultiva a abundância, a prolixidade. A eloquência empolada se distancia muito da sabedoria. A ação é exagerada nos gestos e modulações da voz.

Uma tese surpreendente. A partir das propostas da escola asiática, Quintiliano, antecipando-se, documenta as possíveis origens remotas do barroco! Ele resultaria de um fenômeno de hiperurbanismo ou ultracorreção. Em seu modo de ver, o asianismo resulta de um grego mal aprendido e nada obstante ostensivo e pretensioso. Segundo essa tese fascinante, o estilo asiático nasce do processo hiperurbanístico de imitar adotado pelos asiáticos, pretendendo superar o modelo. Ao ignorar, por exemplo, a palavra própria, lança mão de circunlóquios desconcertantes. O processo se consumaria na Renascença como resultado de um latim mal aprendido e traduzido à letra. Assim se originaria o barroco.

3) Escola Ródia

Estabelecida na ilha de Rodes, ela busca realizar uma síntese entre a escola Ática e a Asiática. Nem tão parcimoniosa, nem tão abundante. Considera-se Esquines (390-?), quando de sua estada nesta ilha, como fundador da escola. No século I a.C., Cícero e César frequentaram-na sob a orientação de Molon de Rodes. Ela se situa entre a liberalidade da escola asiática e a severidade da escola Ática. É uma tentativa de conciliação, menos cerrada, menos difusa.

Das três escolas, sentencia Quintiliano, a melhor é, sem dúvida, a Ática (12,10,20). Cícero considera a Escola Ródia como uma variante da Escola Ática. Para ele, quem é ródio é ático!

Atualidade dessas escolas. A importância dessas três escolas decorre não só do fato de se confrontarem estilos diferentes de oratória, mas, sobretudo, porque a partir delas se levanta um problema mais geral, o confronto entre estilos fundamentais: o aticismo e o asianismo e a tentativa ródia de conciliação. Desse confronto, deriva a oposição artística fundamental entre classicismo e vanguarda, oposição essa que assume os nomes mais diferentes no decorrer dos tempos.

A Retórica na Idade Média

Na Idade Média, a Retórica passa a fazer parte do currículo escolar, que se dividia em dois ciclos: o "Trivium" e o "Quadrivium". No Trivium, se estudava Gramática, Dialética (= Lógica) e Retórica. No Quadrivium se estudava Aritmética, Geometria, Astronomia e Música. Evidentemente que aqui só nos interessam as matérias do Trivium. A Gramática ensina a falar corretamente. Note-se que se estudava a Gramática depois de saber ler e escrever. Estuda-se a Gramática particularmente apoiada nos textos dos bons autores (ver Quintiliano 1,4). A Dialética ensina a bem pensar. A Retórica ensina a escrever e falar bem, apelando-se para o uso das figuras de estilo. O recurso da amplificação se transforma em ampliação, a oratória consiste em conseguir falar muito.

A Retórica se alarga compreendendo três áreas principais de largo interesse:
1) *"Ars praedicandi"* ou *"ars arengandi"* ou *"contionandi"*. Essa era a arte de discursar, onde sobrevive a velha Retórica recuperada por obra de Agostinho (354-430), Capella (Séc.V), Boécio (480-524), Cassiodoro (485-580), Isidoro de Sevilha (570-636), Beda (672-785), Alcuíno (735-804), Brunetto Latini (1220-1294), Boncompagno da Signa (1170-1240), Iacobus de Dinanto (séc.XIII)...
A Retórica Antiga sobrevive na Idade Média, alimentada especialmente por dois textos: o *De Inventione* de Cícero e a *Rhetorica ad Herennium*.
Tenhamos em conta que, na Idade Média, a Retórica, sobretudo a Sacra, estimulada pelo pulular das heresias, tem papel relevante, cultivada pelas "ordens religiosas mendicantes". Entre essas ordens, uma, a ordem dos dominicanos se denomina: "a ordem dos pregadores".
2) *"Ars dictandi"*. Essa surge a partir do século XI. Era a arte de escrever cartas ("retórica epistolar"). A diplomacia e o comercio internacional se realizam por meio de cartas. Redigem-se as cartas como se fossem discursos de acordo com as regras minuciosas da Retórica, tendo como antecedentes a obra epistolar e retórica de Cícero. A carta consta de saudação, exórdio, narração, argumentação e conclusão. As questões eram postas em termos abstratos ou concretos. Distribui-se por três gêneros:

judicial, deliberativo e epidítico. Apresenta-se em um dos três estilos: humilde, médio, sublime...
3) *"Ars poetriae"*. Era a arte poética medieval. Ela também se vinculava com a Retórica.

A Retórica cristã

O cristianismo nascente que tinha a missão de pregar "a boa-nova", recebe, como legado do paganismo, em declínio, um poderoso instrumento de comunicação: a Retórica.

A partir de então, assistimos a uma rígida bipartição da Retórica em Retórica Profana e Retórica Sacra.

A Bíblia não condena, mas compete com a Retórica. Os "Padres da Igreja" procuram provar que a Bíblia não só contém todas as virtudes da Retórica pagã, como as supera. O mais importante, nesse particular, é que a Bíblia, como "discurso de Deus" se torna a mais poderosa e decisiva fonte de provas irretorquíveis. Uma citação bíblica vale como argumento supremo de autoridade. As "provas extrínsecas" extraídas da Bíblia se tornam mais convincentes que toda a dialética dos pagãos. Até mesmo no que se refere ao estilo, considera-se que a Bíblia supera, de longe, a engenhosidade dos pagãos na produção de figuras de estilo. Além de tudo, a Bíblia dispensa os modelos pagãos, pois conta com extraordinários modelos de oratória, como foram os profetas, como foi o Apóstolo Paulo e como o próprio Cristo.

Santo Agostinho (354-430), pai da Retórica cristã

Coube a Agostinho, bispo de Hipona, um dos mais eminentes "Padres da Igreja", incorporar a Retórica pagã aos interesses da difusão da doutrina cristã. A propósito, o livro IV de sua obra famosa *De doctrina christiana* é uma reflexão de um cristão sobre a Retórica pagã. Não se trata, porém, de um manual sistemático, mas de uma orientação geral.

Agostinho reconhece, ao contrário de Platão, que a Retórica é uma disciplina, pois ele mesmo fora professor de Retórica antes da sua conversão. E, contra Platão, não só reconhece a Retórica como uma disciplina, mas como uma disciplina útil, à disposição do cristão. De fato, a Igreja não tinha dúvidas sobre o que devia ensinar, mas ela não dispunha de um instrumento didático para difundir e defender o que ensinava. A Retórica vinha a calhar, apresentando-se como uma arte perigosa de persuadir tanto o verdadeiro como o falso, tanto o bem como o mal. A Retórica tem "duplo efeito". Agostinho não condena a Retórica por isso. Se se usa a Retórica para o mal, por que não usá-la para o bem? Assim, o cristianismo arma-se com a Retórica pagã, a serviço da Fé. De certa forma, o cristianismo, com Agostinho, vai à escola de Cícero e de Quintiliano não para aprender o que ensinar, mas quando preciso para ensinar as verdades das Escrituras. Não se pode deixar "a verdade desarmada"! O estudo da Retórica passa a ser um projeto para o cristão que não deve ficar em situação de inferioridade em cotejo com seus adversários. O orador cristão deveria também ser capaz de tornar um auditório benévolo, atento, dócil.

A finalidade geral da Retórica. Agostinho, como Cícero, reconhece que a finalidade da Retórica consiste em persuadir. E como Cícero, admite que a persuasão se realize por três modos, são as três tarefas do orador, os "tria officia": *docere* (ensinar), *delectare* (agradar) e *flectere* (comover).

Ensinar ou instruir (*docere*) é para Agostinho o principal objetivo do orador. Ensinar é necessário. A missão do cristão é ensinar! Pode acontecer que para conquistar o ouvinte baste transmitir o que as Escrituras dizem. Se o orador transmitiu e foi entendido já alcançou o objetivo. Quem aprendeu se persuade. Todavia, pode também acontecer que não basta só transmitir para persuadir. Se isto não bastou então é preciso reforçar a persuasão apelando para os outros dois recursos: agradar e deleitar.

Emocionar (*flectere*) e agradar (*delectare*) constituem modo suplementares de persuadir. Nem sempre são necessários. Mas se preciso, sobretudo se há resistência, o orador tem de usar não só de sabedoria, mas também de eloquência de modo a conquistar o ouvinte pela linguagem e comover-lhe o coração de modo que ele pratique o que se lhe ensinou.

Agostinho trata, em sua obra, mais demoradamente de alguns capítulos e menos demoradamente de outros.

A *inventio* se abastece toda da palavra de Deus. A disposição reflete a ordem própria das verdades cristãs.

A elocução, na Oratória cristã, é objeto de singular cuidado, gerando conflitos. Agostinho não tem os escrúpulos de São Jerônimo a respeito do estilo. O orador sacro se possível deve falar bem, com elegância, sempre com a reserva que se deve "amar mais a verdade do que as palavras".

Nesta altura, ele retoma a preocupação com as qualidades de estilo: elegância, correção, clareza, conveniência. O Estilo deve ser, acima de tudo, claro, o orador tem de ser entendido. A correção e elegância se subordinam à clareza, a suprema qualidade do discurso cristão. Mas a elegância não pode degenerar no vazio e amaneirado. O próprio Agostinho, como orador, não raro sucumbe ao gosto sofisticado de seu tempo. Quando, seus conterrâneos já não distinguiam mais a diferença de sílabas longas e breves, ele não deixa de usar "as cláusulas métricas".

"Natureza e arte". Agostinho concorda que a formação do orador depende de dons naturais (*natura*) e do aprendizado (*ars*). No que concerne ao aprendizado, acha que, quando não se é mais jovem, não vale a pena estudar os tratados de Retórica, nem se precisa frequentar as escolas dessa disciplina, basta ler, ouvir e imitar os discursos modelares. E se o orador não for capaz de compor seu discurso, que decore um discurso de alguém, porque

Deus tem a propriedade das ideias. As deficiências seriam compensadas pela iluminação das Escrituras, pelo exemplo persuasivo, proporcionado por uma vida santa.

Os modelos exemplares. Onde encontrar tais modelos exemplares? O orador cristão não necessita de se contaminar com o convívio dos oradores pagãos, nos quais se encontra a eloquência, não a verdadeira sabedoria. Acontece que a Bíblia sugere não apenas o que se vai dizer, mas o modo de dizer. São Paulo e os profetas servem de modelos exemplares. Entre os cristãos já existem mestres consumados do porte de um Cypriano, de um Ambrósio... A essa lista dever-se-ia acrescentar o nome do próprio Agostinho.

Novo enfoque sobre os gêneros retóricos

Note-se que Agostinho não trata da famosa divisão dos gêneros oratórios em forense, deliberativo, epidítico que apresenta interesse profano não religioso. Ele prefere dividir a Retórica nos três gêneros de estilo: simples, temperado e sublime e estabelece uma correspondência entre esses estilos com os três objetivos da Retórica: os "tria officia": ensinar (convencer), agradar, comover.

Teoricamente o estilo simples serve mais para instruir, versaria sobre temas menos relevantes, o sublime serve mais para comover, versando sobre grandes temas e o temperado serve mais para agradar, versando sobre temas intermédios.

A rigor, o estilo do pregador, dada a grandeza da matéria sobre que prega, deveria ser sempre sublime, pois, no cristianismo, nada há pequeno. Como não ser eloquente ao tratar dos mistérios divinos? Todavia, a distinção entre os estilos não se baseia apenas na importância do conteúdo, deve variar de acordo com as circunstâncias. Assim, ao instruir, deve ser simples, sóbrio, sem floreios, de modo a ser entendido perfeitamente. O louvor pede um estilo temperado, mais elegante, com ornatos. E há momentos em que se exige o sublime copioso e patético a fim de quebrar resistências. Nada impede que se misturem os estilos numa pregação.

A Graça divina, verdadeiro agente de persuasão. Acontece, porém, que a Graça pode suprir tanto o talento natural como a preparação. Por isso, para ser um bom orador é preciso rezar, pedindo a proteção de Deus para que fecunde a palavra. O orador conta com a inspiração do alto (*Mateus*, 10,19,20). Vieira, nos exórdios sempre se socorre da proteção da Virgem Maria. E no seu célebre sermão: *Pelo bom sucesso das armas de Portugal*, ele transforma esse discurso em oração, dirigindo-se diretamente a Cristo.

Vir bonus. Agostinho repete a lição da velha Retórica, segundo a qual o orador é um "vir bonus dicendi peritus". Deve haver coerência entre o que o orador prega e o que faz. A oratória cristã exige que o orador seja um santo. Ele cumpre uma missão divina.

Eloquência e sabedoria. Quanto a se decidir entre ser um especialista em Retórica ou um sábio, ele defende a mesma tese de Cícero que a eloquência não se separa da sabedoria. Esse passa a ser um ideal do orador cristão: transmitir a sabedoria das Escrituras com eloquência. A sabedoria ganha força. No entanto, se se tivesse que optar entre uma e outra, se for o caso, prevalecerá a sabedoria. Nada mais detestável que uma eloquência fútil e oca. Por outro lado, a sabedoria compensa a falta de Eloquência.

Santo Isidoro, bispo de Sevilha (570-636)

Ele escreveu: *As Etimologias* (*Etymologiarum sive originum liber*). O livro segundo dessa obra trata da Retórica e Dialética de modo sistemático.

A Retórica se define como a arte de falar bem e persuadir. Falar bem para persuadir, sendo que persuadir se reserva exclusivamente a serviço do que é justo e bom, "justa et bona". E nessa linha concebe o orador como o "vir bonus, dicendi peritus". Ele divide as causas de acordo com a qualidade em cinco: honesta, admirável, humilde, dúbia, obscura. Não distingue o exórdio em princípio e insinuação. Mas define a causa honesta como aquela em que o auditório está a favor, mesmo sem ajuda do orador.

Evolução medieval dos três estilos

A teoria dos três estilos goza, na Idade Média, de uma extraordinária fortuna, por mediação de Santo Agostinho.

A passo e passo, a teoria dos três estilos se transporta da Retórica para a Literatura. Às tantas, eles se exemplificam com as obras de Virgílio: *As Bucólicas* refletem o estilo simples; as *Geórgicas* refletem estilo temperado; a *Eneida* reflete estilo sublime.

Dante Alighieri, no *De Vulgari Eloquentia* II,4, à imitação dos três estilos retóricos, distingue, na poesia, três estilos equivalentes: o trágico, o cômico, o elegíaco.

1) Trágico: corresponde ao sublime. Diz-se trágico porque se usa na linguagem das tragédias. Caracteriza-se pela gravidade das sentenças e elevação da expressão em vulgar ilustre. Dante chama de tragédia a *Eneida* de Virgílio em função do estilo (Inferno, XX, l13).

2) Cômico: corresponde ao estilo médio, próprio das comédias, ora se aproximando do trágico ora do elegíaco. Dante intitula sua obra máxima de *Comédia* (*Inferno*, XVI, 128) por várias razões, porque termina bem, termina na contemplação de Deus, porque acredita ter escrito o poema em estilo cômico, isto é, médio, com o que a posteridade não concordou porque sempre a considerou escrita em estilo sublime ou trágico e finalmente porque faz rir, satirizando. Não seria a *Divina Comédia* uma grande "sátira menipeia"?

3) Elegíaco corresponde ao estilo simples e se presta para temas secundários.

A Retórica na Renascença (século XV)

Trata-se de uma Renascença filológica, em que se opera a volta ao mundo antigo grego e latino, através da edição crítica dos velhos manuscritos e, de modo especial, dos manuscritos retóricos, desconhecidos na Idade Média. Com o eclodir da Renascença, a Retórica é abalada pela confluência de várias causas.

A Reforma e a Contrarreforma dividem o mundo cristão entre católicos e protestantes, fazendo da Retórica um instrumento de confronto entre ambos os movimentos.

Os jesuítas e a Retórica. O suporte da Retórica Antiga se deve principalmente à contribuição dos jesuítas através de seu programa de estudos, a célebre *Ratio studiorum* (de 1551 a 1599). Neste programa se introduz a Retórica Antiga como matéria obrigatória do currículo de todos os colégios fundados pela Ordem na Europa e no mundo.

Nesse documento, a Retórica do Padre Cypriano Soarez é proposta como livro de texto. A 1ª. Edição dessa obra é de 1562. Certamente que nela estudou o Padre Vieira. Cypriano Soarez divulga exatamente o quartel general da Retórica Antiga: Aristóteles, Cícero e Quintiliano. Esses devem ser as fontes perenes da Retórica. Entretanto, o livro mantém equilíbrio entre a Retórica Antiga e a Retórica Clássica. De fato, ele define a Retórica à moda de Quintiliano como uma "ars vel doctrina dicendi", isto é, a Retórica é uma arte de dizer de modo ornado, grave e copioso independente de persuadir. Mas sustenta a tese de Cícero segundo a qual o ofício e fim da Retórica é persuadir, declarando que "O fim da Retórica é persuadir pelo discurso". A partir daí deriva a missão do orador que é dizer bem para convencer, comover e agradar. Ele retrata a profunda influência que Aristóteles e Cícero têm sobre a Ordem Jesuíta, o que não é tão forte entre os protestantes.

O protestantismo e a Retórica. Lutero repudia radicalmente Aristóteles, manifestando no entanto alguma simpatia por sua obra retórica, dada a utilidade que tem para o pregador. Mas, mesmo assim, recomenda que se faça dela um estudo superficial.

A despeito dessa recomendação de Lutero surgem duas tendências dentro do protestantismo: uma primeira corrente liderada por Petrus Ramus que reformula completamente a Retórica de Aristóteles e uma segunda corrente, liderada por Melanchthon que demonstra uma larga estima por Aristóteles. Trata-se de um luterano liberal.

Nesta altura, o racionalismo e o experimentalismo radicais da filosofia moderna encarnado por Descartes e Bacon, não deixam espaço para uma disciplina que não pesquisa no terreno da verdade, mas da opinião, como é o caso da Retórica.

O ressurgir de uma nova Retórica: a Retórica Clássica

Retórica Antiga vs. Retórica Clássica. Nesse clima de acendrados debates (século XVI), se consolida a formação de uma nova Retórica, a Retórica Clássica em oposição à Retórica Aristotélica. Ao passo que a Retórica Antiga é uma Retórica completa e destinada a persuadir, a Retórica Clássica tende a se restringir à elocução, definindo-se como uma arte de dizer corretamente, adequadamente, elegantemente, independente de persuadir. A ação ou pronunciação é objeto de um aprendizado marginal.

Considera-se como fundador da Retórica Clássica, o insigne humanista Petrus Ramus. Petrus Ramus (1515-1572) é o nome alatinado de Pierre de la Ramée. Protestante calvinista, foi assassinado na noite de São Bartolomeu.

A nascente Retórica Clássica é reforçada por F. Melanchthon, (1497-1560) grande humanista e uma das colunas do protestantismo luterano, nada obstante sua simpatia por Aristóteles.

Apesar de se refugiar na Concepção da Retórica de Quintiliano, o Padre Cypriano Soarez (1524-1593) representa uma resistência a favor da Retórica Antiga, na medida em que os jesuítas se vinculam mais entranhadamente com Aristóteles e com a Escolástica católica. De fato, Aristóteles é para o próprio Cypriano o "summus philosophus".

As figuras máximas da Retórica protestante: Petrus Ramus e Filipe Melanchthon.

Petrus Ramus

Petrus Ramus marca, na Renascença, o momento capital do nascimento e consolidação da Retórica Clássica, já tendendo a se afunilar em uma Retórica das Figuras.

Compreende-se que este celebrado humanista venha a ser um dos esteios da Retórica Clássica, pois se trata de um ferrenho adversário de Aristóteles a quem, entre outros galanteios, ele presenteia com a pecha de "impostor". Ao se opor sistematicamente a Aristóteles, ele funda a Retórica Clássica. A Retórica se liberta da Dialética aristotélica e vai se tornando uma mera poética.

A doutrina de Petrus Ramus. Ele retoma as disciplinas do "Trivium": Gramática, Retórica, Dialética (ou Lógica) e estabelece, entre elas, uma nova correlação de forças, dando-lhes novos papéis. Nesse particular, acusa Aristóteles de ter embaralhado tudo, dando a uma disciplina o que pertence à outra, pois, Aristóteles atribuía à Retórica: a invenção, a disposição, a elocução, a memória e a ação, ora, na opinião de Ramus, para a Retórica só caberia, a elocução e a ação. As três outras partes restantes: invenção, disposição, memória, pertencem com exclusividade à Dialética. Estava assim sacramentada a Retórica Clássica.

A função específica das três disciplinas segundo Petrus Ramus

1) A Gramática estuda a língua e se divide em duas partes: a Etimologia (= que compreende a fonética, morfologia) e a sintaxe. Ela ensina a escrever e falar bem (*ars bene loquendi*), sem erros, sem barbarismos, sem solecismos, com propriedade, prescrevendo o que se deve e o que não se deve dizer. É, pois, uma disciplina auxiliar da Retórica. A correção de um texto pertence à Gramática, não à Retórica. Quando a Retórica precisa corrigir um discurso pede ajuda à sua vizinha, a Gramática.
2) A Retórica é a disciplina que ensina a falar bem com elegância, "ars bene dicendi".
Ela compreende apenas duas partes: a elocução e a ação. A elocução se limita a ornar o discurso por meio de figuras e tropos. A ação consiste em cuidar da voz e dos gestos. No fundo, é a elocução o que mais caracteriza a Retórica. A Retórica deixa de ser uma arte de persuadir, "persuadir deixa de ser o objetivo do orador". A Retórica se define como arte de escrever e falar bem.
O expurgo na Retórica. Além disso, ele considera sem importância a divisão dos discursos em gêneros oratórios, a divisão dos discursos em partes, a divisão dos estados da questão... A respeito do velho conflito entre Retórica e Filosofia, ele opina que uma nada tem a ver com a outra.
3) A Dialética "é a doutrina da razão". Ela estuda os atos da mente. Em Petrus Ramus, a Dialética se identifica com a Lógica, que é uma "ars disserendi, disputandi". Nesse ponto, ele reprova violentamente Aristóteles por ter criado duas lógicas, a Lógica da verdade (Analítica) e a lógica da opinião (Dialética). Para ele, só há uma lógica, a lógica que tanto busca a verdade como a opinião.

A divisão da Dialética. A Dialética de Ramus (= Lógica) consta das seguintes partes arrebatadas da Retórica e reformuladas, a saber, a invenção, a disposição (que ele chama de ("judicium") e a memória. Nestas três partes ele inclui toda a lógica com o nome de Dialética.
Na invenção se estuda a chamada primeira operação da mente: a ideia ou simples apreensão. Na disposição se estuda a segunda operação da mente, isto é, o enunciado ou juízo e a terceira operação da mente, isto é, o silogismo e acrescentando-se ainda o estudo do método. Quem dispõe bem, julga bem.
A terceira parte da Dialética é a memória que, de modo obscuro, dá suporte às duas partes anteriores: invenção e julgamento, sendo, por assim dizer, a sombra da disposição, ela retém o que se cogitou e julgou.
Assim, a Retórica clássica nasceu quando se subtrai da Retórica Antiga a função dialética. A partir daí só se torna próprio do orador falar bem, ornando a linguagem com figuras e tropos e cuidando da voz e dos gestos, nada mais do

que isso. Só isso constitui o orador. Ramus não define o orador como um "vir bonus". A honestidade não entra na definição do orador que deve ser apenas um perito na arte de dizer o que não dispensa o orador de se submeter à moral.

Petrus Ramus se torna um poderoso líder de uma crescente Escola, reunindo ao redor de si uma verdadeira multidão de fiéis e renomados discípulos, entre os quais bastaria citar, com admiração, os nomes de Omer Talon, Hobbes, o poeta Milton... A Retórica Clássica liderada por Petrus Ramus goza de enorme aceitação tanto no continente europeu como na Inglaterra, onde dominava a Retórica Antiga, representada pela obra de Thomas Wilson: *The Art of Rhetoric* – 1560, que passa a sofrer a concorrência das Retóricas "beletristas" que se preocupam apenas com a arte da composição e estilo.

Filipe Melanchthon não despreza a lição de Aristóteles, Cícero e Quintiliano que Petrus Ramus ridicularizava. Ele afirma textualmente que sua obra não se desvia de Aristóteles: "non deterret ab Aristotele". De modo geral, tenta abrir uma brecha para introduzir Aristóteles na própria escolástica protestante.

Melanchthon assume assim uma atitude moderada entre a Retórica Antiga e a Retórica Clássica. Como destacado educador, promove também uma "ratio studiorum", apropriada à formação protestante.

Como fautor da Retórica Clássica praticamente reduz a Retórica à elocução, pois é "a elocução o que ela tem de mais próprio", "a elocução ensina a falar com sabedoria e elegância". Além disso, concorda que há momentos que incumbe à Retórica impelir os ânimos comovendo.

Efetivamente, ele vive uma época de controvérsias. Pregadores católicos e protestantes se enfrentam. Assim, Melanchthon afirma o parentesco inseparável entre a Retórica e a Dialética. Advertindo-se, no entanto, que ele considera, como Platão, a Dialética como a arte que tem por objetivo ensinar a ensinar, tocando à Retórica revestir o que se ensinou de palavras ornadas e sábias, sem deixar de exercer certa atividade persuasiva.

Século XVIII-XIX, Retórica das figuras

Ao mesmo tempo que a Retórica Antiga vai sobrevivendo, aos poucos, dentro da Retórica Clássica, começa a se configurar uma nova Retórica, a Retórica das figuras de estilo. A Retórica se reduz ao estudo das figuras. Entre tantos promotores do movimento se destacam César Chesneau du Marsais (1676-1756) e Pierre Fontanier (1758-1844).

Kant, no Século XVIII, renova as invectivas platônicas contra a Retórica (Antiga).

Entre as belas-artes que se caracterizam pelo uso da palavra, ele distingue a Retórica e a Poesia. Justifica plenamente a Poesia, mas não tolera a Retórica. Confessa que sempre prefere um belo poema ao melhor discurso. A Poesia não tem intenção de enganar. A arte não mente. É leal. Mantém um livre jogo entre fantasia e entendimento e acaba dando muito mais do que promete. É um jogo sério, educativo. Tudo ao contrário da Retórica que faz um jogo livre do entendimento. Aqui Fernando Pessoa comenta Kant quando diz que "o poeta é um fingidor"...

Ele distingue dois aspectos da Retórica: a) a eloquência ou "ars oratoria" que é a Retórica dialética e persuasiva de Aristóteles e b) a Retórica como arte de falar e escrever bem. Ele justifica este segundo lado da Retórica que corresponde à Retórica Clássica e repudia o primeiro como arte de persuadir, pois, este primeiro lado da Retórica equivale à Retórica Antiga. Ele investe pesadamente contra a Retórica Antiga que considera "uma arte insidiosa", "indigna de qualquer respeito". Persuadir é ludibriar. Ele salva, porém, a Retórica Clássica concebida como arte da composição e do estilo.

O esplendor da Retórica no mundo anglo-americano. A pouco e pouco, o interesse pela Retórica tanto Antiga como Clássica vai se deslocando para a Inglaterra, na "Escola Escocesa de Retórica", em Edimburgo, no século XVIII, e na "Nova escola escocesa de Retórica", nos Estados Unidos. Hoje, raramente existe uma universidade americana que não tenha seu florescente Departamento de Retórica, com seus opulentos endereços na Internet.

A desvalorização romântica da Retórica

O romantismo do século XIX, com o culto que promove da liberdade criadora do artista, repudia a dominação tirânica que a Retórica Clássica pretendia exercer sobre o aluno e sobre o escritor.

Entretanto, nessa hostilidade do romantismo contra a Retórica, houve muito equívoco, pois para se entender a posição efetiva do romantismo no caso vertente, importa ter diante dos olhos a distinção entre Retórica Antiga, tradicional e a Retórica Clássica sob o domínio das figuras de estilo.

Os românticos não rejeitam a Retórica Antiga, pelo contrário, têm por ela verdadeira estima e, com efeito, produziram uma elite dos maiores oradores de todos os tempos.

O romantismo investe mais agressivamente contra a Retórica Clássica dominada por um culto fanático pelas figuras de estilo e pelas regras de estilo. Não que fosse contra as figuras e contra as regras de estilo, pelo contrario, ele as cultiva, exigindo que se tenha apenas bom gosto e espontaneidade no seu uso. Mais exatamente, investe contra o ensino que se fazia da Retórica nas escolas, constituindo-se num verdadeiro tormento. Começa então a campanha contra a Retórica nos currículos escolares em França e acontece o inevitável que, nos fins do século XIX, ela acaba por ser abolida. A partir daí a Retórica Clássica é substituída pela Estilística que domina a primeira metade do século XX. Entretanto, a Retórica Antiga continua a funcionar normalmente nos fóruns, nas assembleias, nos salões e, sobretudo, nos templos.

A rigor, os românticos não rejeitam a Retórica Antiga, apenas preferem a persuasão emotiva à persuasão racional. A Retórica romântica busca, sobretudo, comover e agradar.

A reforma do ensino na França, nos fins do Século XIX, abole drasticamente a Retórica do currículo e, como observa Chaignet, isso significava a abolição da Retórica em todo o mundo, tal era o prestígio da França, na época. Note-se que a Retórica já fazia parte dos programas de ensino desde o Século V, antes de Cristo!

Na primeira metade do Século XX, constatamos um forte descrédito da Retórica. As escolas estéticas de vanguarda combatem-na ferrenhamente. A seguir, no ciclo natural das coisas, a Retórica ressurge sob variadas formas.

A obsessão incessante de criar novas Retóricas ou restaurar velhas Retóricas

Por toda a História da Retórica perpassa sempre a obsessão de reformar e de criar novas Retóricas. Na Idade Média, Boncompagno da Signa já lançava uma *Rhetorica Novissima*, que reformula a Retórica Antiga, dividindo-a em três partes principais: a questão, a persuasão e a dissuasão. A questão compreende apenas dois gêneros: o civil e o criminal. O discurso se compõe de um exórdio, uma narração e uma petição.

A Retórica Clássica, a Retórica de Perelman, a Retórica de Richards, a Retórica Geral, todas têm a pretensão de representar novas retóricas e serem modernas no sentido de atuais. A Retórica Antiga continua a se impor havendo retorno frequente à Retórica Antiga, aristotélica. O retorno mais comentado acontece por obra da Nova Retórica de Perelman que, a rigor, estuda a Dialética de Aristóteles sob o nome de Retórica. Finalmente, a Retórica ganha extraordinária vitalidade pelo saudável interesse que a Semiótica lhe devota.

Os mais importantes problemas morais de toda a História da Retórica

Os mais cruciais problemas morais da Retórica foram postos por Platão quando discute se se pode defender as razões do lobo da fábula. E mais tarde quando Santo Agostinho discute o problema do "duplo efeito" do discurso que tanto defende o bem como mal.

Os fantasmas que continuam assombrando a Retórica ainda são: a divisão do exórdio em princípio e insinuação e a divisão dos gêneros de causas em causas honestas e desonestas. Quando se pode dizer que um discurso é honesto ou não? Pode-se defender uma causa desonesta?

Essas graves questões se destacam a partir da intervenção da *Retórica a Herênio* e da intervenção de Cícero e Quintiliano e vão sendo retomadas, séculos em fora, com Cassiodoro, Santo Isidoro, Alcuíno... De modo representativo, o famoso G. de Trébizonde, em 1538, volta a dividir os "genera causarum", as classes de causas, em honestas, torpes, dúbias, humildes, obscuras e sentencia com todas as letras que "se deve usar a insinuação quando a causa ou é de per si torpe ou quando parece torpe ao ouvinte"! Espanta que o luterano Melanchthon também aconselhe a explorar "a insinuação" como instrumento para se patrocinar uma causa dúbia ou torpe! Imagine-se que, com isso, concorda o nosso Padre Cypriano Soarez! Iacobus de Dinanto, ainda no Século XIII, lida, ao mesmo tempo, com a classificação quádrupla e quíntupla das causas. O nosso abade define bem as causas torpes como "aquelas que combatem o que é honesto e defendem o desonesto" e, no que se refere às causas desonestas não se peja de repetir, sem rebuços, a lição suspeita que "quando a causa é torpe deve-se usar a insinuação". (*Ars arengandi et Comentum Tullii*).

Vimos que desde remota antiguidade constava do programa de estudo da Retórica um capítulo sobre a divisão das causas em honestas e desonestas. E que é que isso implicava? Por acaso, implicava apenas que o orador deveria aprender a distinguir uma causa honesta de uma causa desonesta? E por acaso significava também que deveria se preparar para patrocinar indiferentemente tanto as causas honestas como as desonestas? Uma causa honesta poderia ser atacada, uma causa torpe poderia ser defendida?

Em busca de uma fórmula correta. A partir do rigor implacável de Platão, todo e qualquer discurso só deveria ser a favor do bem e contra o mal e nenhum discurso deveria ser contra o bem e a favor do mal, "sendo mesmo preferível sofrer injustiça que praticar injustiça".

Onde fica, porém, o direito que todos têm de serem defendidos? De se lembrar que Quintiliano ensinava que basta ter sempre "uma boa razão" para se defender uma causa desonesta e investir contra uma causa honesta. Mas semelhante proposta se revela incompleta, ambígua, insidiosa. Qual seria a boa razão que permite defender "as razões do lobo" da fábula?

Perspectiva de uma fórmula. Fica fora de questão: não se pode, num discurso, defender o mal e investir contra o bem. Nada impede, porém, que se possa defender o que existe de bem no bojo de uma causa torpe e que se deva atacar o que existe de mal no bojo de uma causa honesta.

II. A QUESTÃO

Tema e questão. O tema é o assunto principal de que se trata num texto qualquer. Em um discurso retórico, o tema tem de se transformar numa questão. Quando um tema qualquer deixa de ser objeto de mera exposição e passa a provocar uma controvérsia, ele se converte em uma questão que nada mais é do que um tema problematizado. A questão aflora quando o tema se torna objeto de polêmica entre posições divergentes. A questão se desdobra em opiniões em choque. O discurso realmente retórico tem por finalidade persuadir um auditório a aceitar a opinião preferível, a propósito de uma questão.

1. A QUESTÃO, MOTOR DO DISCURSO

Tudo que se discute é uma questão. Toda questão se origina sempre de uma dúvida e provoca opiniões divergentes. É uma aporia por resolver. A questão contém em si uma controvérsia, como diz Cícero. Ela se exprime por uma pergunta, uma interrogação. Quer se saber por que a questão sempre admite mais de uma resposta. Essa necessidade de respostas diferentes faz parte do conceito de questão e é salientada pela própria etimologia da palavra. A palavra questão vem do latim: *quaestio* que se liga ao verbo: *quaerere* = buscar, investigar, perguntar. A questão é o que se procura resolver. Quer se saber qual a melhor opinião a propósito de uma disputa.

Num primeiro momento, diante de um problema, podemos suspender o juízo e não afirmar nem negar nada. Mas a tendência profunda da alma humana é procurar sempre a solução mais compatível. A Retórica não pode ser agnóstica, pondo sempre, entre parênteses, a resposta e lavando as mãos! Que fazer? Nós estamos submersos num mar de dúvidas. Por outro lado, a alma humana sente uma inclinação insopitável de tomar partido.

Questão científica e questão dialética. A questão científica deve terminar com a vitória da verdade, que vence não pela persuasão, mas pela demonstração.

A questão é dialética quando no final da discussão, não se chega à verdade, mas à opinião preferível. A opinião vitoriosa não aniquila a posição contrária que continua sendo sempre uma ameaça.

Dialética da diferença. O discurso supõe uma dialética de diferença, não precisando necessariamente ser sempre uma dialética de contrariedade ou contraditoriedade. Basta haver divergência de ponto de vista para que se configure uma questão.

2. DIVISÃO DA QUESTÃO: A QUESTÃO SE DIVIDE EM GERAL OU TESE E PARTICULAR OU HIPÓTESE

A questão geral ou tese é posta em termos abstratos, "em tese", como se diz, sem particularizar, de modo indeterminado, não individualizado, independente das circunstâncias de tempo, lugar, pessoa... Exemplo: "Que é a equidade?" "Deve-se votar?" A tese generaliza e compreende tanto questões teóricas como práticas.

A questão particular ou hipótese é posta em termos concretos, individualizados em que se determinam as circunstâncias de tempo, lugar, pessoa... Se indago: "que é a justiça?", é uma questão geral, mas se indago se foi justa a condenação de Sócrates à morte, é uma questão particular. Outro exemplo: "Deve-se casar? Catão devia casar-se?"

"Causa". A palavra causa tem forte vinculação com o uso forense, onde tem sempre um caráter particular, equivalendo a uma hipótese sobre o justo e o injusto. Entretanto, em Retórica, ela se aplica a qualquer questão forense ou não. Causa, diz Cícero, é tudo que contém em si uma controvérsia. Toda causa nasce de uma questão.

A Retórica lida indiferentemente com questões particulares e gerais, pois tanto umas como outras constituem matéria da Retórica.

Relatividade dessa distinção. Deve-se notar, no entanto, que toda questão particular pressupõe uma questão geral e toda questão geral pressupõe uma questão particular, tanto que Cícero considera irrelevante essa distinção, pois que, na prática, elas sempre se postulam mutuamente. A diferença, entre as duas, redunda num problema de oportunidade. Não haverá um discurso que seja pura tese ou pura hipótese, mas sempre uma mistura de ambas, com predomínio de uma coisa ou outra. Nada impede que o orador participe de qualquer debate por mais fantasmagórica que seja a questão.

3. O ESTADO DA QUESTÃO E A CONSTITUIÇÃO DA CAUSA

Em grego se diz "stásis" e, em latim: "status quaestionis". A doutrina a respeito foi desenvolvida por Hermágoras de Temnos, do Séc. II a.C. Para Quintiliano, estado da questão e constituição da causa são a mesma coisa. Ele adverte que aquilo que uns costumam chamar de "estado da questão", outros chamam de "constituição da causa" (livro 3, cap.6).

Neste ponto, se fixam os termos precisos em que a controvérsia vai se travar. Uma vez constituída a questão não pode mais ser modificada. Ela se consolida. Fica bloqueada. A causa se define pelo estado da questão. Há, decerto, um momento em que a causa tem de se congelar.

Em todo discurso sempre existe um estado da questão. Todo discurso deve sempre partir de um estado da questão onde se estabelece o conflito principal, o ponto efetivamente litigioso, onde a causa se "estaciona". Importa estabelecer, em termos definitivos, o ponto nevrálgico do que se vai discutir. Todo discurso deve assinalar com precisão o ponto que pretende provar.

4. OS ESTADOS DA QUESTÃO

Agora se diz estados da questão, no plural. Aqui se põe o problema dos estados fundamentais da questão. Quer se saber se todas as questões possíveis podem reduzir-se a alguns estados básicos.

O estado da questão ou constituição da causa se refere, principalmente, aos três gêneros retóricos: epidítico, deliberativo, judicial e vale para todo e qualquer discurso tanto sobre questões gerais como particulares.

É possível reduzir os estados de questão de todos os discursos a algumas situações invariantes?

Os estados fundamentais

Toda questão seja geral (tese) seja particular (hipótese), costuma girar ao redor de três estados fundamentais: *status conjecturae*, (= estado de conjectura); b) *status definitionis*, (= estado de definição) ; c) *status qualitatis*, (= estado da qualidade, ou melhor dizendo: estado de qualificação).

Quintiliano afirma categoricamente que em toda matéria necessariamente se tem de investigar uma das três situações (8,8).

1) *Status conjecturae* = **estado de conjectura**
O estado de conjectura se dá quando se discute a existência ou não existência de alguma coisa. Tanto faz que se trate de existência real ou fictícia, existência presente, passada ou futura. O fato realmente acontece, aconteceu, acontecerá, pode acontecer? Existiu a Atlântida? Milão matou Clódio? Sim, sem dúvida, matou. Vai chover? O estado de conjectura responde à pergunta potencial: *an sit?* (Existe?). É uma questão de existência.

2) *Status definitionis* = **estado de definição**
Se realmente existiu alguma coisa, importa saber que nome tem e, pois, qual sua natureza, sua definição. Como se conceitua o fato que inegavelmente aconteceu. Se houve a coisa importa saber se foi roubo ou furto? Roubo e furto têm conceituações diferentes. Se existem, o que são os gnomos? Foi adultério? Melanchthon, como bom teólogo protestante, insiste no seguinte tópico:

se a justificação se dá pela fé ou pelas obras. O estado de definição responde à pergunta potencial: *quid sit?* (O que é ?). É uma questão de essência.

3) *Status qualitatis* = estado de qualificação

Se se admite a existência de algo e se concorda sobre sua natureza, resta finalmente saber se ele se modifica por alguma circunstância. O estado de qualificação responde à pergunta potencial: *quale sit?* (como se qualifica?). É uma questão circunstancial além das questões de existência ou essência. Presumindo-se que o fato se deu e que se define como assassínio, indaga-se se não ocorrem agravantes ou atenuantes, como, por exemplo, legítima defesa. Foi furto, mas famélico! O banditismo é um problema ético ou econômico? Uma retificação terminológica: estado de qualidade ou de qualificação? Para se evitar um problema não bem resolvido pelos antigos, a saber, se a "quantidade" pertence também ao estado de qualidade ou seria uma quarta categoria. Bastaria substituir a palavra "qualidade" por "qualificação" e a dúvida se desfaz. De fato, a quantidade também qualifica! Quantos anos de pena merece o crime?

A redução da redução: Além disso, Quintiliano informa que muitos pretenderam ainda reduzir todos os três estados de questão a um só: o estado de conjectura, dado que, no fundo, sempre se discutiria um problema de existência.

5. A PROPOSIÇÃO

Todo discurso, logo no início, de alguma forma, por meio de uma proposição, deve deixar claro os termos como a questão foi constituída. A proposição traduz o "status quaestionis". A proposição passa a ser uma parte do discurso a ser desenvolvida na disposição.

Ignoratio elenchi é um sofisma que se comete contra a proposição. A *ignoratio elenchi* acontece quando, num debate, por ignorância ou malícia se trata uma questão em termos diferentes dos que foram postos pela proposição que consolida a causa. Ignora-se o que se deve refutar. Não se refuta o que deve ser refutado. Ladeia-se a questão. O ouvinte tem direito de saber qual a questão a ser discutida e em que termos será discutida.

III. AS CINCO PARTES TRADICIONAIS DA RETÓRICA

A Retórica se divide em cinco partes, a saber: a invenção, a disposição, a elocução, a memória, a ação.
Aqui se trata da divisão da Retórica, não do discurso.

1ª. A invenção é, em latim: *inventio*, em grego: *heúresis*. Depois de posta a questão, vem, em primeiro lugar, a invenção onde, de acordo com os velhos manuais, o orador busca o que vai dizer, "quid dicat". Mas a invenção não se limita a buscar o que se vai dizer que, no final das contas, são as provas. Ela também submete o que achou, isto é, as provas, a uma rigorosa avaliação crítica. A invenção mais a disposição constituem o lado mais efetivamente dialético da Retórica.
Pelo visto a invenção como atividade dialética abrange duas operações, a saber, *invenire* (= achar), isto é, achar os argumentos e *iudicare* (= julgar), isto é, avaliar os argumentos achados.
Tópica é uma disciplina auxiliar da invenção. Ela ajuda a achar os argumentos nos lugares-comuns.
2ª. A disposição, em latim: *dispositio*, em grego: *táxis*.
Em que lugar se vai colocar o que se achou "quo loco dicat". Depois da invenção vem a disposição que abarca duas tarefas: 1) A divisão e subdivisão geral de todo discurso em partes preestabelecidas, funcionais, mais ou menos fixas. 2) A distribuição do material achado dentro de cada uma dessas partes; a colocação do material de cada parte no melhor lugar; finalmente a harmonia de todas as partes entre si. A disposição se converte numa arte de organizar metodicamente o discurso.
3ª. A elocução, em latim: *elocutio*, em grego: a *léxis* consiste no melhor modo de dizer o que se vai dizer: "quo modo dicat". A rigor, a elocução começa a se esboçar a partir da invenção, mas se consuma em terceiro lugar. O orador grava, de alguma forma, o material que pesquisou e integrou. O modo mais confortável de gravar é escrever. Num primeiro momento, o orador vai esboçando, de algum modo, o discurso e, num segundo momento, ele trabalha o discurso já esboçado.
Tenha-se sempre em mente que a elocução é uma parte da Retórica e não toda a Retórica como pretende a chamada Retórica Clássica.
A elocução tem alguma coisa de invenção e de disposição, pois se devem "achar" as palavras adequadas e saber "colocá-las" no lugar devido.

Vinculado com a elocução, se aborda o problema do aticismo que cuida da elocução perfeita e, num lugar de maior relevo, se retoma o capítulo das figuras de estilo, um dos momentos mais empolgantes da vida da Retórica. Advirta-se, porém, que o estudo das Figuras constitui uma parte e não toda a Retórica.

4ª. A memória em latim: *memoria*, em grego: *mnéme*.

Na quarta parte, se trata do papel da memória na sua relação com a produção e a comunicação do discurso. Tanto no discurso preparado como improvisado, ela é uma faculdade indispensável.

No que se refere à produção, os antigos diziam que ela era o tesouro da eloquência, "thesaurus eloquentiae".

Na comunicação, se não se vai ler o discurso que a memória ajudou a escrever, a memorização do discurso pode ser integral ou parcial, no mínimo retendo os pontos essenciais do roteiro. Os antigos diziam: "memoriae mandare", isto é, confiar à memória o que se inventou, dispôs e redigiu e se vai declamar.

Petrus Ramus, na reforma que empreende da Lógica de Aristóteles, sustenta que a memória que administra a invenção e disposição não pertence à Retórica, mas à Dialética.

5ª. A ação, em latim: *actio*, em grego: *hypókrisis* = representação, consiste na declamação do discurso diante do auditório com o qual a ação se vincula profundamente. A ação abarca a pronunciação e a gesticulação e mantém uma discreta comunhão de interesse com a arte teatral.

As cinco partes da Retórica se dividem em dois módulos.

– O primeiro é o módulo da produção, constituído pela invenção, disposição, elocução. Invenção é o conteúdo; disposição e elocução, a expressão.

– O segundo é o módulo da comunicação, constituído pela memória e ação, pois se memoriza em função da ação. A memória é uma etapa de transição em que se guarda o discurso gravado, em algum lugar, a fim de transmiti-lo aos ouvintes.

O algoritmo do discurso: uma sequência ordenada de passos. Ao mesmo tempo que as partes se encadeiam e sucedem numa ordem lógica, não deixa de haver entre elas uma certa simultaneidade. Todas pressupõem a memória, particularmente a invenção, onde se tem de recorrer à erudição arquivada. A elocução já começa na invenção. A disposição ronda desde o princípio. Normalmente, com a invenção começa a elocução.

A circularidade das partes. Na elaboração do discurso, haverá sempre a possibilidade de avançar e retornar até que ocorra um final satisfatório.

Uma programação: as partes concorrem para um objetivo comum: a produção do discurso onde se tenta resolver um problema.

A complexidade e a vastidão de cada uma das partes da Retórica não lhe quebram a unidade. Todas as suas partes conspiram para a formação do todo, visando a um objetivo comum.

O momento do rigor crítico. Enquanto se elabora o discurso não se deve ter muito rigor crítico. No princípio, se trabalha com certa liberdade, sem muita censura. A censura rigorosa só deve acontecer no final.

Para Aristóteles, a parte mais importante da Retórica é a invenção; a invenção, por assim dizer, define a Retórica. Para Quintiliano, a parte mais importante é a elocução, a Retórica é por assim dizer uma "ars bene dicendi", uma arte de falar bem. Para Cícero e Demóstenes a parte mais importante é a ação.

A funcionalidade didática do roteiro das cinco partes

Se à invenção, disposição, elocução, memória e à ação ajuntarmos explicitamente a meditação, teremos em mãos um roteiro atualizado do processo de feitura de qualquer composição escolar e acadêmica. De fato, todo trabalho dessa qualidade começa por reunir e selecionar o material (a invenção); depois vem a combinação e organização (disposição) do que se achou; segue-se a redação adequada do trabalho (elocução). A memória corresponde a algum modo de conservação da composição. A ação se realiza pela comunicação escrita ou oral.

Tipo peculiar de composição. Sob a inspiração da Retórica, se revela um novo estilo de composição mais metódica, mais disciplinada, em oposição à composição comum, mais livre. Como resultado de muita meditação, a composição retórica se torna mais erudita, mais elegante, mais clara, mais correta, mais proporcionada a seus fins.

1. O AUMENTO E A DIMINUIÇÃO DO NÚMERO DAS PARTES

Sempre houve a tentação tanto de aumentar como de diminuir o número das partes da Retórica. De fato, no correr dos tempos, se pretendeu excluir algumas partes, especialmente a memória e a ação. Veja-se, como amostra, a obra monumental de Chaignet. Outro livro célebre, *La rhétorique du prince*, reduz a Retórica a quatro partes, excluindo a memória. Petrus Ramus reduz rigorosamente a Retórica a duas partes: à elocução e à ação. Não faltou quem incluísse a memória na ação! Ver *De Arte Rhetorica* de Dominico de Colônia.

2. A SEXTA PARTE

Em compensação, já se tentou acrescentar uma sexta parte!

Justifica-se efetivamente uma "sexta parte"? A sexta parte é normalmente chamada de "julgamento" (*iudicium*), o que equivale à segunda operação da mente, na Lógica Escolástica. A certa altura, conforme testemunha

Quintiliano (3.3.5), certos autores ajuntaram às cinco partes da Retórica uma "sexta parte" com o nome de *"iudicium"* (= julgamento, juízo) e que tinha por papel *"iudicare"*, [julgar] o material achado na invenção e que poderia mais adequadamente ser traduzido por "reflexão crítica" sobre o material achado.

Cícero sem admitir "o julgamento" como uma sexta parte além das cinco, entretanto aceitava o julgamento como um desdobramento da "invenção" que consistia "não só em inventar o que se vai dizer, mas também em julgar o que se vai dizer": *"invenire"* e *"iudicare"*. (*Orator* 15,48).

Nesse ponto, Quintiliano concorda com Cícero que são apenas cinco e não mais que cinco as partes da Retórica, admitindo também o "julgamento" como uma categoria imprescindível, chegando a dizer que se não se avalia o que se achou é como se não se tivesse achado. Ele diverge, porém, de Cícero num ponto importante; enquanto Cícero vincula o julgamento só com a invenção, Quintiliano, com mais acerto, o vincula praticamente com todas as cinco partes da Retórica.

Na Renascença, o Padre Soarez repete, nos mesmos termos, a lição de Quintiliano e Petrus Ramus inova ao identificar o *"iudicium"* com a "disposição".

Com a introdução do conceito de avaliação crítica não só na invenção, como em todas as outras partes da Retórica, pretende-se salvar o valor dialético da Retórica que não se limita apenas a achar argumentos, mas pretende, além disso, discuti-los criticamente. (Ver Cícero *Tópica*, 6).

A meditação

O problema da sexta parte passa a se confundir com a meditação. A meditação resgata os benefícios supostos de uma sexta parte.

Em que consiste a meditação? Kant responde à pergunta em poucas palavras: a meditação consiste em "pensar metodicamente".

A partir da proposta de Cícero que vincula a invenção com a avaliação crítica e, a seguir, com a generalização por parte de Quintiliano da avaliação crítica a todas as partes da produção do discurso, sem que constitua formalmente uma sexta parte, a Retórica passa a ser concebida de modo mais explícito como um processo de meditação. A partir daí essa operação básica e inevitável deixa de ser apenas pressuposta e passa a ser considerada como parte fundamental do processo geral da elaboração do discurso.

Assim o projeto fracassado de acrescentar uma sexta parte, na História da Retórica, vem, entretanto, reforçar o papel da meditação que acompanha toda a produção do discurso. Um discurso deve ser o resultado de muita cogitação. Essa atividade reflexiva ampla sobre todo o discurso revitaliza o poder descurado da meditação. Não haveria então necessidade de se falar numa sexta parte, mas valeria a pena destacar o papel fundamental da meditação na produção do discurso, como faz Quintiliano que faz da meditação a alma do discurso (10,6).

"Labor cogitandi". Bem pesadas as coisas, a meditação comanda o discurso. A própria palavra discurso implica uma operação intelectual, em um *"labor cogitandi"*, numa tarefa do pensar, como dizia Cícero (*Brutus*, 247).

Para se atingir a perfeição de um discurso, a meditação é condição impostergável. Ela não deve ser considerada como uma nova parte da Retórica, mas como uma condição necessária da produção não só de qualquer discurso, como, aliás, de toda e qualquer atividade humana porque "o homem", como observa Quintiliano, "nasceu para pensar". Sem muito refletir, não se elabora um discurso eficiente. Um bom discurso nasce de uma longa cogitação. Que o confirme o Padre Lacordaire!

1. A INVENÇÃO

Que significa invenção em Retórica?

Se "a questão" é o que se procura resolver, a invenção consiste em achar os recursos para resolver a questão.

Invenção liga-se ao verbo *"invenire"* que significa, em latim, duas coisas distintas: 1) achar, encontrar e 2) "descobrir". Todavia, atribui-se à *"inventio"* o sentido de achar, encontrar, não de descobrir. Advirta-se assim que a invenção, em Retórica, não tem o sentido de descobrir algo de novo. Embora o orador possa fazer belos e engenhosos achados, a invenção retórica não cria nada de inédito. A Retórica não é um instrumento científico ou artístico de inovação. Por isso tudo, o nome invenção é desorientador. Na invenção, apenas se percorre um caminho batido, bastando deparar, nos lugares apropriados, com os tipos padronizados de provas.

Na invenção, o orador reúne e escolhe tudo o que vai dizer no discurso: *"quid dicat"*. Note-se, porém, que tudo que se vai dizer no discurso se diz sob a perspectiva de prova, de argumentação. Aristóteles confirma que, na Retórica, fora da prova, tudo o mais é irrelevante.

Fique claro que a invenção, na Retórica Antiga, não tem o sentido que vai ter na "Retórica Clássica" de simples busca do que se vai dizer, independente de que sejam provas ou não.

As duas tarefas da invenção: Achar e julgar

Não basta achar. A invenção não se limita apenas a achar as provas. Em seu sentido pleno, ela é também a discussão da validade das provas achadas. Coube a Cícero destacar esse duplo papel da invenção: 1) *"invenire"*, isto é, achar os argumentos e 2) *"iudicare"*, isto é, aquilatar o valor dos argumentos achados.

Na busca das provas, a invenção é auxiliada por uma nova disciplina inventada por Aristóteles, a Tópica, que propõe um método peculiar para se achar os argumentos nos "lugares-comuns".

A invenção é a parte mais dialética da Retórica. A Retórica é também uma arte de raciocinar e disputar. Cabe à invenção procurar os argumentos para refutar ou confirmar uma opinião.

Como maior herdeiro dessa parte da Retórica, em nossos dias, Perelman estuda a invenção sob o nome de teoria da argumentação e, finalmente, ele acaba reduzindo toda a Retórica à teoria da argumentação, à parte dialética da lógica.

O conceito de prova em Retórica. A prova em Retórica tem um alcance peculiar: é tudo, seja o que for, que ajuda a persuadir. Por isso, a invenção se concentra no levantamento crítico das provas persuasivas que serão organizadas, mais tarde, na disposição. O critério que preside a reunião do material é determinado pelo poder de persuadir.

Em Retórica, todas as provas são verossímeis, mesmo uma prova eventualmente verdadeira. Toda prova sempre admite a contestação. Uma prova verdadeira no conjunto das provas reveste-se do caráter verossimilhança. Se a causa é provável, todas as provas são prováveis.

Em Retórica, inventar é buscar os meios de persuadir. Ora, os meios de persuadir são as provas. Logo, a invenção se funda na busca das provas com as quais o orador argumenta, ou sustentando seu ponto de vista, ou refutando o ponto de vista contrário.

Tal é a força da invenção que Aristóteles parece definir a Retórica pela invenção quando diz que a Retórica "não visa persuadir, mas descobrir, em cada questão, os meios de persuadir" (*Retórica* 1,4,14). Ao avaliar essa definição, Quintiliano se engana quando considera a *Retórica* de Aristóteles como restritiva, ao reduzir a Retórica à invenção (2,16), o que é desmentido pelo contexto da obra, em que ele trata das demais partes da Retórica.

A vinculação da invenção com a disposição e a elocução. Ao se iniciar a invenção, ao mesmo tempo já se começa a preparar a elocução tomando apontamentos e já se tem em mente um esquema prévio da construção do discurso. A adequada colocação das provas faz parte de sua avaliação.

As provas retóricas e provas científicas. Provas científicas são aquelas que pretendem chegar à verdade e à certeza. Provas retóricas são dialéticas e pretendem chegar, não à verdade, mas ao verossímil, não à certeza, mas à opinião. As provas retóricas são dialéticas. A Retórica é um ramo da Dialética.

> **Quadro geral das provas retóricas**
>
> A. Provas intrínsecas
>   I. Lógicas (*lógos*)
>   1. Dedutivas: silogismo oratório (= entimema)
>   2. Indutivas: exemplos
>
>   II. Éticas (*éthos*)
>   III. Patéticas (*páthos*)
>
> B. Provas extrínsecas
> O testemunho de uma testemunha: seja pessoa, coisa, fato. A citação.
> Argumento de autoridade.

Advirta-se de antemão que, no fundo, todas as provas redundam em uma prova lógica expressa por meio de um silogismo.

Provas intrínsecas e extrínsecas?

Não há como negar que essa tarefa não é nada fácil. A divisão entre provas intrínsecas e extrínsecas foi proposta por Aristóteles, tendo sido retomada por Cícero, Quintiliano e toda a tradição Ocidental. Ela enfrentou também muita resistência. Petrus Ramus, por exemplo, considera essa distinção como inepta. Sem dúvida que essa divisão representa uma lúcida contribuição que deveríamos assumir e desenvolver.

Toda argumentação retórica se processa por meio de provas intrínsecas ou extrínsecas. Tenho uma prova intrínseca se provar alguma coisa, por meio de uma definição, de uma divisão, de uma etimologia... Tenho uma prova extrínseca se provar alguma coisa, por meio de uma veste ensanguentada...

As provas intrínsecas são totalmente preestabelecidas pela Retórica e aplicadas pelo orador. Elas ocorrem no desenvolvimento do assunto.

As provas extrínsecas são recebidas pelo orador, sendo tomadas de empréstimo e são encaixadas no discurso.

As provas intrínsecas decorrem das lições da Retórica. As extrínsecas independem de instrução retórica.

As provas intrínsecas derivam apenas da formação e engenhosidade do orador como orador; as provas extrínsecas se apresentam ao orador que as encampa e reelabora. Elas são acessórias. Uma "mancha de sangue" é uma prova que não procede do orador enquanto orador, mas é aceita pelo orador. O orador depara com as provas extrínsecas e matuta as provas intrínsecas.

As provas intrínsecas seriam *"a priori"*, isto é, elas preexistem à causa. São previsíveis. Dependem do equipamento Retórico. As provas extrínsecas seriam "a posteriori", pois não dependem de provas preexistentes, recorre-se a um testemunho exterior.

As provas extrínsecas derivam de outras áreas especializadas, exigindo a contribuição de peritos, por exemplo, determinar de que revólver saiu uma bala. Todavia, o testemunho é assimilado pela arte oratória e embutido no discurso.

As intrínsecas têm como ponto de partida e desenvolvimento o apelo que o orador faz aos recursos retóricos disponíveis. As extrínsecas são as provas que, na sua origem, não dependem do orador, mas dependerão no seu aproveitamento.

As intrínsecas vêm do âmago da questão, as extrínsecas vêm de fora da questão, mas acabam enquadradas nas técnicas retóricas.

Provas extrínsecas se baseiam na autoridade. Inicialmente, as extrínsecas derivam não do esforço do orador, mas da autoridade de um testemunho que procede da realidade externa. As provas intrínsecas não vêm da força da autoridade, mas da lógica do argumento previsto pela Retórica.

As provas intrínsecas são textuais porque pertencem à imanência do próprio discurso. As provas extrínsecas são intertextuais porque se introduzem e intercalam no discurso, como, por exemplo, uma citação advinda de um livro, de uma revista...

As provas intrínsecas compreendem: as provas lógicas, éticas e patéticas, incluindo-se, entre as lógicas, os silogismos que se constroem e os exemplos que se alegam; entre as éticas se inclui o caráter que alguém demonstra e entre as patéticas as paixões que se despertam. Essas provas pertencem totalmente ao domínio do orador. São provas especificamente retóricas.

As provas extrínsecas

Um inventário das provas extrínsecas foi feito por Aristóteles. Elas foram mecanicamente repetidas. Infelizmente trata-se de um inventário insatisfatório e de péssimas consequências, tendo em vista apenas o discurso judiciário. Eis a seguir o quadro proposto por Aristóteles:

1) *A lei*. Assim Esquines prova que a atitude de Ctsifonte propondo uma coroa de ouro para Demóstenes padece de ilegalidade, em face de uma lei que proíbe oferecer tal coroa a um magistrado que ainda não tenha prestado contas de seu cargo. Antígona alega contra Creonte a superioridade da lei não escrita (Sófocles). 2) O testemunho é o depoimento de uma testemunha fidedigna. Curiosamente aqui Aristóteles inclui a autoridade dos poetas, juristas e filósofos. Um provérbio vale como um testemunho. Esse tipo de prova é que permite dar uma maior generalização às provas extrínsecas. 3) O contrato. Um

contrato equivale a uma lei particular entre as partes. 4) A confissão obtida por tortura! Coisas do tempo do professor de Alexandre e que desafortunamente vai sobreviver séculos em fora. Na Retórica a Herênio se faz a defesa da tortura a fim de se obter a verdade. A Prova pela tortura vai ter seu auge no Tribunal da Santa Inquisição. Ainda hoje esse triste lugar-comum das causas extrínsecas pesa como uma maldição! 5) Por fim, o juramento.

Cícero salva as provas extrínsecas. Ele as unifica e as concebe em seu conjunto como provas testemunhais.

Efetivamente, salta aos olhos que, na classificação das provas extrínsecas devidas a Aristóteles, o testemunho já se destaca pela amplidão, chegando mesmo a compreender todas as outras provas. Essa circunstância não passou despercebida a Cícero. E de fato ele propõe expressamente a redução de todas as provas extrínsecas a uma só: às provas testemunhais. As provas extrínsecas, diz ele, se unificam no testemunho, "in testimonio posita est".

Vem daí uma concepção mais precisa de provas extrínsecas. Cícero propõe, a seguir, uma definição de testemunho de validade geral: "Testemunho é tudo que persuade a partir de alguma coisa externa". (*Tópica* 50, 73). Entre tantos outros, P. Gunther, no Séc.XII, repete essa mesma doutrina, reduzindo todas as provas extrínsecas a um lugar único: o testemunho.

Para Cícero, prova extrínseca = testemunho da testemunha

A partir de Cícero, as provas extrínsecas são obtidas pelo orador, em última análise, a partir do testemunho de alguma testemunha. A testemunha pode ser configurada, como dissemos, por coisas, eventos e pessoas. As Religiões incluem além do testemunho humano, o testemunho divino.

A forma mais usual de testemunhar: a citação

Entretanto, entre as provas extrínsecas representadas pelo testemunho de uma testemunha se impõe a citação. A citação é um tipo especial e dominante de testemunho. Quem testemunha cita um testemunho. Todo testemunho é, de alguma forma, uma citação. Quem testemunha baseado em impressão digital, cita o depoimento de um técnico.

A citação, na argumentação retórica, quer dizer transcrever o que alguém disse a fim de confirmar ou refutar algum ponto de vista. A citação aumenta o valor da opinião sustentada. A finalidade da citação é ajudar, de alguma forma, a persuadir. Pesa muito, nesse sentido, mencionar a opinião de autores conceituados, antigos ou modernos. No gênero judiciário, os textos de leis gozam de muita força. No discurso religioso, predomina a citação de passagens de Livros Sagrados e de comentários de seus intérpretes reconhecidos. Além de tudo, a citação, não raro, reflete a erudição do orador o que traz ao discurso força ética.

Não se confunda a citação retórica com a citação forense. A citação retórica se resume em transladar para o discurso, no interesse da causa, trechos de autoria de alguém vivo ou morto. A citação, no sentido técnico-jurídico, consiste na convocação de alguém para se integrar no processo judicial.

Exemplificação de provas extrínsecas famosas

Marco Antonio para despertar o ódio do povo contra os assassinos de César exibe à multidão o testemunho do manto ensanguentado de César e o testamento pelo qual César lega parte de seus bens ao povo romano. (Shakespeare, *Júlio César*).

Não basta referir-se ao testamento de César em benefício do povo romano, importa transformar o fato em um raciocínio: "se César vos fez seus herdeiros é porque vos amava!"

Hipéride, um dos maiores oradores gregos, defende Frineia com argumentos extrínsecos. Não conseguindo defendê-la, diante do Areópago, da acusação de dissoluta, com argumentos intrínsecos, lança mão de um irrefutável argumento extrínseco, rasgando as vestes da formosa cortesã, com o que vence os severos juízes que acabam por admitir que ela não tem culpa de irradiar tanta beleza, diante da qual os homens sucumbem. (Olavo Bilac: *O julgamento de Frineia*).

Moisés e as provas extrínsecas

Moisés recebe uma missão de Deus: persuadir os filhos de Israel a abandonar o Egito e persuadir o Faraó a lhes dar liberdade de partir. Moisés, porém, lembra a Deus que ele não é eloquente, não é bom orador. Deus, então, lhe responde que suprirá por meio de uma argumentação extrínseca as suas deficiências intrínsecas. Por um milagre, o bastão de Moisés se transforma em serpente! (*Êxodo* 3-12).

Na Retórica cristã, as provas extrínsecas avultam. Na história do cristianismo em Roma, os mártires dão testemunho da fé por meio do martírio. E precisamente "mártir", em grego, quer dizer testemunha. Com efeito, as provas extrínsecas têm como fonte fundamental as Escrituras e, como fontes secundárias, os textos dos "Padres da Igreja" e os exemplos das vidas dos santos.

Numa certa fase da Retórica cristã, se discutiu se se deviam citar autores pagãos como Cícero, Sêneca, Marco Aurélio...

Onde as provas extrínsecas predominam. Elas predominam principalmente nos discursos judiciários (leis, contratos, testemunhas...) e particularmente nos discursos religiosos, sobretudo de religiões reveladas, onde o testemunho da palavra divina pesa mais que qualquer outra prova.

Outros nomes que tinham as provas intrínsecas e extrínsecas. Na Antiguidade, as provas intrínsecas também se chamavam de provas técnicas ou provas "artificiais". Artificiais (= feitos pela arte) porque eram produtos da "arte" retórica. Eram artifícios da arte Retórica. As provas extrínsecas também se chamavam, com certa ambiguidade, de provas extratécnicas ou inartificiais porque ficavam fora da arte ou técnica retórica. Não quer dizer, porém, que não possuíssem alguma outra espécie de arte.

Não vamos propor agora uma classificação satisfatória das provas extrínsecas, pois elas não foram desenvolvidas, bastando-nos operar apenas com sua conceituação geral sugerida por Cícero como sendo as provas obtidas pelo orador a partir do testemunho de uma testemunha. Saliente-se apenas que, no discurso retórico, a mais importante forma de testemunhar é a citação.

Por ora basta insistir em que as provas extrínsecas são provas testemunhais.

Voltemos às provas intrínsecas

As provas intrínsecas se dividem em I. Lógicas, II. Éticas e III. Patéticas.

As provas I. Lógicas se subdividem em 1. Dedutivas e 2. Indutivas

A dedução e a indução são os modos fundamentais de se raciocinar, argumentar, provar. A dedução vai do geral para o particular. Ela individualiza. A indução vai do particular para o geral. A indução se realiza pela observação direta ou indireta dos fatos individuais suficientemente representados de modo a se concluir generalizando sobre a existência de um ponto comum ao conjunto.

As provas lógicas dedutivas se expressam diretamente por um silogismo, ao passo que as provas indutivas se expressam por meio de exemplos que no final podem ser convertidos num silogismo. Não importa que, nesse ponto, Jacques Maritain não concorde que a indução se converta num silogismo (*A Ordem dos conceitos*, Agir).

A indução retórica. A Retórica usa um tipo especial de indução, a indução por meio de exemplos, baseando-se na analogia ou semelhança. Por isso, essa indução costuma ser chamada de indução retórica ou oratória. É uma indução que vai do particular ao particular, mas com segunda intenção de generalizar. Um exemplo se torna exemplar. A partir de um exemplo se tira – se induz – uma lição.

A dedução retórica. As provas lógicas dedutivas se realizam por meio do silogismo que, na Retórica, sem perder nada de sua força argumentativa, têm um tratamento especial entre lógico e estético e por isso eles são chamados de silogismos oratórios.

Portanto, as provas retóricas lógicas são constituídas pelos silogismos oratórios e exemplos oratórios que, no fundo, também se manifestam sob forma de silogismo.

I. Provas Lógicas: 1. Dedutivas

O silogismo em geral e o silogismo oratório

Antes de estudar o que acontece com o silogismo na oratória, convém rever antes o capítulo da Lógica que trata da teoria geral do silogismo. Então nós temos que cuidar do silogismo didático e do silogismo oratório. Vamos ver o que acontece com a teoria geral do silogismo no discurso. A Retórica vai aproveitar a seu modo toda essa riqueza.

O silogismo é o mais importante meio de prova na Retórica, porque todos os outros tipos de provas se resolvem num silogismo.

Afinal de contas que é o silogismo? O silogismo é um modo de raciocinar e argumentar em que postas certas coisas se seguem necessariamente outras. Essa é a essência do silogismo.

Nós veremos que a argumentação retórica se serve do silogismo sem se escravizar, porém, ao rigor formal do silogismo e, além disso, procurando dar ao silogismo um feliz revestimento estilístico e estético. Daí, a distinção entre a teoria geral do silogismo e sua aplicação na Retórica, onde se faz um uso oratório do silogismo. Pelo que convém antes de mais nada que o orador não só domine toda a teoria e técnica do silogismo em geral, como também, no que se refere ao discurso retórico, que seja capaz de lhe dar um aspecto mais atraente e vistoso.

Vamos recordar a natureza geral do silogismo e, a seguir, vamos verificar a coloração que ele assume no discurso retórico. Pelo que começaremos pelo estudo da forma padrão do silogismo.

Retomemos o famoso silogismo:
(1) Todo homem é mortal
(2) Ora Sócrates é homem
(3) Logo Sócrates é mortal.

Aspecto formal e material do silogismo

Análise do ponto de vista formal

Do ponto de vista formal, isto é, da expressão, independente do conteúdo, o silogismo é um período composto das seguintes orações: (1) uma principal, (2) uma continuativa, (3) uma conclusiva:
(1) ....
(2) Ora...............
(3) Logo..............

O silogismo tem um antecedente que são as duas primeiras premissas e um consequente: a conclusão. Entre antecedente e consequente se estabelece a consequência ou ilação. Já se definiu a Lógica como a "teoria da consequência".
As premissas e a conclusão são orações ou proposições, onde se afirma ou se nega uma coisa de outra. Elas se compõem de dois termos: sujeito e predicado.
Num silogismo, contam-se três termos: maior, menor e médio. O termo médio se repete na premissa maior e na menor, mas não na conclusão. No silogismo acima, o termo médio é: "homem". O termo maior é: "mortal". O termo menor é "Sócrates". O silogismo resulta da comparação do termo maior e menor com o termo médio. Quando duas coisas são iguais a uma terceira, são iguais entre si; quando são desiguais a uma terceira, são desiguais entre si. Se Sócrates é homem e todo homem é mortal... Sócrates > homem > mortal.

Análise do ponto de vista material

Do ponto de vista do conteúdo, o silogismo, pode ser, segundo Aristóteles: apodítico, dialético, sofístico. O silogismo próprio da Retórica é o dialético. Ele se funda em opinião, não em certezas.
– Apodítico ou analítico ou científico diz-se assim quando o silogismo consta de premissas verdadeiras e certas e chega a uma conclusão verdadeira e certa. O critério de verdade de uma premissa deriva da evidência direta ou indireta; é evidente que o todo é maior que sua parte. A conclusão é aceita pela mente sem medo de errar. O silogismo apodítico não pertence à Retórica, é o raciocínio próprio da ciência.
– Dialético ou provável é o raciocínio que parte de premissas prováveis, isto é, premissas admitidas pela maioria do comum dos homens ou pelo menos pela maioria dos entendidos e gera uma conclusão, não certa, mas dialética. Tanto as premissas como a conclusão são prováveis, isto é, objeto de crença, de opinião. Não é verdadeiro, mas se assemelha à verdade, se parece com a verdade, tem visos de verdade, é verossímil. Verossímil é o que concorda com a crença mais comum, com a opinião mais forte. Esse é o silogismo próprio da Retórica. O silogismo oratório é dialético.
– Sofístico é silogismo em que, mercê de trapaças formais ou materiais, intenta-se enganar de modo a fazer passar o falso por verdadeiro. Exemplificando: "Tudo o que é raro é caro. Ora, um cavalo bom e barato é raro. Logo, um cavalo bom e barato é caro." "Ou chove ou faz sol, ora chove, logo não faz sol"... À Retórica cabe refutar os sofismas.

Não confundir dialético com sofístico! A sabedoria de Aristóteles se revela não só em distinguir entre silogismos analíticos (= científicos) e dialéticos, mas, sobretudo, em distinguir entre dialéticos e sofísticos que Kant incompreensivelmente confunde. Importa muito aceitar e diferençar o mundo da ciência, o mundo da opinião e o mundo do engano. A "Lógica" de Aristóteles descreve e denuncia os sofismas.

Formas de silogismos

A Lógica conhece atualmente os seguintes tipos de silogismo: epiquerema, sorites, dilema e entimema. Cabe ao orador usar qualquer um desses tipos de silogismo de acordo com a necessidade.
• **Epiquirema** – é o silogismo em que pelo menos uma das premissas é justificada. Todo homem é mortal (porque consta de corpo e alma), ora...
• **Sorites** – é o silogismo em que o predicado de uma premissa é o sujeito da premissa seguinte. O homem é animal, o animal é vegetal, o vegetal é mineral, logo o homem é mineral.
• **Dilema** – é o silogismo em que a premissa maior é uma disjuntiva e qualquer alternativa que se escolha, a conclusão dá na mesma. "Vida que é o dia de hoje,/ o bem que de ti se alcança/ ou passa porque nos foge/ ou passa porque nos cansa" (Vicente de Carvalho). Lembremo-nos dos dilemas trocados entre Córax e Tísias. Se se escapa de um "chifre" não se escapa do outro. Num discurso, o dilema cativa.

Entimema

– Sentido atual
"Ora, Sócrates é homem. Logo...". "Penso, logo, existo". Pelo menos a partir de Boécio (480-524), o entimema se define apenas pelo fato de ser um silogismo em que, do ponto de vista formal, se omite uma das proposições ou a maior ou a menor ou a conclusão. É um silogismo completo na "estrutura profunda" e incompleto na "estrutura superficial", isto é, na comunicação. Note-se que o entimema se define independente de que o conteúdo seja Analítico ou Dialético ou Sofístico.
– O sentido peculiar que teve o entimema em Aristóteles
Entimema tem em Aristóteles o mesmo sentido que silogismo oratório. Praticamente, o entimema era o silogismo lógico adaptado ao discurso oratório. O entimema era, pois, o silogismo lógico dotado de muita liberdade e pleno de efeitos estéticos e estilísticos. Contemporaneamente, ao sentido de silogismo oratório já se desenvolvia um sentido secundário de entimema como silogismo incompleto, enxuto, em que se deixam subentendidas proposições fáceis de se refazer (Aristóteles, *Retórica* 1,2,5,13),(Quintiliano 5,14).

Aconteceu que o sentido secundário de entimema como silogismo elíptico se tornou dominante. O sentido aristotélico adquiriu um mero valor histórico. Nesse sentido, hoje preferimos dizer, silogismo oratório e não entimema.

Silogismo oratório

O silogismo lógico quando se amolda aos interesses da Retórica passa a ser chamado de silogismo oratório ou retórico. Hoje entimema significa apenas um determinado tipo de silogismo, o silogismo elíptico.

O fato de se denominar o silogismo lógico de silogismo oratório não implicava nenhuma diferença essencial, mas uma acidental diferença tática, estética e estilística, nada mais do que isso. O silogismo oratório é o silogismo lógico adaptado ao modo de ser da Oratória. É uma questão de efeito. O silogismo lógico, no discurso, tem de ser mais gracioso, mais provocante, mais conciso, mais leve, tendo de convencer e agradar. De modo que dizer-se silogismo oratório ou retórico vale apenas como uma advertência.

O silogismo oratório não precisa se apresentar "em forma", de modo duro e seco. Ele perde o caráter excessivamente esquematizado, por assim dizer, se disfarça. Dificilmente se encontra, em discursos de grandes oradores, o arcabouço de silogismos montados com rigor técnico. O silogismo se dissolve no texto. Tem mesmo a intenção de criar uma certa estranheza, não para embaraçar o ouvinte, mas para estimulá-lo. O receptor deve refazer o silogismo. É natural que as proposições que constituem o silogismo se invertam, se distanciem, se escondam. Nesse caso, o ouvinte se sente lisonjeado por se acreditar na sua capacidade de subentender as proposições e reconstruir o silogismo disperso no texto. O ouvinte participa, torna-se ativo.

Provas I. Lógicas: 2. Indutivas

A exemplificação

A indução lógica e a indução oratória. Vimos que a Retórica não usa como prova a indução lógica de caráter científico. O orador não vai na "invenção" buscar provas, fazendo pesquisas indutivas à moda de Bacon... Quando muito, a Retórica se serve de pesquisas feitas e divulgadas, com o valor de um testemunho.

Por outro lado, as "generalizações" que o orador costuma fazer, sem base experimental, valem como mera opinião discutível.

O que o discurso retórico usa e usa em abundância é a indução pelo exemplo, baseando-se na semelhança, na analogia, também chamada de indução oratória ou retórica que é a indução que vai não do particular ao geral, mas do particular ao particular, mas quem exemplifica sempre tem pretensão de generalizar. "Por um se conhece os demais", confirma Virgílio (*Eneida*,1,65).

Isto quer dizer que a exemplificação tem caráter indutivo. Quem exemplifica está induzindo. Induz ou tira uma lição.

O exemplo

Exemplificar é uma forma de provar por meio de um caso. Todo caso que serve de lição é um exemplo que pode ser real ou fictício. Entre os exemplos fictícios se destacam: os mitos, as fábulas, os apólogos, as parábolas... Os exemplos reais podem pertencer à História ou não. Se já aconteceu, é possível que volte a acontecer. Os Padres da Igreja concitavam os cristãos a se espelharem no exemplo dos pagãos que sofreram com denodo a morte por nobres causas.

O exemplo tem natureza metafórica, alegórica, alusiva. Baseia-se numa comparação por semelhança e diferença.

Os exemplos podem servir de modelo e antimodelo. Os modelos devem ser imitados, os antimodelos evitados.

Posso até provar que o exemplo é uma boa forma de prova com a lembrança de Cristo que só ensinava servindo-se de parábolas e comparações. Horácio conta que seu pai o educava aproveitando-se de exemplos vivos, confirmando os princípios morais quase que só por meio de exemplos e, sobretudo, exemplos negativos. "Vê o que acontece com quem bebe"... (Sat. 1,4,105).

A força do exemplo em Vieira. O Padre Vieira, no *Sermão da Sexagésima*, prova quase que só por meio de exemplos da Escritura como deve ser o sermão. Ele prova, por meio de exemplos, que a razão pela qual os sermões não convertem ninguém não se deve nem à voz, nem ao estilo, nem à unidade do discurso, nem à vida exemplar, nem à falta de ciência. Assim prova que não se deve à boa voz, com o exemplo de Moisés, que tinha voz fraca; prova que não se deve ao estilo, com o exemplo de Amós, que tinha estilo grosseiro; prova que não se deve à falta de unidade de matéria, com o exemplo de Salomão que, no mesmo discurso, falava de vários temas; prova que não se deve à vida modelar, com o exemplo de Balaão em nada recomendável; prova que não se deve à falta de ciência, com o exemplo do burro de Balaão que não tinha ciência.

Não se confunda exemplo com narrativa

Como veremos no capítulo da "disposição", a narrativa é uma parte obrigatória de muito discurso, sobretudo judiciário. Nem todo discurso exige uma narrativa como pano de fundo. A narrativa conta os fatos que suscitam a questão. O exemplo é um modo indutivo de prova. É certo que quem exemplifica narra de alguma forma. Mas a narrativa, no sentido técnico, não é uma exemplificação, não visa provar. A narrativa prepara "a proposição".

O exemplo fictício tem valor ilustrativo. Só o exemplo real tem força de prova. Não se devem forjar exemplos mentirosos.

O exemplo se converte em silogismo. Servindo-se do exemplo, o orador elabora um raciocínio. O exemplo prova porque se converte em um raciocínio, como neste exemplo de Santo Agostinho: "Estes e estas puderam, logo tu também".

Qual é preferível: a indução retórica por meio de exemplos ou a dedução retórica por meio de silogismos?

Isso depende do nível do auditório, como já advertia Aristóteles. Frequentemente se convence mais pela exemplificação do que pela força de uma cerrada silogística.

II. Provas Éticas

A palavra ética se refere a duas coisas, primeiro ao discurso e segundo aos personagens de uma situação retórica. No primeiro caso refere-se ao discurso quando se diz que o discurso deve respeitar a moral. No segundo caso refere-se aos personagens quando se argumenta baseado na imagem moral de algum personagem da cena retórica, sobretudo do orador.

Prova ética tem, neste contexto, o segundo sentido. Prova-se baseado no caráter moral de alguém que pertence ao cenário do discurso. As provas patéticas resultam da exploração das emoções e paixões despertadas. As provas éticas se baseiam no valor ou desvalor moral de alguém, manifestado por seu caráter. Pode-se dizer que é o argumento baseado na caracterização moral de alguém. *"Mos, moris"*, em latim significa costume, caráter, comportamento, tendo o mesmo sentido que a palavra grega *"éthos"*. A partir de Platão e de Catão se exige que o orador seja um perito na arte oratória e sobretudo que seja um homem honesto. A boa ou má imagem moral de alguém ajuda a persuadir.

As provas éticas despertam sentimentos. Sentimento é uma afetividade mais fraca, que o orador transmite aos ouvintes pela apresentação da própria imagem ou da imagem dos demais participantes do discurso. Trata-se de produzir uma imagem conveniente, do ponto de vista moral, que seja favorável ou desfavorável ao que se quer provar.

No discurso, o momento mais oportuno embora não exclusivo para suscitar argumentos éticos se localiza na introdução.

A imagem do orador e dos demais deve parecer ou ser? Parecer não é ser. A aparência moral demonstrada, sobretudo pelo orador, através de seu discurso, deve ser verdadeira? Quem segue os altos padrões morais que derivam da Retórica platônica, não pode admitir hipocrisia, que além de tudo corre o risco de um desmascaramento. E para ser uma imagem verdadeira que moral seguir?

Qual moral seguir? Estabelecido que o orador devesse ser sincero e autêntico, em que moral religiosa ou filosófica se baseará para construir seus argumentos éticos? Na moral cristã, budista, kantiana...? Esse problema não precisa, no entanto, descambar em uma discussão interminável. O orador, pondo-se à margem das polêmicas, pode se apoiar na moralidade que deriva dos "direitos humanos". O que se afasta deste código é reprovável. Neste ponto, não pode haver muita concessão. Fica definitivamente fora de cogitação indícios de racismo... Qual a imagem que transmitiam de si às massas Hitler, Mussolini, Stalin? Em que moral se fundavam?

A vida moral do orador. Todavia, o que efetivamente conta é a imagem que deriva de padrões morais. Há uma ligação profunda entre a vida e o discurso, um reflete o outro.

A incorporação do argumento ético à Oratória se deve a uma antiga tradição que exige que o orador seja não apenas perito, mas honesto. Catão definia o orador como *"vir bonus dicendi peritus"*. O orador se define pela perícia em falar e pela honestidade de costumes. Ele é um homem honrado capaz de falar bem. Quintiliano sela essa definição para a posteridade!

Ésquines (389-314 a.C.), ao discursar contra Demóstenes (384-322 a.C.), diz que este fala muito bem, mas vive muito mal, faz belos discursos, mas exibe um comportamento vil.

A objeção de Cristo. Deveria haver coerência entre a vida do orador e o seu discurso. Nada obstante, Cristo oferece uma lição diversa, mais realista, pois, só a verdade liberta, pelo que aconselha ao povo que pratique o que os fariseus pregam não o que fazem (*Mateus* 23,3). Todavia, aos fariseus Cristo lembra a máxima: "médico, cura-te a ti mesmo" (*Lucas* 4,23). Santo Agostinho retoma essa passagem evangélica e não nega que o orador desonesto possa ser útil, mas reafirma o valor do bom exemplo. De fato, reflete o santo bispo, pouco importa que o orador se pavoneie, se o que diz aproveita! Ninguém nega, contudo, a força persuasiva das virtudes morais do orador que, não raro, supre o talento. Exemplos literários de prova ética:

No fim de *Os Lusíadas*, Camões se mostra desgostoso e oprimido:

"No mais Musa, no mais, que a lira tenho
destemperada e a voz enrouquecida..."

Tomás Antônio Gonzaga, na tarefa de conquistar Marília, se retrata para a amada:

"Eu, Marília, não sou algum vaqueiro,
que viva de guardar alheio gado,
de tosco trato, de expressões grosseiro,
de frios gelos e dos sóis queimado.
Tenho próprio casal e nele assisto;
dá-me, vinho, legume, fruta, azeite;
das brancas ovelhinhas, tiro o leite,
e mais as finas lãs, de que me visto.
    Graças, Marília bela,
    graças à minha estrela!..."

III. Provas patéticas

Páthos, em grego, quer dizer emoção, paixão. Patético é o que se refere à emoção e à paixão. O patético consiste em suscitar emoções e paixões. Na Retórica, o orador, por meio de sua eloquência, suscita no auditório um estado de alma dominado pelas emoções e paixões.

Atribuímos, por uma convenção aceitável, à palavra afetividade sentido genérico. Ela compreende: sentimento, isto é, uma afetividade fraca; emoção, isto é, uma afetividade forte e rápida; paixão, isto é, uma afetividade forte e duradoura.

A ciência do coração. As provas patéticas exigem alguma intimidade do orador com a Psicologia. Daí as provas éticas e patéticas serem chamadas de psicológicas. De fato, como lidar com os sentimentos, as emoções e as paixões sem lhe conhecer a natureza? "Não se é bom orador sem conhecer o coração humano", diz o Abade de Bretteville. Para persuadir, o orador precisa possuir as chaves do coração humano.

A Retórica e a teoria ocidental das paixões. Em todo caso, a Retórica oferece contribuição inegável à Psicologia, promovendo o estudo das paixões. Depois de Aristóteles, todo grande filósofo escreverá seu tratado das paixões... Não vamos lembrar, aqui, as análises das principais paixões com que o orador costuma se envolver, feitas pelo próprio Aristóteles e que mereceriam ser objeto de longa meditação.

O poder de coagir do discurso se mede pelo poder da afetividade. Em vez de convencer diretamente a razão, o orador comove o coração para obter o mesmo resultado. O orador modifica o estado de alma do ouvinte.

Pela afetividade, se estabelece um poderoso vínculo entre orador e auditório. Nessa linha, a Retórica é psicagógica, pois cativa a mente e arrasta a vontade dos ouvintes, compelindo-os e levando-os a agir. Talvez seja esse o lado do homem mais sujeito à persuasão. O homem sucumbe mais facilmente ao impulso do coração que da razão. Mas cumpre advertir que as provas afetivas devem se converter em raciocínios e silogismos conscientes ou inconscientes.

Estilística de Bally. Ajudaria muito lembrar o subsídio que essa obra original traz à análise da expressão linguística da afetividade. Ela se propõe como objetivo: o estudo sistemático dos recursos de que dispõe uma língua para exprimir a afetividade. Assim em "livrinho", o sufixo: -inho, tanto significa carinho como desprezo.

Inteligência emocional é considerada hoje a inteligência enquanto administra a atividade afetiva. Na oratória, a inteligência emocional permite ao orador controlar a afetividade em si mesmo e nos ouvintes, seja por meio de provas éticas ou patéticas.

A inteligência emocional do orador utiliza-se da afetividade como um meio de prova. Ele prova não só pela razão, mas também pela afetividade, onde certamente está a maior força do orador.

Vimos também que enquanto os argumentos éticos tentam persuadir os ouvintes idealizando, sobretudo a imagem do orador, os argumentos patéticos tentam persuadir os ouvintes desencadeando neles a força das emoções e paixões.

Se o orador consegue despertar nos ouvintes uma imagem conveniente de quem quer que seja, ele obtém credibilidade para sua tese. Se o orador consegue despertar a emoção e a paixão nos ouvintes, ele arrebata-lhes a mente, arrasta-lhes a vontade e, se preciso, leva-os à ação. Um discurso inflamado derruba a Bastilha!

Um orador pode servir-se, a um tempo, de argumentos éticos e patéticos, despertando uma imagem favorável ou desfavorável de alguém e suscitando amor ou ódio contra essa imagem.

Qual o momento do patético no discurso? A peroração é o lugar mais propício, mas não exclusivo, à exploração da paixão.

As principais paixões na Retórica

Os manuais da disciplina pesquisavam quais eram as paixões que os oradores mais costumavam despertar. Cícero, no *De Oratore*, apresenta a seguinte lista: amor, ódio, iracúndia, inveja, misericórdia, esperança, alegria, medo, mágoa. O amor e o ódio são as paixões fundamentais.

Afetividade e sinceridade

O orador pode fingir que sente o que não sente? Como persuadir sem ser sincero? Para despertar a afetividade nos outros, deveria antes despertá-la em si mesmo.

A sinceridade na oratória e na poesia. E assim como Cícero reclama a autenticidade do orador, Horácio, por influência da Retórica, também a reclama do poeta: "Se queres que eu chore, chore antes você mesmo" (*Arte*, 102). Todavia, o que vale para o orador, vale também para o poeta? Não, o poeta realmente não precisa ser sincero. Ele não é acaso um "fingidor"? E o orador? O orador não deve ser um fingidor, de acordo com a severa coerência que Platão exige do orador.

Redução de toda prova ao raciocínio!

Em última análise, toda prova, qualquer que seja, tem de se filtrar num raciocínio, expresso conscientemente ou inconscientemente, seja num silogismo, mais ou menos formalizado, seja num silogismo oratório mais livre. Apesar do poder que tem a prova afetiva, no final, ela deve ser traduzida por um raciocínio, não importa a velocidade com que isso se faça interiormente. Por onde se conclui que a prova lógica dedutiva é a rainha das provas oratórias. Isto tudo quer dizer que "o coração tem razões" que, de fato, a mente não precisa desconhecer, pois a "lógica do coração" de Pascal se rege pela "inteligência emocional".

Sociologia e Psicologia do auditório

Como ensina Platão, no *Fedro*, o orador precisa dominar as técnicas de persuasão e conhecer a natureza das almas que pretende conduzir. Isto posto, segue-se que não basta apenas que o orador tenha sólida formação técnica, visto que ele necessita, sobretudo, de conhecer quanto melhor a índole geral e particular de cada auditório nas circunstâncias concretas em que ele se configura. Importa ao orador conhecer o auditório como um sociólogo para influenciá-lo como um psicólogo. Supõe-se, pois, presente no currículo do orador forte interesse pela Psicologia Social. Nesse afã, o orador precisa investigar as opiniões, os costumes e as paixões dos grupos de audiência que tem de enfrentar. O orador argumenta aproveitando-se das premissas aceitas por seus ouvintes. Se não conhece as opiniões e crenças dos seus ouvintes, fica literalmente fora de órbita. Só levando em conta os padrões morais dos possíveis auditórios é que o orador pode traçar o caráter do ouvinte. Para suscitar a força da emoção e paixão no auditório, o orador precisa conhecer esse lado do homem. Pela afetividade se estimula a vontade a aliciar o intelecto. Como despertar a ira sem lhe conhecer a natureza? Ressalte-se que, na História da Filosofia, a análise prática das paixões se inicia na *Retórica* de Aristóteles. Depois dele o tema torna-se um desafio para todo grande filósofo.

Para provar com eficiência importa conhecer o auditório em todas as suas variantes. Ora, o estado de alma do auditório varia conforme a idade, a classe social e o sexo.

Quanto à idade, há de se verificar se o auditório é constituído ou de jovens, ou de homens maduros, ou de velhos ou constituído por uma mistura dessas idades. A propósito, Aristóteles começa a fazer, em sua *Retórica*, uma contundente análise do perfil das idades, constatando que a juventude e a velhice constituem extremos opostos, enquanto que a idade madura representa "um caráter intermediário", situando-se no meio-termo virtuoso e, portanto, integrando um auditório desejável.

Quanto ao sexo, a Antiguidade não levava muito em conta esse fator, porque os auditórios eram praticamente masculinos! A Retórica foi sempre machista. Insistia-se apenas como critério de valor que um discurso não deveria ser efeminado. A oratória deveria ficar à espera da presença da mulher que hoje compõe os nossos auditórios mais críticos.

Há uma chave para se falar para as classes sociais opostas, constituídas ou de ricos ou de remediados ou de nobres ou de plebeus.

Sobretudo, o orador não pode estar fora de contexto, ignorando o próprio tempo em que vive.

Deste capítulo da Retórica que aborda a compreensão do auditório composto por multidões, nasceram os estudos de Psicologia das Massas.

3. A TÓPICA RETÓRICA E AS OUTRAS TÓPICAS. OS LUGARES--COMUNS

Etimologicamente, Tópica se origina da expressão grega "técnica Tópica" com elipse da palavra técnica que fica subentendida e com a substantivação do adjetivo "Tópica".

A Tópica se define pela investigação de lugares-comuns. A expressão lugares-comuns, em vernáculo, corresponde ao que os gregos chamavam de tópoi e que os latinos traduziam por *"loci"*. Note-se que todas as Tópicas diferem entre si de acordo com o modo de conceber os lugares-comuns, objeto de estudo de qualquer Tópica.

Além da Tópica Retórica argumentativa destacamos a Tópica estilística e a Tópica temática.

De um ponto de vista histórico, temos, em apreço, três tópicas principais: a) a Tópica retórica de caráter aristotélico, em que os lugares são fontes de argumentação, isto é, são palavras ou frases que dão nomes aos argumentos. b) A Tópica estilística em que os lugares são motivos que se repetem, por ênfase, num determinado contexto. Nesse caso, os lugares são clichês. c) A Tópica temática em que os lugares são os pontos capitais constitutivos da estrutura de um assunto ou de uma disciplina.

1) A Tópica retórica ou aristotélica ou argumentativa

A Tópica, por antonomásia, é uma disciplina inventada por Aristóteles que faz parte da Dialética que, por sua vez, faz parte da "Lógica". A Dialética é a arte de discutir, numa controvérsia, o valor de uma opinião por meio de discursos ou diálogos. Nesse mister, cabe à Tópica achar argumentos e justificá-los. Ela é, pois, uma disciplina auxiliar da Retórica.

Que é que ela busca? Ela busca os argumentos. "Argumento é o que torna crível o que é duvidoso". Além de que a Tópica é, em segundo lugar, um método de justificação dos argumentos. Veja-se bem! Não basta achar, importa avaliar os argumentos achados! Quintiliano chega a dizer que se esses não foram bem ponderados nem sequer foram achados.

E finalmente, como método de pesquisa, a Tópica se caracteriza pelo fato de argumentar por meio de lugares-comuns. Toda peculiaridade da Tópica é que ela busca os argumentos nos lugares-comuns tanto intrínsecos como extrínsecos. Por meio dos lugares-comuns pode-se argumentar sobre qualquer assunto em debate.

Que são lugares-comuns retóricos?

Lugares-comuns retóricos são nomes que representam conceitos de onde se tiram argumentos que valem para muitas circunstâncias. Isto quer dizer que, hipoteticamente, todo e qualquer argumento provável poderia ser arrolado sob determinada rubrica. Assim, a palavra "comparação" é um lugar-comum, pois, não raro, o orador prova batendo à porta dessa residência. Quem argumenta por meio de uma "definição" estará usando o mais importante dos lugares. Imagine-se uma cidadezinha onde numa casa habite a "definição", noutra a "divisão" e, noutra, o "possível" e assim por diante.

Todo argumento que se usa, em qualquer discurso, pertence a uma classe representada por um nome que carrega um conceito. Dos lugares-comuns se tiram as premissas que levam a uma conclusão. Provo pela definição que o caso foi de injúria e não de infâmia ou calúnia.

Assim, quando, na Retórica Antiga, se queria provar alguma coisa, recorria-se a um "menu" de nomes de argumentos, tais como definição, divisão, etimologia, comparação...

Pelo que a Tópica se constitui por uma lista de nomes de lugares-comuns donde se tiram argumentos prováveis. No entanto, ela só relaciona os nomes dos lugares-comuns e sua concepção, sem oferecer os argumentos já prontos. Cabe ao usuário forjar um argumento orientado por um nome e conceito. Provo alguma coisa pelo conceito de "causa", de "gênero"...

Caracterização dos lugares-comuns retóricos

Moradia dos argumentos. Os antigos rétores imaginavam antropomorfizando que os argumentos moravam em algum lugar. Por isso, os antigos chamavam os lugares-comuns de "sedes argumentorum", isto é, assento, sede, moradia dos argumentos (Cícero: *Tópica* 1,3,7). Fazia-se, no caso, uma comparação.

Eles poderiam ainda ser expressos por uma outra metáfora quem sabe mais sugestiva, a saber, "fontes da argumentação". Um lugar é como se fosse uma fonte de onde jorram argumentos.

Os lugares são ainda verdadeiros fatores elementares do raciocínio provável.

Se levantarmos um "corpus" de discursos retóricos, representativos, verificaremos que todas as provas se distribuem em alguns tipos de argumentos padronizados. Todas as provas giram ao redor de alguns poucos eixos que servem de critério para a classificação dos argumentos retóricos.

Antes de mais nada e acima de tudo, eles são argumentativos e funcionam essencialmente como instrumentos de prova. Se não visassem provar não seriam lugares retóricos, aristotélicos. Os outros lugares-comuns não aristotélicos, não retóricos, se destinam mais a ilustrar que provar.

Eles são estruturas formais vazias e são preenchidos indefinidamente. Provar pelo lugar "finalidade" se realiza em muitas oportunidades. O nome de um lugar é invariante, mas o conteúdo é indefinidamente variável. Em oposição, os lugares não aristotélicos são estruturas cheias.

Eles não são repetitivos, a não ser em certo sentido restrito, pois se trata de uma repetição formal, não material. Por exemplo, no que se refere ao lugar-comum chamado "definição", não se trata de repetir uma determinada definição já usada, mas repetir o ato de definir qualquer que seja o objeto a ser definido.

Discute-se se o lugar é uma palavra ou uma sentença.

A concepção do lugar retórico como sentença procede de Aristóteles e, como palavra, procede de Cícero; embora a tese de Cícero tenha sido preferida, não há incompatibilidade em admitir uma coisa e outra. O lugar retórico, em última análise, é uma palavra ou expressão que, todavia, pode ser traduzida por uma proposição que pode valer como premissa provável de um silogismo.

Perelman trabalha com os lugares como se fossem premissas subentendidas, mas admite, no entanto, uma redução das premissas a palavras. Tanto assim que, nesse sentido, reduz todos os lugares a dois: os lugares da quantidade e da qualidade.

E por que lugar-comum? Por que comum?

É comum por estar sempre disponível. É comum por estar sempre disponível para qualquer usuário e disponível para qualquer causa. Trata-se de um patrimônio de uso comum.

Divisão dos lugares-comuns

O lugares-comuns se dividem em gerais e especiais. São gerais quando próprios de várias áreas de conhecimento. São especiais quando próprios de determinada área de conhecimento.

Em relação com os "gêneros retóricos", os lugares gerais servem aos três gêneros retóricos: epidítico, deliberativo e judiciário. Os especiais servem, em particular, a cada um dos três gêneros. A definição, a divisão, o possível e o impossível etc., valem para qualquer dos três gêneros. Há lugares que são especiais do epidítico. Louvo alguém em virtude de seus antepassados ilustres, sua terra gloriosa, sua educação esmerada...

Haveria muito lucro se se generalizasse a divisão dos gêneros comuns em próprios e especiais a áreas cada vez mais amplas de conhecimento.

Os lugares retóricos podem ser intrínsecos e extrínsecos. Os intrínsecos derivam do raciocínio do orador e são elaborados totalmente pelo próprio orador. Eles preexistem ao discurso. Os extrínsecos vêm de fora, vem ao encontro do orador, são argumentos de autoridade, baseados num testemunho de uma testemunha. A Retórica antiga se dedicou mais ao estudo dos lugares intrínsecos de caráter lógico, quase não desenvolveu as listas de lugares extrínsecos.

Classificação dos lugares-comuns segundo a procedência

A Lógica de Port-Royal apesar de menosprezar e evitar os lugares-comuns deixou uma excelente classificação da procedência dos lugares-comuns:
 – **Gramaticais:** a etimologia, palavras cognatas.
 – **Lógicos**: gênero, espécie, diferença específica, acidente, propriedade, definição, divisão.
 – **Metafísicos**: causa e efeito, todo e parte, termos opostos: contrários, contraditórios...

Exemplificação de lugares-comuns intrínsecos:
Quando se prova averiguando a quem aproveita ou prejudica alguma coisa, recorremos à finalidade como lugar-comum.

Provo que a paz é um bem porque a guerra é um mal, então usei o lugar intitulado de contrário.

Provo pela definição que o fato foi furto e não roubo.

Vieira quer saber por que a oratória cristã não dá frutos. E prova que a culpa cabe aos pregadores pelo lugar da divisão (enumeração das partes): a culpa ou caberia a Deus ou aos ouvintes ou ao pregador. Como não cabe nem a Deus nem aos ouvintes, logo cabe aos pregadores.

Pelo gênero, provo que a avareza é desprezível, porque pertence ao gênero vício e o vício é desprezível, pois o que cabe ao gênero cabe à espécie.

Provo pelo conceito de espécie que Sócrates é mortal, porque toda a espécie humana é mortal.

Pela etimologia (em latim: *notatio*) provo que o homem é feito de terra: "homo" vem de "humus". Cristo para afirmar o primado de Simão Pedro usa o lugar da etimologia: "Tu és Pedro e sobre esta pedra edificarei minha Igreja" (Mateus 16,18).

A Informática usa o lugar-comum da etimologia para nos persuadir sobre a grandeza descomunal de um número usando as expressões *gigabyte* e *terabyte*. Nós temos aí duas metáforas, isto é, duas comparações. Para interpretá-las somos obrigados a consultar o dicionário de grego para saber que gigabyte é um número grande como um gigante), um número gigantesco (*"gígas"* = gigante). *Terabyte* quer dizer um número tão grande como um monstro, monstruoso de grande (*"téras"* = monstro).

Por meio de palavras cognatas (conjugata) verifico que a ironia é manifestação de agressividade porque ironia derivaria de ira!

Quando digo:

a "preguiça é a mãe de todos os vícios", usei o lugar da causa eficiente.

"Não há pão sem farinha" é o lugar da causa material.

"A boa árvore dá bons frutos", aqui, usei o lugar do efeito.

"O homem é um caniço pensante", é o lugar da semelhança.

"É dia, logo o sol nasceu" é o lugar do consequente.

"O sol nasceu, logo é dia", é o lugar do antecedente.

"Quem mata não ama", é o lugar do repugnante.

Perelman argumenta que a Democracia se funda no lugar da quantidade, onde domina a maioria.

Um mesmo argumento pode se fundar em vários lugares: "se fujo da estultícia me aproximo da sabedoria", apoia-se no lugar do contrário e da causa.

O recenseamento dos lugares-comuns

Houve sempre, entre os tratadistas, uma considerável tentativa de fazer o mapeamento de todos os lugares-comuns retóricos, sobretudo os mais gerais. Todavia, as listas variam de autor para autor, não se tendo realizado ainda uma relação completa, acabada. As formulações propostas ainda não se unificaram.

A partir de Cícero fixa-se a tendência, sem dúvida convencional, de reduzir os lugares gerais intrínsecos a dezesseis, ei-los: definição, divisão, etimologia (= *notatio*), palavras cognatas (= *coniugata*), gênero, espécie (forma), similitude, diferença, contrário, circunstância, antecedente, consequente, repugnante, causa, efeito, comparação. A "definição" talvez seja o mais importante dos lugares--comuns, com efeito, Platão já acentuava que definir é provar.

Os lugares extrínsecos não evoluíram a partir da lista proposta por Aristóteles.

O Abade de Bretteville, sem demonstrar entusiasmo pelos lugares-comuns, explica que quando se vai defender ou refutar uma opinião, num debate, tiram-se as provas dos seguintes lugares: da definição, da divisão, das causas e efeitos, das circunstâncias e da comparação.

Petrus Ramus repudia e ridiculariza as listas provindas de fonte aristotélica e as substitui pelas dez seguintes: causa, efeito, substância, acidente, oposição, comparação, nome, divisão, definição e testemunho.

Perelman distingue os seguintes lugares-comuns: quantidade, qualidade, ordem, existente, essência, pessoa, achando possível reduzi-los a dois: quantidade e qualidade.

Qual o valor dos lugares-comuns aristotélicos?

Roma acolheu a Tópica Aristotélica com entusiasmo e Cícero escreveu também sua Tópica, uma espécie de tradução livre e infiel, feita de memória, do livro de Aristóteles. A partir de Roma, a doutrina dos lugares-comuns se difunde, com diferente fortuna pelo Império, pela Idade Média árabe e escolástica e a seguir pela Renascença, declinando a pouco e pouco. Hoje já não há quase quem opere ostensivamente com os lugares-comuns aristotélicos. Ninguém se socorre deles ao elaborar um discurso e só com muita dificuldade se consegue, ao analisar um discurso, identificá-los.

A própria Retórica Antiga não os prestigiava muito. Quintiliano faz pouco caso deles, acha que só causam embaraço. Na Renascença, o padre Cypriano Soarez reconhece a utilidade dos dezesseis lugares desde que sejam objeto de muita reflexão.

No Século XVII, A Lógica de Port-Royal os combaterá com contundência, tendo-os na conta de inúteis, ineficazes e banais.

A doutrina aristotélica dos lugares-comuns foi mal compreendida, minimizada, acabando por desaparecer dos tratados, mas revivendo em novas transformações, particularmente na Religião, na Filosofia, na literatura e acaba enveredando até pelo ocultismo com Llul, Giordano Bruno e outros. Bergson defende uma tese universitária sobre os lugares-comuns!

O ideal de generalização da pesquisa. Os estudos dos lugares-comuns aristotélicos não se expandiram. Eles ficaram restritos à Dialética e assim mesmo se restringiram ao âmbito da Retórica. Seria viável uma tópica da Analítica ?

Valeria a pena estender a investigação dos lugares-comuns do campo da Retórica para o campo mais vasto de todas as ciências humanas. Infelizmente, essa investigação ficou no meio do caminho, mesmo na Retórica.

A Teoria dos lugares-comuns é uma ideia fantástica que só poderia ter nascido na cabeça privilegiada de Aristóteles, ao tentar reduzir todos os argumentos prováveis de todos os discursos a alguns tipos fundamentais. Assim, se fizermos uma coleta extensa de argumentos, veremos que se reduzem a muito poucos lugares, compondo um conjunto mais ou menos estável. De fato, ou argumentamos pela definição, ou pela divisão, ou pela etimologia, ou pelas causas etc.

Seria muito útil fazer-se o levantamento dos lugares-comuns por áreas mais restritas e ir aos poucos avançando.

Nesse ponto, valeria também a pena retomar a Tópica sofística existente, como modelo. Houve, na História da Filosofia, um forte ensaio, com relativo sucesso, embora despercebido, de se constituir uma Tópica dos sofismas. Não se trata de fazer trapaças com os sofismas, mas de se evitar trapaças. Por isso, uma Tópica sofistica seria auxiliar da Tópica dialético--retórica. O próprio Aristóteles escreve um tratado memorável sobre os lugares-comuns da Sofística: As refutações sofísticas que produziram muito fruto através da História. Vejam-se os seguintes lugares famosos: "ambiguidade", "petição de princípio", "círculo vicioso", *"ignoratio elenchi"*, *"post hoc, propter hoc"*...

Outras tópicas

2) Tópica estilística

Os lugares-comuns estilísticos são conjuntos de motivos constituídos por palavras ou expressões que se caracterizam pela repetição. É uma tópica feita de estereótipos. A recorrência é seu traço mais forte. O motivo se define como uma unidade temática. São estruturas cheias. Têm conteúdo, não são puramente formais. Eles resultam do tratamento estilístico da lexicologia. Eis alguns exemplos de lugares estilísticos: "saudade", "laranjeira" "sabiá", "jardim do Éden"... Eis alguns exemplos de frases feitas: "chifre em cabeça de cavalo", "prato cheio"... Eles criam um clima, refletem um estado de alma.

Esses lugares-comuns, em oposição aos lugares retóricos, têm forte valor sugestivo, descritivo, visando a efeitos. Podem ser criados ilimitadamente e duram por espaço variável. Em oposição aos lugares retóricos, eles têm fraco valor argumentativo.

Eles se repetem num determinado contexto, seja numa obra, num autor, numa escola, num ambiente, numa época. Por vezes se associam com algum referente, gerando leitmotiv, isto é, motivos condutores que são motivos recorrentes sempre alusivos a determinados personagens, objetos, situações.

O perigo é que os lugares-comuns podem ser de bom ou mau gosto, admitindo um uso vulgar ou artístico. Em qualquer hipótese, costumam ser criativos, argutos. Apesar de tudo, acabam cansando. Tornam-se chavões.

A pesquisa de R. Curtius (1886-1956). Cabe-lhe a partir dos lugares-comuns, concebidos como motivos repetidos, no decorrer dos tempos, desenvolver um inteligente método de pesquisa. Ele define a unidade e continuidade da literatura europeia por meio de lugares-comuns que a percorrem como um fio condutor. Trata-se de lugares-comuns repetidos com suas variantes. Um dos mais lembrados é o *"locus amoenus"*, o *"locus horridus"*, que se sintetizam na *Divina Comédia*. (CURTIUS, Ernst, Robert. *A Literatura europeia e a Idade Média latina*. Rio de Janeiro: MEC., 1957).

Aos motivos comuns da Literatura Universal, Frye os chama de arquétipos (*Anatomia da crítica*).

A pesquisa estilística de Leo Spitzer independe de que os motivos se repitam, para ele, basta que sejam muito fortes (*Études de styles*, Gallimard).

3) Tópica temática

A Tópica temática de caráter mais estrutural considera os lugares-comuns como um conjunto dos principais capítulos constitutivos de um tema, de uma disciplina. Não são repetitivos, nem argumentativos, pois se fossem argumentativos fariam parte dos lugares aristotélicos.

Exemplificando: há uma tese segundo a qual a Cultura gira ao redor dos conceitos de água, terra, fogo e ar.

A Teologia católica e a protestante do século XVI e XVII expunham suas doutrinas através de um conjunto de lugares-comuns temáticos, os *"loci theologici"*. Vejam-se os famosos *Loci theologici* de Melancthon que sistematizam a doutrina protestante.

Os tradicionais lugares-comuns de qualquer narrativa respondem às seguintes perguntas: *quis?* (quem), *quid?* (o que), *ubi?* (onde), *quibus auxiliis?* (com que), *cur?* (por que), *quomodo?* (como), *quando?* (quando).

Os lugares da narrativa são unidades temáticas, mais funcionais e menos argumentativos. A narrativa se constitui de lugares que se repetem terminando quase sempre no casamento do herói... Hoje se desenvolvem, com muito êxito, os lugares da narrativa promovida pelo formalismo e estruturalismo russo e francês.

Deve-se a V.Propp (*Morfologia do conto maravilhoso russo*) uma das mais envolventes pesquisas dos lugares-comuns da narrativa sob o ponto de vista das menores unidades de ação. Note-se que, em vez de lugar, ele usa a palavra função que define como "atividades das personagens que têm consequências na narrativa". Ele tenta fazer o levantamento de todas as unidades narrativas fundamentais do conto folclórico russo. Nessa esteira Lévi-Strauss busca os lugares do mito.

Conceito enciclopédico de lugar-comum. Para Kant (século XVIII) o lugar-comum se transforma em um tópico qualquer de uma Enciclopédia. Ele define o lugar-comum como sendo: "todo conceito, todo título sob o qual se agrupam muitos conhecimentos" (*Crítica da razão pura*). O lugar-comum já não é mais nem um instrumento de argumentação provável, nem um motivo que se repete, mas mero título de alguma área de saber. Por isso, um conjunto de lugares-comuns constitui uma região enciclopédica do saber.

O conceito pejorativo de lugar-comum

Todos os tipos de lugares-comuns tendem a se degradarem, cada um a seu modo, pela repetição a ponto de se banalizarem. Os lugares estilísticos tendem a virar clichês e certos temas tendem a serem tratados sempre com os mesmos lugares argumentativos. A Tópica temática tende a tratar assuntos variados quase sempre com os mesmos esquemas degenerando com frequência em narizes de cera. Esse alerta vale particularmente para a Oratória. Há o caso do famoso pregador que levava uma maleta de sermões para todas as festividades: mártir, virgem, confessor... Bastava substituir o nome do santo em homenagem do qual se devia discursar, de resto, "de te fabula narratur", como diria Horácio.

Mas é preciso insistir em que o lugar-comum estilístico não é necessariamente um abuso evitável. O fato de se tornar óbvio, trivial, não lhe tira a função. Não raro, o chavão pode ser didático. Ele pode ser postergado por uma geração e ser reavivado, como novidade, por outra geração. Corriqueiro num lugar, novidade em outro.

Nada impede que se tenha mais rigor com o abuso dos lugares-comuns mais gastos, sobretudo em certas circunstâncias inoportunas, como na linguagem cerimoniosa e, sobretudo, na Literatura onde se exige originalidade e bom gosto.

2. A DISPOSIÇÃO
As duas tarefas da disposição

Depois de juntar criticamente o material na invenção, a seguir, na disposição, o orador deve colocar cada coisa que vai dizer no seu devido lugar, *"quo loco dicat"*. Nada pode ficar solto, sem endereço, fragmentado.

Assim, a disposição compreende duas tarefas distintas: a primeira consiste em investigar e construir um modelo geral de discurso de larga validade onde as coisas serão colocadas. A segunda consiste em distribuir o que compete a cada parte e dentro de cada parte colocar cada coisa no melhor lugar possível, pois, como adverte Quintiliano: "toda parte tem seu arranjo próprio". Finalmente, todas as partes devem harmonizar-se logicamente entre si. O orador constrói seu discurso como um arquiteto constrói um edifício.

Aqui, só nos vamos ocupar da primeira tarefa que é a construção do modelo. A segunda tarefa vai depender do preparo do orador.

A construção do modelo

O critério de uma boa disposição depende do objetivo último do discurso. Ora, o objetivo último do discurso é persuadir de tal sorte que a colocação deve ser sempre estratégica. Pelo que, não raro, se compara o discurso com um "exército em ordem de batalha". O orador tem também algo de um general! A batalha tem algo de um discurso. A disposição é uma arte de organizar.

Um esquema básico das partes do discurso se constitui no mínimo de um começo, de um desenvolvimento e de um arremate. Trata-se de construir um esquema válido, na medida do possível, para qualquer discurso.

Evitar excesso de divisões e subdivisões. Já no seu tempo, Aristóteles ridicularizava as intermináveis divisões do discurso. Achava ele, que bastaria dividir o discurso em duas partes essenciais, isto é, a exposição do problema e as provas, acrescentando-se, quando muito, uma introdução e um desfecho.

Papel pioneiro do discurso forense. Na evolução da Retórica, coube ao discurso forense começar a construir um plano geral que, ao depois, se estendeu e se adaptou aos outros gêneros.

Divisão binária ou não. Sempre se discutiu se a divisão deveria ser binária ou não e as justificativas apelam até para razões místicas. Para Kant as divisões dicotômicas são mais racionais e quando em mais de dois termos, seriam empíricas. A moderna Teoria da Informação se rende ao binarismo.

A disposição é responsável pelo caráter didático que caracteriza a Retórica. Como é difícil seguir um texto sem plano. Até a livre inspiração sofre algum controle na execução do discurso.

Disposição e memória. Uma boa divisão, distribuição e colocação ajudam a memorização.

A disposição obedece principalmente a um ideal de ordem. A ordem é uma virtude inseparável da Retórica que repudia radicalmente a anarquia, a dispersão. O discurso não pode ser desconexo, aleatório, sem norte. Por sua virtude, a ordem organiza os meios em vista do fim. Tudo se harmoniza logicamente.

A desordem não tem lugar no mundo retórico, ela apenas encontra abrigo em outros lugares, como nas escolas literárias de vanguarda que promovem uma desordem, mas uma desordem organizada, pois ninguém se livra da ordem. Santo Agostinho adverte que é preciso preservar a ordem para que a ordem nos preserve. Até um discurso surrealista, composto "sob o ditado do inconsciente", se rege por um propósito inconsciente. Até um discurso futurista, apesar de usar as "palavras em liberdade" e promover uma "imaginação sem um fio condutor" não consegue escamotear que tem um itinerário.

O efeito estético da disposição. A disposição também explora o efeito estético que resulta da "unidade na multiplicidade", concebendo a beleza como "o esplendor da ordem". Todavia, o efeito estético se deve subordinar totalmente ao efeito argumentativo. Sem dúvida que pode haver uma fragmentação expressiva.

Unidade na variedade. A divisão do discurso em partes se fundamenta no fato de que o discurso é um organismo. Por isso Platão ensina, no *Fedro*, que o discurso se comporta como um ser vivo, constituído de partes articuladas, o que é muito claro, pois um discurso retórico é uma estrutura em que as partes se relacionam entre si e com o todo. A disposição organiza a unidade do discurso. A unidade resulta da coerência e coesão entre as partes.

Vieira, no *Sermão da Sexagésima*, prova que a unidade não impede a variedade do discurso alegando o exemplo de uma árvore que tem raiz, tronco, ramos, folhas, varas, flores e frutos. O discurso tem analogia com a árvore. A Retórica, embora seja uma disciplina complexa, se harmoniza na produção do resultado: o discurso persuasivo.

Esquema padrão como causa exemplar. O modelo padrão do discurso corresponde à causa exemplar que orienta a elaboração dos discursos.

Uma longa experiência, haurida na produção e análise dos discursos, levou à constatação de que todo discurso apresentava a tendência de se compor de algumas partes invariantes. Isto determinou a elaboração de um modelo geral e flexível de montagem de qualquer discurso. Sem dúvida que é uma distribuição inteligente de partes, secularmente testadas. Assim faculta-se ao orador dividir e colocar o material que recolheu, nas partes que constituem a estrutura mais ou menos universal do discurso. A disposição se torna em um processo econômico de administração do discurso que, embora forme um todo, se compõe de partes harmônicas que se sucedem coerentemente. Assim, o discurso se segmenta em partes mais ou menos fixas, conforme um modelo geral comum a qualquer discurso.

A rigor, não existe um modelo absoluto de organização prévia de qualquer discurso retórico. Ninguém é constrangido a seguir modelos obrigatórios.

Modelo personalizado ou padrão. Quintiliano explica que o esquema do discurso tanto pode resultar da iniciativa particular do orador quanto resultar de um modelo padrão. Nada impede que o orador arguto saiba construir, da melhor maneira, a arquitetura de seu discurso. Nada exige que o orador se acomode a um molde comum de aceitação geral.

Por exigências do momento, pode-se fugir um pouco do modelo, por exemplo, começando pela narração... Muda-se eventualmente a ordem de uma ou outra parte. O próprio Quintiliano doutrina que às vezes "pode ser conveniente mudar a ordem das partes". Às vezes uma ou outra parte pode não ser necessária num discurso.

Note-se que dentro do esquema há muita liberdade de colocação de certos elementos. Em cada discurso, o orador verificará o melhor roteiro a seguir. E, em cada parte, colocará o material no lugar mais oportuno.

As divisões não precisam se mostrar muito salientes. Ligeiramente encobertas e disfarçadas, elas reforçam a impressão de um discurso mais uno e sequente.

A "fúria classificatória", atribuída devida ou indevidamente à Retórica, nada tem a ver com a atividade classificatória em si, essencial à vida intelectual humana. Classificar pode ser um mal às vezes, mas é sempre uma necessidade. Não há porque temer classificar. Essa a lição da Retórica que tenta unir harmoniosamente o espírito geométrico que lhe é próprio com o espírito de fineza da poesia.

Note-se bem, a organização de um trabalho é uma das tarefas intelectuais mais árduas.

Esquema padrão da divisão do discurso

Da lição de Aristóteles, Herênio, Cícero, Quintiliano..., resultou o seguinte esquema da divisão do discurso:

As partes do discurso:

1) Exórdio
   – Princípio
   – Insinuação
2) Narração
3) Proposição
4) Partição
5) Argumentação
   – Confirmação
   – Refutação
6) Peroração
7) Partes eventuais e móveis:
   – Digressão
   – Altercação
   – Amplificação
8) O nome do discurso

Explicação do modelo

1) Exórdio
É a parte introdutória do discurso, o primeiro contato entre o orador e o público que, nesse momento, é preparado e motivado para ouvir, de modo acolhedor, o discurso. Vale, aqui, a máxima que diz que "a primeira impressão é a que fica". É preciso começar bem, com clareza, simplicidade. Não é esse o momento de lançar em rosto do ouvinte todos os recursos de efeito da Retórica, mas de socorrer-se de tudo quanto ajuda a cativar o ouvinte.

No exórdio, se abre um canal de comunicação entre o orador e o auditório e, durante a realização do discurso, importa verificar se esse canal continua funcionando.

Elementos do exórdio:

– **Saudação.** O discurso pode começar com uma saudação gentil ao auditório e às pessoas significativas, levando-se, em conta, as fórmulas de urbanidade de acordo com a hierarquia social do destinatário. A arte de saudar as pessoas, de acordo com sua posição, já vem se desenvolvendo desde a Idade Média. Veja-se, por exemplo, entre outros, o livro de Boncompagno de Signa: *Tabule salutationis*, (Séc. XII).
– **Apresentação do orador.** Se não tenha sido antes apresentado e qualificado devidamente por alguém, o próprio orador se apresenta e qualifica. Ele se mostra, se faz ver.
– **O encaminhamento do assunto.** Ao mesmo tempo, o orador vai iniciando o auditório nos problemas que a questão comporta.
– **Um mote.** Uma citação sugestiva em prosa ou verso, em língua vernácula ou estrangeira, que sirva de inspiração a todo o discurso.
– **Uma prece** costuma fazer parte da Retórica sacra.

No exórdio, dominam os argumentos éticos que aí têm um dos lugares de predileção.

O estabelecimento da comunicação

A partir principalmente do começo do discurso e no decorrer de todo o discurso, para que se estabeleça uma boa comunicação com os ouvintes, o orador deve conquistar a benevolência, a atenção e docilidade do auditório.

Captatio benevolentiae – liga-se ao objetivo de agradar (*placere*). O orador procura conquistar a simpatia, "o bem-querer" dos ouvintes, tornando-se agradável, devendo conquistar a condescendência do auditório, cativando-o.

Obter a atenção – de modo que os ouvintes se concentrem na exposição do orador, dada a relevância do assunto, não se distraindo, evitando assim os "ruídos" que perturbam a comunicação. O orador começa a controlar os sentimentos dos ouvintes (*movere*).

Tornar os ouvintes dóceis – de modo que eles não ofereçam resistência, deixando-se guiar didaticamente pela autoridade de mestre, do orador que vai abrindo a possibilidade de convencer o ouvinte.

Duas advertências de Aristóteles. Aristóteles adverte a propósito de que os objetivos assinalados não são exclusivos do exórdio, como ensinavam muitos manuais de seu tempo. Sempre que necessário se deve conseguir a benevolência, a atenção e a docilidade do ouvinte. No entanto, no exórdio, essa motivação ocupa um lugar especial, pois é o início de um encontro.

Aristóteles adverte também que, numa determinada causa, pode ser conveniente aos objetivos do orador tornar o ouvinte desatento e não benévolo!

A regra fundamental do exórdio estabelece que é a causa que determina a existência e a natureza do exórdio. O exórdio depende da causa, é uma função da causa.

Começa-se, às vezes, "ex abrupto", entrando direta e repentinamente "in medias res", isto é, no meio do assunto, sem preparação de terreno. A introdução nem sempre é obrigatória, há causas que a dispensam. Aristóteles acha que uma causa evidente ou de pouca monta também pode dispensar o exórdio. Vieira concorda com Quintiliano que, ao se tratar dos grandes temas, não há mister prelúdio porque os grandes temas, por sua transcendência, já de si cativam o auditório, sem necessidade de preparação.

No exórdio, não se deve prometer o que não se vai cumprir. Aqui valem as advertências de Horácio: "que não se comece moldando uma ânfora e se termine executando um pote". O discurso não deve se assemelhar ao "parto da montanha!" (*Arte Poética* 21 e 139).

Em que momento se prepara o exórdio? Note-se bem, o exórdio, como de resto a introdução ao que quer que seja sempre se faz em último lugar. Não importa que Quintiliano conteste esse costume, em vigor em seu tempo.

A divisão do exórdio: em princípio e insinuação

Coube à *Retórica a Herênio* (1,4) introduzir em Roma essa astuta divisão que vai comprometer a Retórica Antiga pelos séculos em fora.

Em função da causa há dois tipos de exórdio, um que se chama princípio e outro que se chama insinuação.

O princípio se usa quando a causa é fácil e não se precisa usar de sagacidade e subterfúgio. Não há resistência por parte dos ouvintes dos quais se obtém facilmente atenção, benevolência e docilidade. A rigor, o exórdio, sob forma de princípio, pode até ser dispensado.

A insinuação se usa quando a causa é difícil e se precisa usar de sagacidade e subterfúgio. Trata-se de um exórdio indireto, "sinuoso", tortuoso porque o auditório oferece certa resistência nas causas mais intrincadas. O orador para obter atenção, benevolência e docilidade vai precisar de muito ardil, manha, dissimulação. Todavia, uma coisa é um orador hábil, outra, o orador matreiro. Permite-se assim remover, com astúcia, a dificuldade de uma causa. O princípio é claro, direto, a insinuação é opaca, dissimulada, com rodeios.

O perigo dessa distinção do exórdio

Essa distinção do exórdio redunda, ao cabo, nas seguintes propostas: usa-se o princípio quando a causa é fácil, sem resistência, isto é, quando supostamente honesta. O fato de uma causa ser geralmente aceita significa que é honesta? Usa-se a insinuação quando a causa é difícil. A causa é difícil porque desonesta? Essa distinção torna-se uma porta aberta para a consagração do torpe na Retórica. A *Retórica a Herênio* diz expressamente: "se a causa é torpe, deve-se usar a insinuação". Cícero aconselha, sem pejo, que se use a insinuação numa "causa admirável" em que haja torpeza. Quintiliano ensinava, sem disfarce, a seus alunos que uma causa honesta pode dispensar o princípio, mas uma causa desonesta não pode dispensar a insinuação (4,1). A lição vingou! O fim justifica os meios.

2) **Narração**

Na narração se contam fatos, acontecimentos. Aqui se trata da narração como parte constitutiva do discurso. Note-se que nem sempre o discurso postula uma narração desse tipo. Ela é necessária quando urge estabelecer os fatos que contêm a razão de ser da controvérsia. No judiciário, ela é quase sempre indispensável. Para reabilitar ou condenar Calabar importa relembrar os fatos que o envolveram. A narração contextualiza a questão. Ela está a serviço da argumentação.

Não se confunda essa narração fundamental com narrações eventuais como acontece com os exemplos. O exemplo é também uma narrativa, mas a verdadeira narrativa não é um exemplo nem o exemplo uma narrativa essencial. O exemplo é um modo indutivo de provar por meio de uma pequena narrativa que transmite uma lição. A narrativa propriamente dita, como parte integrante da causa, não é meio de prova, mas quando bem manipulada ajuda ou prejudica a argumentação. Ela é sempre um pressuposto da discussão, o pano de fundo onde se situa o debate. Na narrativa contam-se os fatos que definem o estado da questão: se foi, o que é, quais as circunstâncias. Ela não serve diretamente de prova, documenta. Num crime, relatam-se os acontecimentos no interesse da defesa e da acusação. Um exemplo, porém, funciona como um argumento. Os exemplos ou se inventam, como as fábulas, parábolas, apólogos ou são fatos que se recolhem da vida cotidiana, da História e da Cultura.

Quando se narra no discurso se obedece a um código comum, o código da narratividade.

A narrativa Retórica deve ser fiel. Não se deve mentir. A narrativa tem limites morais.

A narrativa retórica, segundo a tradição, deve ser verossímil, clara, breve. Cícero, no entanto, contesta que a narrativa deva ser obrigatoriamente breve. Tudo depende da conveniência.

Não se confunda o orador com o historiador. O historiador descreve e explica os fatos, "res gestas", de modo neutro; o orador usa a narrativa em função de seus objetivos, mas sem dano da objetividade. Por outro lado, sabe-se que nem sempre a História se livra da Retórica.

Retórica e teoria da narrativa. Curiosamente, os antecedentes de uma teoria da narrativa começam a se esboçar dentro da Retórica e da Poética de Aristóteles e se desenvolvem surpreendentemente na esteira dessa tradição.

A Retórica da ficção é uma disciplina que pertence à Semiótica, a qual se circunscreve ao estudo do aspecto retórico de uma narrativa qualquer, mostrando as relações de influência, entre autor e leitor, entre narrador e personagens e entre os personagens.

Elementos da narrativa: O orador trata com cuidado dos elementos que integram uma narrativa, a saber, a ação com seus nós e desenlaces, por meio de peripécias e reconhecimentos, o tempo, o espaço, o narrador, as personagens...

A descrição acompanha a narrativa. Ela ganha vigor e autonomia nos discursos laudatórios quando se elogiam lugares, pessoas... Sem dúvida que pode trazer bom reforço à persuasão.

Ainda, de acordo com a conveniência, os fatos são contados na ordem mais vantajosa. O orador destaca o que mais lhe convém. O que acima de tudo importa é que a narrativa seja adequada aos objetivos da argumentação e se possível seja atraente.

3) Proposição

Como já vimos, todo discurso gira ao redor com uma questão. Não há discurso sem uma questão inicial destacada entre muitos aspectos controversos. Por isso, todo discurso implica a possibilidade de um outro discurso em contraposição. Daí a necessidade e a obrigação de cada discurso estabelecer o ponto litigioso que vai debater por meio de uma proposição.

A certa altura do discurso, a controvérsia deve ser posta em termos exatos e imutáveis. Diz-se que a causa fica constituída. Ela se fecha e não deve ser alterada. Isso se torna um compromisso. É uma questão de honestidade. Não se tolera o sofisma chamado de "ignorância do elenco", quando se muda, durante a exposição, os termos propostos.

Melanchton considera a proposição como a parte mais central do discurso. A causa se imobiliza por meio de uma proposição que enuncia o aspecto que será debatido. A proposição define o *status quaestionis* e sacramenta a causa. Ela pode ser explícita ou implícita. Se não se enuncia a proposição, ela deve ser facilmente subentendida. Com a proposição, a questão fica bloqueada. Consolida-se a lide. Na proposição se diz o que se vai tratar, pois a proposição é, ao mesmo tempo, o resumo e a conclusão do discurso.

Vieira sempre declara, com ênfase, sobre o que vai tratar. No *Sermão da Sexagésima*, primeiro se põe a seguinte questão: se a palavra de Deus é tão poderosa e se dispõe de tantos pregadores a seu serviço, por que não faz frutos? Diz ele que esta grande e tão importante dúvida, será a matéria do sermão. Colocada a questão, a seguir, ele apresenta a proposição: "Sabeis, cristãos, por que não faz fruto a palavra de Deus? Por culpa dos pregadores e não por culpa de Deus ou dos ouvintes".

É, no fundo, a proposição quem dirige toda a produção do discurso.

4) Partição

A proposição pode ser simples ou constar de várias partes. Na partição, o orador enumera os pontos principais da proposição, não se trata de fazer um sumário de toda a disposição.

O Padre Vieira no *Sermão da Sexagésima* se propõe examinar: se a culpa do pregador deriva:
– das pessoas que são,
– da ciência que têm,
– da matéria que tratam,
– do estilo que seguem,
– das vozes com que falam.

E conclui que a culpa dos oradores não converterem as almas se deve a que a palavra que pregam não é a palavra de Deus. Agrada muito a Vieira dividir o discurso em duas partes, como se fossem dois polos de forças. No *Sermão aos Peixes*, ele louva as virtudes de seus ouvintes e, a seguir, repreende seus vícios, porque há peixes bons e peixes maus.

5) "Argumentação"

Os argumentos são levantados na invenção, mas organizados na disposição. Por isso na argumentação confluem a invenção e a disposição.

Quintiliano, na esteira de Aristóteles, considera essa a parte mais essencial da Retórica.

A argumentação se distribui em duas frentes:
– A confirmação em que se oferecem as provas que sustentam o próprio ponto de vista. O orador se defende.
– A refutação em que se invalidam as provas que foram sustentadas pelo adversário. O orador ataca o adversário.

A ordem de colocação dos argumentos. No que concerne à ordem de colocação dos argumentos, tendo em vista sua relevância dentro do discurso, o orador se comporta como um general que dispõe taticamente os argumentos em ordem de batalha, pois o discurso se compara a uma máquina de guerra.

Ordem argumentativa. Primeiro se refuta ou se confirma? Qual é preferível seguir a ordem lógica de coerência dos argumentos ou uma ordem subjetiva, psicológica? Primeiro se introduzem os argumentos mais fortes ou os mais fracos? Intercalam-se os mais fortes com os mais fracos? Começa-se e termina-se com os mais fortes?

Na verdade, o que, em última análise, determina a disposição é o objetivo final: persuadir. Respeitado o arcabouço do discurso, as provas se colocam de modo a potencializar seu maior poder de fogo. Insiste-se, porém, na interação dos argumentos entre si de modo a se sistematizarem.

6) Peroração

É o final do discurso, o fecho, o epílogo, o momento decisivo, porque "finis coronat opus", o fim coroa a obra.

É preciso deixar que os ouvintes percebam que o discurso está terminando, sem que seja preciso usar a pitoresca fórmula: "tenho dito".

De que consta a peroração? Ela consta das seguintes partes:

A recapitulação que é a recordação de modo resumido dos pontos mais pertinentes e persuasivos.

A amplificação – A amplificação pode aparecer em outras partes do discurso, mas no final encontra seu melhor lugar. Pelo que mais abaixo, se cuidará da amplificação como uma das partes eventuais e móveis de todo o discurso.

A conclusão – entre o que se recapitula o mais importante é a conclusão geral do discurso. Note-se que a conclusão não é exclusiva e peculiar da peroração. Ela é mais forte na invenção quando se monta a argumentação.

O apelo ao patético – sendo este o momento mais propício para comover, embora não exclusivamente. Com esse objetivo é frequente lançar-se mão de prosopopeias, apóstrofes...

7) Partes eventuais e móveis

– A digressão
As veredas do grande sertão! A digressão é eventual, ocorre ou não, não tem lugar fixo, ligando-se oportunamente a qualquer uma das partes. Ela deve ser funcional, não arbitrária. Não se trata de mera divagação erudita, estética, lúdica, ela tem sempre um propósito econômico de servir à causa. O orador sai da estrada real do discurso (sai do "Sertão") e toma um atalho (uma "vereda") para depois retornar, sem se perder. A digressão não se deve converter em um outro discurso, nem deve ser como "remendos de púrpura", visando a um efeito chocante, mas inoportuno, como adverte Horácio (*Arte Poética* 14). Convém que o auditório perceba que se trata de uma digressão e saiba quando começa e quando termina. Ela fica entre parênteses.

– A altercação
Sobretudo dentro do clima da confirmação e refutação, pode eventualmente haver intervenção por parte do ouvinte seja por meio de um aparte que

gera um diálogo ligeiro. Nesse caso, introduz-se uma intervenção da dialética dialógica na Retórica. Misturam-se discurso e conversação, os dois instrumentos da Dialética. (Veja-se Quintiliano Livro 6º, cap.4). Advirta-se que há um limite a observar-se para que o discurso não se transforme em um debate dialogado.

– **A amplificação**

Não se confunda amplificar com ampliar. Ampliar é apenas aumentar em quantidade, em volume, com bom gosto ou mau gosto. Há uma ampliação vulgar como quem põe um sapato grande num pé pequeno. Amplificar é, sobretudo, enfatizar. Tanto se enfatiza aumentando ou diminuindo. Intensifica-se ao máximo para mais ou para menos. Lê-se na Bíblia: "os céus dos céus". "Saudades" no plural amplifica. Amplifica-se quando se escolhe a palavra mais poderosa e quando além disso se define de vários modos a palavra, quando se compara, se eufemiza, se potencializa ...

Amplificar é uma espécie particular de argumentação visando persuadir pela exploração do exagero expressivo tanto no grau diminutivo como aumentativo. Chama-se a atenção pelo vulto que o muito grande e o muito pequeno podem exercer sobre o homem.

Amplifica-se o conteúdo e a expressão. Amplifica-se em todas as partes da Retórica, sobretudo na invenção e na elocução. Entretanto, o seu lugar de predileção é na peroração.

A verdadeira concepção de amplificação se encontra em Cícero. Ele a reduz particularmente a uma forma de argumentar comovendo, quando se "argumenta com veemência", sensibilizando o coração mais do que instruindo. Amplificar é, sobretudo, ampliar para convencer, comover e agradar. Quintiliano ensina que os modos de amplificar são incontáveis. Amplifica-se por meio de palavras ou fatos. Veja-se quem acumula qualificativos bem escolhidos...

A doutrina da amplificação deriva particularmente de Aristóteles (*Retórica* 3,6); de Cícero (*Partitiones*); de Quintiliano (8,4); e do autor da obra anônima: *Do sublime* (XI).

A importância da disposição em qualquer trabalho. O esquema da disposição (exórdio, narração, partição, proposição, argumentação, digressões, peroração) serve de modelo sugestivo na montagem de trabalhos intelectuais de modo geral.

A insistência no planejamento evidencia uma das mais sérias contribuições da Retórica Antiga para a redação do trabalho científico. Quem fala sobre um assunto deve saber de onde vai partir, quais os pontos do caminho a percorrer e aonde espera chegar, dentro de uma estrutura mais ou menos preestabelecida. De qualquer forma, qualquer trabalho tem de ter princípio, meio e fim.

Os atuais exercícios escolares: a narração (de fatos), a descrição (de formas ou aspectos), a dissertação (de ideias) derivam da Retórica, onde eram funcionais.

O planejamento retórico na Literatura

Na Literatura, o planejamento revela um traço retórico. Essa complacência com esquematismos varia de época para época, de gênero para gênero. Dante, na *Vita Nuova*, ao explicar seus poemas, faz questão de mostrar ao leitor as partes de que se compõem. O classicismo mais que o romantismo se envolve com esquemas. A epopeia antiga submetia-se a um roteiro fixo. O drama era um todo travado.

Na Idade Média, adaptava-se o itinerário do discurso à burocracia diplomática, epistolar e notarial.

A vanguarda artística, sobretudo o surrealismo, repudia qualquer planejamento.

3. A ELOCUÇÃO

Inicialmente, cumpre reparar que estamos abordando a elocução do discurso preparado, não do discurso improvisado que tem outra configuração. De qualquer forma, quem se habitua a preparar os discursos se habilita para improvisar.

Não é verdade que se começa a usar a linguagem só a partir da elocução, pois já se vem lidando com ela na invenção e na disposição, quando já se tomam apontamentos do material que se vai achando e escolhendo, avaliando e organizando. Quer dizer que desde o princípio se tem de trabalhar com a linguagem por meio de alguma forma de gravação, todavia é particularmente nesse terceiro momento, no momento da elocução, que todo o empenho se concentra no nível verbal. Note-se bem que não há uma separação estanque entre invenção e disposição, de um lado, e elocução, de outro. Entretanto, não resta dúvida que a elocução tem aqui e agora seu momento particular.

Não reina muita clareza na Retórica Antiga ao se tentar limitar os domínios da elocução. Muita explicação apresentada pelos tratadistas se não são de todo falsas são quase sempre vagas ou incompletas.

Antes de mais nada não se confunda ação com elocução. A ação compreende a pronunciação e a gesticulação. A elocução é arte de redigir o material encontrado e organizado. Na elocução se produz um texto. Na ação, esse texto é dito, de cor ou não, para um auditório, servindo-se da voz e dos gestos.

Na elocução, grava-se, de algum modo, o discurso e, na ação final, declama-se o discurso, como se fosse "uma espada desembainhada". Essa metáfora de Quintiliano (8.15) se torna um "lugar-comum" muito frequente.

Na elocução, o orador "se exprime", na pronunciação, ele "se comunica" secundado por gestos. Na elocução, a Retórica vai ser uma "arte de escrever bem". Na pronunciação, a Retórica vai ser uma "arte de declamar bem".

Não se confunda também elocução com a Retórica definida por muitos como "arte de dizer bem". Arte de dizer bem é um modo muito amplo de conceber a Retórica, pois tudo que se diz bem seria retórico. Elocução é uma parte da Retórica, mas os partidários da Retórica como arte de dizer bem tendem a identificar a Retórica com a elocução.

Ao passo que os partidários da Retórica como arte persuasiva concebem a elocução como um meio adequado para persuadir.

A elocução não é uma parte estanque. Ela tem fases diferentes, é simultânea com a invenção e disposição. Em todo caso ela tem o seu momento próprio.

Para muitos autores, essa seria a hora de se vestir o pensamento com palavras, supondo-se, em geral, que pensamento e palavras sejam independentes entre si.

Há autores que, em vez de traduzir "léxis" por elocução, preferem traduzi-la por "estilo", reduzindo a elocução aos fenômenos mal definidos de estilo.

Segundo outros autores, essa seria a hora de escolher (*electio*) e combinar palavras (*compositio*). Escolher as palavras no eixo paradigmático e combinar as palavras no eixo sintagmático, transformando-se o discurso em verdadeira prosa artística, harmoniosa.

Já na altura da Renascença, para Petrus Ramus e sua escola, a elocução quer dizer exclusivamente: ornar o discurso com figuras e tropos! A Elocução passa a definir a Retórica.

Em que consiste mais precisamente a elocução?

Não resta dúvida de que a elocução, como ponto de partida, versa sobre o problema da linguagem. Nada impede que se diga que a elocução cuida do lado verbal do discurso.

Os mais antigos manuais ensinavam que, na elocução, se cuida não apenas de "dizer", mas do "modo de dizer" – *quo modo dicat*. Aqui efetivamente reside todo o problema, a saber, de que modo se deve dizer o que se tem a dizer.

Coube a Cícero caracterizar, com acerto, a elocução retórica.

De fato, deve-se dizer da melhor forma possível o que se tem a dizer, desde que se alcance a finalidade do discurso.

Na prática, a elocução se propõe redigir, no momento oportuno, um rascunho corrente do discurso e, a seguir, trabalhar esse material de modo a torná-lo claro, correto, elegante e, sobretudo, adequado à finalidade do discurso que consiste em persuadir. Acima de tudo, a elocução explora o valor persuasivo da linguagem. A beleza da linguagem é um meio, não um fim. Essa a lição de Cícero: "a elocução deve se adequar à invenção".

Linguagem persuasiva. Tenha-se, portanto, sempre em mente que o papel da elocução não é, na Retórica, agradar por agradar, mas agradar para reforçar a persuasão. Um estilo esmerado causa boa impressão e favorece a argumentação.

Elocução e composição

A rigor, a teoria da composição compreende três partes: a invenção, a disposição e a elocução. A elocução é apenas uma parte da composição quando, enfim, se redige num todo o que se ajuntou e organizou. A elocução salva a invenção e a disposição. Pelo que também se pode explicar a elocução como sendo a atividade pela qual se tece o que se inventou e organizou em uma composição. Não basta limitar-se a inventar e dispor o material como um amontoado de notas.

Conteúdo e expressão. A invenção constitui o conteúdo do discurso; a elocução mais a disposição constituem a expressão.

A expressão se deve ajustar ao conteúdo. A expressão e o conteúdo se devem ajustar ao objetivo do discurso que é persuadir convencendo, comovendo e agradando.

A eloquência – elocução. Significativamente, a eloquência deriva seu nome de elocução, embora a eloquência não se reduza à elocução. A eloquência se caracteriza por uma brilhante e eficiente elocução valorizada por uma brilhante pronunciação.

O fascínio da arte de falar bem! A parte da Retórica que mais seduz o orador é a elocução, por ser a parte mais artística do discurso. Uma bela redação realmente dá prazer. É pela elocução que um orador se avantaja a outro. De tal modo a elocução exerce um fascínio sobre o orador que acaba subvertendo a correlação de forças entre as partes do discurso. Havia muitos autores que consideravam a elocução como a parte mais importante do discurso e, na Renascença, aconteceu o grande cisma da Retórica, pelo qual se pretendeu reduzi-la apenas à elocução.

A elocução não deve implicar um descuido das demais partes. O próprio Quintiliano que definiu a Retórica como "a arte de falar bem" não achava "que só se devia cuidar das palavras", salientando embora que a elocução era a parte mais trabalhosa. Além disso, a Retórica antiga se baseava na concepção conteudística, segundo a qual "só escreve e fala bem quem pensa bem". O conteúdo se sobrepunha à expressão.

Tentação ou não, o fato é que a prosa artística, na Literatura Ocidental, surge e se desenvolve à sombra da Retórica.

A elocução contrapõe-se à "pronunciação". Na elocução, grava-se, de algum modo, o discurso e, na ação final, declama-se o discurso, como se fosse "uma espada desembainhada". Essa metáfora de Quintiliano (8.15) se torna um "lugar-comum" muito frequente.

Na elocução, o orador "se exprime", na pronunciação, ele "se comunica" secundado por gestos. Na elocução, a Retórica vai ser uma "arte de escrever bem". Na pronunciação, a Retórica vai ser uma "arte de declamar bem".

Várias redações

Quem não tem o dom de fazer uma primeira redação como a definitiva, deve rascunhar o discurso como um todo e, a seguir, deve aprimorar, com desvelo, esse borrão.

Durante a invenção e a disposição, vão se tomando apontamentos. A seguir, o rascunho do discurso vai gradativamente se desabrochando. Começa-se a gravar o discurso como um todo, não importa onde. A certa altura, se completa a primeira redação. As notas avulsas se estruturam num texto integral. De fato, primeiro se escreve o texto com toda espontaneidade, só depois ele será sofisticado e requintado.

O orador pode fazer quantas redações seu ideal de perfeição exigir, duas, três... Todavia, graças à magia do computador pode-se "editar" indefinidamente a mesma redação inicial, com a ajuda automática de um dicionário e de um corretor ortográfico e gramatical.

Durante a elocução a linguagem fica sob a regência da lógica, da gramática, da estilística, do dicionário e da estética.

O orador precisa escrever o discurso? A Retórica tradicional põe um sério embaraço para o investigador moderno: O discurso deve ou não ser escrito? A resposta evidentemente é uma questão de bom-senso. Na Antiguidade, essa questão se dividia em partidos: uns tratadistas aconselhavam, com insistência, que se escrevesse o discurso, outros consideravam humilhante precisar escrever o discurso. O próprio Platão no *Górgias* não tem por vergonhoso escrever o discurso. Vergonha, diz ele, é escrever mal o discurso.

Importa muito explicar o que quer dizer "escrever o discurso". Em vez de escrever preferimos que se diga gravar, redigir o discurso, onde quer que seja, na memória, em tabuinhas enceradas, em gravadores, no papel...

Em resposta à indagação proposta, devemos fazer alguns reparos. Antes de tudo, constatar se o discurso escrito já foi pronunciado; nesse caso, ele se realizou plenamente. E se foi escrito e ainda não foi pronunciado? Então, ele é apenas um discurso em potência, que não se atualizou. O discurso escrito, tendo sido pronunciado ou não, constitui um subproduto da Retórica, pertencendo ao nível semiótico, quando os receptores recebem o discurso por variados canais. A diferença entre o discurso escrito e o pronunciado é a mesma que vige entre uma peça teatral escrita ou representada. De qualquer forma, através dos discursos escritos se pode fazer a história da Retórica.

Quando a oratória surgiu ainda não havia a escrita e, portanto, registrava-se o discurso na memória. Sabemos que a memória dos antigos era proverbial. Depois da invenção da escrita, escrever o discurso passou a ser a regra.

Todavia, tanto se pode escrever integralmente o discurso ou apenas debuxar os pontos capitais do desenvolvimento do discurso. Além de que há oradores que escrevem literalmente o discurso na memória, como era o caso de Hortênsio (114-50 a.C.), um dos príncipes do Fórum romano, antes de Cícero, dotado de memória descomunal.

Acontece que muitos oradores preferem fazer a redação definitiva do discurso depois de tê-lo pronunciado. Conta-se que o homicida Milão, ao ler o discurso que Cícero, seu advogado de defesa, escreveu, depois do processo, se indignava porque se esse fora o discurso efetivamente pronunciado, ele não estaria amargando no exílio.

Quanto aos benefícios que traz o discurso escrito são inegáveis. Aristóteles acha que escrevendo se melhora consideravelmente o discurso. Trata-se de um maravilhoso exercício que transforma igualmente o orador em um bom escritor. E não raro, o discurso escrito merece uma larga divulgação por seus vários interesses. Por sua parte, Cícero aconselha que escreva muito quem pretende ser um bom orador.

Por outro lado, o orador deve levar em conta se ele é melhor quando fala ou quando escreve.

Pensamento sem linguagem

Grande parte dos manuais de Retórica Antiga transmite a impressão segundo a qual a "invenção" se passa no puro nível do pensamento independentemente de palavras e que estas só virão ao depois na elocução. A invenção aconteceria num nível pré-verbal!

Quintiliano assim descreve a elocução: "exprimir e comunicar aos ouvintes tudo que se concebeu no espírito".

Separa-se, desse modo, muito radicalmente a "palavra" do "pensamento", ao acreditar que primeiro se pensa e só depois as palavras revestem o pensamento. Num momento, se pensa, em outro se diz. Supunha-se que a elocução consistiria em exteriorizar verbalmente o que se pensou. Existe, efetivamente, pensamento sem palavras? A Retórica Antiga tendia a admitir uma concepção mentalista, documentada pela célebre máxima de Catão, o Censor, segundo a qual primeiro se pensa e só depois se revestem os pensamentos de palavras: "rem tene, verba sequentur". Nesse caso, a invenção se realizaria num plano silencioso não verbal de pura contemplação e a elocução, num plano verbal.

Sem identificar pensamento com palavras, como fazem os antimentalistas, na prática, temos de nos comportar como se o pensamento precisasse de se apoiar em palavras. Saussure diz que "nosso pensamento não passa de uma massa amorfa e indistinta". "O pensamento é como uma nebulosa". Dificilmente pensamos sem palavras. A Retórica Antiga separava muito radicalmente a invenção e a disposição da elocução, baseando-se numa ficção que, na invenção e disposição, apenas se pensa e se organiza e, na elocução, se reveste o pensamento de palavras, como se fossem atividades estanques. O célebre Padre Soarez S.J. diz que a elocução é como a imagem do pensamento. René Bary compara a língua com um pincel que pinta o pensamento.

Durante a invenção e disposição, quem não conta com boa memória precisa de tomar notas de tudo que vai recolhendo. Portanto, mesmo na invenção e disposição já se vai operando com a elocução.

Como os antigos tinham boa memória e não necessitavam de tomar apontamentos, eles suponham que estavam pensando sem palavras. Mas nada mais faziam do que escrever na memória.

Não seria, ao contrário, o pensamento um produto da linguagem? Por outro lado, temos que levar em conta as teorias que, além de não admitir pensamento sem palavras, defendem a ideia de que são as palavras que constroem o pensamento.

Em resumo, a Retórica não deve se comprometer com a teoria do pensamento sem linguagem.

As virtudes fundamentais da elocução

Tradicionalmente a Retórica procura fazer o levantamento das qualidades gerais e especiais de que uma boa prosa oratória se deveria revestir. Houve forte tendência de se reduzir as principais qualidades gerais a quatro, a saber, adequação, correção, clareza, ornamentação, seguindo nesse ponto a lição de Cícero, Quintiliano. A essas virtudes se contrapunham os vícios contrários. À margem, se discute sobre o valor da brevidade ou da abundância do discurso.

(1) **A adequação ou conveniência ou decoro**. Essa é, sem dúvida, a qualidade motriz ao redor da qual as outras gravitam. Sem dúvida que a "conveniência" se aplica ao funcionamento de toda a Retórica, mas de modo particular se aplica à elocução. Essa qualidade determina a elocução. A linguagem do discurso não é independente, tudo nela está em função de alguma coisa. A linguagem deve se harmonizar com todos os valores internos e externos do discurso. A rigor, a elocução consiste em "apte dicere", em dizer de modo apropriado a realizar o objetivo do discurso que é persuadir. Dessa qualidade geral decorrem todas as demais qualidades especiais da elocução.

(2) **A correção**. A correção é uma virtude imprescindível. Sem ela se chega a comprometer o resultado final. Do orador se requer um profundo conhecimento da Gramática Normativa da língua em que discursa a qual prescreve o que é certo e o que é errado. A linguagem do orador é rigorosamente policiada. Não se lhe perdoam barbarismos, solecismos... No fundo, a elocução é instigada por um intenso desejo de "vernaculidade". Note-se que a Gramática, na sua origem, se abriga e desenvolve dentro da Retórica, mas já no Trivium e,

mais tarde, com Petrus Ramus, ela se torna independente da Retórica e esta se torna dependente da Gramática.

(3) A clareza. "A clareza", como diz um pensador espanhol, "é a cortesia do sábio". Numa escala de valores a clareza ocupa lugar eminente entre as virtudes da elocução. Dante Alighieri compara a Eloquência ao véu de Vênus sempre claro. Sem ela, o objetivo da oratória se frustra. Como persuadir sem clareza? Santo Agostinho faz da clareza a virtude suprema da pregação cristã.

Entretanto, só se expressa com clareza quem pensa com clareza. A clareza do pensamento ocidental se enraíza na formação retórica. Rousseau documenta essa tradição marcadamente francesa, quando diz no *Emílio:* "porquanto sendo a primeira lei do discurso a de se fazer entender, o erro maior está em falar sem ser entendido".

A obscuridade é antirretórica. Ela só tem cabida nas artes, particularmente na Literatura. W. Empson (*Seven types of ambiguity*), na linha barroca-conceptista de Baltazár Gracián, faz da ambiguidade a virtude essencial da poesia. O movimento simbolista dos fins do século passado marca a institucionalização da obscuridade, retomada por várias outras linhas da vanguarda do século XX, onde vigora o ponto de vista que a obscuridade em si valoriza a obra de arte de modo que um poema, um romance valem tanto mais quanto menos são entendidos! Infelizmente, a obscuridade acabou por se assenhorear da própria crítica. Todavia, temos que concordar que a linguagem artística pode ser obscura, nunca a metalinguagem.

Na Retórica, porém, vigora "a clareza homérica", onde a obscuridade pode eventualmente ter aplicações restritas e funcionais, como admite Aristóteles. Quintiliano se lamenta que, em seu tempo, muitos se esforçavam por parecerem obscuros à moda de Heráclito, o hermético. Ele lança, então, a palavra de ordem: que a clareza seja a primeira virtude do orador que deve ser entendido por todos.

É evidente que não se confunde o embaraço que causa o que é profundo com a obscuridade gratuita, caricatural que resulta do pensamento irresponsável. Nem se identifica clareza com simploriedade. A clareza, na Retórica, se superpõe até sobre a correção e a elegância.

(4) A ornamentação ou elegância. A elocução se reveste de qualidades estéticas. Todavia, a beleza do estilo tem em vista reforçar a argumentação. Não se trata da beleza pela beleza, mas de uma beleza funcional. Não basta que a linguagem do discurso seja correta, clara, adequada, deve encantar pelo refinamento. A lei suprema do estilo é o bom gosto. A ornamentação se consegue máxime pelas figuras de estilo que dão um caráter artístico à linguagem. Mas note-se que um texto pode ser elegante independente de figuras de estilo.

As figuras

Além de tudo, no capítulo da Elocução, o alvo se concentra no cultivo dos "jardins da eloquência" onde se colhem, como flores, as figuras de estilo.

Na elocução, ao se buscar a elegância, as figuras acabam por ocupar uma posição central. O discurso retórico tira partido das figuras de linguagem que miram efeitos estilísticos: poéticos ou retóricos. Na Retórica, o objetivo não é sobrecarregar um discurso com figuras desnecessárias, o que leva ao preciosismo, ao pedantismo. As "figuras de estilo" devem se converter acima de tudo em "figuras retóricas", utilitárias na medida em que ilustram e ajudam a provar. Secundariamente, elas exalam um perfume poético.

O problema da brevidade e da abundância

O que é preferível: falar muito ou falar pouco? Onde está a verdadeiro equilíbrio? Tanto a brevidade como a abundância podem ser vício ou virtude, como demonstra Horácio, pois, quando alguém quer ser muito breve, enreda-se na obscuridade e quando quer ser muito abundante, se torna empolado, túrgido (*Arte Poética*, 25...). Essa disputa constitui um tema central do aticismo. O estilo ático pode ser breve, mas não lacônico, extenso, mas não inchado. O que importa é falar bem.

Entretanto, a abundância exerce certa fascinação no orador popular. Daí decorre a preocupação de tratá-la como um valor. Esse interesse remonta a Cícero, passa por Quintiliano e particularmente se destaca em Erasmo de Rotterdam que explorou os recursos do estilo abundante tanto de palavras como de coisas em sua obra sobre a dupla abundância: *De duplici copia verborum ac rerum*.

A ampliação. Vinculado com a brevidade e abundância verbal se liga o problema da ampliação. Nas épocas de declínio a Retórica é ingenuamente concebida como a arte de falar muito. Orador é tido como um falador, um "cicerone". Contra essa mentalidade vigorava a velha máxima que dizia: *"non multa, sed multum"*, o que quer dizer: antes o pouco que se diz bem do que o muito que se diz mal. Mas a lição verdadeira nesse conflito consiste em saber que ser breve de per si nem é vício nem virtude. Tudo é uma questão de adequação. Tanto se pode dizer que "falou pouco, mas falou bem" como "falou pouco e falou mal", como também se pode dizer que "falou muito e falou bem" ou "falou mal"...

Amplificação

A amplificação não se confunde com a ampliação, como já advertimos. A ampliação é um conceito secundário. A amplificação é realmente um conceito desafiador na história da Retórica e particularmente dentro do capítulo da elocução. Infelizmente esse conceito não foi desenvolvido satisfatoriamente.

Enquanto a ampliação simplesmente alonga o volume do discurso em quantidade, extensão recorrendo a infindáveis recursos estilísticos por meio de repetições, circunlóquios... A amplificação consiste em realçar, potencializar o discurso. A quantidade se transforma em qualidade. Exalta-se para mais ou para menos. A amplificação não se limita a ampliar, mas persuadir. Amplifica-se para convencer, comover e agradar.

Este conceito funciona em todas as partes da Retórica e em todas as partes do discurso, mas tem particular acolhida na elocução. Pode-se amplificar pensamento, sentimento e palavras.

Amplificar é um conceito precursor: a amplificação como função poética. A amplificação corresponde, na Retórica Antiga, à moderna função poética da linguagem ou função artística da linguagem que consiste em provocar o efeito do "estranhamento". É, pois, uma ideia inovadora. Amplifica-se engrandecendo ou atenuando por meio de uma expressão artística de acordo com a conveniência da persuasão. A amplificação se efetiva principalmente mediante ornatos, isto é, figuras apropriadas que acrescentam, ao caráter utilitário do texto, um caráter estético. Ela se encaminha para o sublime do estilo. Cícero dizia que o supremo louvor da eloquência reside em amplificar, ornando (*De Oratore* 3, 27). Quintiliano destaca o papel da amplificação como a alma da elocução (8,4).

Os estilos oratórios

A classificação dos estilos começa na Retórica. Coube a Teofrasto, discípulo de Aristóteles, iniciar a divisão dos estilos oratórios em três categorias muito amplas em função de sua finalidade. Pelo que havia três estilos de discursar: de modo simples, médio e sublime, tomando-se como critério o grau de sofisticação com que se elaborava a elocução do discurso. Não havia exclusividade de estilo num discurso, mas predomínio de um deles. Note-se que esses estilos se refletem em todas as partes do discurso, todavia com tendência a se concentrar na elocução.

1) Estilo simples. Também se diz estilo chão, plano, humilde, comum. É o que mais se aproxima do linguajar corrente, sem deixar, porém, de ser correto. Deve ser claro, pois se for obscuro deixará de ser simples. Não chama muito a atenção sobre si, mas não se dispensa de ser discretamente elegante, mesmo fazendo pouco uso das figuras retóricas. É mais apropriado quando se pretende doutrinar, convencer, convindo, sobretudo, à narração e à argumentação. Mas há que se ter cuidado para não se descambar na aridez e na frieza.

2) **Estilo médio**. Também se diz estilo moderado, temperado. Fica a meio caminho, entre o simples e o sublime. Não é tão transparente como o estilo simples, já que revela forte opacidade. Presta-se mais quando avulta o objetivo de agradar. Mas há que ter cuidado para não resvalar pelo morno.

3) **Estilo sublime**. Estilo sublime é o estilo elevado, grandiloquente. Ele se refere à magnificência da linguagem que se obtém particularmente pela harmonia da construção das frases e pelo uso de figuras. Evidentemente que o estilo sublime supõe como base a elevação de ideias e a força das paixões. Nada impede que um discurso inteiro seja sublime, mas seus lugares preferidos ocorrem no exórdio e na peroração. Mas há que ter cuidado para não sucumbir ao empolado. O sublime se opõe à frieza do estilo.

Santo Agostinho adverte que, apesar da grandiosidade de tudo no cristianismo, o estilo não necessita de ser sempre sublime para não sacrificar o ensino.

O livro *Sobre o sublime* de um autor anônimo, como vimos, tornou a discussão do conceito um ponto alto da Retórica.

O aticismo

As origens do aticismo na Retórica grega e romana. O berço do aticismo é grego, ático, ateniense, entretanto, ele tem sua mais expressiva formulação em Roma, onde, a rigor, se manifesta e se institucionaliza.

Em Atenas, situada na Ática, na época clássica, surgiram por "um milagre grego" os mais perfeitos oradores de todos os tempos, entre os quais a crítica Alexandrina selecionou um cânon dos dez maiores: Ántifon, Andócides, Lísias, Isócrates, Iseu, Ésquines, Licurgo, Demóstenes, Hipérides, Dinarco. Quem quer que almejasse a perfeição na Oratória devia estudá-los e imitá-los. Depois da época clássica, Atenas já não produzia mais oradores excepcionais e se transforma apenas em um concorrido centro de estudos.

O aticismo ateniense ressurge em Roma.

O romano tinha profunda inclinação natural para a Retórica, mas não tinha talento para constituir um padrão ideal de Oratória até que descobre a Oratória grega e mais precisamente a oratória ática. Horácio testemunha, em sua *Arte Poética*, essa superioridade dos gregos na oratória: "A Musa deu aos gregos engenho e eloquência" (*Arte Poética* 323). Aos romanos menos favorecidos restava imitar essa floração de modelos geniais que ocorrera na Ática, na época clássica.

Todavia, acentue-se que é em Roma que pela primeira vez se discute o conceito de aticismo. Pelo que podemos concluir que o aticismo é tipicamente retórico e romano!

Outro ponto importante a acentuar é que o aticismo, em Roma, vai se manifestar por dois episódios marcantes: a fundação de uma escola neoática e uma acesa polêmica sobre a natureza do aticismo, travada entre os associados dessa escola e Cícero.

Neoaticismo romano

O aticismo, em Roma, se manifesta precisamente com a fundação da escola ática de Retórica, no século I a.C. Os participantes se chamavam de neoáticos, pretendendo encarnar os novos e verdadeiros herdeiros dos oradores áticos. Esta escola compreendia um grupo de jovens oradores que se propunha imitar e se fosse possível igualar os oradores da Época Ática grega.

A polêmica

Todos estavam de acordo que os oradores mais perfeitos de todos os tempos tinham vivido na Ática. Efetivamente, circulava como vimos, pelo mundo helenístico, um cânon dos dez maiores oradores áticos. Acontece que os oradores áticos, como advertia Cícero, diferiam muito entre si. Não havia um padrão uniforme de aticismo. Por isso, o cerne da briga consistia não apenas em relacionar os áticos, mas em identificar os melhores entre eles. E, pois, a quem imitar? O ideal é imitar os áticos, mas quais preferir-se? Quais os modelos mais perfeitos? Quais os mais perfeitos entre os mais perfeitos? Quais os oradores mais áticos entre os áticos?

O que dá visibilidade à nova escola de Retórica foi a polêmica que se trava entre um grupo de jovens oradores e Cícero, o príncipe do fórum romano. São esses jovens que provocam Cícero. Eles são liderados por Brutus (85-42 a.C.), Calvus (82-48 a.C.) e outros que se autodenominavam, com exclusividade, de novos oradores áticos. Quintiliano observa que eles formavam uma espécie de seita de iniciados nos mistérios e tratavam Cícero como um profano.

Cícero aceita o desafio, se defende e revida. Conta a seu favor que a documentação dessa refrega chega até nós relatada exatamente através dos textos do próprio Cícero: *Orator, Brutus, De Optimo genere oratorum*.

Os jovens maldosamente classificam Cícero de orador asiático, o que Cícero de forma nenhuma aceitava. Ele até concorda em não ser chamado de ático, mas reivindica, pelo menos, o título de ródio. Não se sente constrangido em ser incluído entre os ródios, pois, em sua concepção, os ródios estão mais perto do verdadeiro aticismo que o presumido aticismo dos jovens oradores. Os ródios, argumenta ele, são "similiores aticorum", são mais semelhantes aos áticos (*Brutus* 51).

Com mais compreensão, Cícero não só defende o direito de ser classificado de ático, como atribui a participação desse mesmo direito a seus adversários, visto que entre os oradores áticos não há uniformidade. Demóstenes e Lísias, embora ambos sejam áticos, pouco se parecem. Lísias é mais contido. Demóstenes é mais distenso. Os jovens romanos e Cícero escolhem e seguem modelos diferentes. Os jovens exaltam entre outros modelos: Hipérides, Lísias e até mesmo um historiador: Tucídides por causa de seu estilo narrativo simples. Cícero, por sua parte, defende como modelo supremo do aticismo: Demóstenes, "o príncipe dos oradores".

Cícero se inclinava a favor de um aticismo sábio, eloquente, copioso, sem negar as virtudes básicas constitutivas do aticismo.

Os jovens oradores romanos, a partir dos modelos que seguiam, eram favoráveis a um estilo inteligente, claro, correto, direto, seco, de sóbria elegância, sem nada de supérfluo, sem muita exibição cultural, mais racional que emotivo. Na verdade, se aproximam mais do "estilo médio". A execução do discurso diante do público se caracterizava pela moderação, calma, compostura, nobreza. Cícero era excluído desse ideal.

Entretanto, Cícero procura demonstrar aos jovens oradores romanos que, na verdade, eram eles que se desviavam do verdadeiro aticismo, sucumbindo a uma monotonia estéril, sem brilho. Acha-os áridos, sem vigor, breves e obscuros, despojados, insulsos, acusando-os até de não se preocuparem com o auditório para o qual se destina o discurso. Não lhes nega, porém, algum mérito.

Qual o melhor aticismo: o de Cícero ou dos jovens oradores, o mais rico de Cícero ou o mais parcimonioso dos jovens oradores? Quem guarda mais o "*sapor atticus*" (12,10,19)?

Coube a Quintiliano dar a vitória a Cícero sobre os jovens oradores, criando o ciceronianismo, como a melhor expressão latina do aticismo. Quintiliano propõe como modelo supremo do aticismo não só Demóstenes, mas também Cícero, cujo nome ele considera, por antonomásia, sinônimo de eloquência: "*saepe dixi dicamque perfectum oratorem esse Ciceronem*" (12.1.19).

Quintiliano considera Cícero como um gênio universal que une no mais alto grau sabedoria e eloquência. Como orador ático, ele reúne tudo que o aticismo tem de melhor. Quintiliano tenta reparar as injustiças sofridas por Cícero, lembrando que atrás da rivalidade oratória se escondia uma violenta rivalidade política.

Ciceronianismo = aticismo

No fundo, o próprio Cícero se sugere como modelo acabado do aticismo. Em que consiste, pois, o aticismo de Cícero? O aticismo de Cícero se define pela correção, clareza, elegância, adequação. É brilhante. Evita a brevidade inoportuna, tendendo mais para a abundância de palavras e coisas, não fugindo do sublime e patético, nunca desvinculando a sabedoria da eloquência.

A Idade Média conheceu discretamente Cícero, mas Cícero ressurge na Renascença. A Renascença efetivamente concebe o aticismo como um ciceronianismo que consiste em imitar o estilo de Cícero, todavia, o ciceronianismo se abre em duas linhas: os que imitam rigorosamente o estilo de Cícero e os que imitam, com certa liberdade, o estilo de Cícero, como é o caso de Erasmo.

E o mais notável, é que o espírito dos jovens oradores sobrevive como um movimento anticiceroniano, exemplificado por J.C. Scaligero e outros.

Aticismo é abundância ou parcimônia?

Ainda hoje o aticismo emerge marcado pela velha polêmica. Na verdade, continua havendo um duplo modo de realização do aticismo. Há um aticismo que se caracteriza pela riqueza e há um aticismo que se caracteriza pela parcimônia. Eles não são excludentes, incompatíveis. Um é mais enxuto, mais discreto, sem ser lacônico e o outro é mais descontraído e transbordante, sem ser prolixo. O que importa é que o aticismo se situe sempre no meio-termo dourado que ainda poderíamos chamar de "ródio". No final das contas, sempre têm razão Quintiliano: "é ático tudo que se diz com perfeição".

Atualidade do aticismo?

Hoje o aticismo é uma categoria estética e estilística fundamental, de validade geral. Ela se originou dentro da Retórica, mas não se restringe à Retórica.

Há um modo ático de se exprimir: *"attice dicere"* que quer dizer, segundo Cícero, *"bene dicere"*, dizer da melhor forma possível e Quintiliano confirma: *"attice dicere esse optimum dicere"* (12,10,26).

Nesse sentido, o aticismo é a doutrina do estilo ático. O estilo ático se propõe buscar a expressão perfeita, um eterno sonho da humanidade, na eterna "luta pela expressão". A linguagem ática deve ser simples, clara, correta, própria, elegante, ornada, harmoniosa, funcional. A vernaculidade, isto é, o falar de acordo com o espírito da língua é um dos seus traços mais marcantes, evitando-se estrangeirismo, barbarismos, solecismos... O equilíbrio é sua lei primordial, admitindo pequenas licenças, sem se permitir nunca abusos, extravagâncias.

O aticismo visa fundamentalmente ao estilo que, entretanto, deve estar a serviço de um conteúdo elevado, revestido de nobres sentimentos e sabedoria. Ele se vincula, de modo particular, com a elocução.

O aticismo se concentra na prosa escrita, intentando estabelecer a prosa artística ideal, sem se confundir com o verso.

O aticismo é basicamente um movimento de imitação, o que implica a rigorosa seleção dos modelos. Essa escolha dos melhores modelos marca o aticismo. Não há, porém, um modelo único de aticismo. No Brasil, quando se pensa em estilo ático na prosa literária de imediato nos lembramos de alguns nomes consagrados: Machado de Assis, Rui Barbosa, Monteiro Lobato, Euclides da Cunha...

O aticismo é um aspecto do humanismo que, em última analise, é uma valorização do homem, ser social que fala. O homem se engrandece tanto mais quanto mais bela a sua fala. O aticismo é um verdadeiro culto da linguagem, o que não precisa pressupor que isto seja o supremo ou único valor humano.

Aticismo é um aspecto do classicismo. O aticismo não se identifica necessariamente com o estilo sublime nem compactua com o estilo asiático que Cícero considera "insalubre" e que, no correr dos tempos, assume os mais variados nomes: preciosismo, maneirismo, modernismo e modernismo em suas variadas formas de vanguarda: expressionismo, dadaísmo, surrealismo, futurismo... O aticismo seria a busca do equilíbrio; o asianismo seria a busca da liberdade de tudo ousar.

A unidade na variedade. O aticismo não apresenta um padrão uniforme. Segundo Cícero, a essência do estilo ático reside no ideal de perfeição. Sob essa perspectiva, só há uma forma de aticismo. Mas o aticismo difere quanto ao modo de realizar a perfeição. E nesse sentido, Cícero insiste em que nem há mesmo dois oradores áticos iguais. Assim, Lísias difere de Isócrates e, no entanto, ambos são áticos. Quintiliano, explicando Cícero, diz que os áticos são semelhantes em gênero e diferentes em espécie (12,10).

As duas variantes básicas do aticismo

Segundo Cícero, a variedade do aticismo se reduz a duas vertentes fundamentais. Não existe um só padrão de aticismo "nec enim genus unum", mas existem pelo menos duas espécies legítimas de aticismo: um mais copioso e outro mais parcimonioso. Quintiliano confirma: há áticos mais contidos e áticos mais abundantes. Ambos se justificam, o que importa é que se evite transformar a virtude essencial de cada um em vício. Nem esbanjamento, nem avareza.

As figuras de estilo

Introdução geral

Comecemos, como convém, pelos exemplos de figuras: "Maria é uma rosa". "Maria é como uma rosa". "As velas navegavam ligeiras". "Da pátria filhos". "Fugace"...

O nome geral. Costumamos englobar o conjunto de todas as figuras sob variados títulos gerais, a saber, "Figuras de linguagem", "Figuras de estilo", "Figuras de retórica", "Figuras poéticas" ou simplesmente "Figuras", sem nenhum qualificativo.

Pondo ordem nas coisas, usaremos como termo mais genérico: Figuras de linguagem ou melhor ainda Figuras de estilo. Isso se justifica. De fato, por natureza, as figuras são fenômenos estilísticos da linguagem. O estilo é um modo alternativo de tratar a linguagem.

As outras denominações como figuras poéticas e figuras retóricas devem ser consideradas como espécies das figuras de estilo. As figuras poéticas, num sentido amplo, têm caráter estético, são mais ornamentais e num sentido restrito, referem-se, de preferência, às figuras do poema. As figuras de Retórica, num sentido amplo, têm caráter utilitário, são mais persuasivas e, num sentido mais restrito, referem-se às figuras do discurso.

Análise do conceito de figuras

As figuras são "artifícios estilísticos de linguagem" visando a efeitos estéticos ou utilitários e se caracterizam pelo desvio de uma expectativa num contexto.
Os níveis das figuras. As figuras se desdobram em quatro níveis: linguístico, estilístico, poético e retórico. As figuras dizem-se linguísticas na medida em que a matéria de que são feitas é a linguagem. Dizem-se estilísticas na medida em que visam ao efeito pela forma facultativa e enfática de tratar a linguagem. Dizem-se poéticas (= estéticas) e retóricas (= utilitárias) em vista da finalidade que almejam. Ou a função das figuras é "placere", (= agradar), como as poéticas ou "prodesse" (= ser útil), como as retóricas.

As figuras como fenômeno linguístico

As figuras ocorrem em todas as partes da Gramática: no estrato gráfico, fonológico, morfológico, sintático, semântico e lógico.
As figuras se formam por meio de variadas operações, que modificam a linguagem. Eis as principais: acréscimo: rebentar/ arrebentar; subtração: ainda/inda; repetição: Deus, Deus, que é também uma forma de acréscimo; inversão: "Mas se ergues da justiça a clava forte"; permuta: perguntar/ preguntar; substituição: velhice por inverno... Essas operações poderiam ser classificadas de superfiguras.
A linguagem figurada é conotativa. A linguagem não figurada é denotativa. A palavra "astro" tem um sentido denotativo, isto é, próprio, objetivo, principal, primário, definido pelo dicionário, mas pode ter também um sentido conotativo quando se diz de um artista que é um astro. Trata-se de um sentido secundário. O artista é um astro segundo certa perspectiva. Com o tempo, uma palavra conotativa pode se tornar denotativa dicionarizando-se, tal como: "o braço de um rio".

Necessidade de interpretação de certos exemplos de figuras

Num primeiro momento, certos exemplos de figuras nos chocam, veja-se: "o homem é um lobo", o que tomado literalmente é um absurdo. Num segundo momento, a figura tem de ser reavaliada, integrada no contexto. O homem é um lobo, sob certo respeito. Não nos esqueçamos da advertência dos antigos: *"omnis comparatio claudicat"*! Toda comparação claudica.

Os "concetti". O problema se complica com certas figuras atrevidas, chamadas de "concetti", que são conceituações extremamente sutis, esquisitas. Elas apresentam semelhanças nas coisas mais díspares. Baltazár Gracián as chama de "agudezas e arte do engenho"! Góngora diz que "O céu é azul como uma laranja". Outro escritor, falando das forjas de Netuno, diz: "Os fogos suavam para preparar os metais". As metáforas no surrealismo desafiam os psicanalistas. Para nós hoje é uma agudeza quando Aristóteles chama o homem honrado de "homem quadrado" (*Retórica* 3,11)! O quadrado era para a época uma figura perfeita.

Na origem, a linguagem é própria ou figurada?

Esse é um fascinante problema! No fundo, a linguagem sempre se exterioriza por meio de figuras. Mas acontece que só classificamos como figuras aquelas que se afastam do modo habitual e convencional de dizer.

Pode parecer, à primeira vista, que a linguagem primitiva fosse inicialmente literal e própria e só depois se tornasse figurada por várias razões. É realmente assim? É muito mais pertinente admitir que a linguagem figurada venha primeiro que a linguagem própria. A linguagem seria primitivamente figurada e só depois se tornaria literal. Essa posição se enquadra na concepção do romantismo que acredita que a poesia antecede a prosa.

A Gramática Histórica confirma esta tese, pois as línguas nascem e se desenvolvem sob a regência das figuras literárias. A língua se estrutura e evolui do ponto de vista fonológico, morfossintático e semântico, por razões estéticas e não apenas pela pressão das leis determinísticas, mecânicas. É sobretudo fácil de documentar esse fato na evolução das línguas. Originariamente, as palavras surgem como figuras, quer no plano do significante, quer no plano do significado. Vejam-se alguns exemplos. A palavra: caduco (do verbo *cadere* = cair) é o que cai. Quando o velho começa a cair facilmente, isso coincide com a perturbação do juízo. Pecar vem da palavra *pes, pedis* = pé. Pecar originariamente significava tropeçar, dar passo em falso. Moeda vem de *moneta* que vem do verbo *monere* = advertir. *Moneta* era o título de Juno, Juno Moneta, que era a protetora de um templo junto ao qual se fabricavam moedas. Pessoa vem de persona que, em latim, significa máscara. A pessoa é como uma máscara, uma metáfora. Desejar vem de: *de + sidus* (*sideris*). *Sidus* significa estrela, constelação. A expressão surge na linguagem marítima quando o nauta anseia e suspira pelo astro guia. Desejar foi inicialmente a vontade de rever uma estrela desaparecida. Contemplar vem de templo (*templum*) que, no princípio, se referia a um quadrado que o sacerdote adivinho traçava no céu, dentro de cujo espaço, ele fazia seus prognósticos. Pode-se generalizar que toda palavra é motivada na sua origem e transformação. Lupanar é uma palavra de sentido próprio? Lupanar deriva da metáfora latina *lupa* (= loba) que significava prostituta. No fundo, isto tudo quer dizer que as figuras obedecem a leis gramaticais.

A catacrese teria sido um fato universal da evolução semântica. Quando há falta de uma palavra própria para significar alguma coisa, usa-se por catacrese uma metáfora, como pé de mesa. É possível que, na origem, todas as palavras tenham nascido de metáforas e que, ao depois, se tornaram palavras comuns. As palavras aparentemente literais, não figuradas seriam metáforas mortas. A metáfora viva seria uma metáfora em segundo grau. Testa, em latim, é um vaso de barro! O sentido atual de testa é uma metáfora: a testa do homem lembra um vaso de barro. Tem razão Richards ao dizer que "a linguagem é organicamente metafórica".

As figuras como um fenômeno estilístico

Pela própria etimologia da palavra, figura se liga ao verbo *fingere* = fingir. A figura é uma ficção verbal, quase como se fosse uma criação poética.

E como, do ponto de vista filosófico, figura é o aspecto exterior que alguma coisa assume, assim também metaforicamente, a figura é o aspecto exterior que a linguagem assume, em certos momentos, de modo a se individualizar, a se personalizar. A figura é um recorte da linguagem. Trata-se de um modo particular da linguagem se comportar, de se apresentar, de fazer figura.

Ao mesmo tempo que uma figura é um fenômeno linguístico, ela é também um fenômeno estilístico, no sentido de que é um modo peculiar de se usar a linguagem. Por isso, cada figura tem o seu efeito próprio, exprimindo um estado de alma.

Como fenômeno de estilo, a figura resulta de uma escolha entre recursos alternativos e facultativos: casa/teto; fugaz/fugace... É uma escolha pessoal que pode se tornar coletiva. Ela não é obrigatória. Quando a figura se torna obrigatória deixa de ser uma figura viva.

A figura como desvio de uma "norma"

Essa é a mais forte e constante caracterização das figuras. Como fato estilístico, a figura é sempre desvio de uma norma. Pode-se dizer que, sem alguma sorte de desvio de um padrão, não há figura. Desvio etimologicamente quer dizer afastar-se do caminho real, da rota batida. O problema se resume em saber como determinar a norma. A figura é um desvio de que norma?

O que se deve entender e o que não se deve entender por norma

– Não se deve entender por norma:
1) Não é norma: uma regra obrigatória que a figura viola. Trata-se aqui de norma facultativa e alternativa. Como fato estilístico, a figura depende de es-

colha. A Estilística não viola a Gramática. A Gramática estabelece o que se deve e o que não se deve dizer, de modo obrigatório. A Estilística estabelece o que se pode escolher entre recursos facultativos da Gramática. Nesse sentido, as figuras pertencem mais à Estilística que à Gramática. Entretanto, os movimentos de vanguarda se comprazem em violar a Gramática, em busca de figuras, escolhendo entre o certo e o errado.

2) Não é norma: um modo comum de dizer de que a figura se afasta, visto que, na linguagem comum, se usa de muitas figuras. Por outro lado, a figura pode se tornar um modo comum de dizer.

3) Não é norma: um modo próprio de dizer, na verdade, o modo próprio de dizer é um mito! A figura não é um modo impróprio de dizer. Acontece mesmo que a figura seja, num certo contexto, o modo mais próprio de dizer. O modo próprio de dizer pode ser figurado ou não.

4) Não é norma: a linguagem em "grau zero". Grau zero seria uma linguagem neutra, branca, sem figuras que serviria de padrão de referência. O grau zero da linguagem não existe. Nem sequer a linguagem científica se despoja totalmente de figuras. Por outro lado, uma linguagem sem figura seria uma mera hipótese de trabalho. Do ponto de vista histórico, toda palavra é uma figura.

– **Entende-se por norma:** uma expectativa, num determinado contexto e no contexto do contexto. Espera-se "sino" e vem "bronze"; espera-se "barco", mas vem "vela"; espera-se "maior" e vem "mor". Sem dúvida que assíndeto e polissíndeto são figuras na medida em que se desviam do contexto. A figura é sempre um modo estranho de dizer. Essa estranheza pode ser maior ou menor.

O nível poético e retórico das figuras

As figuras buscam dois objetivos fundamentais já postos em evidência desde Aristóteles: um uso estético e um uso utilitário. Tradicionalmente, como vimos, as figuras de uso estético são denominadas de poéticas. As figuras utilitárias são denominadas de retóricas. Em ambos os casos, usou-se a parte pelo todo. Na verdade, a função poética faz parte da função estética e a função retórica faz parte da função utilitária.

A finalidade principal das figuras é sempre fazer efeito, impressionar bem, agradar. Entretanto, às vezes, sem perder o traço estético, sua finalidade predominante é prática, visando explicar, reforçar.

As figuras do ponto de vista poético podem ser de bom gosto ou de mau gosto. Há figuras engenhosas e banais. Há figuras que logo enfastiam, como: "estão mexendo no meu bolso", "fazer a lição de casa", "um prato cheio", "a galera"... Mas, enfim, sempre há aquele que toma contato com uma figura, já muito sovada, pela primeira vez.

As figuras e a Literatura. A Literatura é um lugar de predileção das figuras estéticas. Mas não significa que as figuras sejam um privilégio da Literatura. A própria linguagem científica não dispensa as figuras como meio ilustrativo. A linguagem utilitária cotidiana lança mão das figuras em larga escala, tanto que alguém já disse que, num dia de feira, se fazem mais metáforas que em muitas sessões acadêmicas!

O que, hoje, se discute é se as figuras constituem a essência do fenômeno literário a tal ponto que sem figuras não haveria literatura. Sobretudo defendem esse ponto de vista os que concebem que a Literatura se realiza apenas no nível linguístico. O que importa observar é que a Literatura não se escraviza ao império das figuras.

Note-se com empenho, como muito bem observou M. Du Marsais, que não são somente as figuras que dão beleza a um texto, um texto sem figuras também pode ser belo.

Não se confundam lugares-comuns aristotélicos com figuras de estilo.

Os lugares-comuns aristotélicos têm função lógica. Eles dão nome a várias classes de argumentos. As figuras são artifícios de linguagem que quebram expectativas. Os lugares são argumentativos, as figuras são, em geral, ilustrativas, reforçativas.

As figuras podem ser lugares-comuns? Se uma figura pode ser argumentativa, como a metáfora, por exemplo, ela equivale a um lugar-comum aristotélico.

Figuras semióticas são aquelas que se realizam em qualquer linguagem verbal ou não verbal. Veja-se, por exemplo, as figuras visuais usadas pela propaganda.

O número das figuras

Toda e qualquer modificação expressiva da linguagem, visando a efeito é uma figura. Contam-se por volta de umas 250 figuras. O número de figuras catalogadas é variável no correr dos tempos. Figuras aparecem e desaparecem como estrelas. Além disso, temos que levar em conta que há figuras codificadas e não codificadas. Isto quer dizer que há muitas figuras não contabilizadas. Resta ainda a hipótese de que língua possa ser, por natureza, um tecido inconsútil de figuras ativadas ou desativadas.

Nota bibliográfica: uma referência bastante completa das figuras codificadas se encontra nos dicionários: Aurélio, Houaiss, Michaelis, Aulete... Ver também: TAVARES, Hênio. *Teoria literária.* Belo Horizonte: Bernardo Alvares, 1969. MOISÉS, M. *Dicionário de termos literários.* São Paulo: Cultrix, 1978. FONTANIER, Pierre. *Les figures du discours.* Introdução Gerard Génette. Paris: Flammarion, 1968. MORIER, Henri. *Dictiónnaire de poétique et de rhétorique.* Paris: PUF, 1975....

O problema da divisão e classificação das figuras

Dividir consiste em repartir um todo em partes. Classificar consiste em localizar a parte no todo. A classificação supõe uma divisão anterior. A divisão permite a classificação.

No correr dos tempos foram surgindo variadas propostas de divisão e classificação das figuras de acordo com variados critérios.

1) Tropos e esquemas

Tem-se um tropo quando ocorre uma mudança de sentido seja de uma palavra seja de uma sentença. Os tropos formam um grupo de figuras que se dividem em duas categorias: tropos de uma só palavra como a metáfora, a metonímia, a sinédoque e tropos de muitas palavras, isto é tropos de sentença como a alegoria, a perífrase. Discute-se sobre o número de tropos. Quintiliano conta onze tropos.

Os esquemas são figuras que não modificam o sentido, mas o som, a forma, a construção de uma palavra ou frase, como uma anáfora, prótese, elipse... Nada impede que se dividam as figuras em: "figuras que são tropos" e "figuras que não são tropos".

2) Figuras de palavra e de "sentença"

Essa é uma divisão ambígua, pois permite duas interpretações. De fato, sentença, em latim, "sententia" pode significar duas coisas: proposição e pensamento. Daí termos duas oposições: 1) figuras de palavra e de pensamento ou 2) figuras de palavra e de proposição ou frase.

Figuras de palavras e figuras de proposição ou frase. Tomando-se a palavra "sentença" no sentido de proposição, essa divisão tem relativa justificação. Uma figura pode investir apenas num vocábulo como uma metáfora ou em uma sentença como uma antítese. Ressalve-se que, no fundo, não há uma figura isolada, fora do contexto de uma sentença, clara ou elíptica, contextual.

Figuras de palavras e de pensamento. Com frequência, muitos tratados de Retórica distinguiam rigidamente entre figuras de pensamento e de palavras porque se baseavam na forte convicção de que existe pensamento sem palavras. Sem linguagem não há figura. As figuras ditas impropriamente de figuras de pensamento têm de investir numa peculiar configuração verbal, como é o caso de uma ironia. Há uma estrutura verbal da ironia. Podem-se substituir as palavras, mas não a estrutura. Toda figura dita de pensamento tem uma estrutura peculiar. Toda figura é, ao mesmo tempo, figura de palavra e de pensamento. A rigor, até as figuras fonológicas não se desvinculam do pensamento: "arruído", não significa exatamente a mesma coisa que "ruído". A "aliteração" associa palavras e sugere imagens: "o rato roeu a roupa....". A onomatopeia é uma metáfora sonora. Não significa exatamente a mesma coisa dizer-se: "em verdade, em verdade, vos digo" com repetição e sem repetição.

Pelo que não tem muito sentido discutir se a metáfora é uma figura de palavra ou de pensamento. Na verdade, as figuras ou pertencem mais ao nível do pensamento ou mais ao nível das palavras. No final das contas, quem tem mais razão é G. Genette quando conclui que realmente só há figuras de expressão.

3) Figuras de expressão e de conteúdo.
Esta divisão substitui com vantagem as duas anteriores. Tanto as figuras de expressão como as de conteúdo se verificam na palavra e na sentença. As figuras de expressão compreendem o lado fônico da palavra e o lado sintático da sentença. As figuras de conteúdo compreendem o lado semântico da palavra e o lado lógico da sentença.

4) Figuras de invenção e de uso
Essa distinção foi veiculada por Fontanier. a) Por figura de invenção se entendem as figuras que são próprias de um escritor. Pertencem à "fala". b) Por figura de uso se entendem as figuras que pertencem à "língua".

5) Figuras vivas e mortas. Metaforicamente se diz que as figuras são "vivas ou mortas", conforme sejam percebidas ou não como figuras. As figuras nascem, vivem, morrem e, às vezes, ressuscitam.

6) Figuras comuns e figuras exclusivas do poema
A Retórica se interessa pelas figuras comuns e evita as figuras próprias do poema como a versificação, metrificação, a poemática. Vamos ilustrar essa passagem como uma das figuras mais fascinantes da história da poesia:

Os Metaplasmos Gráficos – ocorre quando um poema forma um desenho, uma figura, por exemplo, um ovo, uma cruz... Obtém-se tal resultado pela variação da medida dos versos. Na Antiguidade, tais poemas se chamavam *techonopaegnion* em grego e, em latim: *carmina figurata*, o que Montaigne (1533-1592) considerava sutileza fútil e vã dos antigos! Os futuristas criaram o quadro de palavras, poemas mais para se ver que para ler. Os Caligramas de Apollinaire derivam do cubismo. Nessa linha, na Europa, desenvolveu-se um movimento artístico chamado Letrismo e, no Brasil, Concretismo.

7) As figuras se dividiriam pelas categorias operadoras tais como repetição, inversão, subtração, adição, mutação, substituição...

8) A divisão tradicional
A divisão tradicional se revela bastante consistente, distribuindo as figuras nas seguintes categorias: Fonológicas (gráficas, sonoras), morfológicas, sintáticas, semânticas, lógicas.

9) A divisão estrutural proposta pela "Retórica Geral"
Essa divisão apresenta uma sólida fundamentação crítica, alcançando muita repercussão, por sua funcionalidade. Ela obedece a vários critérios.

Dentro dessa teoria, todas as figuras se regem por quatro operações fundamentais sobre a linguagem: supressão, adjunção, supressão–adjunção, permutação.

As figuras se realizam ou no plano da expressão ou no plano do conteúdo.

Por sua vez, tanto as figuras de expressão como as figuras de conteúdo se realizam no vocábulo ou na frase.

Daí o quadro geral das figuras:

expressão = vocábulo (metaplasmo)
frase (metataxe)
conteúdo = vocábulo (metassemema)
frase (metalogismo)

– **Metaplasmos**. Compreende as figuras que manipulam a expressão do vocábulo. Aqui se incluem as figuras gráficas e sonoras, v.g. aférese...
– **Metataxes**. Compreende as figuras que manipulam a expressão da frase. Aqui se incluem as figuras gramaticais: morfológicas ou sintáticas, v.g. elipse...
– **Metassememas**. Compreende as figuras que manipulam o conteúdo do vocábulo. Aqui se incluem as figuras semânticas, também chamadas de tropos, v.g. metáfora...
– **Metalogismos**. Compreende as figuras que manipulam o conteúdo da frase. Aqui se incluem as figuras lógicas, também chamadas de figuras de pensamento, v.g. alegoria...

A importância do estudo das figuras

Parece que já é hora de se pôr de lado o incompreensível pouco caso, já fora de moda, que se nutre em relação com as figuras de estilo. Uma vez que, em grande parte, a língua evolui em virtude das figuras de estilo, porque ter medo de conhecê-las e lhes dar nomes? Isso de se dizer que as figuras têm nomes arrevesados, esdrúxulos é uma questão de formação e gosto, talvez pose. Ninguém precisa usar de uma nomenclatura com fins sadomasoquistas. Que temos que ver com os abusos didáticos de certas épocas? O entendimento de uma comunicação, não raro, depende do desvendamento das figuras. Que quer dizer: "O homem é um caniço pensante"? Certamente que, em nossos manuais de Lógica, falta um capítulo sobre as figuras de estilo.

Léxico das figuras retóricas

Sem menosprezar qualquer proposta útil de divisão e classificação das figuras, vamos, por razões práticas, preferir uma exposição das figuras em ordem alfabética que, no entanto, fica longe de ser extenuante.

Nem sempre há uniformidade terminológica e conceitual entre os tratadistas. Nessa matéria, a proposta mais benéfica seria promover padrões terminológicos simplificados e funcionais.

Nota bene. Não vamos arrolar aqui as figuras exclusivas do poema, visto que não devem funcionar no discurso retórico propriamente dito, em prosa. Pelo que ficam excluídas as figuras exclusivas do poema referentes à poemática, versificação, métrica, rima... Essas figuras só teriam interesse eventual se se tratasse de um eventual discurso em verso.

A

• **Aférese – Síncope– Apócope** – subtrai-se um som:
– aférese: no início da palavra: ainda/inda;
– síncope: no meio da palavra: pérolas/perlas;
– apócope: no final da palavra: muito/mui.
Gregório de Matos constrói um soneto com apócopes nos finais dos versos, veja-se: "É uma das mais célebres histó-,..."

• **Alegoria** – esta figura apresenta dois aspectos que convém ressaltar:
1) É uma ficção narrativa de caráter didático com duplo sentido, um literal (o que se diz), outro figurado (o que se pretende dizer), é uma narrativa alusiva. Tem, portanto, um elemento narrativo e um elemento conceptual. É uma narrativa com uma lição. Trata-se de uma metáfora por meio de uma história. Ilustra-se um conceito por meio de uma narração. Os provérbios, as fábulas, os apólogos, as parábolas pertencem à alegoria. Platão inventou uma das mais célebres alegorias, "a alegoria da caverna". O *Trivium* e *Quadrivium* se fundam na alegoria imaginada por Martianus Capella, em sua famosa obra: *Sobre as núpcias da Filologia e de Mercúrio*.
2) A alegoria é uma metáfora desenvolvida, uma metáfora prolongada e contínua. Lembremo-nos da célebre alegoria de Horácio sobre o Estado, que ele compara a um barco, enfrentando o mar bravio: "Ó nau, novas ondas te impelirão para o mar. Oh! que fazes? Conserva-te firme no porto. Não percebes como a amurada está desguarnecida de remos e o mastro rachado pela velocidade do Áfrico e como gemem as antenas e sem as amarras, a custo, pode a quilha resistir ao mar por demais dominador..." (*Odes* 1,14). Fontanier chama esse segundo aspecto da alegoria de ALEGORISMO e o classifica como uma espécie particular de alegoria. Enigma é uma espécie de alegoria muito obscura (Dumarsais). Diz o Oráculo que os troianos, liderados por Eneias, só chegariam ao destino quando "comessem as mesas" (*Eneida* 3, 255)!

• **Aliteração** – é uma figura de repetição de sons. Todavia, há muita divergência ao se tentar estabelecer seus limites, tanto pode ser tomada num sentido restrito como amplo.

No sentido amplo é a repetição do mesmo fonema: vogal ou consoante, em palavras mais ou menos próximas.

No sentido restrito, que é o preferível, se considera a aliteração como a repetição da mesma consoante no início de palavras seguidas. "Auriverde pendão de minha terra/ que a brisa do Brasil beija e balança". Hegel acha que a caracterização dessa figura depende da natureza da língua que a usa.

• **Alusão** – Para se dizer que alguém obteve uma vitória custosa e praticamente inútil, dizemos que obteve uma "vitória de Pirro". Pirro venceu os romanos, mas faliu! A alusão explica alguma coisa (uma vitória mais custosa que vantajosa) por meio de uma referência a um fato famoso e exemplar, seja histórico, seja mitológico, seja fictício, tomado metaforicamente. Alusão é um modo indireto de dizer. Aludimos ao "calcanhar de Aquiles" para nos referir ao ponto fraco de alguma coisa. A alusão se baseia ou numa metáfora ou numa metonímia, ou numa sinédoque ou numa alegoria. Platão fala de "razões do lobo", aludindo à fabula: "O lobo e o cordeiro", que são argumentos baseados mais na força que na verdade. Camões aconselha que se fuja das fontes, ao lembrar o episódio da fonte de Narciso. A "lanterna de Diógenes" evoca a dificuldade de se encontrar um verdadeiro homem. "A indireta" e "a carapuça" são modos de alusão. Frye afirma que a Literatura é, por natureza, alusiva. Pelo menos a linguagem dos simbolistas é fortemente alusiva, plena de sugestão.

• **Anacoluto** – ocorre quando há uma ruptura abrupta na construção sintática de uma frase. A frase começa com uma estrutura e termina com outra. É uma construção irregular: "eu, ele nada me deve"; "o forte, o covarde seus feitos inveja"; "eu parece-me que o conheço".

• **Anadiplose** – é a repetição de palavra ou expressão no final de uma frase e no começo da frase seguinte:

"... por sobre a areia corria/ corria levando a flor". Gregório de Matos, inspirado nessa figura, constrói o soneto: "Ofendi-vos, meu Deus, é bem verdade"...

• **Anáfora ou Epanáfora** – quando se repete a mesma palavra ou expressão no início de frases seguidas, obtendo-se um efeito simétrico:

        Vida que é o dia de hoje
        o bem que de ti se alcança
        ou passa porque nos foge
        ou passa porque nos cansa.

• **Anagrama** – verifica-se quando se dispõe, em outra ordem, as letras de uma palavra ou frase, formando uma nova palavra ou frase. De cânhamo forma-se maconha. De América – Iracema. De Guimarães Rosa se forma Soares Guiamar.

• **Anástrofe** – é a inversão da ordem normal das palavras de um sintagma em que uma palavra é a determinada e a outra, a determinante: "da vida pela estrada"... – Ver: Hipérbato, Sínquise.

• **Antanáclase** – é a repetição da mesma palavra, mas com sentido diferente. Foneticamente são palavras idênticas, mas semanticamente, diferentes. "O coração tem razão (= motivo) que a própria razão (= intelecto) desconhece". – Ver: Paronomásia.
• **Anticlímax** – Ver: Gradação
• **Antífrase** – O rei de Portugal, sob inspiração divina, mandou substituir o nome de "Cabo das Tormentas" (de mau agouro) para "Cabo da Boa Esperança" (de bom agouro). Na antífrase, evita-se o nome do que se teme (Cabo das Tormentas) e profere-se o nome do que se deseja (Cabo da Boa Esperança). É uma figura que tem algo de ironia e de eufemismo. O "Oceano Pacífico" foi chamado assim por ser tempestuoso. Os antigos chamavam o "Mar Negro" de "Ponto Euxino", isto é, mar hospitaleiro. Nomeia-se uma coisa pelo seu contrário.
• **Antífrase e ironia** – Morier considera a antífrase sinônima de ironia. Tavares a considera como uma espécie de ironia. Todavia, a antífrase se faz por tabu, não por mero humorismo como a ironia. A ironia não é eufemística e a antífrase não tem a mordacidade que caracteriza a ironia.
• **Antimetábole** – se dá quando, na segunda oração, se repetem as palavras da oração anterior em ordem inversa: "No meio do caminho tinha uma pedra/ tinha uma pedra no meio do caminho". "Come-se para viver, não se vive para comer". "Tinhas a alma de sonhos povoada, e a alma de sonhos povoada eu tinha" (Bilac).
• **Antítese** – justapõem-se, no mesmo enunciado, ideias em contraste, mas sem identificá-las, pois, o mundo é feito de muitos contrastes: "Guerra e paz"; "Carne-espírito"; "luz e trevas"; "água mole, pedra dura"; "saiba morrer o que viver não soube"; "O ser e o nada". "Arte longa, vida breve". Pretende-se pôr em evidência o contraste. No oximoro, as ideias, em contraste, são identificadas. – Ver: Oximoro.
• **Antonomásia** – compreende dois casos:
a) Em vez de dizer "Aristóteles", digo: "o Filósofo", porque Aristóteles é o filósofo por excelência ou por antonomásia. Neste primeiro caso, usa-se, por sinédoque, um nome comum, em lugar do nome próprio. Substitui-se o nome próprio por uma qualidade comum associada ao nome próprio. O indivíduo representa a classe. Em vez de "Cícero", digo: "o Orador". Ao dizer: o orador, penso, por correlação, em Cícero. O "Macedônio" é "Alexandre".
b) Em vez de chamar alguém de hipócrita (nome comum), chamo-o de "Tartufo" (nome próprio). Tartufo é uma personagem da comédia de Molière que se caracteriza pela hipocrisia de modo destacado. Usa-se, por metáfora alusiva, o nome próprio como nome comum. A classe se representa pelo indivíduo. Em vez de dizer que uma mulher é fidelíssima digo que é uma "Penélope". Digo de alguém que é uma "Megera". De um orador elo-

quente digo que é qual Vieira. Os guias turísticos romanos eram chamados de "cicerones". De um arguto crítico digo que é um "Aristarcos"; de um crítico incompetente digo que é um "Zoilo"....
• **Apócope** – Ver: Aférese
• **Aposiopese** – Ver: Reticência
• **Apóstrofe** – A apóstrofe admite duas interpretações:
a) interrompe-se o que se está falando com alguém, para se dirigir a um outro destinatário, que pode ser pessoa ou coisa real ou fictícia, presente ou ausente. A apóstrofe supõe maior ou menor veemência na fala: "Levantai-vos, heróis do Novo Mundo! / Andrada! Arranca esse pendão dos ares!". "Ó Pátria amada, idolatrada, Salve! Salve!..."
Quando é mais forte a apóstrofe se diz Invectiva. Leia-se de Vieira "A apóstrofe atrevida" em que se dirige ao SS. Sacramento, ou leia-se: "O Buriti perdido", página de Afonso Arinos, em *Pelo Sertão*... A invocação às Musas por parte dos poetas é uma apóstrofe.
b) O *Dicionário Aurélio* insiste em que a interrupção não é um traço essencial da apóstrofe. Ela pode se limitar apenas a dirigir diretamente a palavra a um destinatário. Todo discurso se inicia invocando os ouvintes: "Meus Senhores!".
• **Assíndeto** – ocorre quando se deixa elíptico o conectivo entre os elementos de uma coordenação: "vim, vi, venci". "Desobedeceste, (mas) não serás punido". – Ver: Polissíndeto.

C

• **Cacófato** – 1) é a sucessão de sons foneticamente desagradáveis, independente do sentido: "não seja já"; 2) é a formação de palavra inconveniente quando forçamos a "juntura" de palavras separadas, por exemplo, "alma minha gentil", uma mão", "ela tinha", "homem de pouca fé"; 3) é a formação de palavra inconveniente quando forçamos a separação de uma palavra, por exemplo, "for/mula"; 4) quando se dá um sentido malicioso a uma palavra comum... Nem sempre o cacófato é evitável, ele pode ser abrandado. De qualquer forma, o cacófato só é uma figura de estilo quando visa a efeitos expressivos.
• **Calembur** – Ver: Trocadilho.
• **Catacrese** – de modo geral é um processo de formação de palavra. Supre-se a falta de uma palavra por meio de uma metáfora. Essa metáfora pode ser abusiva ou não. Daí os dois aspectos da catacrese.
a) Catacrese não abusiva: quando se tem falta de uma palavra própria para exprimir alguma coisa, usa-se então de uma metáfora em seu lugar. Trata-se de uma comparação coerente. Exemplos: "cabeça de alho, dente de alho, pé de mesa, braço de cadeira, pescoço de garrafa"... Esse tipo de catacrese não

forma uma metáfora abusiva. Não é abusivo dizer "braço de um rio"...
Nesse sentido, a catacrese difere da formação de uma metáfora comum. A metáfora comum não visa a suprir uma penúria vocabular, exemplo: "o homem é o lobo de outro homem". "Lobo" não se emprega habitualmente em lugar de homem, marca apenas uma semelhança eventual, expressiva entre o homem e o lobo, mas "dente de alho" é uma necessidade vocabular.
b) Catacrese abusiva: trata-se do mesmo processo de formação de palavra por meio de uma metáfora, mas uma metáfora abusiva, importando em alguma incoerência.
Assim resulta de um abuso quando se diz "ferrar os cavalos com prata"; "aterrizar na Lua"; "vinho de jabuticaba"; "azulejo verde", "cavalgar num burro ou num cabo de vassoura"... O uso consagra ou não uma catacrese, abusiva ou não.
Assim "embarcar no trem" é um exemplo de catacrese, originalmente abusiva. A certa altura, faltava uma palavra específica para o ato de "entrar num trem para viajar". Por isso, tomou-se de empréstimo a palavra "embarcar". De um lado, há certa analogia entre embarcar num barco e embarcar num trem. O caráter utilitário da catacrese rouba-lhe a vitalidade como figura.
• **Cláusula métrica** consistia em metrificar apenas o final dos períodos, atingindo apenas as duas últimas palavras. No século XIV, houve uma tentativa de implantar a rima nos sermões.
• **Clímax** – Ver: Gradação
• **Comparação**
1) Usa-se como sinônimo de Símile.
2) A rigor, a comparação não é uma figura, mas um processo de formação de algumas figuras, sobretudo a metáfora e o símile. "O homem é como o lobo do homem". Aqui temos um símile. "O homem é o lobo do homem", aqui temos uma metáfora. A comparação que serve para formar símiles e metáforas é a comparação qualitativa por semelhança, não a quantitativa. Como ensina Petrus Ramus, a comparação pode ser quantitativa e qualitativa. A comparação quantitativa não forma figuras. Ela pode ser de igualdade, inferioridade e superioridade. Por exemplo: "a rosa é mais olorosa que a margarida". A comparação qualitativa é uma comparação por semelhança, consistindo em verificar em que coisas diferentes se assemelham.
A estrutura da comparação. A comparação supõe os seguintes elementos: 1) o tema ou teor, que é o que se compara: uma atriz; 2) o veículo que é a coisa com que se compara: estrela; 3) A base que é o motivo da comparação: o ponto em que se assemelham, o brilho. – Ver: Metáfora e Símile.
• **Circunlóquio** – Ver: Perífrase.
• **Correção ou Epanortose** – Faz-se uma ressalva ao que se disse antes, corrigindo, atenuando ou enfatizando: "a morte ou antes... ou melhor...a passagem para outra vida".

D

- **Diácope** – é a repetição da mesma palavra ou expressão, mas com um intervalo entre elas: "Salve! Eternamente Salve!". "Não mais, Musa, não mais"...
- **Diérese e Sinérese** – quando se encontram duas vogais dentro da mesma palavra e por licença poética podem ser pronunciadas como uma ou duas sílabas: pie-da-de/ pi-e-dade. Trata-se de uma figura métrica que pode funcionar na declamação. Ver: Sinérese.

E

- **Elipse** – quando em um enunciado se omite uma ou mais palavras que são subentendidas pelo contexto ou situação: Bom dia! = Desejo-lhe um bom dia. No Renascimento, os manuais chamavam a atenção para as virtudes da elipse. Da elipse pode derivar brevidade (BRAQUILOGIA) ou ambiguidade. – Ver: Zeugma.
- **Elisão** – quando não se pronuncia a vogal final de uma palavra diante da vogal inicial da palavra seguinte, podendo-se usar, na escrita, apóstrofo ou não. Exemplo: "sort(e)amarga", "sort´amarga".

Note-se que se trata de um recurso necessário à métrica, exigindo muita cautela na prosa.

- **Enálage** – quando uma palavra assume uma outra categoria gramatical: – adjetivo substantivado: "menino pobre", aqui pobre é adjetivo, quando digo "o pobre" é substantivo; – adjetivo usado como advérbio: ele falou calmo (= calmamente); – um tempo verbal por outro: em vez de dizer: irei a São Paulo, digo vou a São Paulo, onde se usa o presente com valor de futuro. Confronte-se com poliptoto.
- **Enigma** – Ver: Alegoria
- **Enumeração** – quando se cita, em seguida, uma série expressiva de elementos de mesma função sintática: "A primavera, o verão, o outono e o inverno são quadras da vida". A enumeração pode ser ordenada ou caótica, como nas enumerações surrealistas. Ver: Gradação.
- **Epanadiplose** – é a repetição da mesma palavra ou expressão no começo e final da mesma frase: "o homem é o lobo de outro homem". Assim em Aurélio e Michaelis.
- **Epanáfora** – Ver: Anáfora
- **Epanalepse** – 1) segundo Aurélio e Michaelis, usa-se no lugar de mesodiplose. 2) Segundo outros autores, usa-se em lugar de epanadiplose.

Epânodo – quando dois vocábulos tomados juntos, ao depois se repetem separados e explicados: "A prudência é filha do tempo e da razão: da razão pelo discurso, do tempo pela experiência" (Vieira). O poema de Castro Alves: *Coração* se constrói baseado num epânodo.

- **Epanortose** – Ver: Correção
- **Epêntese** – Ver: Prótese
- **Epífora** – Ver: Epístrofe
- **Epístrofe Ou Epífora** – é a repetição de palavra ou expressão no final de frases seguidas: "Nunca morrer assim! Nunca morrer num dia assim de um sol assim!"
- **Epíteto** – tira partido expressivo da qualificação de uma palavra: "mar, belo mar selvagem"; "doce sonho, suave e soberano". "A aurora de dedos de rosa". "O mar cor de vinho".
- **Epizeuxe** – é a repetição seguida da mesma palavra ou expressão: "Em verdade, em verdade, vos digo". "Salve! Salve!" "Palavras, palavras, palavras".
- **Eufemismo** – atenua uma palavra ou expressão desagradável e rude. Em vez de dizer de alguém que é "tuberculoso", dizemos que "sofre do peito"; em vez de "velho", "idoso". "Se algo lhe acontecer...". Em vez de "morte", dizemos "passamento".
- **Eufonia** – é o contrário de cacofonia e se dá quando se encontram sons agradáveis, harmoniosos.

F

- **Figura Etimológica** – quando se associam palavras cognatas, afins, da mesma família que têm a mesma raiz verbal: "sonhar lindos sonhos", "... um mulato da maior mulataria trepou numa estátua..." (Confira com Poliptoto).

G

- **Gradação** – quando, numa enumeração, se escalona a intensidade significativa das palavras: – ou são dispostas em ordem crescente com um Clímax: "andai, correi, voai"; – ou dispostas em ordem decrescente com um Anticlímax: "voai, correi, andai". – Ver: Enumeração.

H

- **Haplologia** – acontece quando, em vez de um fonema, se subtrai uma sílaba, bondadoso /bondoso; a palavra latina idololatria dá em português, por haplologia, idolatria.
- **Harmonia Imitativa** – Ver: Onomatopeia
- **Hendíadis** – quando se coordenam termos que deveriam estar subordinados. Assim, em vez de dizer: "Bebamos em copos de ouro", dizemos: "bebamos em copos e em ouro". Outro exemplo: "Canto as armas e o capitão".

• **Hipálage** – ocorre quando uma palavra em vez de modificar a palavra que devia, modifica uma outra palavra, dissociando termos que deveriam ficar juntos. Sintaticamente se une a um termo, mas logicamente se refere a outro. "Iam obscuros pela noite".

• **Hipérbato** – pode ser: 1) a inversão da ordem habitual dos elementos de uma oração, "Destes penhascos fez a natureza o berço"...; 2) a inversão das orações dentro de um período: " Bailando no ar, gemia inquieto vaga-lume". – Ver: anástrofe, sínquise.

• **Hiperbibasmo** – dá-se quando o acento tônico de uma palavra se desloca para a sílaba anterior (SÍSTOLE) ou para a sílaba posterior (DIÁSTOLE). Exemplo de sístole: Camões, por força da métrica, diz Samária. Exemplo de diástole: em Bocage, aparece impia, em lugar de ímpia. O povo diz benção em vez de bênção.

• **Hipérbole** – consiste no exagero expressivo, por aumento ou diminuição: "faz um século que não te vejo". "Derramou torrentes de lágrimas". Evidentemente que, no caso, não há mentira em mostrar a coisa além ou aquém do que ela é. Trata-se de ênfase metaforizada. É uma figura básica no barroco. Diferença entre Lítotes E Hipérbole. Na hipérbole, dizemos o mais para dizer o menos; na lítotes, dizemos o menos para dizer o mais.

• **Hipocorístico** – é uma manifestação de carinho, na linguagem familiar, por meio de certos recursos expressivos:
– pelo diminutivo : benzinho;
– pela reduplicação: papá, Zezé;
– pela abreviação: Ró abreviação de Rosa.

• **Hipotipose** – Figura que, por meio de uma descrição, faz ver e sentir o que se transmite. Figura de importante densidade cultural, ela dá nome a livros famosos atribuídos a Sexto Empírico, Melancthonius. São livros que visualizam, esclarecem, evidenciam.

I

• **Imagem** – tem dois sentidos principais: como figura de linguagem e como representação mental. 1) Imagem refere-se a algumas figuras de estilo, baseadas numa analogia, como o símile, a metáfora; essas figuras carregam alguma imagem. Quando digo "inverno da vida" em lugar de "velhice", a imagem é inverno. Vejam-se as imagens embutidas nestas metáforas: "meu amor é como uma rosa vermelha", "um lírio, uma estrela"...

2) A imagem é, num sentido amplo, a mera representação individual e sensível de uma ideia. As imagens podem ser visuais, auditivas, gustativas, sinestésicas... A imagística é uma disciplina que estuda, de modo geral, as imagens sensoriais, próprias de um autor, de uma escola: palmeira, sabiá, bananeiras, laranjais...

A chamada "Retórica da imagem" estuda as imagens publicitárias apresentadas pelas figuras poéticas ou retóricas.

• **Interrogação Retórica Ou Pergunta Retórica** – É preciso distinguir entre interrogação para valer, referencial, em que se busca uma informação (– que horas são?) e interrogação meramente retórica, visando a efeitos estilísticos. Na interrogação retórica, não se busca informação, salienta-se a informação. A interrogação retórica tem caráter persuasivo, enfático e didático. No nível superficial é uma interrogação, mas é uma afirmação ou negação no nível profundo. "Não foi Camões um grande poeta?"

• **Ironia** – diz-se maliciosamente de um menino levado que é "um santinho!". Na ironia, diz-se o contrário do que se pensa, deixando-se entender isso pelo contexto. Na estrutura profunda, se vitupera, na estrutura superficial, se louva. Marco Antônio diz: "E o nobre Brutus é um homem honrado!". Dizem a Jesus: "Salve! Rei dos Judeus!". A ironia é uma figura com muita força argumentativa.

A ironia tem sempre intenção humorística e mordaz. Esse traço um tanto agressivo da ironia se revela pela possível ligação etimológica da palavra com "ira"!

A ironia socrática. A ironia socrática não se entende como mera figura de estilo, mas como uma estratégia de argumentação. A ironia socrática levava o adversário ao ridículo, obrigando-o a renunciar à própria opinião, preparando-o para receber a verdade. A Argumentação socrática tem duas fases: a ironia e a maiêutica. Na fase da ironia, Sócrates finge não saber o que sabe e finge que o interlocutor sabe o que não sabe, para levá-lo à confissão da própria ignorância. A seguir na fase da "maiêutica", Sócrates ajuda o adversário a pesquisar o verdadeiro conhecimento. Ele se desvaloriza e valoriza o adversário para que esse venha a desvalorizar a própria presunção. Sócrates é irônico ao dizer que não entende nada e que quer aprender. Na verdade, ele entende e quer ensinar.

A ironia romântica. O romantismo é idealista, ora para o idealismo a verdadeira realidade é o espírito, a matéria é uma sombra desprezível. Daí a matéria, em todos os seus aspectos, ser objeto de ironia, isto é, de pouco caso por parte dos românticos. O gênio, no processo de exteriorização da obra de arte, não se subordina à realidade externa, ele não imita, ele dita regras à arte.

L

• **Lítotes** – temos esse tipo de figura quando se afirma negando, nega-se pretendendo afirmar. Abranda-se uma afirmação, negando. A negação equivale a uma afirmação. Em vez de dizer: "eu gosto", diz-se: "não desgosto". Em vez de "está bom", "não está ruim"; "não é feia". "Outro que não eu", diz o orador.

Não se confunde com a ironia, pois não se está dizendo o contrário do que se pensa. Penso que Pedro é esperto e digo, com certo humor, "não é tolo". Esperto e "não tolo", não são contrários. André Gide supõe que o classicismo tende totalmente para a lítotes.

M

• **Mesodiplose** – repete a mesma palavra ou expressão no meio de frases seguidas: "Todo homem sonha dormindo e frequentemente também sonha acordado". – Ver: Tavares. Não a registram: Houaiss, Michaelis...
• **Metáfora** – é a rainha das figuras. Exemplo de metáfora: "Aquiles é um leão". "A infância é a aurora da vida". Ela se baseia essencialmente numa comparação. Sem comparação não há metáfora. Pela comparação verifica-se em que coisas diferentes se assemelham. A velhice e o inverno são coisas diferentes. A velhice, o que se compara, o inverno com que se compara, sobre um determinado ponto de vista.
A metáfora também se baseia numa analogia no sentido de proporção, assim a velhice está para o inverno assim como o inverno está para as demais estações da vida. Na metáfora, a comparação se apresenta sob a forma de uma identidade. Assim: "a velhice é o inverno da vida". Existe identidade entre o comparado e o comparante: "o homem é um caniço pensante". Todavia, a identidade que constitui a metáfora é aparente, não real, equivalendo a uma comparação. O homem não é um lobo!
A metáfora é também um *tropos*. Diz-se *tropos* toda figura em que há mudança de significado. A metáfora se caracteriza também por um transporte de significado, tanto assim que etimologicamente, em grego, "metáfora" quer dizer transporte. Na Grécia, nos caminhões de transporte, se lê: "metáfora". Transporta-se algum sentido de uma palavra para outra. A metáfora transporta algum sentido de inverno para a velhice. Veja-se o exemplo: "na aurora da vida"... A palavra aurora tem um sentido que lhe é próprio, significa o início do dia, mas pode ser transportada para a infância, inicio da vida. Assim aurora significa: 1) início do dia (sentido comum); 2) infância, (como metáfora).
Metáfora e Símile.
São dois modos de apresentar a mesma figura. Se digo: "O Estado é um barco" é uma metáfora, mas se digo "o Estado é como um barco", é um símile. Toda metáfora pode ser transformada num símile e todo símile, numa metáfora. O modo mais prático para se entender e explicar uma metáfora é transformá-la em um símile. Aristóteles não vê muita diferença de importância entre metáfora e símile. A preferência por uma ou outra é uma questão de expressividade e gosto. Há entre elas uma diferença gramatical e uma pequena diferença de sentido. A principal diferença se dá no modo

gramatical de comparar. O símile é uma comparação que, do ponto de vista gramatical, se apoia em partículas de comparação: "como", "qual", "semelhante", "que nem"... "o homem é como uma serpente". A metáfora é uma comparação em que não se usam as referidas partículas de comparação: "o homem é uma serpente". No símile, a comparação é explícita, desenvolvida, com as marcas da comparação, na metáfora, a comparação fica subentendida, elíptica, implícita, abreviada. Do ponto de vista semântico, a metáfora é mais forte e com frequência gera certa ambiguidade que deve ser desfeita, transformando-se num símile. Veja-se a metáfora: "O homem é um lobo" se torna clara por meio de um símile: "o homem é como um lobo". Note-se que toda metáfora e todo símile é uma comparação, mas nem toda comparação é uma metáfora ou um símile.

• **Metalepse** é uma espécie de metonímia: a) em que se usa o antecedente pelo consequente: "ele viveu" (= está morto, consequente); b) o consequente pelo antecedente: "caem as folhas" (= é outono, antecedente).

• **Metátese** – é a troca de lugar dos fonemas, dentro de uma palavra: perguntar, preguntar, formosa, fremosa.

• **Metonímia** – "beber um Madeira", quer dizer beber um vinho fabricado na Ilha da Madeira. Usou-se a palavra Madeira em lugar da palavra vinho porque há uma relação extrínseca entre as duas coisas. A Ilha da Madeira lembra o vinho que lá se produz.

Metonímia acontece quando se usa uma palavra em lugar de outra, porque há uma contiguidade, uma proximidade entre elas, mas uma não faz parte da outra, há apenas, entre elas, uma relação externa, não interna. As palavras guardam entre si autonomia, não há inclusão, conexão, não formam um todo. Na metonímia, há quase sempre elipse de uma palavra, um Madeira (vinho da...).

Devemos distinguir as seguintes espécies de metonímias:

a) Metonímia de causa e efeito. Quando se usa a causa (eficiente) pelo efeito. "Marte" em lugar de "guerra", pois a guerra é obra do deus. "Baco" em lugar de vinho, porque vinho foi inventado por Baco. "Que sol!" Quer dizer que calor! Quando se usa o efeito pela causa. "Comer o pão com o suor". O suor é efeito do trabalho. "Viver do trabalho" quer dizer: viver do produto do trabalho, o salário.

b) Metonímia do autor pela obra, tomando-se autor num sentido amplo. "Ler Camões" significa ler os livros de Camões. "Ford" é uma marca de carro que derivou do nome do fabricante. "Ouvir Wagner". Trata-se de uma relação de causa e efeito.

c) Metonímia do instrumento – usa-se o instrumento pelo seu resultado: "a pena" de Machado de Assis, isto é, o estilo. "Um bom garfo". Trata-se também de uma relação de causa e efeito, aqui é uma causa instrumental.

d) Metonímia do continente pelo conteúdo – usa-se o conteúdo pelo continente. "Ele gosta da garrafa", onde garrafa está em lugar de "bebida". "Paris desperta", quem desperta são os habitantes que Paris contém. "Quer beber água? – Não, já bebi um copo", (elipse de água). "Comer um prato".
e) Metonímia do lugar pelo produto do lugar – usa-se o nome do lugar pelo produto aí produzido. "Beber um Madeira, um champagne". "Academia" de Platão, "Liceu" de Aristóteles, "Pórtico" de Zenão, "os Jardins de Epicuro"...
f) Metonímia da matéria e produto. Indica-se uma coisa pela matéria de que é feita. Indica-se o objeto pela sua "causa material". "Cortar o mar num lenho (= navio) frágil". "Tenho pouca prata (= dinheiro)". "O soar do bronze (= sino)". Em vez de dizer xícaras, pires... digo porcelanas. O ferro indica variados objetos, sino, espada, âncora... Dedilhar no pinho (= violão).
Nota: Alguns autores (por exemplo, Fontanier) incluem entre as espécies de sinédoque: a matéria pelo produto, em vez de considerá-la como uma metonímia. É compreensível a hesitação visto que chamar a "espada" de "ferro" tanto se explica pela relação de causa (material) e efeito (metonímia) como se explica pela relação de todo e parte (sinédoque).
• *Mot-Valise* (em francês) ou *Porte-Manteau* **Word** (em inglês) consiste na formação de uma nova palavra com partes expressivas de duas ou três palavras. Bit deriva de binary + digit; autobus deriva de automóvel e ônibus...

O

• **Onomatopeia** – acontece quando uma palavra imita um som natural ou artificial e evoca seu produtor: zumbir, chiar, tique-taque...
O valor da onomatopeia é relativo. O latido do cachorro, em português, é au-au, em italiano: bau-bau etc. A onomatopeia é um ícone, um signo motivado em que o significante guarda semelhança com o som do referente. Há uma teoria segundo a qual as línguas começaram pela onomatopeia.
Quando se trata de uma frase que sugere sons do mundo se diz Harmonia Imitativa: "os cães ululam à lua".
• **Oximoro (ou oximóron)** – em que se identificam ideias que se excluem. Diz-se que há uma "coincidência de opostos", havendo uma "contradição entre os termos". Exemplo: "obscura claridade"; "silêncio eloquente"; "covarde valentia"; "fogo que gela"; "pobres riquezas"; "apressar-se devagar". "paraíso infernal", "contentamento descontente". Baudelaire chama a mulher de "sublime ignomínia". N. Cusano escreveu o livro: *De docta ignorantia*, onde se prova que *"scire est ignorare"*. Note-se que sendo uma figura, a incongruência do oximoro deve ser interpretada.
Confronte-se com Antítese. Na antítese, os termos em oposição não são identificados.

P

- **Palíndromo** – verifica-se quando uma palavra ou frase pode ser lida da direita para a esquerda e da esquerda para a direita: Roma – amor; arara; ovo... Pode manter o mesmo sentido ou sentido diferente.
- **Palilogia** – repetição integral de uma frase (Tavares): "sofrendo com mal de amor/ sofrendo com mal de amor". Houaiss não a registra.
- **Paradoxo** – faz-se uma afirmação contrária à opinião geral estabelecida, implicando um contrassenso. Não significa, porém, que o paradoxo seja sempre falso como quando se afirmou, contra a crença geral, que a terra é que gira ao redor do sol. Para Sócrates quem conhece a virtude, *ipso facto*, é virtuoso. Tertuliano afirma que crê nos mistérios cristãos exatamente porque são absurdos. E Rousseau dizia que a mais importante regra da Educação não consiste em ganhar tempo, mas em perder tempo com o aluno. Wilde achava que a natureza é que imita a arte! Para Kant o belo é um juízo subjetivo e universal, é uma finalidade sem fim.

Diferença entre antítese, oximoro e paradoxo. Se digo "noite e dia", temos uma antítese, são ideias opostas, mas complementares, elas se opõem sem se identificarem. Se identifico os termos opostos: "a noite é o dia", ou "o dia é a noite", temos oximoros. O paradoxo é um oximoro que contraria a crença geral estabelecida.

- **Paráfrase** – reprodução de um texto com outras palavras, sem alterar o conteúdo.
- **Paragoge** – Ver: Prótese
- **Paragrama** – segundo Saussure, consiste em espalhar as letras de uma palavra ou frase ao longo de um texto, como se fosse um código secreto. Em vez de citar uma palavra significativa em sua integridade, distribuem-se as letras de que é formada pelo decorrer do texto. Veja-se este verso de Baudelaire: "*Sur mon crâne incliné plante son drapeau noir*", onde se lê a mensagem: *spleen* = mau humor.
- **Paralelismo** – apresenta dois sentidos: 1) No nível da expressão, são frases seguidas com a mesma estrutura sintática, por exemplo: "Navegar é preciso, viver não é preciso". 2) No nível do conteúdo, é a repetição das mesmas ideias com palavras ligeiramente alteradas, como acontecia nas Cantigas de Amigo: "Bailemos nós já todas três amigas, ai amigas,/ sob estas avelaneiras floridas.../ Bailemos nós já todas três, ai irmãs/ sob este ramo destas avelãs".
- **Perífrase** – consiste em dizer com mais palavras o que se pode dizer com menos palavras. Em vez de dizer diretamente o nome de algo, faz-se alusão a ela por meio de um rodeio verbal. Por isso, essa figura também se chama circunlóquio. Quando digo "o autor de Iracema", faço alusão a Alencar.

Quando digo "o astro rei", faço alusão ao Sol. Quando digo "estrela da tarde" faço alusão a Vésper. Por variadas razões se substitui uma palavra por uma frase equivalente. Basta não existir uma palavra. Basta temer-se um nome. Basta esquecer-se o nome de alguma coisa para se forjar perífrases rememorativas. De qualquer forma, um conceito pode ser expresso por uma ou várias palavras.

• **Paródia** – uma espécie de paráfrase, em que se imita, não seriamente, mas humoristicamente, uma produção literária. Na pintura, celebrizam-se as imitações jocosas de *Mona Lisa*. No cinema, a imitação cômica de *Romeu e Julieta*. Há paródia de quase todos os poemas famosos.

• **Paronomásia** – é o equívoco que resulta da aproximação de palavras foneticamente parecidas, mas de sentidos diferentes. Veja-se o jogo entre a palavra *"traduttore, traditore"*. "Não é acanhado, mas assanhado". Em latim, se dizia, *homo – húmus/ fama – fumus/ finis – cinis/*, isto é, o homem é terra, a fama é fumaça, o fim é cinza. A paronomásia é a base principal da formação de trocadilhos. – Confira com Antanáclase.

• **Personificação** – personifica-se ao dar atributos humanos a seres inanimados e abstratos. É um fenômeno metafórico de antropomorfização: "Ouviram do Ipiranga às margens plácidas". "Se em teu formoso céu risonho e límpido". Leia-se, em Camões, o episódio do Adamastor. As fábulas personificam os animais. Os apólogos personificam as coisas. "As dores do mundo"! "As lágrimas das coisas". "As vozes das coisas".

• **Pleonasmo** – repete-se o que já se disse com outros termos. O pleonasmo adquire um traço hiperbólico. A redundância pode ser desnecessária: "subir para cima", "entrar para dentro", "voltar para trás"... ou expressiva: "ver com estes olhos que a terra há de comer". O pleonasmo pode ser desfeito por um torneio; "sonhar um lindo sonho". Exemplo de pleonasmo gramatical: "ele falou-me a mim".

• **Poliptoto** – a palavra se repete, mas numa outra flexão gramatical: "Nunca supus, nunca supunha /que as flores fossem como são". Na enálage, repete-se a palavra numa outra categoria gramatical.

• **Polissíndeto** – quando se repete a mesma conjunção, de modo pleonástico, entre vários elementos. Exemplo: "vim e vi e venci". – Ver: Assíndeto.

• **Preterição** – quando se diz que não se vai dizer o que, de fato, se diz. Finge que vai calar sobre alguma coisa, mas não se cala. Marco Antônio finge que não diz ao povo romano: "Não é bom que saibais que sois herdeiros de César".

• **Prosopopeia** – quando se dá a palavra a coisas, animais, seres abstratos ou a pessoas ausentes, ou aos mortos. Leia-se a *Prosopopeia* de Bento Teixeira Pinto. "E diga o verde louro dessa flâmula: – Paz no futuro e glória no passado". A prosopopeia supõe a personificação.

• **Prótese – Epêntese– Paragoge**: consiste no acréscimo de sons:
– prótese: no início da palavra: levantar/alevantar;
– epêntese: no meio da palavra: Marte/Mavorte;
– paragoge: no fim da palavra: quer/quere.

Q

• **Quiasmo(m.)** ou **quiasma(m.)** – "Bramava o mar, o vento embravecia" (Gregório de Matos). "Um por todos, todos por um". "Se beber, não dirija, se dirigir não beba". Quando temos dois conjuntos de palavras em oposição, sendo que cada conjunto se compõe de dois elementos, pode então acontecer duas disposições gramaticais: ou eles ficam a) em paralelo ou b) em quiasmo.
a) Em paralelo (A B - A B): "amamos o bem
                       odiamos o mal".
Repetiu-se, na mesma ordem, a mesma estrutura gramatical.
b) No quiasmo (AB – BA): "amamos o bem,
                             o mal odiamos".
Os elementos se "cruzam", em ordem inversa, representando a letra grega "qui", que tem a forma de um X, daí quiasmo.
Confronte-se quiasmo com antimetábole.

R

• **Reticência ou Aposiopese** – interrompe-se repentinamente e sutilmente o que se vinha dizendo, para que o leitor, pelo contexto, imagine o que deve se seguir. É, pois, uma frase inacabada, de propósito. Há uma elipse do que se deveria dizer. Graficamente se representa por três pontos (= reticências). "Era essa sala"... Assim, Luiz Guimarães interrompe suas recordações em seu célebre soneto: "Visita à casa paterna".
• **Rima** – é aqui registrada como uma advertência. É uma figura exclusiva do poema e inspira cuidados no discurso, sobretudo quando se trata de palavras próximas.
Na poemática, a rima repete o mesmo som, a) nos fins de dois ou mais versos; b) no fim de um verso e meio de outro verso. A rima pode ser:
– Consoante quando perfeita, completa, isto é, quando se repete o mesmo som a partir da última sílaba tônica do verso. Exemplo: "Ouve se amar é pecado/ eu pecador, me confesso/ de tudo quanto anda impresso/ em meu olhar enlevado".
– Toante é a rima imperfeita, incompleta. Trata-se de um caso de assonância. Rima toante acontece quando só se repete a última vogal tônica dos versos, por exemplo, quando se rima: ...charco com ...pranto. Na prosa, deve-se ter cuidado com as rimas.

S

- **Silepse** – quando a concordância se dá não com a forma gramatical, mas com o sentido. A concordância é lógica, não gramatical:
– Silepse de gênero: Sua Majestade é justo.
– Silepse de pessoa: escrevemos este trabalho (nós = eu).
– Silepse de número: a multidão...... chegaram.
- **Símbolo** – exemplos de símbolos: a "cruz" do cristianismo, a "coruja" de Atenas, a "coroa" do rei, o "coração"...

Etimologicamente símbolo significa o que é lançado juntamente. Na origem, o símbolo era um objeto que se dividia em duas partes e era entregue a duas pessoas, de modo que, um dia, os portadores, juntando as partes pudessem reavivar um pacto inicial. Símbolo é, pois, um sinal de reconhecimento. O "arco-íris" foi um símbolo de reconhecimento entre a Velha Aliança e a Nova Aliança.

O símbolo apresenta dois aspectos:

a) Símbolo em Saussure: de um ponto de vista meramente linguístico, o símbolo se define como um signo motivado. É um signo convencional, mas motivado. A "balança" é símbolo da justiça, o que se justifica por razões óbvias.

b) Símbolo em Morier: de um ponto de vista estilístico, o símbolo se define como: "um objeto concreto escolhido para significar uma ou outra de suas qualidades dominantes". A mansidão é uma qualidade do "cordeiro", daí o simbolismo deste animal. A "bandeira" (objeto concreto) é símbolo da pátria. A "chama", símbolo do amor.

A psicanálise distingue entre símbolos individuais e coletivos. Os símbolos individuais pertencem ao código particular do indivíduo; os símbolos coletivos ou pertencem a grupos de indivíduos ou a toda a humanidade. Os símbolos universais são chamados de arquétipos.

Origem do símbolo: origina-se de uma metáfora baseada em imagens concretas que se tornam recorrentes, se repetem e se universalizam. "Aquiles é um leão". Leão é uma metáfora. A metáfora se transforma em símbolo, leão se transforma em símbolo da força. Finalmente do símbolo se origina o mito, "o leão de Neméia e Hércules". Quando o símbolo se torna um mito, entramos em território místico.

- **Símile** – Ver: Comparação, Metáfora

"Aquiles é como um leão" é um símile. "Aquiles é um leão" é uma metáfora. Todo símile pode ser transformado numa metáfora e toda metáfora pode ser transformada num símile. O símile e a metáfora se baseiam numa comparação qualitativa. O símile é mais didático que a metáfora. O símile explica a metáfora usando explicitamente as marcas gramaticais da comparação: como, qual, que nem.... A metáfora é um símile abreviado, com a comparação subentendida.

• **Símploce** – quando frases seguidas começam e terminam com a mesma palavra ou expressão: "o dia nasce da noite, o dia morre na noite". Resulta de uma associação de uma anáfora e uma epístrofe.
• **Síncope** – Ver: Aférese
• **Sinédoque** – na sinédoque, usa-se uma palavra no lugar da outra, assim, em lugar de "minha casa", diz-se "meu teto". A razão é que há entre elas uma relação de contiguidade, ("casa" e "teto" são palavras que se associam), mas de tal modo que uma seja incluída na outra, de modo que haja uma relação de dependência interna entre elas, (o teto faz parte da casa). A palavra que substitui e a que é substituída formam um todo. Vejam-se os seguintes exemplos muito repetidos: "as velas singravam as salsas ondas". Onde se usa "velas" em lugar de "barcos", e "salsas ondas" em lugar de mar. Pelo que a sinédoque se define como uma figura em que se toma o todo pela parte ou a parte pelo todo.
A sinédoque particularizante e generalizante. Sinédoque generalizante: quando se usa o particular pelo geral, "as velas" = "navio". Sinédoque particularizante: quando se usa o geral pelo particular, "mortais" = "homem", o todo se usa em lugar da parte. Não é só o homem que é mortal.
Espécies de sinédoque:
1) Sinédoque do todo e da parte
– A parte pelo todo (vela = navio): meu teto = minha casa; manada de cem cabeças; 21 primaveras. Força de trabalho = trabalho.
– O todo pela parte: mortais = homem. Trabalho = força de trabalho.
2) Sinédoque do gênero e espécie
– Gênero pela espécie: "põe o animal na sombra", animal (gênero) = cavalo (espécie); "a máquina partiu", máquina (gênero) = automóvel (espécie).
– A espécie pelo gênero: "Comer o pão de cada dia", pão (espécie) = comida (gênero). Trata-se da relação todo e parte.
3) Sinédoque do singular (concreto) e plural (abstrato):
– Singular pelo plural: "o inglês é pontual", isto é, os ingleses. "O pobre suporta a fome", o pobre = os pobres; "fugir da polícia", isto é, dos policiais. "A juventude é inconstante", juventude em lugar de jovens. Para Fontanier essa categoria pertence à sinédoque.
– O plural pelo singular: "saudades" por saudade. Trata-se da relação todo e parte.
• **Sinérese** – Ver: Diérese.
• **Sínquise** – inversão exagerada da ordem das palavras de uma oração, de que resulta ambiguidade. Pode ser um defeito: "meias para senhoras pretas", mas pode ser um recurso de estilo: "A grita se alevanta do céu, da gente", Camões. – Ver: Hipérbato, Anástrofe.
• **Sinestesia** – é um tipo especial de metáfora em que se buscam semelhanças entre sensações de sentidos diferentes: "perfumes roxos", "vozes azuis", "branca agonia"... "Oh! sonora audição colorida do aroma".

T

• **Trocadilho, Calembur, Jogo de Palavras** – Um dia, Eduardo Prado disse a uma professorinha, que se sentava ao seu lado, numa viagem de trem, mostrando-lhe uma cabana no campo: – Ali_se// vive de amores. Ao que a jovem que se chamava Alice respondeu: – E_do_ar_do_Prado, também. Diz-se trocadilho, no diminutivo, porque se efetua, em determinado contexto, uma pequena troca de uma palavra por outra, visando gracejar. Troca-se "luxo" por "lixo". Associa-se "Te adoro" a "Teodora" (Manuel Bandeira).
O trocadilho é um brinquedo com palavras e também um jogo entre palavras. Tira-se partido da aproximação de palavras que se evocam. Dá-se um desvio na leitura de uma palavra.
O trocadilho tem caráter alusivo. Reveste-se de equivocidade. Exprime um tanto de bom ou mau humor. É quase sempre uma explicação metafórica: "diamantes" por "de amantes".
"Há incontáveis maneiras diferentes de jogo de espírito", diz Fénelon.
O trocadilho é formado por várias figuras, mas entre todas se destaca a paronomásia.
a) Paronomásia – tira partido da contraposição de duas palavras semanticamente diferentes, mas foneticamente parecidas: "Pouca saúde e muita saúva/ os males do Brasil são". Os latinos diziam: "Amantes, amentes" (amantes, dementes). "Quem conta um conto, aumenta um ponto".
b) Antanáclase – tira partido da repetição de palavras semanticamente diferentes, mas foneticamente iguais: "Essas meninas têm olhos /esses olhos têm meninas/ as meninas destes olhos/ são meninas dos meus olhos".
c) Antimetábole em que se repetem as mesmas palavras de uma frase numa ordem inversa – comer para viver, viver para comer.
d) Inversão entre determinado e determinante, com mudança de sentido: homem grande – grande homem.
e) Pela separação de uma palavra por meio de uma pausa: "quando o autor for//mula". Pela junção de palavras, eliminando-se a pausa entre elas: "a críti//ca dela"(cadela), "vi//_o_Lino" (violino), "é//_milho (Emílio)".
• **Tropo** – Nome genérico de um grupo de figuras semânticas. Chamamos de tropo toda figura em que há mudança de sentido ou de uma palavra ou de uma sentença. Exemplo de tropo de uma só palavra: metáfora, metonímia, sinédoque. Exemplo de tropo de muitas palavras: alegoria, ironia... Os tropos se opõem às figuras em que não há mudança de sentido e que são chamadas de esquemas.

Z

• **Zeugma** – é uma espécie de elipse em que se omite uma ou mais palavras já citadas: "Pedro ama o estudo, Maria,(ama) o trabalho". – Ver: Elipse.

Observação:

Confronto entre Metáfora, Metonímia e Sinédoque

Como distingui-las?
É muito fácil distinguir, de um lado, a metáfora em oposição à metonímia e à sinédoque. Na metáfora, se substitui uma palavra por outra, porque há alguma semelhança entre elas. Na sinédoque e na metonímia, se substitui uma palavra por outra, não porque haja uma relação de semelhança, mas uma relação de contiguidade. A metáfora confronta elementos de domínios culturais diferentes, (vida – lago). A metonímia e a sinédoque confrontam elementos do mesmo domínio cultural (navio – vela).
A dificuldade toda reside em distinguir entre metonímia e sinédoque. A propósito, confrontam-se duas teorias.
a) Metonímia e sinédoque não se distinguem.
Tal é a dificuldade de distingui-las, em alguns casos, que há forte tendência de identificá-las, como pensa W. Kayser, U. Eco e outros. Dumarsais, Houaiss consideram a sinédoque como uma espécie de metonímia. É uma metonímia ou uma sinédoque quando se toma a matéria pelo produto: "não ter prata" (= dinheiro). É parte pelo todo ou a causa, a causa material pelo produto?
b) Apesar da dificuldade, metonímia e sinédoque se distinguem.
Na metonímia e na sinédoque, substitui-se uma palavra por outra. Quer-se saber qual o critério dessa substituição em uma e outra figura. A metonímia estabelece uma relação geral de causa e efeito. A sinédoque estabelece uma relação de todo e parte. Na sinédoque, há uma dependência intrínseca, uma conexão, uma compreensão entre as palavras, como quando se diz vela por navio, vela é parte física do navio e entre vela e navio há forte conexão, formando um todo. A vela faz parte da materialidade do barco. Na metonímia há uma dependência extrínseca, uma correspondência entre palavras que guardam autonomia: em "ler Camões", não há conexão física entre *Os Lusíadas* (o livro) e Camões.

Redução dessas três figuras

Jakobson reduz todas as figuras "a duas figuras polares": a metáfora e a metonímia: "Toda metonímia é ligeiramente metafórica e toda metáfora tem um matiz metonímico". Note-se que ele inclui a sinédoque na metonímia. Jakobson, no seu famoso artigo: "Dois aspectos da linguagem e dois tipos de afasia" (*Linguística e Comunicação*), não apenas reduziu todas as figuras à metáfora e à metonímia, como também, toda a cultura. Assim o lirismo é metafórico, o épico, metonímico; assim a poesia é metafórica, a prosa metonímica; assim o realismo é metonímico, o romantismo é metafórico...

Quando falamos, fazemos duas operações: 1) escolha dos elementos dentro dos paradigmas, isto é, das classes ou grupos de elementos que tenham algum traço em comum e 2) a combinação dos elementos escolhidos. A escolha ou seleção obedece à similaridade ou dissimilaridade, pois os elementos do paradigma se agrupam por semelhança e dessemelhança. A Combinação obedece às leis da contiguidade.

No fundo, todas as operações da mente se reduzem à semelhança e contiguidade. O processo de escolha por semelhança é metafórico, o processo de combinação por contiguidade é metonímico. Entretanto, para os autores da Retórica Geral, a metáfora resultaria de dupla sinédoque. Para Richards "o pensamento é metafórico e procede por comparação".

É efetivamente possível reduzir todas as figuras a uma única fundamental?

Qual seria a primordial? Aqui se quer saber se a contiguidade deriva da semelhança ou, ao contrário, se a semelhança deriva da contiguidade? Nós colocamos as coisas juntas porque se assemelham, ou se assemelham porque as colocamos juntas?

4. A MEMÓRIA

A Memória e seus problemas na Retórica

O principal problema a propósito da memória consiste em discutir se ela realmente faz parte ou não do "cânon da Retórica".

Existe uma multidão de tratadistas que excluem explicitamente a memória, baseados em que ela realiza uma atividade muito genérica, inseparável de qualquer operação da mente. Assim, para muitos, a memória não se legitimaria como uma das partes específicas da Retórica. Ela transcenderia as fronteiras da Retórica. Dom Gregório Maysans i Siscar, em nome de tantos outros autores, declara que a memória apesar de sua importância como faculdade da alma não faz parte da Retórica (*Rhetorica*, 1757).

Petrus Ramus, na sua sofreguidão de reformar toda a Retórica, considerava, sem muita clareza, que a memória não faz parte da Retórica, mas da Dialética ou Lógica.

De outro lado, há os que, em sua maior parte, com mais fundamento, consideram a memória como uma das cinco partes da Retórica e reconhecem que ela exerce uma função muito peculiar na produção e execução do discurso. Na sua Retórica, Aristóteles não cuida da memória, mas isso não significa que ele a exclua.

Dominico de Colônia adverte que ele assim como Aristóteles incluem a memória na ação. (*De arte rhetorica*).

De qualquer forma, a memória se fixa definitivamente, como parte da Retórica, a partir dos romanos.

Sem dúvida que cabe a Platão um papel muito importante na vinculação da memória com a Retórica, no diálogo chamado *Fedro*, que trata da Retórica.

Historicamente, é na Retórica que a memória encontrou seu melhor abrigo. Retórica e memória se aproximam.

A Retórica Antiga revelava memórias proverbiais não apenas por dom da natureza, mas principalmente pela eficiência dos artifícios praticados. Só para exemplificar, Sêneca, o Rétor, (55 a.C. 40 d.C.) repetia duas mil palavras na ordem em que tinham sido ditas. Ele reproduzia mais de duzentos versos na ordem inversa do que tinham sido lidos. (Sêneca, o Rétor, *Controvérsias e Suasórias*, prefácio).

O problema mais preocupante é que a memória também é não só a faculdade de lembrar como também a "faculdade de esquecer". Como, pois, fortalecer o poder de lembrar, de decorar, sem os tropeços dos lapsos? Se hoje, por desleixo, não temos muita preocupação com a memória, não era assim na Antiguidade, quando cuidar da memória era uma prestigiosa aventura.

Uma posição intermédia só admitia como parte da Retórica a memória artificial, veja-se a posição de Cypriano Soares.

A Retórica Antiga distinguia, com muita ênfase, entre memória natural e memória artificial. A memória natural é a memória que o homem recebe ao nascer. A memória artificial é a memória que o homem desenvolve pela prática de exercícios. A memória artificial visa a compensar a memória natural. Pelo cultivo da memória artificial, se procura potencializar a memória natural ao máximo e controlar o esquecimento. Isto quer dizer que a memória pode ser educada. Eis porque desde alta Antiguidade surge uma disciplina destinada a desenvolver a memória: a Mnemônica.

A Mnemônica remonta ao poeta Simônides de Ceos (556-468 a.C.), seu inventor, e tem sequência, através dos séculos, até nossos dias, envolvendo nomes ilustres. É verdade que Temístocles (525-460 a.C.) preferia que se descobrisse uma arte de esquecer! Decerto que a "Psicanálise explica", como se costuma dizer, a angústia do ilustre general.

A Mnemônica ajuda a cuidar da memória por meio de estratagemas fundados na associação de ideias. Educa-se a memória do orador, ensinando-lhe técnicas que ajudam a guardar o discurso de modo a reproduzi-lo em público, evitando os esquecimentos.

De fato, a regra fundamental que rege a memória, na opinião de Quintiliano, consiste simplesmente em exercitá-la. Ajuda muito o exercício de repetição.

A boa memória ajuda o orador a lembrar, em público, o discurso que decorou. Os principais artifícios mnemônicos para se decorar um discurso se baseavam principalmente na associação da parte do discurso que se quer decorar com "lugares e imagens". Associava-se cada uma das partes do discurso com as partes de uma casa: a entrada, o pátio, os aposentos, as salas... e com os objetos que guarneciam os lugares. A Renascença desenvolve principalmente o poder da memória servindo-se de gravuras místicas. "É a memória que ajuda a memória".

Por outro lado, a boa disposição do discurso ajuda muito a memória.

O papel da memória na produção e comunicação do discurso

A memória é um dos fatores indispensáveis à produção de todas as partes do discurso: invenção, disposição, elocução e ação, supervisionando tudo, como guardiã de tudo, *"rerum omnium custos"*.

A memória, na Retórica, funciona como uma fase intermédia entre o primeiro módulo (invenção, disposição, elocução) e o segundo módulo (ação). O primeiro módulo termina na memória e o segundo começa com a memória.

A memória no discurso preparado e improvisado. A memória é absolutamente necessária não só quando se pratica o discurso preparado como também quando se pratica o discurso improvisado, isto é, o discurso só preparado remotamente, o que exige que o orador possua arquivada e disponível uma boa bagagem de erudição.

A memória na comunicação do discurso

Entretanto, de modo mais específico, a memória participa na comunicação do discurso quando o orador deve memorizar, de alguma forma, o discurso que elaborou na elocução, advertindo-se, porém, que há vários graus nessa memorização.

1º. Grau. O discurso é decorado integralmente assim como foi escrito. Essa memorização é facultativa.

Na Retórica Antiga, dizer o discurso de cor era nobilitante e geralmente se decorava o discurso *ipsis litteris*. De certo que Vieira decorava seus longos sermões. Ninguém é obrigado a decorar o discurso palavra por palavra, como prefeririam fazer os antigos. Na Retórica moderna, se torna menos frequente decorar fielmente o discurso, mas continua sendo uma opção.

2º. Grau. Pode-se guardar o discurso em suas linhas de força, usando-se ou não de apontamentos, o que não deixa de ser uma atividade de memorização em que se fixam mais os pontos básicos do conteúdo que da expressão.

O auditório e memória. A memória é indispensável inclusive para o próprio auditório que precisa reter os pontos principais da exposição do discurso, independente de que o orador faça uma recapitulação final. Ele precisa ter um tanto de memória a fim de levar para casa arquivado o fundamental do discurso. Pelo que cabe ao orador saber manipular a memória dos ouvintes por meio de recursos mnemônicos. O orador ajuda o auditório a memorizar. Sócrates, no *Protágoras*, diz que não gosta quando alguém faz uma longa exposição, como nos discursos, porque ironicamente ele confessa não ter boa memória. Por isso, prefere o diálogo com frases curtas.

O culto místico da memória na Antiguidade

A partir de certa altura, a Retórica passou a monopolizar o interesse pela memória. Ela se transforma no templo da memória. Quintiliano via algo de divino na memória, quase objeto de idolatria. A memória vincula a Retórica com o misticismo.

A Mitologia personificava a memória sob a figura de uma deusa: Mnemósine, filha do Céu e da Terra e uma das esposas de Zeus-Júpiter, com o qual, em nove noites consecutivas, gera as nove Musas, que presidem a criatividade e a cultura. Isso sugere que, por meio de artifícios mnemônicos, se pode alcançar a sabedoria.

O culto místico da memória se realizava nas práticas órficas, herméticas, pitagóricas e, sobretudo, platônicas.

O platonismo da Memória e a Retórica

Memória e Recordação. Há um nexo entre a memória e o divino, como testemunha Platão, que distingue entre memória e recordação. A memória é a faculdade de lembrar as experiências que a alma tem neste mundo de sombras. A recordação é o poder de lembrar, através deste mundo de sombras, "o Mundo das Ideias". Sob a forma de recordação, a memória alcança o mais alto nível de conhecimento. Aqui se situa o lado místico e mágico da memória. Ela é um caminho que leva a Deus.

O conflito entre escrita e memória

A grande crise da memória vem com a invenção da escrita. O problema do conflito entre memória e escrita é posto por Platão, no *Fedro*, onde se discute se a escrita dispensa ou não a memória. Por que decorar se se pode conservar tudo escrevendo? Platão conta que o Deus Theut ou Hermes Trimegistos, entre outras coisas, descobriu a escrita, não para abolir a memória, mas como um elixir da memória e da sabedoria. Ele apresentou os seus inventos a Tamuz, rei de Tebas, no Egito que, no entanto, no que se referia à escrita, discordava do deus Hermes, porque ele achava, ao contrário, que, com a escrita, os homens deixariam de cultivar a memória, confiados apenas na escrita.

Quem tem razão Tamuz ou Hermes? Cícero concilia as coisas. "A memória, diz ele, é irmã gêmea da escrita". Assim tanto assiste razão a Tamuz como a Hermes. A escrita pode estimular a memória, como torná-la preguiçosa. A escrita não dispensa a memória. A memória, confirma Cícero, é o "tesouro da mente" e, afinal, sem memória não nasce e não se robustece a sabedoria. Diziam os antigos que somente o que guardamos na memória nos pertence: *Omnia mea mecum porto!*

Assim, no mínimo, o discurso escrito é um instrumento de rememoração. Lemos para lembrar.

O computador, a nova escrita. O espetacular é que o computador reavive a polêmica entre o deus e o rei. O computador seria a nova invenção que o deus poderia oferecer ao rei. Segundo Hermes, esta nova invenção também visa a ajudar a memória! É uma extensão da memória. O temor do rei deveria ser posto de lado, o computador não liquidará a memória, porque a memória do computador é morta e a memória do homem é viva, fecundante.

No esoterismo medieval, a escrita serve à memória. Por meio da escrita constituída de imagens e palavras, o mago alcança sabedoria e poder. Não caberia acaso ao computador esse mesmo papel quando se "clicam" os "links"?

Na Idade Média, Raimundo Llull (1235-1315) continua, em sua *Arte magna*, esse culto mágico da memória, pretendendo por meio de algumas regras transformar em sábio um inculto, com pouco esforço.

Na Renascença, continua a se desenvolver uma poderosa corrente esotérica de potencialização da memória, representada, sobretudo por Giordano Bruno (1548-1600), mestre de Mnemotécnica.

A Retórica Antiga segue a lição de Hermes. Antes da escrita, os discursos eram ditos de cor, como documentam os poemas homéricos. E surpreende que, depois que surge a escrita, continue a dominar a solução do deus Hermes, a saber, que se deve escrever e decorar o discurso! Os meios de escrita não tomavam o lugar da memória, mas a robusteciam.

A memória deve ser cultivada e acresce observar que, se ela não é exercitada, como advertia Cícero, perece. A calculadora não dispensa a memorização alegre e risonha da tabuada! O computador não mata o livro, mas transforma qualquer internauta num editor particular e o computador numa imensa biblioteca.

Ler ou decorar o discurso?

Convém ler o discurso? É verdade que quem lê o discurso já empregou nele muito da potência de sua memória. Mas rigorosamente quando se lê o discurso, reduz-se o papel da memória, omitindo-se a decoração do discurso.

Entretanto, ler o discurso é comum na Retórica moderna, ao passo que, na Antiguidade, era uma exceção. O imperador Augusto, que fora um excelente aluno de Retórica, até certa altura, preparava, escrevia e decorava os discursos, mas quando passou a governar o mundo, começou a ler os seus discursos. Note-se que ele, embora tivesse o dom da improvisação, nunca deixava de preparar e escrever os discursos. (Suetônio – *Vida dos doze Césares*).

Desvantagens de ler o discurso. Pode-se ler o discurso. Ler dispensa a memorização do discurso, mas exige muita cautela. É preciso saber ler o discurso o que exige um modo peculiar de ler declamando, dando suficiente ênfase para convencer, comover e encantar os ouvintes. Ah! O fastio de uma leitura monótona...

Desvantagens de decorar. Mas é preciso advertir que dizer o discurso de cor pode trazer muitos problemas, como "atos falhos". Importa saber declamar o discurso decorado, de modo convincente, livrando-se de todas as ciladas que acontecem nesse caso. Dizendo de cor o discurso, o orador mais seguro poderia acompanhar a reação dos ouvintes.

Vale a pena decorar o discurso? Isso depende de uma resolução pessoal. Somente o orador sabe de suas condições e conveniências. Sem dúvida que, nos tempos mais recentes, domina forte tendência de se poupar quanto mais possível a memória. O homem moderno não tem infelizmente a mesma devoção que os antigos tinham pela memória. A memória valorizava o orador. Dizer de cor equivale a um "argumento ético", pois atrai admiração pelo orador.

A reação histórica contra o discurso decorado

Fénelon (1651-1715), ilustre bispo francês, partidário do discurso improvisado, advoga por isso mesmo as vantagens do discurso não decorado sobre o discurso decorado. Não importa que o discurso tenha sido escrito ou não. Sempre é melhor não decorar, desde que o orador tenha uma sólida formação. Para ele, o discurso não decorado, tratando-se de um orador competente, tem mais calor, mais naturalidade, mais fluência. O discurso, dito de cor por orador inábil, traz muitos inconvenientes. Segundo ele, os grandes oradores do passado: Demóstenes, Cícero,... embora preparassem os discursos, não os decoravam palavra por palavra, davam-se as liberdades que procedem do entusiasmo do momento.

5. A AÇÃO

O problema do nome: ação ou pronunciação?

Uns preferem chamar esta última parte da Retórica de ação, outros, de pronunciação. E de fato, Quintiliano ensinava com muita repercussão que se podia dizer indiferentemente: pronunciação ou ação, *"utroque enim modo dicitur"* (3,3,1), tanto faz dizer de um modo como de outro. Mas, a rigor, não é exatamente assim. Há razão para se preferir uma ou outra denominação. Isto posto, qual a terminologia mais adequada?

A questão se complica se levarmos em conta que esta quinta parte se desdobra em duas subpartes: uma que cuida da voz (a pronunciação) e outra que cuida dos gestos (a gesticulação). Nesse caso, seria mais acertado preferir usar a palavra ação, que compreende a pronunciação e gesticulação. Se se preferir pronunciação como palavra geral então a pronunciação compreenderia a própria pronunciação e a gestualidade.

Na ação, pronuncia-se o discurso acompanhado de gestos. A pronunciação se destina aos ouvidos e a gestualidade, aos olhos.

Na ação, em sentido geral, se transmite o discurso ao auditório por meio da voz (pronunciação) e de possíveis gestos (gestualidade). Parece quase impossível falar sem algum gesto. Evidentemente que a voz tem o primado sobre os gestos. A gestualidade serve à pronunciação.

Pelo exposto, preferimos dar a essa quinta parte o nome geral de ação. A ação compreende a pronunciação e a gesticulação. A pronunciação indica uma parte da ação.

A ação não significa aqui o processo de agir sobre a realidade, mas apenas a execução do discurso diante do auditório. Entretanto, essa ação de realizar o discurso diante do auditório pela pronunciação e gesticulação não deixa de ter um efeito condutor de vontades. A ação pode levar indiretamente a transformar a realidade.

A ação é uma das partes da Retórica ou não?

De fato, existe tendência para excluir a ação como uma das partes da Retórica ou, pelo menos, para se cuidar dela fora dos domínios da Retórica. Veja-se a propósito a lição, entre tantos outros, de Melanchthon. Em seus livros de Retórica, esse educador luterano só aborda a invenção, disposição e elocução e não vê razão para tratar da memória e da ação, não acha que se necessite de cuidar delas nas escolas. Quanto à ação basta prestar-se atenção aos bons oradores, imitando-os.

Não se pode desconsiderar a ação como uma das partes do cânon retórico porque se trata de um instrumento que vincula orador e auditório. Não há discurso sem declamação e um mínimo de gesticulação. Num discurso, a ação é absolutamente inevitável. O grau zero da gesticulação já é uma forma de gesticulação. Nao se realiza o discurso sem efeitos da pronuncação.

Supremacia da ação

Além de fazer parte do cânon oratório, costuma-se considerar a ação como a mais importante parte do discurso. A ação, a despeito de uma ou outra voz discordante, tende a ser considerada como a parte mais característica da Retórica visto que tudo converge para ela e nela o discurso se consuma.

Como prova disso, Cícero alega a autoridade do testemunho de Demóstenes. Quando se perguntava a esse famoso orador grego sobre qual a parte principal da Retórica, sempre respondia que, em primeiro lugar vinha a ação, em segundo lugar, a ação e ainda, em terceiro lugar, a ação (*Orator* 55-56).

Antes de começar a ação, o discurso preparado existe apenas virtualmente, gravado em algum lugar. Até esse ponto, ele permanece em expectativa e só se atualiza quando transmitido oralmente ao auditório. Sem isso, não se completa o ciclo da produção do discurso retórico. A ação difunde o discurso que é mais uma *enérgeia* (um agir) do que um *érgon* (um produto).

Depois de elaborado e suficientemente memorizado o discurso, o orador o declama oralmente diante do auditório, acompanhando a voz com modulações e gestos.

O duplo processo de comunicação: pela voz e pelos gestos.

O discurso retórico é, sem dúvida, uma forma de comunicação muito complexa e rica, verdadeira multimídia, levando-se em conta que o orador deve ser visto e, sobretudo, ouvido.

O orador profere seu discurso numa "língua natural" como o português, o alemão... A língua natural é o código principal compartilhado pelo orador e auditório. O orador deve dominar suficientemente a gramática da língua que lhe serve de instrumento, tanto no discurso improvisado como preparado.

Ora a gramática de uma língua consta das seguintes partes: a Fonética/Fonologia, a Morfossintaxe e a Semântica. Na elaboração do discurso, é na elocução que o orador cuida da Morfossintaxe e da Semântica. Agora, na última etapa da produção do discurso, na pronunciação, o orador se envolve principalmente com os problemas fônicos. Ele vai trabalhar a voz.

A ação se rege pelo respeito ao meio-termo dourado, nada se praticando em excesso, sabendo unir a veemência com a suavidade. A rigor, o que se vai dizer é que orienta a qualidade da voz e dos gestos, devendo haver adequação entre a ação e o conteúdo do discurso.

Não nos esqueçamos de que a ação visa, como tudo no discurso, a persuadir e, principalmente, persuadir com beleza e dignidade, como sempre advertia Cícero: "*agere cum dignitate et venustate*" (*De oratore* 1,31,142).

A pronunciação: a voz

1) O primeiro nível da produção da voz é o fonema.

O nível da produção do fonema é dito segmental, porque um fonema se segue a outro fonema formando as palavras e frases da cadeia da fala.

Em primeiro lugar, o orador vai cuidar de pronunciar bem os fonemas da língua. Esse é um nível estritamente linguístico, pois se envolve diretamente com a Fonética/Fonologia que têm por objeto o fonema. O fonema é a menor unidade sonora da língua. A Fonologia estuda o fonema do ponto de vista do valor que tem na língua. A Fonética estuda o fonema do ponto de vista do valor que tem na fala do usuário, do orador. O orador tem que cuidar da boa dicção dos fonemas, respeitando o valor que eles têm na semântica da língua, não trocando l/r, não confundindo fato com pato.

Pelo que o orador precisa cuidar da boa saúde do seu aparelho fonador, praticando exercícios e buscando, se preciso, a intervenção da medicina. O candidato a orador pode, se necessário, se socorrer da Ortofonia que trata, de modo geral, dos distúrbios fisiológicos da fala. Hoje em dia, se pode recorrer a um fonoaudiólogo, como na Antiguidade grega e latina se recorria a um fonasco ("phonascus"), isto é, a um professor de declamação e canto. O orador se esforça por alcançar "o esplendor da voz".

2) O segundo nível da produção da voz é suprassegmental, hoje também chamado de "prosódico".

Depois de cuidar de pronunciar bem os fonemas que se sucedem na linearidade do discurso (nível segmental), o orador tem de se ocupar com os fatos suprassegmentais, isto é, fatos que, se superpõem aos fonemas. Ainda aqui, estamos dentro dos limites da Linguística.

Entre os principais fatos suprassegmentais enumeramos: a melodia, a entonação, a duração, o ritmo, a acentuação, a intensidade, a altura, a pausa, o silêncio, o timbre...

Prosodema é a unidade prosódica mínima, por exemplo, um acento.

Nesse capítulo, merece cuidado especial a Ortoépia que é uma disciplina muito importante para o orador, pois se preocupa com a correta acentuação das palavras, evitando-se as silabadas como "avaro", "rubrica", "decano"...

Este é um domínio particularmente significativo para o orador. É aqui que ele obtém surpreendentes efeitos em sua oratória. A voz do orador se colore, se eleva ou abaixa, se intensifica ou enfraquece, se apressa ou retarda, ora sussurra, ora retumba, destacando uma sílaba, escandindo palavras...

A voz se modula particularmente pelo calor dos sentimentos.

A gestualidade

Agora, já não estamos mais no nível estritamente linguístico. A gestualidade não pertence diretamente ao nível da língua. Vai-se somar agora com a gestualidade a proxêmica.

A gesticulação e a proxêmica

A gesticulação é uma forma de comunicação por meio de movimentos do corpo, *"motus corporis"*, que acompanham significativamente a exteriorização da linguagem. O corpo fala por meio de gestos. Para Cícero, a gesticulação é quase como se fosse um *"sermo corporis",* uma *"eloquentia corporis"* (*Orator* 17,54), uma fala do corpo, uma fala eloquente do corpo.

Os gestos se dizem posturas quando momentaneamente se imobilizam. "Orator statarius" era o que ficava imóvel, como o ator no palco.

A gestualidade embora subsidiária se impõe pelo seu poder persuasivo. Importa que se evite tudo que seja de mau gosto. "Que o orador não se comporte como uma bacante"! Os tratados discutem a validade de certos gestos como bater os pés no chão, ou bater com as mãos na testa... Evitem-se cuidadosamente caretas, micagens, trejeitos.

Pode-se levantar um código de gestos. Há gestos com quase todas as partes do corpo com os ombros, os braços, as mãos, os dedos, destacando-se principalmente com a cabeça e com a expressão fisionômica.

A gestualidade pertence a uma disciplina mais ampla: a Cinesia que trata do aproveitamento dos movimentos corporais.

Natureza dos gestos. Os gestos equivalem a signos e, pois, constam de um significante e de um significado. Há gestos que funcionam como signos naturais (= índices), como sorrir, chorar. Há gestos que funcionam como signos convencionais, como dizer que não com um movimento da cabeça. Há gestos que funcionam como signos imitativos (= ícones) ativados pelos recursos da mímica.

Os gestos põem em relevo as funções da comunicação, apresentando momentos estéticos quando focalizam os gestos enquanto gestos; momentos expressivos quando deixam que os gestos se carreguem de emocionalidade; momentos referenciais quando imitam.

Mas existe ainda o mistério dos gestos aparentemente sem significados, mas persuasivos!

Importa salientar o caráter universal e, ao mesmo tempo, cultural dos gestos. Um orador inglês não gesticula como um italiano...

A proxêmica (< *proximus*)

Dentro da gestualidade se destaca hoje uma nova área de investigação: a proxêmica. Pela etimologia, a palavra se liga a *"proximus"* = o que está mais perto. Ela estuda a significação das distâncias interpessoais. Na Retórica, cabe à proxêmica administrar o espaço entre orador e auditório no interesse da persuasão. O orador se movimenta no espaço que medeia entre ele e o auditório de modo pertinente. Ora se aproxima, ora se afasta, ora se situa no mesmo plano, ora fica num plano mais elevado, como num púlpito, ou num plano mais baixo como num anfiteatro. Senta-se, fica de pé, anda, balança-se... A significação resulta da conotação que o espaço empresta aos gestos e à fala.

O ambiente e a semântica dos objetos. O lugar onde se executa o discurso participa da sua eficácia, como um lugar fechado ou a céu aberto, estrelado...

Leva-se em conta também, quando for o caso, o contexto dos objetos que participam do ambiente onde o discurso se realiza, interferindo num jogo de força que se trava entre o orador e o auditório. Veja-se, como exemplo, uma bandeira, um crucifixo...

Note-se que o auditório no sentido físico de local onde ficam os ouvintes influi muito na declamação e gesticulação do orador, devendo ser propício à intervenção do orador.

A ilustração. Servindo-se dos modernos recursos da técnica, esclarecem-se pontos do discurso, com "*slides*", discos...

A Retórica e o teatro

Tal é a vinculação entre Teatro e Oratória que a quinta parte, a ação, em grego, se denomina "*hypókrisis*" querendo dizer representação. Nessa altura, o orador faz um pouco o papel de ator.

O orador e o ator têm muitos interesses em comum. Frequentemente, o orador se comporta como ator e o ator, como orador. Há "deixas" no teatro que se equiparam a verdadeiros discursos. A ação oratória encena e dramatiza o discurso. Aristóteles já advertia que a ação fazia parte da Retórica e do teatro. O culto e o cultivo da memória irmanam atores e oradores. A preparação do orador e do ator tinha muito em comum, sobretudo no que concerne à voz e aos gestos.

Historicamente, o Teatro e a Retórica se interpenetraram.

Conta-se que, na Roma antiga, os oradores iam aprender com os atores famosos, como L.C. Esopo e L.Q. Róscio e os atores iam aprender com os oradores famosos, como Hortênsio, Cícero...

Nada obstante, um abismo separava as duas profissões na Antiguidade romana. A profissão de ator era infamante, reservada a escravos ou gente de baixa condição. Pelo contrário, o mister de orador nobilitava.

Daí vem o cuidado do orador em não se confundir com um ator. Cícero previne que o orador não se destina à cena e ridiculariza o orador que se porta como um dançarino, a balançar-se como um barco.

O cristianismo, neste ponto, se mostra mais radical e procura extremar, cada vez mais, o orador-pregador do ator. Ninguém ignora o rancor que o cristianismo primitivo alimentava contra o teatro, como um lugar frequentado pelos demônios. O pregador da palavra divina se esforça por não lembrar um ator.

Em seu século, Vieira advertia o semeador da palavra de Deus: "...os ouvintes vêm à pregação como à comédia; e há pregadores que vêm ao púlpito como comediantes".

O valor arcaico da palavra púlpito, quem sabe, cause embaraço ao pregador cristão: púlpito, em latim, significa palco!

O orador não deveria ser confundido com um ator. A esse propósito advertia-se que em dois pontos o orador deveria se extremar do ator na expressão do patético e na exploração da comicidade, despertando o riso no auditório.

O equilíbrio do patético

Tanto a Oratória como o Teatro provocam emoções e paixões nos assistentes e por isso tanto uma como outra arte se veem às voltas com o uso ou abuso do patético.

Em toda tradição clássica, postula-se um meio-termo na expressão da afetividade. No teatro, por exemplo, Horácio condena a representação da violência das paixões e, em nossos dias, Brecht criou um "teatro de distanciamento", sem apelo às paixões, para permitir a reflexão por parte dos espectadores. Do mesmo modo, na oratória, se refreia a manifestação incontida das paixões.

Em toda tradição de espírito romântico permite-se uma livre expressão das paixões. Na Retórica Asiática, em oposição à Ática, cultiva-se o poder das paixões. Cícero reconhece que os homens julgam mais pelas paixões que pela razão.

Entre estes extremos, a frieza e a explosão, como sempre acontece, se insere uma posição intermédia: a moderação do patético como era usual na escola Ródia, à qual Cícero pertencia.

As paixões são condenáveis? As paixões em si não são boas nem más, elas podem ser dirigidas para o bem ou para o mal. Entretanto os estoicos achavam que a paixão é sempre um mal, uma doença, daí a frieza da oratória estoica que amordaça o patético.

O estoicismo, como já dissemos, condenava as paixões e fazia da libertação das paixões o ideal da felicidade humana. Mas as paixões fazem parte inevitável do equipamento humano. É perfeitamente lícito, dentro dos limites, ao orador servir-se do recurso das paixões para comover e, pois, persuadir.

Quintiliano confirma: "o espírito e a alma da eloquência residem propriamente nos afetos... sendo isto propriamente a obra do orador, o seu verdadeiro trabalho".

O cômico e o riso

Ao fazer rir, o orador capitaliza resultados; nada obstante, Sócrates adverte no Górgias que fazer rir não é uma forma de argumentação. Mas sem dúvida que o efeito cômico tem força persuasiva.

Dentro da Retórica antiga, embutia-se quase sempre um capítulo sobre "a arte de fazer rir", tal sua relevância. Veja-se o *De oratore* onde se discute a natureza do riso, sua origem, sua conveniência, seus limites e tipos. O ideal do orador é fazer, em certos momentos, com que o auditório ria ou sorria. Quando um orador, por ironia, perguntou ao outro porque ladrava, este respondeu que o fazia por estar diante de um ladrão (Cic. *De Oratore* 2,220,54). O orador se serve do efeito cômico como de uma arma contra o adversário. O cômico tem um papel pedagógico consoante aquilo: rindo se castigam os costumes, "*ridendo, castigat mores*". Aristóteles concorda com Górgias que o cômico serve para quebrar a sisudez e a seriedade, descontrai e sendo inteligente, engenhoso, aproveita muito. Se o auditório ri ou sorri significa que houve uma certa adesão ao que o orador diz.

O riso manifesta exteriormente e fisiologicamente que se acha graça. Ele se enraíza no que tem efeito "ridículo". Ora o que faz rir ou sorrir é o cômico.

Que é o cômico? Uma primeira tentativa de explicação do cômico remonta à Poética de Aristóteles. O riso nasce do cômico que é tudo que faz rir ("*ridiculus*"). Aí, ele define o cômico por oposição ao trágico. O trágico é uma narrativa que suscita "piedade e medo". Piedade pela infelicidade que recai sobre um ser humano, não culpado; medo pelo perigo iminente que ameaça um ser humano de elevada posição. Em resumo, o trágico resulta de um sentimento de fraternidade diante da desdita que a todos ameaça, sem excetuar os grandes.

O cômico nasce de uma situação inesperada, caracterizada pela expressão do "torpe e do disforme" que, por convenção, não causam dor. De si, a representação de um bêbado se desequilibrando pelas ruas, nada tem de cômico, mas, na comédia, desperta riso, porque, na comédia, o disforme se desvincula da dor, que, por assim dizer, não dói. Faz-se abstração da dor, é uma dor de mentira. Por isso, quem não sabe aceitar a convenção do cômico, o que não raro acontece com as crianças, não percebe o cômico e se entristece.

De per si, nem a maldade, nem a miséria provocam o cômico. O miserável não merece castigo, o malvado merece castigo. O que suscita ódio, o que suscita piedade, não leva ao cômico. Por isso, Carlitos é menos cômico que o Gordo e o Magro.

Em geral, os defeitos comuns da vida constituem a matéria do cômico por meio de palavras, coisas, gestos, situações. Mas a Retórica explora particularmente as agudezas de estilo, limitando-se ao uso do cômico das palavras, explorando, em particular, a equivocidade das figuras de estilo, como o trocadilho, resguardando-se particularmente da comicidade de gestos e comportamentos inconvenientes, porque a comicidade envolve riscos e o orador nada tem a ver com o bufão! O orador não se assemelha a um palhaço. Deve despertar apenas um riso que favorece a causa. Diz-se do orador que pode ser "faceto, não pândego".

O problema principal que a Retórica se põe consiste em saber se convém ou não valer-se do cômico e instigar o ouvinte à sua manifestação. Em geral, ninguém duvida do valor persuasivo do cômico; discutem-se, porém, os limites de sua conveniência. No Século XIII, Boncompagno da Signa recomenda que se ria sem gargalhar, *"ridere sine cachinno"*.

Com o cristianismo, a oratória evita o riso, porque Cristo, segundo consta de uma velha tradição, nunca sorriu.

O riso, na Idade Média cristã, se destaca como tema fundamental do romance de Umberto Eco: *O Nome da Rosa*, onde se assiste a um debate dialético-retórico que se trava entre a ala radical e soturna da Igreja, representada por George, monge beneditino, que reputa o riso como anticristão e entre a ala liberal e progressista da Igreja, representada por Guilherme, frade franciscano, que defende e estimula o riso como um instrumento de edificação e conhecimento.

De qualquer forma, o estudo do cômico, realizado pela Retórica, permanece como uma das suas muitas heranças.

O estatuto do discurso improvisado e preparado

Os dois modos de discursar

Na realização do discurso, existem dois estatutos, porque existem dois modos legítimos de discursar: o discurso improvisado e o discurso não improvisado, isto é, preparado. Montaigne (1533-1592), nos seus *Ensaios*, fala em "tipos de eloquência: uma, dos que improvisam, outra, dos que se preparam para falar" (1.10).

A Retórica compreende, pois, em seu âmbito, tanto a teoria do discurso preparado quanto a teoria do discurso efetivamente improvisado. Ela educa o orador tanto para uma coisa como para outra. É verdade, porém, que cuida muito mais longamente do discurso preparado, o que é natural, pois o discurso preparado desembaraça o caminho para o discurso improvisado.

Diferença entre discurso improvisado e não improvisado

O discurso não improvisado ou meditado supõe uma preparação remota e uma preparação próxima. Sendo primeiro produzido, depois executado.

O discurso improvisado (*imparatus*) supõe uma preparação remota, sem uma preparação próxima. O discurso é produzido e executado ao mesmo tempo. O improviso é discurso feito em cima da hora, sem uma preparação prévia, por qualquer que seja a razão.

Um importante ponto em comum: a memória

A memória é um instrumento fundamental tanto na produção do discurso preparado como improvisado. Ninguém improvisa sem ter cultura guardada na memória e capacidade de lembrar. No discurso preparado, a memória pode ser reforçada pela consulta.

Improviso e preparação

Pelo que, improviso não quer dizer discurso sem nenhuma preparação. O discurso de improviso não se opõe totalmente à preparação. No entendimento do improviso não há uma preparação imediata, próxima, mas deve haver uma preparação remota. O orador deve estar preparado para o momento. A familiaridade com o assunto ajuda muito. De modo que improviso se contrapõe a discurso elaborado antecipadamente.

Improviso e preparação remota

Improvisar se torna inviável sem uma formação anterior. A preparação remota para improvisar supõe que se adquiriu uma satisfatória cultura e já se dispõe de modelos de organização de discurso e se tem facilidade de verbalizar e jeito de se comunicar com o público. A preparação remota permite que, na hora do improviso, se tenha o que dizer, que se saiba por onde se vai caminhar e aonde se quer chegar, não podendo faltar um bom domínio da linguagem, capacidade de lembrar o que já se memorizou e certa intimidade com o público. "A improvisação é um talento adquirido".

O verdadeiro improviso

Pelo que, o verdadeiro improviso supõe as duas condições: 1º) que ele seja feito sem preparação próxima, independente de que o orador tenha tido tempo ou não. Não importa a razão porque não preparou o discurso. O improviso é um desafio. 2º) Pressupõe uma preparação remota adequada.

Nota. Muita gente, inclusive da Imprensa, supõe equivocadamente que o orador faz improviso quando não lê o discurso. Ora, tal discurso pode ter sido muito bem preparado e decorado. Inclusive um discurso lido ocasionalmente também pode ter sido improvisado, se o orador o escreveu no joelho, ao correr da pena e o leu sem retoque. Nesse caso, equivale a um improviso!

Relatividade do improviso

O problema da improvisação é um dos mais perturbadores da Retórica. O conceito de improviso é bastante elástico, não tem caráter absoluto. Improvisa-se até certo ponto. Ninguém pode falar sobre o que não sabe! Do nada nada se tira.

O improviso e as etapas do discurso

No discurso preparado de antemão, se recolhe e organiza o material, se redige e se edita o material, tudo isso acompanhado de muita meditação e se possível, o discurso deve ser memorizado e a apresentação ensaiada. Com efeito, não há limites previstos para uma prudente e eficiente preparação.

Ao passo que no improviso praticamente, a ordem se inverte. Ele se reduz a ser um discurso em que se começa a falar o que a memória vai inventando e colocando no seu devido lugar. Nem se põe o problema de decorar o discurso, como é óbvio.

No discurso preparado, pesquisa-se o material; no improvisado, não se tem tempo de pesquisar, conta-se com o que vem à memória no instante. Mas como se pode improvisar se não se tem o que dizer? Se não se tem o que dizer, corre-se o risco de se expor ao ridículo.

No discurso preparado, o material se estrutura de modo convincente. E então ou se decora o discurso preparado na sua totalidade ou apenas se retém os seus pontos relevantes. No improviso, as coisas podem se suceder ao léu.

No discurso preparado, o orador escreve e reelabora o que escreveu. O improviso depende do domínio e fluência que se tenha da linguagem.

É lógico que, no improviso, a fase da decoração do discurso não entra, mas o improviso, em grande parte, vai depender das disponibilidades do que se tem arquivado na memória.

No discurso preparado, o orador além da formação que já tem, pode treinar o discurso. No improviso, o orador fica sujeito ao estado de alma do momento.

Sem nenhuma preparação, só se imagina o improviso como uma composição futurista em que se usam as "palavras em liberdade" ou como uma composição surrealista, sob "ditado do inconsciente".

Improviso na arte e na Retórica

O problema do improviso se põe igualmente em todos os outros domínios da produção intelectual, especialmente no plano artístico, onde este problema corresponde à controvérsia entre o que mais importa se o "engenho ou a arte". Engenho equivale a improvisação, arte equivale a preparação.

Do mesmo modo existe um teatro de peças prontas e um teatro de peças improvisadas, baseadas em um roteiro livre. Como, por exemplo, acontecia no século XVI e XVII, na *"Commedia dell'arte"*, onde havia um teatro *all'improvviso*. A música é um campo fértil de improvisação, veja-se o jazz... Certos movimentos artísticos modernistas se caracterizam pela improvisação como o dadaísmo, o surrealismo...

Frequentemente, a improvisação do discurso retórico tem a pretensão de se equiparar à inspiração artística, como se fosse uma criação livre do espírito.

Mas a Retórica é uma atividade utilitária e não uma atividade meramente artística, não podendo dar-se ao luxo de falar "o que vem à boca".

Os partidários do discurso improvisado e não improvisado

Definido o improviso em termos corretos, discute-se se é melhor improvisar ou preparar previamente o discurso: qual desses dois modos de discursar vale mais? Na História da Retórica, há partidários de um lado e de outro.

Qual o melhor partido? Desde os primeiros tempos da nossa disciplina, não se chega a saber qual a regra, qual a exceção. Os sofistas foram os mestres da Retórica improvisada ensinando os alunos a discursarem à primeira vista sobre tudo, seja o que for, sobre o que se sabe e o que não se sabe. Diz-se que Demóstenes tendia para improvisar e Isócrates para elaborar demoradamente o discurso. Cícero, sem ser contra o discurso improvisado, aconselhava o discurso meditado e escrito. Ele costumava, muitas vezes, refazer o discurso mesmo depois de pronunciado. De qualquer forma, o ideal da educação retórica era preparar o discurso até à perfeição. Tolera-se que o orador, embora tendo preparado o discurso, não o escreva nem o decore, apenas retendo na memória as linhas de força do discurso, mas fazia-se muita reserva à improvisação que era muito praticada, mas apenas como exercício.

Cultura geral ou cultura técnica. Na Antiguidade, a propósito da formação do orador havia dois caminhos divergentes. 1º) A formação do orador se limita apenas a adquirir a técnica retórica sem se preocupar com dominar uma cultura ampla. Quando surge um caso, o orador se prepara com todo empenho, estudando o assunto que não conhece ou conhece mal, elaborando, a seguir, o melhor possível o discurso, escrevendo-o, decorando-o. 2º) A formação do orador não se limita a adquirir a técnica oratória, mas ao mesmo tempo cumpre dominar uma cultura ampla para ser capaz de falar sobre qualquer assunto, podendo mesmo improvisar com facilidade.

Em defesa do discurso improvisado

Dentro da própria Retórica Antiga, se inicia com os sofistas o partido em defesa do discurso improvisado.

Quintiliano, em seu tempo, insiste na urgência de se adquirir o dom de improvisar como um fruto, como um prêmio de um longo trabalho (10,7).

O discurso improvisado, no seu lídimo sentido, com frequência, é objeto de exaltação e até sobreposto ao discurso preparado. Entre alguns dos líderes desse movimento, se destacam, entre tantos outros: Fénelon, Paignon, Timon...

Fénelon (1651-1715) defende, com ardor, as vantagens do discurso improvisado, mas evidentemente que se refere ao autêntico improviso que supõe uma longa preparação remota, o que implica uma séria formação.

Não há por que sempre escrever e decorar o discurso. A seu ver, o pregador que conhece a fundo as Escrituras e os "Padres da Igreja" e que tem uma vida exemplar não precisa de preparar o sermão ou homilia, mesmo que tenha tempo. E, se por acaso, o orador quiser escrever o seu discurso que o faça, mas não o decore. Fénelon alega uma constatação impressionante que, na verdade, os grandes oradores preferem improvisar.

Em contrapartida, o filósofo Hume, no Século XVII, ao contrário de Fénelon, se insurge contra o costume de improvisar, embora reconheça que haja algum perigo em recitar de cor os discursos (*Ensaios*).

E.Paignon, na esteira de Fénelon, escreve um livro específico: *Éloquence et Improvisation* (1846), que é um verdadeiro manifesto em defesa da improvisação nos termos em que ela deve ser entendida. Ele distingue o orador improvisador e o orador escritor e privilegia o primeiro. Distingue uma memória passiva sem valor, escravizante, e uma memória ativa própria do verdadeiro improvisador. Para ele, improvisar é a mais bela manifestação da inteligência humana. Além da faculdade de falar, o homem é dotado da faculdade de improvisar, um dom inato. A excelência do discurso nasce da improvisação que supera, de longe, o discurso meticulosamente trabalhado e pronto. Mas a improvisação precisa do auxílio da natureza e do esforço. Tendo adquirido essa formação, improvisar é uma aventura mágica, uma coisa divina.

Ele considera a improvisação como uma "arte especial" que se tem que aprender. O orador prepara-se para improvisar, se educa. Paignon tende a considerar a improvisação como uma verdadeira arte literária, uma criação livre do espírito, que resulta de muita inspiração.

Timon escreve uma obra célebre sobre Retórica e, num capítulo memorável, exalta a superioridade do discurso improvisado: *Puissance de l'improvisation*, cap.III, (*Livre des Orateurs*, 1842) onde evidencia o encanto do improvisador que, de momento, sem saber o que vai dizer e como vai dizer, mas cheio de confiança, dialoga com a alma dos ouvintes que pendem de seus lábios.

Conciliação dos dois estatutos

A rigor, uma coisa não exclui a outra, nem se pode dizer abstratamente que uma coisa é melhor que a outra, tudo depende de circunstâncias especiais. Na verdade, são dois modos optativos de discursar que se completam. As posições radicais não se sustentam. Uma solução conciliadora se revela mais aconselhável. Há vantagens e desvantagens de ambos os lados. A improvisação tem o mérito de libertar a criatividade, nascendo o discurso no clima do momento, atualizado, em reação espontânea com o auditório. E na execução do discurso, pensamentos, sentimentos, palavras, gestos se harmonizam. Por outra parte, o discurso preparado pode se afastar da naturalidade, tornando-se amarrado quando pensamentos, sentimentos, palavras, gestos se descompassam entre si. O medo de esquecer inibe e leva a esquecer e a se descuidar de outras exigências. Não raro, se corre o risco de desandar num monótono recitativo.

A advertência do lugar-comum da etimologia. A palavra improviso traduz bem as subtilezas do problema e vale como admoestação: *in* = não + *provisus* do verbo *providere* = prever, prover. Assim improviso é um discurso sem previsão e provisão. Assim, a etimologia da palavra evidencia que improviso é alguma coisa que se faz de modo desprevenido, o que implica temeridade e imprudência (*improvidens*).

Preparação e improviso se completam

O orador deveria se interessar por ambas as coisas visto que se completam. A preparação desenvolve a capacidade de improvisar. A prática da improvisação ajuda a preparar melhor o discurso. Num primeiro momento, a preparação pode começar por um improviso.

O discurso livre como exercício preparatório

Paignon aconselha que se pratique a improvisação, com a maior espontaneidade. Nesse caso, a improvisação equivaleria a uma atividade artística concebida como "uma criação livre do espírito".

A prática da improvisação. O improviso deveria ser fruto de um exercício preparatório frequente.

Importa muito adquirir a técnica de improvisar, pois se aprende a improvisar. Para improvisar, com razoável sucesso, é preciso ter uma cuidadosa preparação escolar com muito exercício, muito estudo, muita leitura... É mesmo aconselhável fazer frequentes tentativas de improviso ou sozinho ou com amigos. É extremamente útil praticar a improvisação, simulando-se encontrar numa tal situação, propondo-se e desenvolvendo um tema ao léu. O candidato ao improviso deve dispor de alguns minutos de concentração. O discurso de improviso não pode encontrar o orador totalmente desprevenido.

Ninguém é obrigado a improvisar

Do ponto de vista moral, ninguém tem direito de obrigar outra pessoa a fazer improviso. Nenhum orador se deve sentir constrangido a improvisar, numa situação de responsabilidade. Ninguém precisa correr o risco de dizer inépcias, sobretudo numa situação mais formal e cerimoniosa. De certo que as coisas se passam diferente num ambiente descontraído e amigável. Ninguém precisa desnecessariamente comprometer seu nome. Para isso existem desculpas. Ninguém haverá de falar sobre o que não sabe e quando nada tem a dizer. Por que se aventurar se não se sente seguro?

Em conclusão

Como se percebe, o improviso é uma questão de competência e responsabilidade moral. É muito bom preparar o discurso, quanto mais, melhor, de acordo com a conveniência. É muito bom escrever o discurso. Existe o caso dos que falam melhor do que escrevem, mas isso não dispensa certa preparação.

Nada a objetar contra o discurso decorado. Pode-se também ler, mas é preciso saber ler um discurso. Ler é perigoso. A prática constante de uma improvisação relativa é também muito saudável, pois nada impede o exercício da improvisação quando há uma sólida preparação remota, anterior. Quanto mais preparação tanto melhor, pois a preparação compreende muito estudo, muita meditação, muita prática. Nestas condições, o famoso sofista Górgias se propunha discursar sobre o assunto que o auditório quisesse. Um eminente erudito da Renascença, Pico della Mirandola, se julgava, sem modéstia, capaz de falar, de imediato, sobre o que quer que fosse: "sobre o que se sabe e o que não se sabe e outras coisas mais"...

A capacidade de improvisar é o resultado de longa preparação, é um objetivo a se alcançar. Só quem se preparou muito adquire, com o tempo, a possibilidade de improvisar com dignidade.

2ª PARTE
As outras retóricas

I. AS RETÓRICAS REDUTIVAS

1. A RETÓRICA CLÁSSICA

A Retórica Clássica é uma Retórica redutiva. Ela praticamente reduz a Retórica à elocução.

A elocução, entre as partes do discurso, se torna hegemônica e central. Assim, a Retórica Clássica se define como uma Retórica da elocução, uma arte da composição e do estilo, identificando-se com a Poética. Persuadir se torna irrelevante. Ela se propõe ensinar não só a falar bem como escrever bem, sendo, de modo geral, uma *ars bene dicendi*.

A ação ou pronunciação é tratada ou como uma parte secundária da Retórica ou como uma preocupação alheia à Retórica. Todavia, tudo que se escreve pode ser declamado diante de um auditório.

No fundo, a Retórica Clássica se volta apenas para o aspecto gramatical, estilístico e estético da linguagem de uma composição.

O lugar privilegiado das figuras de estilo. Neste contexto, as figuras de linguagem ocupam um lugar privilegiado. Com o avançar do tempo, a Retórica Clássica se reduzirá ao mundo das figuras. Entretanto, na Retórica Clássica, as figuras ainda não constituem a Retórica com exclusividade. As figuras se subordinam à elocução.

A oposição entre Retórica Antiga e Retórica Clássica

Não se confunda Retórica Antiga com Retórica clássica! São duas retóricas distintas e autônomas que começam a se confrontar efetivamente a partir da Renascença. A "Retórica Antiga" é uma técnica de persuadir por um bom e belo discurso; a "Retórica Clássica" é uma técnica da composição e estilo e uma arte de escrever e falar bem, sobretudo escrever bem, independente de persuadir.

A Retórica Clássica vai da Renascença até fins do século XIX, com o Romantismo quando deixa de existir como disciplina Retórica e se transforma em Estilística, uma disciplina que simplesmente ensina a escolher, com bom gosto, entre todos os recursos que a língua dispõe.

Antecedentes formadores da Retórica clássica

A Retórica Clássica, em muitos pontos, já se antecipava desde remota a Antiguidade. A Retórica Clássica é herdeira da Retórica concebida como "*ars dicendi*".

A concepção platônica de persuasão. Platão repudia o conceito sofístico de persuasão que consiste em levar um auditório a aceitar uma opinião a favor ou contra, o que é uma coisa muito perigosa. Por sua parte, ele concebe a persuasão como sendo o modo de ensinar a verdade. Fica aberto o caminho para a Retórica se salvar como arte de falar bem.

O grande desvio de Quintiliano. Neste sentido, Quintiliano, embora seja um dos mais ilustres divulgadores da Retórica Antiga, dá o passo mais ousado e radical em direção à Retórica clássica, ao definir, do ponto de vista lógico e moral, a Retórica como arte de falar bem e escrever bem e não como arte de persuadir! Contudo, persuadir passa a ser um objetivo secundário da Retórica. É muito relevante que para Quintiliano a elocução compreenda não só falar bem como escrever bem. O próprio Quintiliano adverte que havia, no seu tempo, tendência de se excluir a memória e a ação dos quadros da Retórica com o que ele não concordava. Mas sua posição teórica marca a grande virada na evolução da Retórica Antiga para a Retórica Clássica. A partir de Quintiliano, o fantasma futuro da Retórica Clássica representa sempre uma ameaça à Retórica Antiga, persuasiva. A maioria dos teóricos passa a repetir que a Retórica é a *"ars bene dicendi"*.

Pesa muito nessa evolução da Retórica a alta conta em que era tida a elocução. Cícero chega a dizer que quando se quer elogiar um orador se diz que é eloquente, palavra essa que deriva de elocução.

A constituição do *Trivium* favorece a transformação da Retórica Antiga em Retórica Clássica. No "*Trivium*" medieval se estudava Gramática, Dialética e Retórica. A Retórica é despojada de suas partes principais e reduzida a ensinar a falar e escrever bem, com elegância, sobretudo cartas, poemas e inclusive discursos e preces. A Gramática ensina a escrever e falar corretamente, baseando-se na lição dos poetas. A Dialética (= Lógica) ensina a pensar bem.

A Retórica Clássica se consolida na Renascença com o humanismo quando a fala se torna o maior apanágio do homem. A fala especifica o homem. Essa concepção humanista da linguagem vinha se formando já desde Isócrates, Cícero e explode na Renascença na Retórica Clássica.

A Galáxia de Gutenberg favorece o despontar de uma Retórica Clássica. Além de tudo, nos fins da Idade Média, pelas circunstâncias históricas, a expressão escrita se avantaja sobre a expressão oral. De fato, é então que se descobre a imprensa e se vive a era da Galáxia de Gutenberg, como afirma MacLuhan. O mundo deixa, cada vez mais, de ser uma aldeia primitiva, quase um auditório de contatos diretos e se formam as grandes nações. A imprensa se impõe como o meio de comunicação por excelência e atinge não mais um auditório restrito, mas leitores inumeráveis e dispersos, através do tempo e espaço. Nesta altura, a palavra escrita compete com a palavra falada e a supera.

As raízes filosóficas da Retórica Clássica. Pode-se dizer que quem está do lado de Aristóteles favorece a Retórica Antiga e quem está contra Aristóteles favorece a Retórica Clássica. Aristóteles não confunde Retórica com Poética além do que ele abriga tanto a verdade como a opinião em sua Lógica. Favorecem a Retórica Clássica todos aqueles pensadores da Antiguidade e dos Tempos Modernos que repudiam a opinião e só admitem a busca da verdade. Favorecem a Retórica Clássica os que confundem a Retórica com a Poética. É claro que renegada a Retórica persuasiva, resta cultivar a Retórica como uma poética, uma arte de escrever e falar bem.

2. A INTERVENÇÃO DA REFORMA E CONTRARREFORMA NA FORMAÇÃO DA RETÓRICA CLÁSSICA

A Reforma Protestante e a Retórica: Pierre de la Ramée e Filipe Melanchthon

Pierre de La Ramée ou Petrus Ramus (1525-1572) é o fundador da Retórica Clássica quando afirma de modo radical o dogma que só a elocução pertence à Retórica.

Ele é um antiaristotélico ferrenho e se propõe reformar e corrigir a dialética e a retórica de Aristóteles a quem considera extremamente confuso e um desastrado. A aversão que tem por Aristóteles se projeta sobre Cícero e Quintiliano.

Rejeita a Retórica Antiga e institucionaliza uma nova Retórica, a que hoje damos o nome de Retórica Clássica.

Os fundamentos da Retórica Clássica, segundo Petrus Ramus. A Retórica deve se definir apenas como uma "*ars bene dicendi*", uma arte de falar bem e de modo ornado. "Persuadir não é o fim da Retórica" que tanto pode ser persuasiva como meramente expositiva. Ele faz pouco caso de quase todos os esquemas da Retórica Antiga: divisão em três gêneros, a divisão do discurso em partes, a divisão dos estados da questão... O ponto mais fundamental da doutrina de Petrus Ramus talvez seja a nova relação que estabelece entre a Dialética e a Retórica e a Gramática, as disciplinas do *Trivium*.

Note-se que para ele a Dialética volta a ser a mesma coisa que a Lógica. Ele estabelece uma nova relação entre a Dialética (ou Lógica), a Gramática e a Retórica, muito diferente de Aristóteles a quem ele recrimina por ter criado "duas lógicas", uma da ciência (Analítica) e outra da opinião (Dialética). Só há uma lógica. Ele desvincula a Retórica da Dialética ou Lógica e da Gramática. As três têm funções bem diferentes.

Ele acha que Aristóteles não soube distribuir o que pertence à Dialética e o que pertence à Retórica e o que pertence à Gramática. Pelo que propõe uma outra correlação entre essas três disciplinas.

A Dialética (= Lógica) é a arte de bem raciocinar, de bem disputar e de bem argumentar a propósito do que quer que seja. Ela compreende: "a invenção", "a disposição" e "a memória". Compete à invenção o estudo da primeira operação da mente, "a simples apreensão". Compete à disposição, que ele prefere chamar de "juízo", tratar do enunciado, do silogismo e do método. Como se percebe, ele considera todas essas operações lógicas como um modo de "dispor", como uma construção sintática. Finalmente, a memória administra a invenção e a disposição.

A Retórica se reduz apenas à elocução e à ação. A invenção, a disposição e a memória não fazem parte da Retórica, são exclusivas da Dialética. A Retórica as toma de empréstimo. *De per si*, a Retórica não é dialética.

Pelo visto, a Retórica de Petrus Ramus só pode se interessar pela elocução que consiste "em ornar o discurso com figuras e tropos" e pela ação que trata dos gestos e da voz, servindo apenas de mero acessório da elocução. A ação depende mais de exercícios de imitação que se fazem à margem da Retórica. Note-se que a Retórica se destina a ouvintes e leitores.

Conclui-se, pois, que segundo Ramus, um discurso retórico é produto de três disciplinas independentes: a Retórica, a Gramática e a Dialética. A Gramática ensina a escrever corretamente. A Dialética entra com a invenção, disposição e memória, ensinando a pensar retamente. A Retórica só fornece a elocução ornada de figuras e a ação adquirida por imitação.

Advirta-se que a Gramática e a Dialética não fazem parte da Retórica. Quando preciso, a Retórica se socorre de ambas. A Retórica é despojada de sua natureza dialética no sentido aristotélico.

Ele não perde tempo em idealizar o orador perfeito. Basta que seja perito na arte de falar bem. Nem tampouco o orador se define como "*vir bonus*", mas apenas como um profissional perito em sua arte.

Nesta altura, a Retórica Clássica, consagrada por Petrus Ramus se impõe porque se afinava com o espírito humanista da Renascença que se deixa seduzir pelos encantos da linguagem e do estilo. A Retórica se confunde com a Poética. Trata-se de uma Retórica Estilística. Ela tem como auditório: ouvintes e leitores.

Superioridade da Dialética (= Lógica). Das três disciplinas do *Trivium*, a mais excelente e fundamental é a Dialética. Ela alimenta a produção do discurso. Primeiro, o homem pensa, inventa e dispõe retendo tudo na memória ou gravando. A seguir, vem a vez da Gramática que se empenha em corrigir. Finalmente vem a tarefa da Retórica que se restringe a falar bem e de modo ornado com figuras e tropos, cuidando da voz e da gesticulação.

Filipe Melanchthon (1497-1560)

Melanchthon foi um ilustre humanista e uma das colunas do protestantismo luterano. Ele se torna também um valioso promotor da Retórica Clássica, mas em termos bem diferentes de seu contemporâneo Petrus Ramus. Este é antiaristotélico radical, ao passo que Melanchthon tenta alguma conciliação entre Aristóteles e a Escolástica protestante.

Melanchthon embora divida a Retórica em cinco partes, contudo acha que "a Retórica se esgota na invenção, disposição e elocução", sobretudo na elocução. Ele posterga para segundo plano as partes fundamentais da Retórica Antiga: a memória e a ação. Para ele, é a elocução que caracteriza a Retórica. "A elocução é a faculdade de falar *sapienter* e *ornate*". A Retórica se ocupa muito mais com as palavras do que com o conteúdo. Desse modo, ele favorece o desenvolvimento da Retórica Clássica. A Retórica é a arte de falar bem, de modo ornado por meio de figuras. A Retórica é o revestimento estilístico de um texto construído pela Lógica ou Dialética. Ele incrementa a ideia que a Retórica é mais a arte de dizer bem que de persuadir. Persuadir para ele também quer dizer educar.

A Contrarreforma: e os jesuítas: Cypriano Soarez

Cypriano Soarez publica um manual sobre a Arte Retórica baseada nos três pilares: Aristóteles, Cícero e Quintiliano. Esse manual é adotado oficialmente pela Ordem dos Jesuítas. Ora, Cypriano também fica numa encruzilhada entre a Retórica Antiga e a Retórica Clássica, pois, ele concorda com Quintiliano que a Retórica é "uma arte ou doutrina de dizer" e que falar bem consiste em falar de modo ornado, grave e copioso e, ao mesmo tempo, admite com Aristóteles e Cícero que o fim e ofício da Retórica é dizer de molde a persuadir. Como jesuíta, é controlado pelo respeito que ele e a ordem têm por Aristóteles e Cícero.

Kant, no século XVIII, exemplifica o pouco caso que a Filosofia tributa à "Retórica Antiga" como arte de persuadir, pois, para ele, persuadir é ludibriar e só aceita a nova "Retórica Clássica" concebida como a arte de falar bem.

A Estilística

A Retórica Clássica termina seus dias como Retórica, mas sobreviverá como Estilística.

A chamada Retórica Clássica vive seus dias de glória enquanto dura o Classicismo com o qual tem tanta afinidade. Ela é rigorosamente normativista, dogmática e estabelece regras minuciosas para se exprimir bem. Por isso, quando, no começo do Século XIX, surge o Romantismo, a Retórica Clássica entra numa penosa crise. O Romantismo reivindica a liberdade de expressão, não se subordinando às exigências implacáveis em vigor. Note-se que não é a Retórica Antiga que é questionada, mas a Retórica Clássica, pois o Romantismo é profundamente politizado e cultiva, com abundância, a Oratória, sobretudo uma Oratória persuasiva emocional. Surge então uma campanha ambígua contra a

Retórica, que ao atacar a chamada Retórica Clássica prejudica, com o mesmo golpe, a Retórica tradicional.

Pelos fins do século XIX, a Retórica de modo geral é abolida do ensino na França e, como consequência, no mundo!

Sobrevivência da Retórica Clássica sob o nome de Estilística

A palavra Estilística aparece pela primeira vez, nos fins do século XVIII, na obra do poeta alemão, Novalis. O surpreendente é que ele identifica a Estilística com a Retórica quando diz: "a Retórica ou Estilística", só que importa não perder de vista que a palavra Retórica, neste contexto, já deve ser entendida como Retórica Clássica: leia-se então: "Retórica Clássica ou Estilística" onde se lê: "Retórica ou Estilística".

A Retórica Clássica se transforma em Estilística. Entretanto, a Retórica Clássica não se extingue, mas se transforma, deixando de usar o nome de Retórica que abusivamente levava. Todavia, o seu conteúdo não se perde, pelo contrário, sobrevive e se desenvolve pela utilidade que tem, pois se trata de ensinar a escrever e falar bem.

A Retórica Clássica precisava apenas de se atualizar, se modernizar. Nesse ponto, por uma feliz coincidência, se beneficia com a consolidação de uma nova disciplina, a Estilística, que já se prenuncia no Romantismo e se configura no começo do Século XX. A Estilística nasceu pretendendo reformular a Retórica Clássica e ocupar seu lugar.

A Estilística pretendendo ir além da Retórica Clássica, dedicando-se ao estudo da elocução, não de modo meramente normativo, descritivo, mas sistemático, quase científico. Não tem apenas o intuito de ensinar a escrever e falar bem, mas de estudar, com profundidade, os estilos. Entretanto, a Estilística teve que seguir um longo caminho até chegar, hoje em dia, a alguns resultados, a partir da Linguística de Saussure e depois do surgimento do formalismo e do estruturalismo.

A Retórica Clássica desaparece como Retórica, mas sob o nome de Estilística continua revitalizada, impondo-se como "Teoria da composição e estilo", ou como "Teoria da expressão e comunicação", ou como "Arte de escrever e falar bem" ou "Teoria dos estilos". Vejam-se, por exemplo, os seguintes livros: *A Arte de Escrever* de Albalat; *A Estilística da Língua Portuguesa* de Rodrigues Lapa; *A Comunicação em Língua Moderna* de Otton Garcia; *O Estilo e suas Técnicas* de Cressot; *Manual de Expressão Oral e Escrita* de Mattoso Câmara...

O que é significativo é que a Estilística ainda continua a sobreviver sob o nome de Retórica, sobretudo em países de língua inglesa, onde muitos tratadistas preferem continuar chamando a Estilística com o velho nome de Retórica. Vejam-se, para exemplificar, os manuais de Charles Baldwin: *A Text Book of Rhetoric*, e o livro de Sherman Hill: *The Foundations of Rhetoric*, sendo que ambos não passam de manuais de composição e estilo.

A Estilística como disciplina só desponta no começo do século XX, mas o conceito de estilo já preexistia de longa data, na Antiguidade latina.

A Retórica Antiga trabalha apenas com o conceito latino de estilo, no sentido de modo próprio e particular de cada indivíduo, grupo ou época se exprimir, falando e escrevendo, vivendo.

A palavra estilo se origina do latim: *stilus* que significa estilete, uma espécie de ponteiro que servia para escrever em tabuinhas enceradas, equivalendo a um caderninho de notas. A parte posterior do estilete era achatada para apagar, alisando a cera. Do sentido de instrumento para escrever, passa, por metonímia, a significar modo individual e particular de cada um se exprimir. Esse sentido continua básico e fundamental. Com o tempo a palavra estilo se generaliza, aplicando-se ao modo facultativo de fazer qualquer coisa. Toma-se então a palavra estilo no sentido semiótico, isto é, aplicado a qualquer linguagem verbal ou não.

A Estilística se constitui por um conjunto de estilemas. Por estilemas se entendem todos os desvios de expectativas da linguagem em qualquer de seus níveis. Estilemas são unidades estilísticas.

É só no começo do século XX que a Estilística emerge como uma nova disciplina, sendo seus fundadores: Bally (1865 – 1947) e Vossler (1872 – 1949). Ela surge como uma salvação.

Todavia, a Estilística, no correr de sua história, se dispersa em várias correntes cada qual com seus méritos, mas sem que resultasse daí uma Estilística unitária e forte. Pelo contrário, não faltou quem lhe negasse mesmo o direito à existência, por falta de um objeto bem definido. Havia uma Estilística Idealista ao lado de uma Estilística Positivista, uma Estilística da língua ao lado de uma Estilística da fala, uma Estilística Linguística ao lado de uma Estilística Literária... Entrementes, a chamada Retórica Clássica, já sem pretensão de representar a verdadeira Retórica, continuava a sobreviver vigorosa em incessante desenvolvimento, confundindo-se com a Estilística. Não há negar, a Retórica Clássica, agora sob outro nome, mantém sua vitalidade graças ao objetivo relevante que ocupa na educação do homem. A Retórica Clássica se extingue como Retórica, mas se pereniza como arte de escrever e falar bem.

Os principais rumos da Estilística

Estilística da língua. Bally cria, em 1905, uma estilística da língua e não se interessa por estilos individuais e literários. Como a língua tem dois níveis, um lógico e outro afetivo, ele limita o domínio da Estilística ao estudo do lado afetivo da linguagem. A Estilística se define como o estudo dos recursos afetivos de que a língua dispõe. Seu objetivo é compor uma gramática de todos esses recursos. (BALLY, Charles. *Traité de stylistique française*. Paris: Klincksieck, 1951).

Estilística da literatura. Vossler, antes que Bally, em 1904, funda uma estilística em outra direção, uma Estilística não da língua, mas dos estilos individuais e literários. Ele analisa textos literários e, através de detalhes da linguagem, busca encontrar a mentalidade do autor e de sua época. (Positivismo e idealismo na ciência da linguagem).

Spitzer, influenciado por Vossler, através de um estilema que surpreende num texto, procura penetrar na visão de mundo do autor e explicar toda a sua obra. É, pois, uma Estilística Genética e imanente. (SPITZER, Leo. *Études de style*. Paris: Gallimard, 1970).

Com Marouzeau mais na linha de Bally, a estilística se empenha em levantar os meios de expressão de uma língua, de modo geral, como um repositório de possibilidades de escolha por parte do usuário da língua. (Marouzeau, *Précis de stylistique française*).

Jakobson, líder do estruturalismo, considera a estilística como o estudo da função poética da linguagem. A função poética é o que faz com que um texto seja arte verbal, mas arte verbal reduzida ao aspecto formal. (*Linguística e comunicação*)

Riffaterre, com muita propriedade, chama a função poética de Jakobson de função estilística. (*Ensaios de estilística estrutural*)

O Grupo mi considera os fatos de estilo como figuras de estilo e passa a chamar a função poética ou estilística de "função retórica da linguagem". (*Retórica Geral*).

Independente de tudo, a elocução oratória se alimenta de todas as linhas da estilística em questão.

Leia-se, a propósito (BARUCO, P. *Éléments de stylistique*. Paris: Éditions Roudil,1972. GUIRRAUD, Pierre. *La stylistique*. Paris:PUF,1972).

Estilística e Gramática. A Gramática estabelece o que se deve ou não se deve dizer de modo obrigatório. O estilo é um modo peculiar e individual de dizer que se caracteriza pela liberdade de escolher e combinar entre todos os recursos facultativos não interditados pela Gramática. Dentro desta restrição, vigorava a máxima que era permitido aos artistas tudo ousar.

Na essência, os recursos de estilo se reduzem às figuras. Escrever com estilo é escrever bem, de modo peculiar, por meio de figuras de estilo. Dentro da Retórica Clássica, no capítulo da elegância e do ornato, a teoria das figuras alcança um largo desenvolvimento. A partir daí, se verificam as condições para a independência do estudo das figuras, como sendo a essência da Retórica. A Retórica Clássica tende a se transformar numa retórica das figuras. Segundo o comentário de Perelman, a Retórica Clássica se interessa apenas pelas figuras de estilo e não pelas figuras de Retórica ou figuras argumentativas.

Ela se inspira nos modelos literários que se destacam sob a perspectiva do estilo e explora toda a teoria dos gêneros literários.

Finalmente, a Retórica Clássica se beneficia da Poética em seus três sentidos: Poética, 1) no sentido estético, 2) no sentido literário e 3) no sentido Poético, a saber, no sentido de técnica versificatória, em oposição à prosa.

A Retórica Antiga sobrevive fora das escolas. Note-se: quem saiu de cena foi a Retórica Clássica, não foi a Retórica Antiga porque ninguém acabou com a oratória nas igrejas, nos fóruns, nas assembleias, nas academias, nos clubes, nos exércitos...

Apesar de tudo, a Retórica Antiga não morre, mas se renova, na Renascença, com a edição crítica dos manuscritos de Aristóteles, Cícero, Quintiliano e outros que a Idade Média mal conhecera. Por outro lado, as circunstâncias históricas estimulam o desenvolvimento da Retórica persuasiva, graças aos debates contundentes entre a Reforma e a Contrarreforma. Além de que ela se desenvolve, com vigor, nos tribunais e nas tribunas, sem falar nos púlpitos.

Luis Antonio Verney (1713-1792) com seu livro: *Verdadeiro método de estudar* (*Carta* 5ª. e 6ª) tenta salvar a Retórica Antiga, combatendo e corrigindo seus defeitos. Retórica para ele é arte de persuadir. As figuras servem à persuasão.

Nas escolas, as influências das duas linhas retóricas se misturam, com predomínio da Escola clássica que devido a seus abusos será combatida mais tarde pelo Romantismo.

3. A RETÓRICA DE I. A. RICHARDS

A Retórica dos desentendimentos verbais e seus remédios

Richards (1893-1979) rejeita Aristóteles e a "velha Retórica" prescritiva, que ele considera desacreditada e, entanto, julga que apesar de sua inutilidade dela se pode aproveitar alguma coisa! E sobre isso, funda uma "nova Retórica".

Sua "nova retórica" também é restritiva, pois praticamente se limita a um aspecto da elocução: a propriedade dos termos. Estamos, pois, diante de uma Retórica Semântica.

O significado do significado. Richards, em colaboração com C.K. Ogden, explica o processo da significação por meio de um triângulo.

O triângulo de Richards e Ogden. O significado compreende três componentes representados pelos três ângulos de um triângulo:

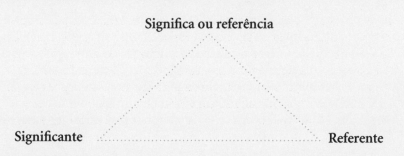

O símbolo é o significante, o nome; a referência é o sentido, o pensamento, o significado; o referente é a coisa, o aspecto não linguístico.

O símbolo se vincula ao referente, por meio da referência. As palavras não significam diretamente as coisas. Elas significam as coisas por meio de conceitos. Por isso, o significado varia não em função do objeto, mas do pensamento. Cada palavra tem um sentido para cada momento da fala, de acordo com o dinamismo contextual. Ao linguista interessa a relação entre símbolo e referência e não entre símbolo e referente.

Idola fori. Richards sofre influência de Bacon e, como esse filósofo, também acha que a linguagem é um fator de desentendimentos entre os homens. Com efeito, se a palavra sofre uma mediação subjetiva do contexto individual, ela inevitavelmente gera incompreensões. As palavras se referem às coisas pela mediação de uma referência variável. Assim Richards considera a linguagem como uma barreira aos entendimentos.

Superstição do termo próprio. A palavra isoladamente não tem significado próprio, fixo, estável. Não existe o mito de palavra com significado único. As palavras mudam de significação conforme o contexto que determina o significado. Tudo depende do que precede e segue, envolvendo a palavra. As palavras se inter-relacionam, são interdependentes.

As figuras de estilo não são desvios de uma norma. A norma suporia a existência de palavras fixas, próprias. A metáfora não é uma questão de desvio de uma norma, mas uma questão de polissemia. Não é que a palavra "inverno" se desvia para significar "velhice", mas nela conflui a interação de dois sentidos.

Falsa identificação entre palavra e coisa. É uma superstição imaginar que as palavras se identificam com as coisas. "As palavras não são coisas", não há por que confundir símbolo com referente.

A nova Retórica

Richards propõe então uma nova Retórica, como sendo uma nova disciplina filosófica. Ele repudia a velha Retórica persuasiva e se enquadra na Retórica Clássica, mas restringindo-a a muito pouca coisa.

A Retórica é o estudo de "como as palavras funcionam no discurso". O objetivo da Retórica é "o estudo dos desentendimentos verbais e seus remédios", procurando evitar os defeitos de comunicação. Valha-nos Deus! A quão pouco se reduziu a velha Retórica aristotélica! "Quão mudada está daquele famoso Heitor", diria Virgílio!

Cabe a esta nova proposta de Retórica buscar o domínio das leis fundamentais do uso da linguagem, de modo que o discurso seja adequado ao seu fim.

Assim, o principal objetivo da "Retórica renovada" é descobrir os meios de evitar os equívocos verbais. Por isso, estamos diante de mais uma Retórica terapêutica.

Com Richards, a Retórica se limita ao uso das variadas acepções das palavras.

Trata-se de uma Retórica que pertence à Filosofia da Linguagem uma vez que estuda o funcionamento das palavras, a saber, como elas se comportam no discurso. Estudar o comportamento das palavras consiste em estudar o significado das palavras no seu contexto. Por conseguinte, a Retórica estuda o valor das palavras, tendo por objetivo verificar e corrigir os equívocos da linguagem.

A Retórica e as funções da linguagem. Richards distingue a função cognitiva da função emotiva da linguagem. Além dessas duas existe a função literária que se constitui a partir da emotividade. Essas três linguagens requerem tratamentos diferentes.

A linguagem cognitiva é a que mais se livra dos equívocos. Ela serve de padrão. Mas não existe uma linguagem científica absolutamente neutra, grau zero de incompreensões.

A linguagem corrente emotiva é que constitui o verdadeiro problema. Ela se submerge em mal-entendidos que, no entanto, devem ser evitados. Esse o mister orientador da Retórica.

A linguagem literária, pelo contrário, explora o uso de equívocos, como se fossem um recurso artístico básico. Essa doutrina será explorada por seu discípulo W. Empson. A linguagem corrente, utilitária deve se livrar da obscuridade, mas a obscuridade é desejável na literatura. A ambiguidade está na raiz da poesia, na essência da poesia.

A filosofia da metáfora

A metáfora é para Richards um dos melhores recursos a fim de se estabelecer o significado das palavras. Ela favorece a compreensão, pois a metáfora mostra a analogia entre duas esferas de conhecimentos.

Na metáfora, como por exemplo: "a velhice é o inverno da vida", Richards distingue o "teor", o veículo e a base. O teor é o que é comparado (a velhice); o veículo é o comparante. A base é o fundamento, o motivo da comparação em que se assemelham.

A importância da Retórica de Richards

Sua obra enquanto retórica é pobre, inconsistente, pois pouco tem a ver com a autêntica Retórica, lidando apenas com a elocução e ainda assim no que se refere à propriedade e impropriedade das palavras.

Também é verdade que a Retórica assim concebida faça parte da Retórica antiga, mas apenas como um simples capítulo da elocução.

A relevância de sua contribuição é relativa no que se refere à Retórica, mas é relevante em vários outros domínios como no positivismo linguístico (*Filoso-*

fia da linguagem), na semântica (*O significado do significado*) e particularmente na crítica literária baseada no estudo do valor das palavras. Trata-se de uma crítica de caráter imanente, voltada para o texto, independente do nome do autor e da época histórica e de modelos estéticos (*Princípios de Crítica literária*). Ele é um dos fundadores do "criticismo anglo-americano".

Do ponto de vista literário, é igualmente uma das fontes do hermetismo literário, ao fazer da ambiguidade um valor estético.

4. A NOVA RETÓRICA DE PERELMAN

Chaim Perelman (1912-1984) nasceu em Varsóvia, foi professor na Universidade de Bruxelas, fundou o movimento da Nova Retórica, que difundiu por meio de seus livros, destacando-se, entre eles, o *Tratado da Argumentação* (1958), escrito em colaboração com L. Olbrechts-Tyteca.

Não se pretende aqui, pretensiosamente, discutir o mérito em si da obra monumental de Perelman que é imenso, mas somente aquilatar-lhe o alcance retórico. Que significa na História da Retórica a obra que Perelman construiu? Já se poderia antecipar que se trata mais de uma contribuição à Dialética que à Retórica.

Perelman não se reputa, de modo nenhum, um rétor, um mestre de Retórica antiga! Não está nem um pouco interessado na arte de falar bem em público. A si mesmo, se classifica como filósofo, como lógico e mais exatamente como um dialeta no sentido aristotélico do termo. Para ele é indiferente chamar sua obra de nova Retórica ou Nova Dialética.

Retórica redutiva – generalizada

Embora Perelman não concorde que se possa reduzir a Retórica à elocução, como faz a Retórica Clássica, nem concorde que se possa reduzir a Retórica ao estudo das figuras de estilo, como faz a Retórica Geral, entretanto, por sua conta, ele também pratica uma Retórica redutiva! A Nova Retórica que propõe se inclui entre as Retóricas redutivas, porque reduz a Retórica à invenção, aliás, muito bem concebida como uma teoria da argumentação.

E como todas as retóricas redutivas, ela é também uma retórica generalizada. Perelman generaliza "a teoria da argumentação" como o método das ciências humanas. É exatamente esse generalizar da argumentação dialética que constitui a "Nova Retórica". Assim Perelman funda o império da Dialética, "*l´empire rhétorique*", sob o nome de Retórica.

Eis que Perelman descobre a dialética de Aristóteles, mas a partir da Retórica. Na produção de seus trabalhos acadêmicos, ele estava envolvido com a investigação do raciocínio provável, a saber, quando, numa discussão, se intenta persuadir alguém a aceitar uma opinião e não outra. Por que, por exemplo, optar pelo presidencialismo ou pelo parlamentarismo ?... Ele queria saber qual a validade do "juízo de valor".

Sua pesquisa se voltava não para uma lógica da verdade, mas para uma lógica da opinião. Por isso, tinha contra si as mais poderosas correntes da História da Filosofia representadas por Platão, Descartes, Bacon, Comte... que condenavam o conhecimento pela opinião. Nessa altura, ele descobre quase que por uma revelação inesperada, que tinha a seu favor a "Lógica" de Aristóteles, que compreendia além de uma analítica, isto é, uma Lógica da verdade, uma poderosa dialética, isto é, uma Lógica da opinião, campo em que se enquadrava sua pesquisa. Ele tinha agora em quem se ancorar.

Retorno à Dialética geral por intermediação da Retórica. O surpreendente é que Perelman entra em contato com a Dialética de Aristóteles a partir da Retórica que é também uma parte da dialética. Por mero acaso, ele descobre a Dialética pela Retórica.

A partir daí se propõe reabilitar a Dialética, essa parte tão injustamente marginalizada da "Lógica" de Aristóteles onde se situa a Retórica, que é também uma disciplina dialética, o que foi, em grande parte, ignorado pela civilização ocidental que, às tantas, fez da Retórica uma mera Poética. Perelman restitui esse valor dialético da Retórica. E de fato, segundo Aristóteles, a Retórica é a "contraparte da Dialética", o que quer dizer que a retórica é uma ramificação da dialética. Como se sabe, Aristóteles desenvolve a doutrina da dialética nos Tópicos, na Retórica e nas Refutações sofísticas. Acontece que é principalmente na Retórica que Aristóteles exemplifica melhor o modo de ser do conhecimento dialético, onde o auditório ocupa posição fundamental. Perelman fica deslumbrado com a importância que tem o auditório na Retórica. O discurso se faz em função do auditório. O modo de raciocinar dialético não explorava como deveria um elemento tão essencial.

Por isso, Perelman constata que é a Retórica que deve ser considerada como o modelo da dialética. Na sua perspectiva, é a Dialética que faz parte da Retórica e não o contrário (*L´Empire*, p.177)!

Na análise do pensamento de Perelman é fundamental distinguir "Retórica Antiga" da "Retórica Clássica". Elas não podem ser confundidas. A Primeira é dialética-persuasiva, ao passo que a segunda é uma mera arte de dizer bem.

Ele observa que, historicamente, primeiro vem a Retórica Antiga representada por Aristóteles, Cícero. É uma arte de "persuadir e convencer" um "auditório" por meio de uma "argumentação dialética". Essa é a Retórica respeitável, essa sim, possui "uma tradição gloriosa e secular entre os gregos e latinos". Entretanto, aos poucos, ela ficou "esquecida e desprezada", sendo substituída pela Retórica Clássica que se desdobra na Retórica das Figuras. A Retórica Clássica que remonta a

Quintiliano se reduz à elocução e se caracteriza como arte de escrever e falar bem e não como arte de obter a adesão de um auditório a uma opinião.

A certa altura, ocorre forte reação contra a Retórica em geral, mas visando em particular à Retórica Clássica, sobretudo por parte dos românticos do século XIX que se indispõem, em especial contra o método de ensino artificial e obsessivo das figuras. Como se trata agora de uma Retórica "desprovida de valor educativo", ela "é eliminada dos programas escolares". Ao rejeitar-se a Retórica Clássica, correu-se, de fato, o risco de rejeitar, ao mesmo tempo, indiscriminadamente a Retórica Antiga. Todavia, Perelman considera que a morte da Retórica Clássica foi merecida, pois que buscava apenas "palavras vazias e floridas", ao passo que o desaparecimento da Retórica Antiga fora indevido porque essa tinha por objetivo persuadir e convencer alguém e não meramente agradar. Ela deveria ter sido poupada, mas não foi. De qualquer forma, como se percebe, Perelman também admitia que Retórica Antiga agonizava!

Assim, Perelman repudia a Retórica Clássica e se propõe restaurar renovando tudo que de aproveitável tinha a Retórica Antiga para a Dialética geral. Ele simultaneamente tenta salvar a Retórica e a Dialética. Não importa com que nome fazia isso. Acontece que ele prefere chamar isso de "*La nouvelle rhétorique*", a Nova Retórica que era no fundo um tratado geral da argumentação dialética.

A novidade, em última análise, seria voltar a operar com a dialética de Aristóteles retorizada. O que há de mais profundamente novo seria transformar a teoria da argumentação no método das ciências humanas.

A *Nouvelle rhétorique* é uma volta à Dialética e à Retórica de Aristóteles: sendo a Retórica concebida em termos dialéticos, como arte de discutir e sendo a Dialética concebida, em termos retóricos, enquanto destinada a persuadir necessariamente um auditório. Assim, a Nova Retórica é a arte de discutir opiniões de modo a obter a adesão de um receptor. Na opinião de Perelman, só é possível o renascimento e reabilitação da Retórica aristotélica aceitando-se sua dimensão dialética. Daí o erro histórico de Petrus Ramus que despoja a Retórica Antiga de seu caráter dialético, estimulando assim a criação da Retórica Clássica.

Em que medida, então, Perelman é um neoaristotélico?

Ele é precisamente um neoaristotélico na medida em que reabilita a Lógica integral de Aristóteles. Ele reabilita "as duas lógicas de Aristóteles", a lógica da verdade e a lógica da opinião e com a lógica da opinião ele reabilita em parte, só em parte, a Retórica.

A Lógica de Aristóteles (*Órganon*) se divide em Analítica e Dialética. Entre os filósofos, havia forte corrente que aceitava a Analítica, mas repudiava a Dialética. Perelman aceita uma e outra. Ele pretende restabelecer a Lógica completa de Aristóteles, respeitando os direitos da Analítica, mas reivindicando, sobretudo, um lugar ao sol para a Dialética, onde também se deve incluir a Sofística.

1) A analítica é a parte da Lógica que pretende chegar por virtude do raciocínio a uma conclusão verdadeira, partindo de premissas verdadeiras. Vai-se, numa inferência necessária das premissas para a conclusão. A verdade se impõe independendo da adesão ou não de alguém. É um modo impessoal de conhecer.
2) A dialética é a parte da lógica que, numa questão discutível, ensina a defender a opinião mais verossímil, desenvolvendo um raciocínio que parte de premissas prováveis e chega a uma conclusão aceitável. A partir da aceitação das premissas se pretende obter a adesão de todos ou da maioria ou da elite dos homens. Ela abrange o campo dos valores. Não se chega à verdade, mas à melhor opinião. Ao passo que o raciocínio analítico constrange, o dialético depende de influência e adesão. O objetivo da dialética é "persuadir ou convencer" o destinatário, o que não acontece com o raciocínio analítico que simplesmente expõe, "demonstra". A "argumentação" dialética é totalmente dependente do auditório que é quem determina o teor da argumentação forjada pelo orador. Entre emissor e receptor se exige contato, negociação, adesão.

Perelman volta-se para a analítica e para a dialética de Aristóteles, ressalvando-se, porém, que sua pesquisa se subordinava à dialética. Acontece que ele descobre a dialética por meio da Retórica Antiga que é uma parte da dialética. A Retórica interessa na medida em que, em muitos pontos, ela abre o caminho para a compreensão da Dialética.

Demonstração e argumentação

Perelman prefere chamar a analítica de demonstração e a dialética de argumentação. E com seu prestígio, sacramenta essa velha terminologia. Particularmente, ele se intimida em usar a palavra dialética que julga propriedade privada de Hegel e do marxismo.

Diferentemente da argumentação dialética, a demonstração analítica não supõe contato de espíritos, não visa a obter adesão, não tem de se adequar a um auditório, não busca a opinião, mas a verdade, não visa a persuadir e convencer.

Todavia, ele não está interessado no raciocínio analítico ou científico que "transfere a verdade" das premissas para a conclusão, mas se interessa pelo raciocínio provável que "transfere" a adesão das premissas para a conclusão. Sem negar a analítica, pretende recuperar a dialética aristotélica. Nesse afã, a Retórica de Aristóteles se mostra um útil instrumento.

A teoria da argumentação como uma "nova racionalidade"

O que Perelman quer dizer com uma nova racionalidade? Quer dizer que não se pode ter "uma concepção estreita de prova", nem se pode ter uma "concepção tacanha da razão", pois pelo poder do raciocínio, tanto justificamos a busca da verdade como da melhor opinião. Se o homem não pudesse escolher pelo raciocínio uma opinião preferível, teria que escolher pela violência. Se não se admitisse a justificativa de uma opinião, o homem nunca poderia agir. O fato de uma opinião não se justificar cientificamente, não significa que não se possa justificar com outras poderosas técnicas argumentativas.

Rupturas. Ao repor o conceito aristotélico de Dialética, ele enfrenta, de um lado, a concorrência com o conceito hegeliano-marxista de Dialética, dominante e dominador, em forte expansão em seu tempo e, de outro lado, tem de enfrentar a ameaça da Filosofia Moderna com seu racionalismo radical, onde só há lugar para a verdade e não para a opinião. Com efeito, Descartes (1596-1650) só admite o que parece claro e distinto, com toda evidência. Bacon (1561-1626) só admite o que pode ser comprovado experimentalmente. Kant (1724-1804) identifica a Dialética com a Sofística e, na mesma investida demolidora, fulmina não só a Dialética, como a Retórica de origem aristotélica. Kant acha que a Dialética e a Retórica são coisas de advogados! Os positivistas não atribuem validade cognitiva aos juízos de valor, visto que são inverificáveis.

A Lógica não pode ficar reduzida à sua metade, só admitindo a investigação da verdade e não a investigação da opinião. Nesse caso, dá-se, sem dúvida, um empobrecimento da cultura uma vez que esta se constitui de verdade e de opinião e, sem dúvida, imensamente mais de opinião que de verdade.

O que efetivamente significa a Retórica tradicional para Perelman?

Ele descarta a Retórica chamada Clássica, mas não recupera de todo a Retórica tradicional em estado de abandono. Que é que realmente faz com a Retórica Antiga? Até que ponto vai além e até que ponto fica aquém da Retórica Antiga? Da Retórica Antiga, Perelman rejeita algumas partes, acata outras e reformula outras.

Com efeito, Perelman não estava particularmente interessado na Retórica Antiga como tal. Seu relativo interesse por essa Retórica deriva dos benefícios que ela pode prestar à Dialética.

Ora, o ponto principal dessa revisão consiste em reafirmar a concepção da Retórica como uma disciplina lógica, dialética. É inadmissível, por exemplo, imaginar-se a Retórica como uma mera arte de bem dizer, como faz a Retórica Clássica e a Retórica das Figuras. A dimensão dialética é essencial.

A invenção – teoria da argumentação

Mais que tudo, ele resgata a invenção, a parte mais dialética da Retórica. Não se trata da invenção à moda da Retórica Clássica, para quem a invenção era apenas a coleta do material, para Perelman como para Aristóteles é a busca dos "meios de prova". Perelman transforma a invenção numa cerrada teoria da argumentação. A teoria da argumentação se transforma num método aplicável a qualquer ciência que se baseia na discussão, na controvérsia, onde se debatem opiniões, onde se decide sobre o valor das coisas. Aqui Perelman desenvolve toda a refinada construção de poderosas técnicas argumentativas.

As técnicas argumentativas. A Nova Retórica, com outra terminologia, retoma e aprimora as técnicas argumentativas da Retórica Antiga. As provas são tanto intelectuais como não intelectuais, envolvendo todo o homem. O orador deve explorar a força dos argumentos, administrando a interação entre os argumentos, o volume dos argumentos e a ordem dos argumentos.

• Exclusão da memória e da ação. Ele alija principalmente do campo da Retórica Antiga a preocupação com a memória e acha que a ação pertence aos programas de Arte Dramática.

• A elocução se torna secundária. Ele descarta a elocução com seus problemas gramaticais, estilísticos e estéticos, só se interessando pela linguagem na medida em que tenha valor argumentativo. Por exemplo, um epíteto só persuade quando tem segundas intenções, veja este exemplo: "a sangrenta Revolução Francesa". De qualquer forma a Retórica não é uma arte da composição e do estilo.

• "O duplo aspecto das figuras". A propósito, Perelman faz uma distinção de extrema importância entre figuras argumentativas e não argumentativas, de simples adorno. Advirta-se que as figuras argumentativas são lugares-comuns.

• O que ele faz com a "disposição". A disposição só interessa na medida em que ajuda a obter a adesão dos ouvintes. Deve ser uma forma de raciocinar. Os argumentos podem ser colocados em ordem crescente (do mais fraco para o mais forte) ou decrescente (do mais forte para o mais fraco) ou em "ordem nestoriana" (os mais fortes no começo e fim). Pode-se começar pela refutação ou pela confirmação. Em todos esses casos se estabelece como regra geral de colocação o objetivo da Retórica que é conquistar a adesão do auditório.

Perelman adverte para o risco de se preferir uma ordem estética como faz a Retórica Clássica. A ordem deve ser argumentativa!

• Irrelevância dos gêneros oratórios. Perelman dá pouca importância à classificação dos gêneros oratórios que considera de pouca consistência.

• A importância do Auditório. O auditório, concebido, no entanto, em outros termos, é a principal coisa que Perelman conserva da Antiga Retórica. Esse o ponto mais importante da reforma de Perelman. Perelman chama sua doutrina de Nova Retórica e não Nova Dialética porque era na Retórica Antiga que mais efetivamente se explorava o conceito de auditório. Quem argumenta, argumenta necessariamente em função de um auditório. A demonstração analítica não se subordina a um auditório, mas não há dialética sem auditório.

A Dialética fica incompleta sem pesquisar o conceito de auditório que na Retórica é essencial, mas que fora descurado na Dialética em geral, que apenas considerava a figura do interlocutor, no diálogo socrático. Com Perelman, a Dialética se retoriza, pela exploração do conceito de auditório, pois quando se argumenta, se argumenta para obter a adesão de alguma espécie de auditório. Toda a argumentação está em função do auditório.

Perelman revoluciona o conceito tradicional de auditório.

Definição de auditório. Embora o que Perelman mais valorizou na Retórica Antiga tenha sido o auditório, o seu conceito de auditório, no entanto, difere radicalmente do conceito de auditório da Retórica Antiga, onde o auditório é sempre convencional, particular, variável, concreto, presente.

Perelman define o auditório como uma construção do orador: "Auditório, assevera ele, é o conjunto daqueles que o orador quer influenciar com sua argumentação".

Conceito amplo de auditório. A Nova Retórica amplia o conceito de auditório. Constitui auditório quem quer que possa ser influenciado pela argumentação. Tanto há auditório de ouvintes como de leitores, sobretudo de leitores. Para Perelman, o conceito de auditório depende da intenção do orador, a saber, se se quer a adesão de um auditório particular ou universal.

A divisão do auditório em auditório universal e particular

No auditório universal, o orador pretende dirigir-se a todas as pessoas inteligentes, competentes, razoáveis. Nada obstante a adesão total seja impossível. O auditório universal é o mesmo auditório pretendido pelo discurso filosófico e religioso.

No auditório particular, o orador se dirige a um grupo determinado de indivíduos. Esse tipo de auditório é extremamente variável, heterogêneo. Inclusive, aqui, se inclui o auditório concebido à moda da Retórica Antiga como um ajuntamento concreto e eventual de indivíduos bem ou mal qualificados.

O critério que distingue os dois tipos de auditório é que o orador cria o auditório universal quando visa a "convencer", dirigindo-se à inteligência e cria um auditório particular quando visa a persuadir, dirigindo-se à vontade, à fantasia e à emoção.

Quando se argumenta para o auditório universal, as premissas se baseiam na realidade, nos fatos. Quando se argumenta para um auditório particular, as premissas se baseiam em preferências.

O interlocutor do diálogo. Perelman esclarece que o interlocutor do diálogo também deve ser considerado como um auditório.

Imagine-se que Perelman também considera como auditório a deliberação íntima quando o orador fala consigo mesmo, como se sua pessoa estivesse desdobrada. Com efeito, se trata aí de dois interlocutores.

"Persuadir e convencer"

O objetivo da Nova Retórica é "persuadir e convencer". Persuadir e convencer, segundo a concepção de Perelman, são palavras técnicas e têm sentido peculiar, não se confundem.

Persuadir se dá quando se busca a adesão de um "auditório particular". Ora quando o orador se dirige a um auditório particular, ele se dirige mais ao lado subjetivo do homem.

Convencer se dá quando se tem intenção de conquistar a adesão de um "auditório universal", nesse caso, o orador faz apelo à parte intelectual, visa obter a adesão de todo ser racional. Parte-se de premissas que se julgam aceitas por todo mundo. Em religião e filosofia, por exemplo, sempre se procura convencer. O discurso judiciário procura persuadir. Realmente, convence-se para persuadir. Convence-se baseado em fatos, que se impõem a todos; persuade-se baseado em preferências que não se impõem a todos, mas a grupos particulares.

O discurso persuasivo pretende influenciar alguns, o discurso convincente pretende influenciar a todos.

Acentue-se que para Perelman, persuadir e convencer consistem em influenciar um auditório, não por imposição, mas obtendo a adesão do auditório. Persuadir e convencer implicam em negociação, em acordo.

Objeto de acordo

Perelman tenta fazer o inventário de tudo que é objeto de um acordo entre orador e auditório, mediante "um contato de espíritos", uma negociação entre mentes. Segundo Perelman, o inventário dos objetos de acordo compreende fatos reais ou valores que dependem de escolha.

Lugares ou *tópoi* ou *loci*

Para Perelman, lugares são premissas de ordem muito geral, subentendidas, que fundamentam as preferências, não os fatos. Eles constituem o ponto de partida da argumentação. São premissas aceitas pela audiência. O orador tem de partir de um acordo com o auditório a propósito da premissa que fundamenta a escolha. Nada impede que se traduzam os lugares-comuns numa só palavra como faziam os antigos. Neste ponto, Perelman não aceita a lista de lugares aristotélicos e propõe a seguinte lista: lugar da qualidade, da quantidade, da ordem, do existente, da essência, da pessoa, com a possibilidade de reduzi-los aos dois primeiros.

O orador. O orador, na concepção de Perelman, é o autor, aquele que argumenta. O auditório é para quem se argumenta quem quer que seja. Não importa que o orador se manifeste oralmente ou por escrito. Perelman alijou a "ação" da Retórica.

A regra geral que rege o orador. O orador deve sempre se adaptar ao auditório de quem deve obter a adesão à sua tese.

• O conceito de discurso. O discurso é a argumentação destinada a obter a adesão de um auditório. Discurso é qualquer mensagem persuasiva. O discurso tanto pode ser oral, como escrito e de preferência escrito. Tanto pode ser um texto completo como fragmentado, mas redondo. Não existe uma estrutura obrigatória dentro da qual o discurso tenha de se enquadrar. Todo texto em que se argumente é um discurso retórico, seja um artigo de jornal, seja uma sentença judicial, um arrazoado de um advogado, um texto religioso ou filosófico. A ausência eventual de auditório de um discurso não faz diferença, pois o que importa é que o discurso é destinado a alguém, um auditório potencial. É o orador quem configura o auditório ao qual pretende se dirigir.

Há uma variedade sem fim de discursos em função do tipo de auditório e da matéria tratada: direito, política...

A razão do nome. Não nos engane o nome!

Pergunta-se de novo por que Perelman prefere chamar de Nova Retórica e não de Nova Dialética?

Ele diz que não briga por causa do nome da nova disciplina, deixando a quem quiser a liberdade de escolher entre várias alternativas, a saber, Teoria da argumentação, ou Lógica do preferível, ou Lógica dos juízos de valor, ou Nova Retórica ou Nova Dialética, ou Nova Racionalidade.

Por sua parte, hesita entre chamá-la de Nova Retórica ou Nova Dialética. E por que se decide por Nova Retórica quando ela é ao fim e ao cabo uma Nova Dialética como ele mesmo reconhece?

Perelman explica então por que se sentiu constrangido a chamá-la de Nova Retórica. Além de tudo, julga e julga injustamente que a palavra Retórica estava disponível, uma vez que a Retórica Antiga desaparecera com a Retórica Clássica!!! A Retórica Antiga nunca desapareceu. O fato de ser abolida das escolas nada significa.

Com o nome escolhido, pretende prestar homenagem à Retórica Antiga de tão gloriosa memória.

Ele evita a palavra Dialética por ser uma palavra muito comprometida politicamente visto que contaminada com os pressupostos hegelianos e marxistas, tornando-se uma palavra queimada.

Finalmente, a razão principal por que prefere chamar de Nova Retórica e não Nova Dialética se baseia no tratamento que a Retórica dava ao auditório. O auditório era um elemento essencial da Retórica que não pode existir sem um auditório de leitores ou ouvintes. "É em função do auditório que qualquer argumentação se desenvolve". No entanto, a Dialética geral descurava do auditório e, na prática, foi a Retórica que soube explorar melhor que a Dialética o conceito de auditório. Para Perelman "a problemática própria da Retórica é a adaptação do discurso ao auditório".

E por que a chama de "nova", Nova Retórica? Ela é nova porque reduz a Retórica à invenção, concebida como teoria da argumentação, aplicável a todas as ciências humanas. Não é uma nova disciplina, mas uma renovação de uma velha disciplina.

Chama-se principalmente de nova porque realiza um alargamento da razão. Nova Retórica quer dizer: "Nova racionalidade". A razão tanto rege o método do conhecimento científico, como o método do conhecimento provável. Não se pode reduzir o papel da razão a buscar a verdade, ela também se envolve com o mundo sem fim da opinião. O homem vive mais da opinião que da verdade. Ele aqui se gaba de renovar a velha teoria da argumentação, posta de lado pelo racionalismo dos Tempos Modernos.

"Império da Retórica":
A Retórica como método das ciências humanas

No princípio, a Filosofia era a rainha das ciências. Com o passar do tempo, as ciências se dividem em ciências humanas e ciências naturais. Há então uma inversão nessa hierarquia. As ciências naturais passam a ocupar o primeiro lugar. A Filosofia não passa de uma mera ciência humana.

Ora, na visão de Perelman, as ciências humanas são dominadas pelo método retórico que é o método da argumentação. O saber se divide então em dois impérios, um ocupado pelas ciências naturais e outro ocupado pelas ciências humanas lideradas pela Retórica, que passa a ser considerada como a "rainha das ciências humanas".

A Nova Retórica de Perelman se reduz à invenção e se generaliza como teoria geral da argumentação, tornando-se o método das ciências humanas. A Retórica assim constituída se transforma num império. Por onde quer que haja uma questão discutível se estendem os domínios da Retórica. Tudo que é objeto de argumentação e não de demonstração pertence aos domínios da Retórica. Por isso, a Nova Retórica se aplica a inúmeras matérias e disciplinas.

Hoje, a própria Filosofia se submete ao método da Retórica, não sendo mais considerada como ciência absoluta da verdade, pois a Filosofia discute opiniões, argumenta, não demonstra.

Mesmo as ciências naturais e matemáticas tornam-se retóricas quando as premissas em que se fundam sejam controvertidas. Tudo está sujeito a contestação, uma vez que o poder da evidência e da certeza é muito relativo e precário. O máximo que a ciência pretende é aproximar-se da verdade, concebida como uma hipótese forte, resistente.

Advirta-se que Perelman atribui esse império não à Retórica Antiga, mas à Nova Retórica, que ele concebe como teoria geral da argumentação destinada a um auditório.

De acordo com o próprio Perelman, poderíamos também dizer "império da dialética" e talvez pudéssemos, com mais acerto, dizer "império retórico-dialético".

O Direito, um domínio privilegiado. A Nova Retórica vem se aplicando particularmente à elaboração, interpretação e estudo do Direito. O direito passa a ser concebido como uma disciplina dialética, não analítica que argumenta, não demonstra. O domínio do direito é o provável, o verossímil, o discutível. A presença do auditório é fundamental. O mundo do Direito é o mundo da opinião, não da certeza.

Confronto de duas culturas

A divisão do saber. A importância da Nova Retórica se manifesta não só por aprofundar a investigação dos raciocínios prováveis de tão larga aplicação nas ciências humanas e na vida quotidiana, como também por recolocar, em discussão, o confronto entre duas culturas já definidas por Aristóteles: de um lado, a cultura analítica, de outro, a cultura dialético-retórica. Como Aristóteles, Perelman divide o mundo da cultura em duas esferas: a esfera da demonstração e da argumentação, consoante se busca a verdade ou a opinião. Nada impede que também se dividam as ciências em ciências argumentativas (humanas) e demonstrativas (naturais).

Lógica e Retórica. Sob o influxo de Perelman, nessa mesma linha, G. Preti prefere traduzir essa oposição entre duas culturas bipolares que se complementam, com outros termos, a saber, Lógica e Retórica. A cultura Lógica compreende o mundo da verdade, da certeza. A cultura Retórica compreende o mundo da opinião.

5. A RETÓRICA DAS FIGURAS

A Retórica das figuras é uma Retórica extremamente redutiva. Por Retórica das figuras, compreendemos todos os movimentos que, sem renunciar ao nome de Retórica, tendem a confinar a Retórica exclusivamente no âmbito das figuras de estilo.

Enquanto, a Retórica Clássica reduz a Retórica Antiga à elocução, dando ênfase às figuras, a Retórica das Figuras reduz a Retórica ao campo das figuras, sendo, pois, uma redução da redução. Delimita-se, assim, radicalmente o terreno que pertencia à Antiga Retórica.

Antecedentes da Retórica das figuras já se encontravam na Retórica Antiga e, sobretudo, na chamada Retórica Clássica.

Na Retórica Antiga, as figuras eram estudadas no capítulo da elocução, onde ocupavam posição privilegiada e singular, sempre exercendo especial fascínio. Cabe ao autor da *Retórica a Herênio*, a Cícero e a Quintiliano papel relevante na preparação de uma Retórica das Figuras. Quintiliano ressalta a importância das figuras, declarando que elas merecem um estudo à parte e lembra vários autores que trataram especificamente das figuras. A própria Retórica cristã promovia o estudo das figuras a fim de melhor compreender o sentido das Escrituras.

A Retórica clássica com Petrus Ramus, Omer Talon e outros, no Século XVI, reduz a Retórica à elocução com a reserva que a elocução se limita a adornar o discurso por meio de figuras e tropos.

A primeira grande manifestação da Retórica das figuras se localiza nos séculos XVIII e XIX, quando notáveis rétores, isto é, professores de Retórica, se dedicam, com exclusividade, às figuras. Chamamos a atenção, em primeiro lugar, para Dumarsais com a publicação, em 1730, da sua obra: *Des Tropes* e, no século seguinte com a publicação, entre 1821 a 1827, da obra de Fontanier, que retoma a obra de Dumarsais e, sobre ela, constrói sua própria doutrina. Em 1969, Genette reedita a obra de Fontanier sob o nome de *Les Figures du Discours*.

O romantismo, no século XIX, resiste vigorosamente não contra o uso, mas contra o modo de ensinar as Figuras. Eles se insurgem contra a tirania das escolas que impunham a memorização de longas listas de figuras de nomes esdrúxulos que tinham de ser reconhecidas e praticadas. Na verdade, o Romantismo não investe contra as figuras das quais se serve espontaneamente. O que os românticos definitivamente não admitiam era que se tolhesse a liberdade criadora do artista.

Todavia, note-se bem, o Romantismo entra em briga não contra a Retórica Antiga, mas contra a Retórica Clássica.

O Simbolismo reativa o interesse pelas figuras. Já nos fins do século, Mallarmé (1842-1898) defendia o ponto de vista que as figuras constituíam a substância da obra artística. Valéry (1871-1945) põe em relevo o papel das figuras na poesia e reivindica o dever de estudá-las de novo.

Entre os movimentos mais representativos da Retórica das Figuras, hoje em dia, vamos destacar a título de documentação:

1. A "Retórica Geral" do chamado "grupo mi"
2. A Retórica de Barthes.

Deve-se, no entanto, notar que os dois movimentos definem de modo diferente o conceito de figura.

1. A Retórica Geral do "grupo mi"

Retórica redutiva. A mais bem estruturada Retórica das figuras é a chamada "Retórica Geral", que foi um movimento lançado pelo "grupo mi" da Universidade de Liége, com a publicação, em 1970, do livro *Retórica Geral* de autoria de J.Dubois *et alii.*

A Retórica Geral reduz a Retórica ao estudo das figuras com a forte reserva de que se trata agora não de um estudo superficial das figuras de linguagem, mas de um estudo aprofundado, à luz da Linguística Estrutural, da Semiótica, da Nova Crítica. Pelo que a Retórica se transforma apenas em uma teoria das figuras, um tratado das figuras.

A morte da Retórica Antiga! Os promotores da Retórica Geral partem da falsa crença de que a Retórica Antiga, como reflexão e como prática, morreu desacreditada depois de uma longa agonia. Está hoje morta e com razão, dizem eles, pois, a despeito de alguns méritos, ela era uma disciplina extremamente incoerente, uma verdadeira *"bricolage"*, uma tradição esclerosada, que insistia em sobreviver sustentada pelo apoio oficial. Entretanto, o grupo acredita que do naufrágio da velha Retórica só se pôde salvar o capítulo das figuras de linguagem. Esse é o único setor que pode ser recuperado, mas mesmo assim sob condição de sofrer muitas restrições e retificações, em face das "intermináveis nomenclaturas", infladas de "termos técnicos rebarbativos, pesados e pedantes" que explicam o declínio da Retórica Antiga.

O renascimento da Retórica por parte do grupo de Liège é apenas o interesse pelas figuras de linguagem, agora repensadas em alto nível. Desse labor, decorre uma nova disciplina: a Retórica Geral, que nada tem a ver com os objetivos da Velha Retórica, apenas mantendo, como título, o velho nome supostamente disponível de Retórica.

A Retórica geral, numa primeira aproximação, se define como o estudo das metáboles e figuras.

Por metábole se entende todo e qualquer procedimento da linguagem, como resultado de um conjunto de operações seja nas palavras seja nas frases, visando a efeitos expressivos. Em última análise, são desvios de uma norma. Essa definição de metábole foi retomada do Dicionário de Littré.

Por figuras se entendem as metáboles codificadas. O conjunto dessas metáboles codificadas é que constitui precisamente o objeto de estudo da Retórica Geral. As figuras são estruturas formais, vazias, aptas a serem preenchidas. Elas são dotadas de efeito estético, funcionando como estímulos.

Em outros termos, a Retórica Geral também se define como o estudo da função poética da linguagem. As figuras visam a causar efeito sobre o receptor, despertando a literariedade ou a função poética da linguagem.

Função poética = função retórica. Todavia, o grupo prefere chamar a função poética da linguagem de Jakobson de função retórica da linguagem e isso com mais propriedade, fazendo assim uma retificação terminológica.

Na sua pesquisa, o grupo privilegia a Literatura como manifestação artística. A literatura é concebida como uma arte verbal, como a teoria do uso singular da linguagem, como teoria dos procedimentos verbais com efeito poético. A partir da literatura, a análise retórica se estende a todas as outras linguagens artísticas.

A definição de Retórica

A Retórica passa a se definir "como o conhecimento dos procedimentos de linguagem característicos da Literatura". A Literatura consiste na exploração estética desses recursos levantados pela Retórica.

Retórica Geral e a Poética

A Retórica Geral se interessa não pelo lado lógico da Retórica antiga, mas pelo lado estético que o tratamento da linguagem implicava. A Retórica torna-se então um instrumento da poética, não da dialética. A Poética é mais ampla que a Retórica.

Função estética e não estética da linguagem

As figuras podem ter um uso estético ou um uso utilitário, pragmático. Não há literatura sem figuras, mas há figuras sem literatura.

Na linguagem utilitária, as figuras têm função prática, ressalvando parte de seu valor expressivo. Na arte, as figuras têm um valor especial. O uso singular das figuras é que constitui a linguagem artística, uma linguagem eficaz por seus efeitos.

Retórica Geral e Estilística

Nesse confronto, a Retórica Geral distingue a estilística antiga e a estilística moderna. Considera-se a "Retórica Clássica" como a Estilística dos antigos, uma arte da composição e do estilo, que ensina a escrever bem. A Retórica Geral poderia ser considerada como a Estilística dos modernos. A figura é concebida como um desvio de uma norma, mas desvio com efeito poético.

A razão do nome

Entretanto, por que o movimento se julga no direito de chamar de Retórica o estudo exclusivo das figuras?

Porque julga que o nome "retórica" ficou vazio, disponível. E por que ficou vazio, disponível? Ficou exatamente porque, segundo creem, a disciplina que tinha esse nome morreu!

Além de tudo, trata-se de uma retificação terminológica. A rigor, o que se chamou de função poética, nada mais é que uma função retórica.

E por que, além de tudo, se chama de "geral", Retórica Geral se, na verdade, é restritiva?

Chama-se Retórica geral principalmente por ser a generalização de uma redução. Ela pretende realizar várias generalizações. Generaliza o conceito de figuras, como produto de várias operações fundamentais, sendo válida para o texto artístico ou não. A teoria aplicada inicialmente à Literatura se generaliza para todas as formas de expressão.

De um lado, a Retórica geral é uma radical redução da Retórica ao âmbito das figuras, de outro lado, é, ao mesmo tempo, uma generalização dessa redução como sendo a "função estética da linguagem".

Classificação das figuras do código

A Retórica geral pode se gloriar de contribuir com uma classificação original das Figuras.

As figuras se classificam a partir de certas operações fundamentais, a saber, supressão, adjunção, supressão-adjunção, permutação.

Essas operações se verificam no nível da expressão do vocábulo ou no nível da expressão da frase; no nível do conteúdo do vocábulo ou no nível do conteúdo da frase.

Essas operações recaem sobre o nível gráfico-sonoro do vocábulo (metaplasmos); seja no nível gramatical da frase (metataxes); seja no nível do significado do vocábulo (metassememas); seja no nível lógico da frase (metalogismos).

Daí o quadro geral:
• Metaplasmo – altera a "expressão do vocábulo". Compreende figuras gráficas e fonológicas. Exemplo: síncope
• Metataxe – altera a "expressão da frase". Compreende figuras morfossintáticas. Exemplo: elipse, silepse...
• Metassemema – altera o "conteúdo do vocábulo". Compreende os tropos: metáfora, metonímia, sinédoque...
• Metalogismo – altera o "conteúdo" da "frase". Compreende as chamadas figuras de pensamento, que não se desvinculam, porém, da linguagem. Exemplo: alegoria, ironia...

2. Retórica de Barthes (1915-1980)

Em busca de uma nova crítica. Barthes, um genial pesquisador francês, pretende estabelecer uma nova crítica que será "uma nova semiótica do estilo" e que deve trabalhar com um novo método de análise do discurso. Esse método "não existe ainda", mas está em vias de gestação, graças ao contributo da Linguística, da Semiótica, da Psicanálise, do Marxismo.

Limpando o caminho. Para estimular o surgimento dessa nova disciplina, nada mais proveitoso do que saber o que a antecedeu e contra o que ela tem de se confrontar. Importa preparar-lhe o caminho, livrando-a de todos os velhos escombros.

O cadáver da Retórica Antiga. Ora, a maior ameaça que pesa sobre o desabrochar dessa nova disciplina, uma nova crítica, vem de um fantasma, a saber, "a antiga prática da linguagem literária", que Barthes chama de Retórica Antiga, a qual, no seu entender, apesar de morta e sepultada ainda polui o ambiente. Ela implantou, durante dois mil e quinhentos anos, desde Górgias até Napoleão III, um inegável império tirânico, sobretudo no Ocidente e só começa a agonizar a partir da Renascença e leva três séculos para morrer. Deixa claro que não a chama de Antiga porque exista uma retórica nova, pelo menos ainda não existe.

Antiaristotelismo. Para Barthes, a Retórica Antiga está definitivamente morta e está morta juntamente com seu criador, Aristóteles. Com efeito, o aristotelismo, segundo sua opinião dogmática e facciosa, está sepultado desde a Renascença!

A Retórica Antiga, uma ameaça! E nada obstante, apesar de morta, ele teme que a Retórica Antiga, dado o peso de sua tradição represente ainda uma ameaça ao nascimento de uma nova disciplina do estilo que Barthes pretende criar.

Recordar para esconjurar. Para esconjurar tal ameaça, a melhor tática consiste em traçar os lineamentos essenciais da Antiga Retórica. Na verdade, ela hoje é apenas objeto de reconstituição histórica, mas de uma história crítica, à luz dos valores modernos. A Retórica Antiga ainda representa um perigo que importa esconjurar. Pelo conhecimento nos livramos do passado.

Como não existe um bom manual!... E, como, até hoje, não se conhece publicado, segundo a opinião de Barthes, sem dúvida desavisada, um panorama cronológico e sistemático da finada Retórica Antiga, por isso, ele se julgou na contingência de realizar tal tarefa, o que não seria muito difícil, pois se trata de um "saber vulgar", "elementar". Então, de memória, ele escreve, ao correr da pena, a história e a estrutura da Retórica Antiga.

E escreve um manual excelente! Não se poderia esperar menos de seu incrível talento. Ele confessa que, nessa viagem que faz pela velha Retórica, conhece jornadas memoráveis, vibra, excita-se cheio de admiração pela força e sutileza que encontra pelo caminho. Chega até deparar com alguma coisa aproveitável!

À moda de um discurso. O manual de Barthes tem a feição de autêntico discurso retórico, no estilo antigo, feito de memória, com exórdio e peroração para persuadir aos hesitantes que, com toda certeza, a Retórica já morreu!

Além de tudo, elimina partes da Retórica Antiga. Em seu resumo da Retórica Antiga, na qual não acredita, se limita apenas a estudar a invenção, a disposição e a elocução. Quanto à memória e à ação, ele as ridiculariza, sempre preconceituosamente, como atividades teatrais e histéricas.

Ele revitaliza o que pretende enterrar. O inesperado é que o manual de Retórica que escreveu contra a Retórica lhe fugiu das mãos. É incrível que muitos de seus leitores inconsequentes nem cheguem a perceber que Barthes pretendia fazer a autópsia da Retórica, a oração fúnebre ao pé da cova da extinta. E por contradição, acaba exaltando a vitalidade perene da Retórica. A disciplina, que pretendia vetar do mundo da cultura, adquire com seu prestígio uma nova vida. E sem se dar conta se torna, em nossos dias, um dos maiores responsáveis pela expansão do império da Retórica Antiga. (Barthes: *Retórica Antiga*).

Depois disso tudo, resta perguntar: que é a Retórica para Barthes?

A Retórica, diz ele, "é apenas um conjunto de figuras fixas...".

Juízo de valor sobre esse movimento

Autonomia da disciplina. Nada impede que se constitua o estudo das figuras como uma disciplina autônoma. Só não se aceita que essa nova disciplina pretenda ocupar o lugar da Retórica Antiga dada falsamente por morta. O estudo das figuras só é efetivamente retórico quando visualizado sob a perspectiva da persuasão.

Independente de que a Retórica Geral não substitua a velha Retórica que continua mais viva do que nunca, nada obstante, ela representa uma inestimável contribuição ao aprofundamento do estudo das figuras. Particularmente nesse ponto e em muitos outros, ela se torna imprescindível e merece todo louvor.

Na verdade, de acordo com a observação de Perelman, esse grupo fica à margem da Retórica, uma vez que só se preocupa com o valor estilístico e não com o valor argumentativo das figuras. Ora, a Retórica é arte de persuadir convencendo, comovendo e agradando.

Em conclusão, basta apenas frisar que o nome da disciplina é equivocado, não se trata de uma Retórica geral, mas de uma Retórica restrita, assaz restrita.

II. RETÓRICA SEMIÓTICA: A RETÓRICA GENERALIZANTE

Semiologia ou Semiótica? Uma boa doutrina estabelece a seguinte distinção entre ambas as palavras: a Semiologia seria a teoria geral da disciplina. A semiótica seria a Semiologia aplicada a qualquer setor cultural, por exemplo, cinema, moda, propaganda.... As semióticas seriam espécies do gênero que é a Semiologia.

Todavia, aqui, seguindo a tradição anglo-saxônica, vamos preferir usar apenas a palavra "semiótica" em qualquer sentido.

Sob o signo de Saussure. Constate-se desde logo que nossa concepção de Semiótica deriva dos postulados saussurianos. Ela é o estudo dos "signos e de suas leis" e o estudo dos "sistemas de signos", que são todas as linguagens.

Sem signo nem pensamos nem nos comunicamos. Sem signo não há linguagem. Assim, a Semiótica é a teoria dos signos e de todas as linguagens naturais ou artificiais, verbais ou não verbais, enfim, de tudo que se concebe como linguagem. Ela é o estudo das invariantes de todas as linguagens. Todavia, entre as linguagens, "a linguagem natural" ocupa posição privilegiada.

Teoria da cultura. A Semiótica estuda a cultura enquanto constituída de sistemas de signos ou de linguagens verbais e não verbais.

1. A RETÓRICA SEMIÓTICA

A Semiótica concebe a Retórica como uma linguagem e aplica essa linguagem transformada em uma metalinguagem na análise de todo e qualquer texto, em qualquer linguagem, desde que dotado de retoricidade.

A Retórica Semiótica resulta do encontro entre a Semiótica e a Retórica. Em virtude desse envolvimento, ambas se beneficiam, pois, de alguma forma, opera-se uma semiotização da Retórica e uma retorização da Semiótica.

2. A SEMIOTIZAÇÃO DA RETÓRICA

Compreende todos os benefícios que a Retórica recebe de todo o aparelhamento conceptual da Semiótica. A Semiótica reformula a Retórica, tratando-a como uma linguagem, dando-lhe novas dimensões. Umberto Eco fala "numa nova retórica semioticamente orientada".

3. RETORIZAÇÃO DA SEMIÓTICA

Compreende os benefícios que a Semiótica recebe da Retórica. Depois de semiotizar a Retórica, a Semiótica faz da Retórica um instrumento de trabalho. Nas mãos da Semiótica, a Retórica vem a ser um modelo de análise não apenas do discurso retórico, mas de qualquer texto dotado de retoricidade.

– A Retórica como modelo crítico. Depois de tratar a Retórica como uma linguagem, a Semiótica transforma essa linguagem numa metalinguagem que funciona como um modelo crítico aplicável na análise de qualquer texto dotado de retoricidade, em qualquer linguagem.

Que é, pois, a Retórica Semiótica ?

A Retórica Semiótica é a aplicação do modelo retórico a qualquer texto, em qualquer linguagem, dotado de retoricidade. A retoricidade é a virtude de qualquer texto, em qualquer linguagem, de ser dialético e persuasivo.

Graças à Semiótica, a Retórica ganha maior compreensão e maior extensão. A Retórica Semiótica é, pois, uma Retórica generalizadora e como tal ela se justifica plenamente.

Por que generalizante?

Porque aplica um modelo retórico geral e especial a qualquer texto em qualquer linguagem, a qualquer texto dotado de retoricidade. Trata-se de uma generalização salutar.

O aparelho semiótico posto à disposição da Retórica.

Em primeiro lugar, vem o conceito de signo, que ocupa o centro da Semiótica. Ele se define como uma coisa que nos leva ao conhecimento de outra coisa, por exemplo, a lágrima, o sinal de trânsito...

Os signos permitem a informação, a informação permite a comunicação. Um discurso é um signo, um signo complexo.

A constituição do signo

Quais e quantos são os elementos constitutivos do signo? A propósito, há várias teorias, todas mais ou menos válidas conforme a perspectiva.

1) Concepção triádica do signo. Essa a posição de Ogden e Richards. O signo compreende o significante, o significado e o referente. Representa-se então o signo por um triângulo com as suas três pontas:

                    Significado ou referência

Significante .... Referente

O significante é o veículo que transporta o significado. O Significado ou referência é aquilo que o significante transporta. O referente é a coisa do mundo real ou cultural.
2) Dupla face do signo: o signo se compõe, ao mesmo tempo, de significante e de significado. Saussure (*Curso de linguística geral*) tornou essa concepção famosa e dominante. O significante é a imagem, o significado é o conceito. O referente é posto entre parênteses.
3) O signo se identifica apenas com o significante, assim o signo teria uma só face.

O discurso enquanto signo complexo pode ser explorado sob os três aspectos.

"Semiose" ou "Significação" ou "sentido"

A significação ou sentido ou semiose resulta exatamente da relação entre o significante e o significado, podendo-se levar em conta ou não o referente. Na análise do discurso retórico, dada sua natureza utilitária, o referente importa muito, por isso a hipótese que melhor funciona na avaliação do discurso é a triádica.

Os signos funcionam no processo de conhecimento e no processo de comunicação. Assim, a Semiótica se desenvolve em duas linhas: a Semiótica da significação e a Semiótica da comunicação, visto que nós significamos e nos comunicamos por meio de signos. Sem signo não haveria nem vida mental nem social. Sem significação não há comunicação.

A Semiótica de Peirce (1839-1914), um dos fundadores da Semiótica norte-americana, se volta para a Semiótica da significação, tanto que ele identifica a Semiótica com a Lógica, sendo essa definida como a doutrina dos signos, pois "as ideias são signos". (Ver *Semiótica*).

No entanto, entre os estudiosos, há forte preferência pela abordagem da Semiótica da comunicação.

A Comunicação pode ser intencional ou não intencional. A fumaça pode ser um sinal intencional de informação, entre os índios, como pode ser um sinal não proposital de fogo. Num discurso, o ouvinte tanto capta o que o orador quis comunicar como descobre significações não intencionais.

Classificação dos signos

Signos naturais e convencionais. Os signos se dizem naturais quando uma coisa significa outra coisa, independente de acordo, exemplo, a lágrima que significa dor. Os signos se dizem convencionais quando uma coisa significa outra coisa, mediante um acordo, por exemplo, as luzes de um semáforo...

Signos motivados e arbitrários. O signo se diz motivado quando se fundamenta numa razão, por exemplo, uma balança. Diz-se arbitrário quando imotivado, por exemplo, a palavra casa.

Signos verbais e não verbais. Os signos verbais, escritos ou orais, são os mais importantes em nossa civilização. Pertencem à linguagem natural humana e gozam de "dupla articulação": fonológica e semântica.

Os discursos se realizam fundamentalmente em linguagem natural, verbal escrita e, sobretudo, oral. Mas pode haver discurso em qualquer linguagem.

Peirce divide os signos em a) ícones quando há uma semelhança entre significante e significado, por exemplo, um mapa; b) índice quando há uma relação causal entre significante e significando, por exemplo, o riso; c) "símbolo", neste esquema, seria o signo convencional.

Símbolo. Essa palavra fica sob reserva, dada a profundidade e complexidade de sua significação, pois ora significa apenas o signo convencional ora significa o signo motivado e particularmente significa uma coisa concreta em lugar de alguma de suas qualidades: como a cruz, a espada...

Signo e sinal. O significante pode ser interno ou externo. O sinal é o significante exteriorizado na comunicação. Ele tem uma realidade material. As "médias", ou melhor, os meios de comunicação, se constituem de sinais. Um discurso se executa por meio de sinais vocais e gestos. Quem ouve uma língua que não sabe, só recebe sinais sem significação.

Signo simples e complexo. Signo simples quando consta de um só elemento = um monema. Signo complexo quando consta de mais de um elemento. Os signos complexos formam hierarquia: palavras, frases, textos... Um discurso é um signo complexo, constituído por uma cadeia de enunciados.

O que vale para o signo simples, adapta-se ao signo complexo, como é o discurso no seu todo e nas suas partes.

Expressão e conteúdo. Costuma-se usar "expressão" como sendo palavra sinônima de significante e "conteúdo" como sendo palavra sinônima de significado. Entretanto, com mais rigor, dir-se-á que a expressão é constituída pelo plano do significante (segunda articulação da língua) qualquer que seja sua extensão e que conteúdo é constituído pelo plano do significado (primeira articulação da língua) qualquer que seja sua extensão. Todo discurso tem dois planos: o plano do significante e o plano do significado. Era assim que Quintiliano (3,5,1) concebia o discurso, como constando "das coisas que são significadas e das coisas que significam".

Matéria e forma da expressão e do conteúdo. Por sua vez, tanto a expressão (plano do significante) quanto o conteúdo (plano do significado) se compõem de matéria e forma. Matéria, quer dizer, "de que é feito". Forma, quer dizer, "como é feito", como se especifica. Num discurso, nós temos a matéria e a forma da expressão e a matéria e a forma do conteúdo.

Significação denotativa e conotativa

1) Na palavra, a significação é denotativa quando se usa o significado de um signo no seu sentido comum, principal, padronizado, por exemplo, a palavra "cão", no sentido de animal... Mas se a palavra cão passa a ser, de modo preconceituoso, suporte de um segundo sentido, como pessoa de má índole, então temos uma significação conotativa. A conotação acrescenta um segundo sentido, ao sentido primeiro. Não se confunda conotativo com conativo.

2) Num texto. Além da denotação e conotação das palavras, existem também textos que são, do ponto de vista da significação, denotativos e conotativos. A língua portuguesa no seu uso padronizado pelo dicionário e pela gramática é denotativa. Mas a língua portuguesa pode servir de base a textos conotativos como um texto literário, científico, oratório... Por sua vez, um texto literário pode receber novas conotações, podendo ser um texto lírico, dramático. Um texto retórico pode ser judiciário, deliberativo, laudatório... Podemos acrescentar conotação sobre conotação indefinidamente.

Semiótica e Linguística. A Semiótica se liga visceralmente com a Linguística. A Linguística, segundo Saussure, é uma parte da Semiótica. Todavia, tal é a importância da Linguística dentro do campo da Semiótica que Barthes considera, ao contrário, a Semiótica como parte da Linguística, querendo significar com esse paradoxo que, no nível atual das coisas, é a Linguística que dá suporte à Semiótica. A linguística progrediu mais que a Semiótica.

A Linguística é um sistema semiótico que estuda a essência das línguas naturais, isto é, das línguas verbais. A Semiótica estuda "qualquer estrutura análoga a uma língua", seja verbal ou não verbal: pictórica, televisiva...

Texto transfrasal. Todavia, há uma diferença saliente entre o estudo semiótico e o estudo linguístico. A Linguística se limita ao estudo da frase. A Semiótica é transfrasal, ela estuda um texto completo ou um fragmento de texto autônomo que pode ser uma composição qualquer: um soneto, um romance... Nesse ponto, a Retórica é precursora, pois lida com o discurso que é um texto completo. Costuma-se definir "a Retórica como a teoria do texto"! Mas essa definição deve ser esclarecida.

Filtro universal. Todavia, todas as semióticas são interpretadas através da linguagem verbal.

Método estruturalista. A semiótica se vincula historicamente com o Estruturalismo. O método que se aplica na abordagem do fato semiótico se chama estruturalista. O método estruturalista se caracteriza por usar como instrumento de trabalho o conjunto das ideias linguísticas de Saussure, o que está documentado por Barthes, em seu polêmico livro *Elementos de Semiologia*. No fundo, a Semiótica resultaria da aplicação da Teoria Linguística moderna às práticas significantes, em geral. Trubtzkoi (*Principes de Phonologie*) foi o primeiro a investir o modelo da Linguística de Saussure na Fonologia. Depois Lévi-Strauss adaptou-o à análise dos mitos. O estruturalismo francês aplicou-o na análise da narrativa, da Retórica etc.

A semiótica aplica ao estudo da Retórica todas as técnicas linguístico-estruturalistas: signos, sintagma, paradigma...

As três dimensões da Semiótica, segundo Morris (*Fundamentos de uma teoria dos signos*). Morris define a Semiótica como o estudo do signo na sua dimensão sintática, semântica e pragmática.

Sintática quando trata da relação formal dos signos entre si, independente de conteúdo. A "disposição" se rege pela concatenação das partes do discurso entre si.

Semântica quando trata da relação entre signo e referência. A "invenção" aborda uma questão.

Pragmática quando trata da relação entre os signos e os usuários ou intérpretes. Há uma relação recíproca entre o orador e o auditório. O orador constrói e transmite o discurso e o auditório interpreta o discurso recebido. Por sua parte, o orador respeita os valores do auditório.

Sistemas analógicos e digitalizados. O sistema é analógico quando se constitui de signos naturais, icônicos, motivados. O sistema é digital quando se constitui de signos convencionais. O discurso pode ser analógico, ao vivo, ou veiculado "on line", por meio de *bits*.

O eixo paradigmático e sintagmático da linguagem. Nós escolhemos os elementos nos paradigmas e combinamos os elementos no sintagma. Paradigmas são classes ou conjunto de signos reunidos por algum critério comum. O sintagma é a cadeia da fala, onde são colocados os elementos um depois do outro, de modo linear: fonemas, palavras, enunciados, textos. Em cada ponto da cadeia da fala, escolhemos um elemento ou outro dos paradigmas. A "disposição" é a organização sintagmática do discurso em partes. A argumentação com seus "tópoi" constituem paradigmas...

O modelo semiótico da comunicação

A Retórica Antiga oferece, sem dúvida, um dos mais antigos modelos de comunicação. Já Aristóteles, em sua *Arte Retórica*, aponta claramente os fatores básicos da comunicação retórica: o orador – o discurso – o ouvinte.

Entrementes, o modelo da comunicação foi se aprimorando no correr dos tempos e alcança uma das mais avançadas formulações com Roman Jakobson (*Linguística e comunicação*).

Daí decorre o interesse semiótico de verificar a aplicação do modelo moderno de comunicação na Retórica.

Numa comunicação, praticamente estão sempre presentes os seguintes fatores em graus diversos: um emissor que remete a um receptor uma mensagem, baseada em um ou mais códigos comuns, através de um canal, a propósito de um referente. Em essência, a comunicação é o produto desses seis fatores.

Funções. A cada um desses fatores corresponde uma determinada função:

Fatores	Funções da comunicação
Emissor	função emotiva
Mensagem	função estética
Receptor	função conativa
Código	função metalinguística
Canal	função fática
Referente	função referencial

Um texto se caracteriza pela função dominante que supera todas as outras funções que ficam sob seu controle.

Os fatores e funções do discurso

Em Retórica Semiótica, o esquema dos fatores e funções aplica-se a qualquer texto, em qualquer linguagem, dotado de retoricidade.

1) **Emissor** é o que envia a mensagem ao receptor. Na Retórica, o emissor é o orador que é aquele que transmite a mensagem para o auditório.

A função que corresponde ao emissor chama-se função emotiva ou expressiva. O emissor fala de si e manifesta o que sente a propósito do que se está tratando. Na Retórica, o orador chama a atenção do auditório sobre si. Pontualmente, o orador exerce a função expressiva por meio de argumentos éticos, quando tenta transmitir aos ouvintes uma imagem favorável de si mesmo.

A função expressiva é dominante quando faz com que o auditório se concentre mais que tudo no próprio emissor que exprime seus estados de alma.

2) **O receptor** é o destinatário da mensagem, o que recebe a mensagem enviada pelo emissor. Na Retórica, o receptor do discurso é o auditório.

A função que corresponde ao receptor se chama de função conativa ou apelativa ou argumentativa ou persuasiva. O emissor procura influenciar o receptor. Essa função se manifesta especialmente por meio de apelos que o orador faz ao auditório e da argumentação com que o orador procura conquistar o auditório.

A função emotiva destaca o emissor, a função conativa destaca o receptor. Essa função se torna dominante quando o receptor se torna a personagem central do discurso.

3) A mensagem é o que o emissor comunica ao receptor. Na Retórica, a mensagem é o discurso.

A função que é correspondente à mensagem é chamada de função estilística ou poética ou estética. Ela acontece quando o orador chama a atenção do receptor para o que ele diz e o modo como diz.

Essa função se torna dominante quando tudo gira ao redor da mensagem, quando a mensagem põe a seu serviço todas as outras funções, concentrando em si toda a força da comunicação. A mensagem torna-se um fim em si. A rigor, a mensagem compreende o que se diz e o modo como se diz. Na Retórica, se deve cuidar dos dois aspectos. Em arte, há séria divergência no que concerne à valorização do que se diz e do modo como se diz, porque há escolas artísticas que valorizam mais o modo de dizer, considerando-se a arte como uma atividade meramente formal. Isso não vale para a mensagem retórica.

Não se confunda a função estilística na Poética e na Retórica. A função estilística na Retórica não pode ser dominante, senão o discurso perde o papel utilitário que o caracteriza. Isso não quer dizer que esta função não desempenhe um papel transcendente na Retórica que tem como um dos seus objetivos agradar, mas para persuadir. Se num discurso oratório, a função estilística domina isso significa que o discurso se descaracteriza como Retórica e tende para a Literatura.

4) O código é a linguagem comum ao emissor e ao receptor. Para que a comunicação se efetue requer-se a existência de códigos comuns compartilhados pelo emissor e receptor. Numa comunicação, pode haver muitos códigos e subcódigos. Na Retórica, o discurso tem o código comum da língua natural e o código retórico. Advirta-se que é o código que permite a produção e compreensão da mensagem.

A função que corresponde ao código se chama função metalinguística. Ela acontece sempre que se põe em foco o código, quando se discute o código. O código é uma linguagem que fala da própria linguagem.

Na Retórica, a metalinguagem se dá quando o orador fala sobre seu próprio código, a Retórica. A Retórica fala sobre si mesma. Quando, por exemplo, o orador, na partição diz em quantas partes vai dividir o discurso, quando diz na proposição sobre o que seu discurso versa...

Evidente que o orador e ouvintes participam, de alguma forma, de um código comum retórico. Sem isso não se estabelece a comunicação retórica.

Poderia dar-se o caso em que um ouvinte não saiba o que o orador está fazendo diante dele?

O *Sermão da Sexagésima* de Vieira sobre a parábola do semeador exemplifica um sermão em que a função dominante é a metalinguística, trata-se de um sermão que fala do sermão, que discute o código da Retórica.

De tudo se conclui que a Retórica é uma codificação do discurso oratório.

5) O canal é o meio físico através do qual a mensagem caminha. No discurso retórico, em geral, o canal tanto pode ser direto pelo ar ou indireto por meio de instrumentos materiais, como os aparelhos eletrônicos, os chamados meios de comunicação.

A função que corresponde ao canal chama-se função fática. Ela sempre acontece quando a atenção recai sobre o canal a fim de verificar se a comunicação se estabeleceu, se ela se mantém e como se mantém. É uma forma de testar o estado da comunicação, verificando se há ruídos que perturbam a comunicação e procura-se, quando preciso, proteger a mensagem com redundâncias. Nada impede que eventualmente um orador hábil se beneficie de algum ruído. No exórdio particularmente o orador se esforça para que o contato realmente se efetive.

É tal a importância dos meios de comunicação que McLuhan divide, em função deles, a História Universal em: aldeia primitiva, era de Gutenberg e aldeia global.

Nota sobre a palavra mídia. Em língua inglesa, "os meios de comunicação" se dizem "media". Trata-se de um latinismo. "Media" é o plural neutro de "medium (= o meio)". Nada impede que também nós de língua portuguesa chamemos os meios de comunicação de "media", um latinismo. Acontece, porém que na Fonética inglesa "media" se lê "mídia". Não haveria razão para nós usarmos a palavra "mídia", um anglicismo desnecessário, em lugar de "media" ou meios de comunicação. De qualquer forma, fica de pé a exortação de Quintiliano "que se use o menos possível as palavras peregrinas e exteriores" (8, 1,2).

6) O referente é "o objeto do mundo real", assunto de que trata a mensagem. A mensagem é o veículo do referente. Na Retórica, "a questão" traduzida numa "proposição" é o referente.

A função referencial – se volta para o referente que domina a comunicação. O emissor é a 1a pessoa: quem fala; o receptor é a 2ª pessoa: com quem se fala; o referente é a 3ª pessoa: de quem se fala.

A Semiótica quando trata do referente não se preocupa se ele existe ou não fora da consciência. Mas a Retórica, como disciplina utilitária, não se desvincula da realidade. Houve ou não desvio do dinheiro público...

Nas obras de arte, domina a função estética, mas na Retórica domina a função referencial. A função referencial prevalece sobre a função estética que se torna subsidiária. O conteúdo básico da Retórica se concentra na argumentação lógica com seus entimemas e exemplos.

RETORICIDADE DA SEMIÓTICA

A Semiótica enriquece a Retórica e a Retórica enriquecida fornece à Semiótica um instrumento precioso de trabalho, um modelo retórico geral e completo aplicável não só ao discurso retórico propriamente dito, mas também a qualquer outro texto, em qualquer linguagem, dotada de retoricidade. Estamos, de alguma forma, diante de um processo de retorização da Semiótica. A Semiótica se serve da Retórica.

A retoricidade. A Retórica Semiótica tem seu interesse voltado para a retoricidade que é a virtude que tem qualquer texto de ser dialético, enquanto debate uma questão e de ser persuasivo, enquanto tenta levar alguém a aceitar um determinado ponto de vista. Na Idade Média, se aplicava o esquema da Retórica à redação de cartas e documentos oficiais. Kircher, na Renascença, aplica o esquema da Retórica à música... Em nossos dias, a Semiótica vem carinhosamente desenvolvendo modelos retóricos aplicáveis de modo especial a qualquer narrativa fictícia ou não.

Em vista do exposto, repetimo-nos, a Retórica Semiótica se define como a aplicação do modelo retórico semiótico a qualquer texto dotado de retoricidade, isto é, dialético e persuasivo. Não se trata de generalizar a aplicação de um modelo redutivo, mas de generalizar a aplicação de um modelo integral de Retórica a qualquer texto.

3ª PARTE

A Retórica como Crítica. A Crítica como Retórica

I. CONCEITUAÇÃO DA CRÍTICA

A crítica, em sentido amplo, consiste na investigação e avaliação de um texto pela aplicação de um modelo. Sem um modelo e sem um texto, não se configura a atividade crítica. O modelo é qualquer hipótese teórica que serve de instrumento adequado de análise.

A crítica se diz impressionista quando não se apoia em um modelo objetivo, mas resulta de um modo subjetivo de "achar".

Necessidade de um modelo e de um texto. Seria dizer o óbvio que, sem um texto concreto, em qualquer linguagem, não existiria a atividade crítica por falta de objeto. Assim a crítica retórica supõe um texto adequado e um modelo a ser aplicado sobre o texto.

Momentos necessários da atividade crítica. A crítica se desdobra em dois momentos fundamentais: um descritivo, outro valorativo.

Descritivo – nesse primeiro momento, se realiza "a compreensão" e "a explicação" de um texto. Pela compreensão se procura observar a estrutura de um texto em si, de modo imanente e pela explicação se procura integrar o texto em contextos mais amplos. Pela compreensão se penetra no âmago do texto, pela explicação se vincula o texto com o mundo exterior.

Valorativo – depois da análise descritiva da obra, a crítica emite um juízo de valor. Note-se, de passagem, que criticar, pela etimologia, significa joeirar, escolher, julgar.

Discute-se sobre a necessidade e oportunidade deste segundo momento, particularmente tratando-se da crítica artística, a crítica do gosto. A propósito, sem lembrar muitos nomes, há quem avalie o juízo de valor como essencial e imprescindível, como Wellek (*Conceitos de crítica*). Há os que têm opinião contrária, como N. Frye (*Anatomia da crítica*). Sem negar a importância do juízo crítico bem formulado, B. Croce (*A Poesia*) acha que a obra encontra, na História, o lugar que lhe compete. O tempo passa a ser o juiz supremo!

O poeta Horácio (65 a.C.- 8 a.C), na sua famosa *Arte Poética*, distingue duas críticas, a que se deve fazer antes da divulgação de uma obra e a que a obra vai se submeter depois de lançada ao mundo.

O papel social do crítico. O crítico funciona, na sociedade, como um guia, um conselheiro, um orientador da opinião pública. A crítica vale como um serviço à comunidade.

1. O ASPECTO RETÓRICO DA CRÍTICA

A própria crítica tem função retórica, pois, como confirma Renato Barilli, "a crítica literária é um caso perfeito de discurso retórico" (*Retórica*, p. 58) toda crítica é dialético-persuasiva! Por sua natureza, a Retórica depois de persuadir, sempre visa a julgar. O ouvinte de um discurso é sempre um árbitro que ou aprecia ou vota ou sentencia.

A virtude persuasiva da crítica. O traço retórico dominante é a persuasão. E um texto se revela retórico na medida em que, de alguma forma, tenta persuadir. Diante de uma questão discutível, toma um partido (e todo texto é partidário) e procura defendê-lo por meios racionais, emocionais e estéticos. Mitologicamente, um texto revive o arquétipo de Hermes-Mercúrio, o deus psicopompo, isto é, o condutor de almas. A despeito do que se diga em contrário, um texto sempre se empenha em conduzir os virtuais leitores.

Como o discurso retórico, a crítica também persuade e convence. Parte de uma questão e toma partido. Louva ou vitupera. Julga ou defende ou acusa. Aconselha ou desaconselha. Discute os valores em relação ao passado, presente e futuro. Persegue os mesmos valores que a Retórica: o belo e o feio, o justo e o injusto, o útil e o nocivo.

O aspecto crítico da Retórica. A Retórica tem função crítica. Sob as luzes da Semiótica, a Retórica elabora um modelo retórico geral e especial que funciona como um instrumento crítico, como todo bom modelo. Aplica-se antes de tudo o modelo retórico no todo ou em parte a um discurso retórico propriamente dito. A crítica retórica é uma metalinguagem. Podemos compreender, explicar e avaliar a construção de um determinado discurso de Demóstenes. A seguir, se aplica a Retórica como crítica de um texto, em qualquer linguagem, dotado de retoricidade.

É a aplicação do modelo retórico geral ou especial no todo ou em parte a qualquer texto dotado de retoricidade em qualquer linguagem: pintura, moda, propaganda... A Semiótica generaliza o modelo crítico retórico.

A crítica retórica semiótica se propõe apontar os traços retóricos de um texto, partindo-se da convicção de que não há texto neutro, sem algum grau de retoricidade velada ou clara. Não existe o festejado "grau zero da escritura"!

O modelo retórico se constitui numa engenhosa ferramenta de crítica de um texto dotado de alguma retoricidade. De um ponto de vista semiótico, ele se aplica a qualquer texto, em qualquer linguagem, verbal ou não, artística ou não.

II. A CRÍTICA RETÓRICA INVESTIDA NA LITERATURA

Entre todos os variados textos, nas mais variadas linguagens, a que se pode aplicar o modelo retórico, destacam-se os textos literários, pelo prestígio que têm e pela forte vinculação entre a Retórica e a Literatura. A Literatura se reveste de retoricidade e a Retórica se reveste de literariedade ou poeticidade.

1. A CRÍTICA RETÓRICA LITERÁRIA COMO REALISTA-SOCIALISTA

Há um tempo atrás, especialmente nos domínios da crítica literária, se vulgarizou um certo tipo de crítica denominada de crítica realista socialista. Acontece que há vários modelos de crítica realista socialista. Nesse ponto, nos permitimos considerar o modelo retórico como um dos mais pertinentes.

A crítica retórica aplicada a um texto artístico se classifica, sem dúvida, entre as críticas de índole realista. E se levarmos em conta o impasse em que jaz a crítica realista socialista, dilacerada entre posições mecanicistas e liberais e ainda não refeita do susto que lhe provocou, em primeiro lugar, o estruturalismo e, posteriormente, a queda do "muro", segue-se que a crítica retórica acaba, de fato, por ocupar um lugar disponível.

Em outros termos, o realismo em geral e o realismo socialista, em particular, encontram na análise retórica um dos mais eficientes instrumentos de trabalho. Todavia, no momento, o que mais importa ressaltar é que ela projeta uma ponte entre o texto e o contexto externo. Portanto, ao evidenciar os sintomas retóricos de um texto, ao mesmo tempo, se testemunha sobre a realidade, seja como denúncia, seja com intenção transformadora.

Por meio da análise retórica se estabelece um confronto entre o texto artístico com o mundo exterior, embora não seja tão fácil atinar com as efetivas condições determinantes. Precisamente, nesse ponto, naufragam as conhecidas críticas realistas, pois se envolvem com realidades inexpressivas e insignificantes com as quais o texto artístico nada tem a ver.

O realismo do texto artístico nem é falso, nem verdadeiro, é fictício. Virgílio, na *Eneida*, não erra quando, de modo anacrônico, faz Dido se encontrar com Eneias, no mesmo século!

A História narra o que realmente aconteceu. A Ciência expõe como as coisas devem necessariamente acontecer. A História e a Ciência buscam a realidade verdadeira. E qual a realidade da arte? Ao passo que a História e a Ciência buscam a verdade, a arte busca o verossímil. Resta lembrar o que se entende por verossímil, pois o realismo da arte se manifesta pelo verossímil. Pela força da palavra: *"vero + similis"* significa o que se assemelha à verdade, o que se aproxima da verdade, o que equivale à verdade, mas não é a verdade, é antes uma metáfora da verdade. E que é que se assemelha à verdade sem ser a verdade? É a opinião provável, o que se acredita possível, "possível crível", como diz Aristóteles. Verossímil é, pois, o que se imagina que possa acontecer, não de acordo com a verdade, mas de acordo com a opinião.

Na História e na Ciência, a verdade resulta da relação entre o intelecto e a realidade. Na arte, há adequação entre a fantasia num jogo livre com o intelecto e o mundo das opiniões dos grupos vitais da sociedade.

Por isso, Barthes tem razão ao concluir que a tarefa da crítica não é descobrir verdades, mas validades e que a arte não denota, mas conota a realidade. Entretanto, não lhe assiste razão ao afirmar que o estatuto da arte é irrealista e que o crítico tem algo de Orfeu que ao se voltar para ver a realidade, ela desaparece como Eurídice. Sem dúvida que o verossímil é uma forma de realidade.

Por coincidência, a arte e a Retórica lidam ambas com o verossímil, tanto assim que há textos artísticos que se aproximam muito da Retórica e textos retóricos que se aproximam muito da arte; em todo caso, arte e Retórica não se confundem no modo de tratar o verossímil. A Retórica é pragmática, utilitária enquanto a arte é gratuita, criação livre do espírito, sem nenhuma espécie de subordinação ao mundo da História e da Ciência.

2. RETORICIDADE DA POÉTICA E POETICIDADE DA RETÓRICA

Do ponto de vista terminológico, a palavra Retórica não constitui problema, essa palavra fica reservada para a teoria e prática do discurso dialético-persuasivo. Não acontece o mesmo com a palavra Poética que apresenta ainda hoje três sentidos disponíveis: 1º) poética como teoria e prática da arte em geral; 2º) poética como teoria e prática literária em prosa e verso; 3º) poética como teoria e prática do verso, sendo que esse último deveria ser o sentido mais aceitável. Aqui vamos lidar com o segundo sentido de poética, como teoria e prática literária. A Poética investiga a poeticidade de um texto. A Retórica investiga a retoricidade de um texto. A poeticidade é a virtude que faz com que um texto seja literário. A Retoricidade é a virtude que faz com que um texto seja retórico.

A Retórica e a Poética são duas velhas disciplinas que ora se aproximam ora se afastam sem se confundirem. Nem a Retórica deve ser uma Poética, nem a Poética deve ser uma Retórica. Literatura não é Retórica nem Retórica é literatura. São disciplinas distintas. Apesar disso, nada impede que um texto literário se revista de traços retóricos, nem que um discurso retórico se revista de traços literários, aliás, o discurso retórico para exercer toda sua potencialidade deve ser bem redigido, com muito bom gosto, dotado de muita persuasão estética. O texto literário não se livra de todo da Retórica.

Em linha geral, durante o domínio da Retórica Antiga, no tempo de Platão, Aristóteles, Cícero, as duas disciplinas não se confundem. Aristóteles as separa em dois tratados. Na Retórica tecnicamente chamada de Clássica, elas tendem a se confundir. Vejam-se as monumentais *Lições de Retórica e Belas Letras* de Hugo Blair, no Sec. XVIII.

Pelo que, no correr dos tempos, a Poética e a Retórica se inter-relacionam e a história dessa recíproca influência se divide em dois capítulos: a poetização da retórica e retorização da poética.

1. A poetização da Retórica

Embora pareça estranho, historicamente, a poesia antecede a prosa. Primeiro assoma a poesia, no horizonte da Cultura, depois, vem a prosa. Assim, acreditam nessa tese, não sem visos de verdade, Vico, Rousseau, Kant e o romantismo alemão e, nessa trilha, Croce. Por isso, primeiro despontam as grandes obras em verso e só mais tarde, em prosa. Vico chega a falar "na natureza poética da humanidade primitiva".

A prosa só se torna artística depois da poesia e à custa da poesia.

A Retórica vai à escola dos poetas. Nos inícios, os oradores vão à escola dos poetas, com os quais se educam. Eles têm tudo a aprender com as epopeias homéricas, com os dramaturgos, com os líricos. Homero é o maior dos mestres. Seus poemas, além da beleza da linguagem e do estilo, sugerem recursos indispensáveis para formação de qualquer orador. Mas o importante é que, antes de surgirem os manuais de Retórica, os poemas homéricos já apresentam belíssimos exemplos de autênticos discursos.

Os poetas sabem agradar, comover e mesmo convencer. Eles inventam, dispõem, redigem, declamam. Mas onde eles mais cativam e fascinam os oradores, refere-se aos encantos da elocução.

É, sobretudo, na elocução, que se encontram a Retórica e a Poética. Não importa que divirjam nos propósitos. A Retórica pretende, acima de tudo, persuadir, ao passo que os poetas visam, em primeiro lugar, agradar. Com os poetas, os oradores aprendem a elaborar os discursos com elegância, com adornos, de modo a lograr efeitos artísticos e persuasivos. Além de que os poetas fornecem exemplos que ilustram e reforçam a argumentação.

Inclusive, os oradores aprendem a declamar e gesticular nos festivais dramáticos e nos recitativos poéticos. A Retórica fica assim na dependência da Poética.

A prosa de arte. O discurso é o reino da prosa que por assim dizer se desenvolveu no âmbito da Retórica. Sem dúvida que alimentada e estimulada pela poesia, ela procurou se transformar em prosa de arte. Decerto que a poesia tem mais recursos que a prosa, por isso, é a prosa que se beneficia com a poesia.

O ritmo na prosa. O orador fazia questão de escrever uma prosa com ritmo, mas não com métrica. Além disso, procurava dividir os períodos em membros mais ou menos simétricos. Mas a única concessão da prosa à métrica foi a descoberta da "cláusula métrica".

A "cláusula métrica" consiste em metrificar o finalzinho de quase todos os períodos. Os discursos eram em prosa, mas os períodos terminavam com certos esquemas métricos. Os finais de períodos são cadenciados. (Ver Cícero: *Orator*). Para se entender, suponha que um orador brasileiro finalizasse cada período do seu discurso em um verso de cinco ou sete sílabas (redondilha). Entretanto, a Retórica metrifica, mas não faz versos.

O discurso em verso! Nada impede que se faça um discurso em verso, como acontece dentro das epopeias e romances. O discurso em verso é uma licença retórica. De fato, o instrumento do discurso é a prosa. Há uma vinculação histórica entre discurso e prosa.

2. A retorização da poesia

A certa altura, a Retórica Antiga progride e assume a liderança na vida social e cultural. A partir daí, a situação se inverte, os poetas vão à escola dos oradores. A Retórica não só forma o orador como o poeta. A Poética se abriga sob a Retórica. O poeta adquire sua formação literária com os oradores e, por outro lado, sua poesia se impregna de retoricidade! Apenas o que se torna peculiar à poética é o estudo da métrica.

A Poética de Horácio (65-8 a.C.) documenta, em muitos lugares, os pontos de contato entre Poética e Retórica, comprovando o poder da Retórica. Ele retoma muitos problemas que a Retórica enfrentava, adaptando-os à poesia, tratando da invenção, da disposição, da elocução, da finalidade da poesia que para ele, Horácio, também visa a agradar, instruir e comover...

Do ponto de vista prático, Ovídio (43 a.C.-18 d.C.) marca um momento decisivo da influência da Retórica na produção artística e testemunha o início da impregnação da poesia pela Retórica. Ele diz a um amigo orador que a eloquência lhe dá nervos aos versos, assim como a poesia dá brilho à Oratória. A poesia se liga intimamente à Eloquência, embora sejam gêneros diversos, ambas têm fonte comum e participam do mesmo entusiasmo, importando defender essa camaradagem sagrada entre uma e outra (*Pónticas* II,5).

No teatro latino: comédia e tragédia se caracterizam além dos diálogos pelas longas falas das personagens e pelo tom retórico dos prefácios que iniciam as peças.

O conflito entre Poética e Retórica

Entretanto, esse imperialismo da Retórica sofre contestação a partir da Antiguidade. Tratava-se de uma cisão dentro do humanismo que contrapunha a educação retórica à educação literária (= Poética). Discutia-se qual das duas valia mais. Quem pôs o problema de modo exemplar foi Tácito (55-120 d. C), no seu livro: *Diálogo dos oradores*. Antes disso, Cícero, no bojo de um discurso forense, no *Pro Archia*, fazia o elogio da poesia, mas com ares de condescendência.

Retórica e Poética na Idade Média

Na Idade Média, se estabelece uma nova correlação de forças. O "Trivium" compreende a Gramática que ensina a escrever e falar corretamente por meio da leitura dos poetas; a Dialética que ensina a bem pensar; a Retórica que ensina a falar com elegância.

Esta última, a Retórica inclui a arte de escrever cartas, ditando-as (*ars dictaminis*), a arte de pregar (*ars praedicandi*, ou *arrengandi*, ou *contionandi*) e a Poética que ensina a compor poemas. Como sabemos, não existe ainda uma Estilística, mas a Retórica cultiva apaixonadamente o estilo, concebido como modo peculiar de cada indivíduo ou grupo se exprimir. A Poética, além disso, se beneficia da Gramática que ensina a escrever baseado no exemplo de bons autores.

Note-se nesse esquema que a Poética pertence à Retórica. Ainda no fim da Idade Média, Dante Alighieri chama a poesia de eloquência, no seu livro: *De Vulgari Eloquentia*. Ele chega a definir a verdadeira poesia como uma "ficção retórica com música"! Nos fins do Século XV, um grupo de poetas franceses prefere chamar-se não de poetas, mas de *"rhétoriqueurs"*.

A ascensão da Poética na Renascença

É preciso ter sempre presente a diferença entre "Retórica Antiga" e "Retórica Clássica" que surge na Renascença. Assim, temos de um lado a Retórica Antiga que experimenta um notável progresso com a descoberta dos textos retóricos gregos e latinos e, de outro lado, a Retórica Clássica que praticamente reduz a Retórica ao estudo da elocução e da ação.

Com a chamada Retórica Clássica se dá uma nova poetização da Retórica, mas uma poetização muito forte. A Retórica se reduz praticamente apenas ao estudo da elocução, como uma arte da composição e estilo. A Retórica Antiga, como técnica do discurso persuasivo, vive sua vida à parte, especialmente em função do confronto entre a Reforma e a Contrarreforma.

No Século XVIII, a Retórica Clássica tende a se reduzir no estudo cada vez mais absorvente das figuras de estilo.

Kant ressalva a Retórica Clássica como uma das Belas Artes, a qual cuida da habilidade em trabalhar a palavra, mas condena a Retórica Antiga, arte de persuadir, de ludibriar. A poesia o fascina, o discurso o enfastia. (*Crítica do juízo*).

A reação romântica contra a Retórica clássica e a Poética enquanto disciplinas despóticas.

O romantismo se revolta contra o normativismo abusivo da Retórica Clássica e da Poética que entravam a liberdade criadora do artista. O romantismo cultua ao mesmo tempo uma poesia espontânea, inspirada e uma oratória emocional. Vitor Hugo aconselha que se deixem em paz as regras da gramática, mas que se faça guerra às figuras.

Graças a essa campanha, um tanto equívoca, no fim do século XIX, a Retórica Antiga e Clássica são abolidas dos currículos escolares da França e, pois, do mundo.

A reação Simbolista contra a Retórica Antiga

O movimento Simbolista inaugurando o "modernismo", nos fins do Século XIX e começo do Século XX, exalta uma poética mística e reage conta a Retórica, sobretudo contra a infiltração da Retórica persuasiva na Literatura. O simbolismo apenas sugere, evoca. Por isso, Verlaine (1844-1896) manda torcer o pescoço da Retórica.

Praticamente, é com as vanguardas modernistas que a Poesia tenta se libertar completamente da Retórica.

A partir do Estruturalismo, em nossos tempos, no embate entre Retórica e Poética, o triunfo cabe à Poética, que estranhamente toma o nome de Retórica em vez de Poética. E efetivamente nos países de língua inglesa, persiste-se ainda hoje em chamar a "Poética" de "Retórica".

A constituição da Estilística. No início do século XX, a Retórica Clássica, que já era mais uma Poética que uma autêntica Retórica se transforma em uma Estilística. À margem disso, a Retórica Antiga continua a funcionar nos tribunais, nos comícios, nas assembleias, nas reuniões...

A partir de então, o nome Retórica Clássica fica disponível como sinônimo de Retórica Antiga.

3. A ORATÓRIA NÃO É LITERATURA

O que aqui se discute é se a Oratória, como a classificam alguns manuais de Teoria Literária, é de *per si* Literatura, constituindo um dos grandes gêneros literários ao lado do lírico, épico, dramático.

A Resposta a essa indagação depende do que se entende por literatura e do que se entende por Oratória. É preciso confrontar o conceito correto de literatura com o conceito correto de Oratória.

Proposição: A Oratória não é Literatura nem constitui um gênero literário desde que se conceba corretamente a Literatura como uma das "belas-artes" e desde que se conceba a Oratória como uma atividade utilitária.

A Literatura é uma das belas-artes e difere das outras artes por ser uma arte verbal, ela tem dois planos, o plano da expressão e o plano do conteúdo.

No plano da expressão, deve dominar a função estilística da linguagem, a linguagem voltada para si mesma. No plano do conteúdo, a literatura vale como ficção. Por ficção se entende a criação livre do espírito, num jogo igual entre fantasia e entendimento, independente de verdade e falsidade, de realidade e irrealidade. Um texto de literatura não é Ciência, não é Filosofia, não é História, não é Técnica.

Concebida como uma das belas-artes, a Literatura é gratuita, desinteressada, prazerosa, agradável, não pragmática, é "uma finalidade sem fim". O que quer dizer que tem um fim estético independe do fim pragmático que possa realizar.

Entre nós, José Veríssimo defende essa concepção, segundo a qual só se consideram como Literatura "as boas ou belas letras" (*História da Literatura Brasileira*).

A Oratória pode, no plano da expressão, apresentar um estilo requintadamente literário para agradar, a fim de persuadir. No plano do conteúdo, a oratória não é mera ficção. O discurso verdadeiramente oratório pretende sempre alcançar um objetivo utilitário. Hegel confirma essa doutrina (Estética – Poesia).

A defesa da tese que considera a Oratória como literatura se baseia indevidamente numa concepção muito ampla ou da Literatura ou da Oratória.

1) Concepção ampla de Literatura: "concepção cultural de Literatura"

Originariamente, a Literatura, de acordo com sua etimologia, compreendia qualquer texto escrito. Na "concepção cultural", entende-se por literatura todo texto bem escrito sobre qualquer assunto interessante. Trata-se de uma concepção muito ampla em que se inclui quase tudo dentro dos domínios da literatura: um ensaio, uma narração histórica verdadeira, uma biografia, uma reflexão filosófica... Logicamente, a Oratória, dentro dessa perspectiva, era tida como um dos gêneros literários. Admitia-se, então, que todo discurso oratório era literatura desde que bem burilado.

Entre nós, Silvio Romero defendia esta posição, segundo a qual é literatura tudo que se escreve num país (*História da Literatura Brasileira*).

Aqui se situam os que chamam indevidamente a "Bibliografia" de "Literatura"! Que significa: "A Literatura da Tuberculose"?

2) A concepção ampla de Retórica: a "Retórica Clássica"

A Retórica Clássica reduz a Oratória a uma arte da composição e do estilo e, ao mesmo tempo, a generaliza como uma arte de falar bem. Basta que o discurso seja ornado de figuras para que seja abusivamente considerado literatura.

A posição de Kant. O problema todo reside no valor que ele dá à Retórica como arte. Ele distingue dois aspectos da Retórica: 1) a Retórica como Eloquência, o que corresponde à Retórica Clássica; 2) a Retórica como "ars oratoria", o que corresponde à Retórica Antiga. A Retórica como eloquência é para ele uma verdadeira arte. A Retórica como *"ars oratória"* é uma arte de má qualidade. A Retórica Clássica se propõe escrever e falar bem, revestindo o pensamento de figuras. Essa Retórica Kant valoriza. A Retórica Antiga é também uma bela arte, mas é uma arte capciosa que visa apenas a convencer e a ludibriar, fingindo uma bela aparência pela exploração de alguns recursos poéticos. Essa Retórica insidiosa não é recomendável e não merece respeito, visto que muito raramente é honesta (*Crítica do Juízo*).

Objeção exemplar:

Os *Sermões* do Padre Vieira pertencem ou não à Literatura?

Nos seus sermões, o Padre Vieira pretende fazer literatura, enfeitando as palavras, ou pretende salvar almas? Qual é mais forte a tendência utilitária ou a gratuita? Sem dúvida que temos de admitir uma mistura de utilitarismo e gratuidade. Os sermões do ilustre jesuíta irradiam verdade e beleza, mas sobretudo pretendem realizar o ideal do semeador da parábola. Como classificar Vieira?

O subterfúgio da resposta de Croce. Croce (1866-1952) se preocupou particularmente com esse tipo de problema e chegou a uma solução convincente. Nós faremos aqui uma adaptação da terminologia do filósofo napolitano. Segundo Croce: - 1) há textos que são puramente literários (como um romance, um poema); - 2) há textos que não são de forma nenhuma literários (como um livro de Química, mesmo em verso); - 3) há textos mistos de literário e não literário, que hoje se costuma chamar de paraliterários e que Alfonso Reyes prefere chamar de ancilares (*Deslinde*).

Se dissermos que os *Sermões* de Vieira se incluem na categoria de pura arte, mero esteticismo, as próprias cinzas do devotado catequizador recusariam tal caracterização. Por outro lado, ninguém ousaria reputar seus sermões de não artísticos. Sem dúvida nenhuma, seguindo a lição de Croce, os *Sermões* de Vieira seriam considerados como para-literatura, sendo este um juízo meramente descritivo, não valorativo. Um texto puramente artístico, não vale necessariamente mais que um texto para-literário. Por acaso *Os Sertões* de Euclides, valem menos que o *Grande Sertão* de Guimarães?

O Sermão aos Peixes de Vieira é gratuito, isto é, apenas visa a agradar ou é utilitário, apenas visa a converter almas?

Joaquim Nabuco considera Rui Barbosa um ciclope intelectual, mas não um artista. Para ele, arte é criação (*Minha formação*).

Uma conclusão se impõe: um discurso retórico, de *per si*, não pertence à literatura e não constitui um gênero literário peculiar.

Já o autor do tratado *Do Sublime* assentou uma nítida diferença entre o poeta e o orador. Eles se distinguem pela fantasia, a fantasia dos poetas pode exagerar o fantástico até o fabuloso e ultrapassar o crível; a fantasia do orador se prende ao real.

Todavia, um determinado discurso pode ou não ser literário, tudo depende do texto em questão, consoante nele se realize ou não a definição plena da arte, como em certos discursos em que se fazem o elogio do fumo, da poeira, da negligência, das moscas, de Helena, mulher de Menelau...

O discurso retórico dentro de uma obra de arte é arte! Um discurso mesmo utilitário dentro de uma obra de arte adquire a natureza artística do todo, como os discursos tecnicamente judiciários que aparecem em *Os irmãos Karamázov*. A Oratória dentro da Literatura é Literatura.

O culto artístico da expressão na Oratória

Entretanto, força é admitir que o discurso retórico, sem ser necessariamente literatura, tem na mais alta conta o tratamento artístico da expressão. E exatamente a "luta pela expressão" tem seus antecedentes na Oratória Antiga.

4. A RETORICIDADE DA LITERATURA É OU NÃO UM DESVALOR?

A retoricidade na Literatura é um fato incontestável que salta aos olhos de qualquer observador mais avisado.

O que se quer saber é se as manifestações retóricas na Literatura merecem aprovação ou reprovação. Pelo que o problema que nos aguarda agora não consiste em saber se um texto literário tem ou não algum grau de partidarismo porque efetivamente sempre tem. Resta avaliar criticamente se a retoricidade de um texto literário é um valor ou desvalor. Quer se saber se um texto literário pode exibir manifestações retóricas sem comprometer seu nível artístico. Toda manifestação retórica deve ser expurgada da Literatura?

A resposta a essas perguntas varia de acordo com a posição que se assuma em relação à finalidade da Literatura. Qual a finalidade da Literatura? Conforme a resposta a essa pergunta será a significação que se dará à presença da Retórica na Literatura.

Daí as posições fundamentais a favor ou contra ou conciliatórias. A partir dessa perspectiva, há movimentos teóricos que desvalorizam completamente a presença da Retórica na Literatura; há movimentos teóricos que sobrevalorizam o papel da Retórica na Literatura; há, finalmente, um movimento conciliatório que valoriza adequadamente a presença da Retórica na Literatura. A primeira posição é defendida pelo esteticismo. A segunda posição é defendida pelo eticismo. A terceira posição corrige o radicalismo das posições anteriores pela conciliação.

1. Posições esteticistas – antirretóricas

Segundo o esteticismo, a finalidade da literatura consiste apenas em agradar (*placere*). A Literatura como toda arte é gratuita. Ela não se subordina ao contexto externo, tendo fim em si mesma. Em razão disso, o esteticismo repudia radicalmente todas as manifestações retóricas na Literatura, uma vez que tais manifestações são utilitárias e devem ser rigorosamente eliminadas. Pelo que de acordo com a posição esteticista: a retoricidade é incompatível com a literatura.

A posição esteticista historicamente segue diversos caminhos:

A teoria da arte pela arte

No século XIX, se consolida a teoria da "arte pela arte", segundo a qual a arte deve ser arte e nada mais do que arte. Pretende-se então que, dentro dessa perspectiva, a vinculação com a Retórica desnatura a obra literária. Um célebre poeta francês aconselhou que se "torcesse o pescoço da Retórica". Todo elemento estranho, não artístico, deve ser expungido do texto literário. Começa assim a urgência da "terapêutica da literatura".

O formalismo e estruturalismo

Ambos consideram que a essência da Literatura não depende do conteúdo e nem se subordina ao contexto externo. Tem-se a ilusão de que assim se descarta todo ideologismo e retoricismo.

O formalismo prioriza os valores formais da expressão. A expressão é tudo, ela funciona como conteúdo. A literatura seria feita de artifícios da linguagem. Em geral, os formalistas costumam identificar facciosamente o conjunto desses artifícios como sendo toda a Retórica, que se definiria apenas como o conjunto dos recursos expressivos de linguagem.

O estruturalismo é um segundo grau do formalismo. Jakobson, um líder estruturalista, caracteriza a linguagem literária pela predominância da "função poética da linguagem", no nível formal da expressão e do conteúdo, com a ressalva que, do ponto de vista do conteúdo, ele só leva em conta as relações gramaticais. A "literariedade" realiza "a poesia da gramática e a gramática da poesia".

Barthes considera a Literatura tradicional como completamente ideológica e retórica e urge que a vanguarda realize o "grau zero da escritura", isto é, se desvincule do conteúdo e do contexto, a exemplo do *"nouveau roman"* de Robbe Grillet...

O hermetismo estético. O hermetismo pretende salvar a Literatura da retorização, apelando para a obscuridade expressiva. O hermetismo estético compreende todas as correntes que fazem da obscuridade um dos supremos valores estéticos. Note-se que o texto obscuro se torna difícil de compreensão, mas a compreensão é teoricamente sempre possível. Por sua importância, podemos considerar Mallarmé como um dos fundadores do hermetismo, entretanto sob o nome de hermetismo há incontáveis movimentos precursores.

O New Criticism anglo-norte-americano cultua a obscuridade explorando-a e exaltando-a. Dessa forma, se pensa superar a ameaça da ideologia e retoricidade na arte em geral. A ambiguidade se torna o ideal da expressão estética, constituindo a essência do fenômeno literário.

Assim, a ambiguidade condenada na linguagem utilitária, se redime na linguagem artística.

O New Criticism anglo-norte-americano se inspira em I. A. Richards e W. Empson. O movimento se representa particularmente na obra de T.S.Eliot (1888-1965) e Ezra Pound (1885-1972), mestres de modernidade.

Richards. A Semântica de Richards apresenta um duplo impacto. De um lado, ela se propõe ensinar ao homem a se libertar da ambiguidade da linguagem utilitária e, de outro lado, considera a ambiguidade da linguagem na Literatura, como uma virtude e não como um vício. A ambiguidade não é normal na linguagem utilitária que deve ser clara e distinta, ela é, porém, absolutamente eficaz, na Literatura e na Religião.

Por isso, ele propõe uma crítica literária de caráter semântico, interessada, não no estudo do autor e seu contexto, mas no estudo de detalhes de um texto, analisando o significado das palavras e seu valor. Vejam-se *Princípios de Crítica Literária*.

Neste ponto, entra, em cena, seu discípulo W. Empson que radicaliza a doutrina.

W. Empson (1906-1984). W. Empson, no seu livro *Seven Types of Ambiguity* (1930), explora exatamente esse poder da ambiguidade na Literatura, como um valor. Ele define a essência da Literatura pela ambiguidade, pela obscuridade, não necessariamente pelo absurdo, pelo *non sense*. A ambiguidade na Literatura é bela.

Não há negar que o termo ambiguidade é infeliz, mal escolhido, pois tem inclusive conotação pejorativa. A ambiguidade caracteriza o texto artístico em oposição ao texto não artístico, o texto utilitário. O texto utilitário tende para a linguagem direta, denotativa, objetiva. O texto literário tende para o vago, o equívoco, sendo essencialmente sugestivo, pleno de subentendidos, exercendo múltiplos efeitos. Dentro dessa concepção "heraclitiana" nunca se lê duas vezes a mesma obra artística. A ambiguidade do texto artístico não provoca desentendimento, pelo contrário, traz ao discurso abertura e polissemia. Deixa a alma livre para voar. O leitor participa da elaboração da obra.

A ambiguidade se realiza tanto no plano do conteúdo como da expressão.

Sete tipos de ambiguidade. Já Quintiliano advertia que há várias espécies de ambiguidades sem nome. A maior contribuição de Empson consiste na tentativa que faz de reduzir a ambiguidade a tipos. Sob a inspiração da velha

Retórica, ele busca os lugares-comuns da ambiguidade, reduzindo-os a sete. Valeu a intenção. A classificação que faz não é de todo convincente, definitiva, apenas um ensaio. Trata-se, porém, de uma pesquisa que mereceria uma continuação. Ele apresenta sete figuras fundamentais de ambiguidade. Só para ilustrar, entre os tipos de ambiguidade temos a tautologia, a contradição, a impertinência...

Jakobson concorda com Empson que a ambiguidade é a característica intrínseca da função poética.

A Obra aberta: Umberto Eco. U. Eco persegue essa mesma linha de indagação, nas páginas de seu livro: *A Obra Aberta*. Ele define a arte pela abertura que resulta da polissemia, uma pluralidade de significados que convivem num só significante. Por meio da ambiguidade, a obra chama atenção sobre si, é autorreflexiva. De acordo com a Semiótica, a obra de arte aberta é muito informativa, havendo nela mais ruído que redundância. A abertura caracteriza qualquer obra de arte e, em particular, as obras de vanguarda, onde esse traço é levado às suas últimas consequências.

A vanguarda. Na vanguarda, em geral, a arte tende para o absurdo e o desconcertante, veja-se o dadaísmo, promovendo a "composição mecânica"; o futurismo com "a imaginação sem fio"; o surrealismo com "a composição automática". *Foge-se da clareza, da evidência e da racionalidade.*

Abstracionismo. É a mais avançada tentativa geral de liberação da literatura. No hermetismo o sentido apesar de difícil é sempre possível, no abstracionismo elimina-se o sentido. Deformam-se as palavras de modo que o sentido desapareça e só restem meros sons inesperados.

Croce, no seu esteticismo, denuncia, na *Divina Comédia*, em *Os Lusíadas*, como sendo um grave defeito, o predomínio da Oratória. Contra o nosso Filósofo napolitano ressalvamos que se trata, em ambos os casos, de uma altíssima e belíssima oratória.

2. A posição eticista

Segundo a posição eticista, a finalidade da Literatura deve ser não só agradar, mas ser útil e instruir (*prodesse et docere*). Ela desenvolve uma função estética e, sobretudo, uma função utilitária. A literatura torna-se um instrumento de participação partidária. Ela não tem fim em si, mas se vincula inexoravelmente ao contexto social. Como toda arte, a literatura não pode se limitar a ser um mero jogo lúdico. Nesse caso, a literatura passa a ter um sentido documental, retratando a realidade e seus problemas, sugerindo, ao mesmo tempo, as soluções. Essa é a doutrina peculiar aos vários movimentos de caráter socialista. A Literatura, então, passa a ter caráter partidário, visando a conscientizar o leitor alienado. Ela deve se engajar, participando da luta dos desfavorecidos. A Literatura precisa então se valer da Retórica na consecução de seus objetivos. A Retórica se torna um instrumento indispensável. A Literatura só consegue realizar seus supostos objetivos mediante uma forte dependência da Retórica. E como conclusão, a Retórica na literatura é uma necessidade.

3. A posição conciliatória

Sem participar de nenhum dos dois radicalismos, a posição intermédia renega a pretensão do esteticismo de repudiar toda e qualquer manifestação retórica na Literatura. Pois, na verdade, não há negar, a Retórica opera profundamente no interior da Literatura que não precisa afugentar todos os traços retóricos. Nem todo traço retórico é condenável, pelo contrário.

Por outro lado, renega a pretensão do eticismo de subordinar a Literatura à Retórica. Pois a Literatura, como o eticismo a concebe, não se realiza sem a sustentação da Retórica. A Retórica é imprescindível para a realização de sua vocação social. Não concorda, pois, com a sobrevalorização da Retórica. Não raro, em certos movimentos mais extremados, a retoricidade domina a literariedade.

Numa posição intermédia, os recursos retóricos que impregnam a Literatura não deixam de ser autênticos processos artísticos.

A insustentabilidade das posições radicias esteticistas ou eticistas

A retoricidade de um texto literário não constitui por si um desvalor. Não se segue que um texto se desqualifique pelo fato de apresentar sinais de retoricidade. A Retoricidade não precisa ser escorraçada.

O fato de um texto apresentar marcas retóricas, não implica só por si em juízo de desvalor. Tudo depende do efeito que deriva desses recursos retóricos empregados. A ninguém assiste o direito de dizer de antemão que uma obra presta ou não apenas por conter manifestações retóricas. Se fosse verdade que a Retórica desacredita uma obra literária, o que seria de tantos livros imortais como a *Ilíada*, a *Odisseia*, *O Paraíso Perdido*, *Os Lusíadas*... que abundam de discursos numa proporção desconcertante. Metade da *Ilíada* e dois terços da *Odisseia* se compõem literalmente de discursos pronunciados pelos heróis do poema. Cícero chega a reconhecer no próprio Homero qualidades de um verdadeiro orador (*Brutus*, 40). Já chamamos a atenção para os espetaculares efeitos retóricos da peça de Shakespeare: *Júlio César*. E que dizer do aspecto retórico das demais obras de Shakespeare?

A persuasão na literatura. Só um ingênuo imagina que a arte pela arte não tenta convencer, comover, agradar para persuadir.

Em qualquer hipótese, as teorias esteticistas da arte não se livram completamente da persuasão. Elas se surpreendem persuadindo que não se deve persuadir. A literatura comunga com o ideal retórico de falar bem e escrever bem, como propõe Quintiliano. Resta saber se a literatura participa também do ideal retórico de persuadir, questionando tudo?

A Literatura, como arte, não se define pela persuasão que tem nela papel secundário, todavia, na prática, dificilmente encontraremos um texto literário não persuasivo. Há sempre nele uma persuasão clara ou velada. Pode-se disfarçar tal preocupação, mas todo texto artístico deixa sempre entrever um certo partidarismo, um certo comprometimento.

Se a arte não se engaja no nível do enunciado, se engaja no nível da enunciação, não raro persuadindo o que não se deve persuadir! Num singelo hai-kai japonês, se esconde a crença Zenbudista que intenta persuadir a mente a se esvaziar do perturbador fluxo de consciência. A "arte pela arte" tenta persuadir que a arte não deve persuadir.

Verificar a persuasão é o ponto de partida da análise retórica de um texto literário.

Concluindo

A conclusão final é que a Literatura apesar de ser ficção, uma livre criação do espírito, objeto de apreciação gratuita, ela pode se servir de elementos retóricos porque, aliás, ela pode se servir de tudo. O problema não é, portanto, saber se pode ou não pode, mas quando convém. A razão porque pode é simples, os elementos retóricos dentro da Literatura se transformam em ficção, em criação livre do espírito, em arte.

O livro de Booth, *Retórica da Ficção* representa uma defesa dos valores retóricos da Literatura. Não há incompatibilidade entre Retórica e Literatura.

De acordo com Jean Paulhan (1884-1968), a purificação se instalou como um terrorismo nas letras. Essa ânsia de purificação não passaria de uma falsa libertação da Literatura (um jardim público), por uma critica constrangedora que proíbe: "proibindo proibir"!

A crítica retórica analisa uma obra literária sob a perspectiva da retoricidade. Há uma razão profunda para essa análise, visto como a Literatura historicamente deve muito à Retórica, em cujo seio se nutriu.

A Retórica Antiga oferece um modelo muito útil para a análise de qualquer obra literária. Ela revela aspectos peculiares de uma obra, inacessíveis a outros tipos de crítica.

A eloquência poética de Fagundes Varela

A São Paulo
Terra da liberdade!
pátria de heróis e berço de guerreiros,
tu és o louro mais brilhante e puro,
o mais belo florão dos brasileiros!

Foi no teu solo, em borbotões de sangue
que a fronte ergueram destemidos bravos,
gritando altivos ao quebrar dos ferros,
antes a morte que um viver de escravos!

Foi nos teus campos de mimosas flores,
à voz das aves, ao soprar do norte,
que um rei potente às multidões curvadas
bradou soberbo – Independência ou morte!

Foi no teu seio que surgiu, sublime,
trindade eterna de heroísmo e glória
cujas estátuas, – cada vez mais belas
dormem nos templos da Brasília história!

Eu te saúdo, oh! Majestosa plaga,
filha dileta, – estrela da nação,
que com brios santos carregaste os cílios
à voz cruenta do feroz Bretão!

Pejaste os ares de sagrados cantos,
ergueste os braços e sorriste à guerra,
mostrando ousado ao murmurar das turbas,
bandeira imensa da Cabrália terra!

Eia! – caminha, o Partenon da glória
te guarda o louro que premia os bravos!
Voa ao combate repetindo a lenda,
– Morrer mil vezes que viver de escravos!

5. A DIMENSÃO ESTRUTURALMENTE RETÓRICA DA LITERATURA

Retoricidade da Literatura. Vimos que a Retórica não é Literatura. Neste ensejo, vamos também constatar que a Literatura não é Retórica. E embora a Literatura não seja Retórica, isso não impede que ela tire partido dos recursos retóricos como documentaremos a seguir.

Comprovamos facilmente que a presença de recursos retóricos na Literatura é muito forte e, note-se bem, principalmente nas obras-primas! Veja-se, por exemplo, a peça imortal de Shakespeare, *Júlio César*, um excelso texto literário a despeito das profundas marcas retóricas de que se reveste.

Uma análise mais demorada da Literatura demonstra que não existe um texto literário sem algum grau de retoricidade, que pode ser bastante explícito ou velado e, não raro, com muita sutileza.

A mais forte presença da Retórica na literatura se verifica no caráter partidário que a Literatura quase sempre apresenta. Qual é o texto literário que não tenta, de alguma forma, persuadir convencendo, emocionando e agradando?

Por acaso, não pretende provar alguma coisa esse tranquilo haikai de Bashô:
"Este caminho!
 Sem ninguém nele
escuridão de outono".
(Trad. de Olga Savary. São Paulo. Massao Ohno 1980).

O texto literário é retórico especialmente em virtude da intertextualidade que lhe é própria, uma vez que todo texto literário supõe e questiona um outro discurso. Os textos literários dialogam e discutem entre si.

O texto literário, como todo discurso oratório, se dirige a alguém que funciona como um auditório.

A relação entre os gêneros retóricos e literários

Discute-se se há equivalência entre os gêneros retóricos (epidítico, forense e deliberativo) e os gêneros literários (épico, lírico, dramático). Não há evidentemente equivalência entre eles, mas eles se confraternizam entre si. Em qualquer dos gêneros literários, pode haver manifestação dos três gêneros retóricos e inversamente, em qualquer dos gêneros Oratórios, pode haver manifestações dos três gêneros literários.

Um discurso pode ter muito de lirismo e um romance pode ter muito de oratória forense. Um discurso deliberativo pode ter muito de dramático...

Há muito, em comum, entre a Oratória e o gênero dramático. A comédia e a tragédia têm muito de dialético e retórico. Há sempre, nessas duas espécies teatrais, um entrechoque de discursos que debatem valores. O argumento ético e o patético são comuns à Retórica e ao teatro, o patético pelas paixões que desperta, o ético pelas máscaras que representa. Na comédia, se trava a luta entre dois discursos, geralmente o discurso dos jovens, que buscam um lugar ao sol, contra o discurso reacionário dos velhos que os impedem. Numa tragédia, como a *Antígona*, o discurso da jovem heroína defende a superioridade da lei natural sobre a legalidade formal que o poder estabelecido defende. Eis a controvérsia: ela deve ou não enterrar o corpo do irmão contra a vontade do poder?

Vamos documentar a presença da retoricidade na literatura através de dois capítulos principais:

1. A questão retórica
2. Os gêneros retóricos.

1. A questão retórica

Tema e questão. As grandes obras literárias, com frequência, se constroem ao redor de um tema transformado em questão. Qual a questão de *Robinson Crusoé* de Daniel Defoe? Tanto *Os Sertões* de Euclides da Cunha como o *Grande Sertão* de Guimarães Rosa têm como tema o sertão e ambos os livros questionam o que é e o que não é o sertão. Não valeria a pena indagar também qual é o sertão de *Dom Quixote*?

A presença de uma questão sinaliza o caráter retórico-dialético de um texto literário. O ponto de partida da análise retórica de um conto, um romance, um poema... vem a ser a demarcação do tema controverso.

Pode inclusive ocorrer, num texto literário, a presença de uma "proposição" que enuncia o que o autor pretende defender ou refutar. Se a proposição não estiver explícita, o contexto a denuncia.

A tese e a hipótese num texto literário

Shakespeare mistura tragicamente uma tese com uma hipótese quando afirma: "Ser ou não ser, eis a questão". Efetivamente, Hamlet se questiona se cabe ao homem, de modo geral, em tese, diante de sua mágoa, viver ou deixar de viver. Em seu caso particular, em hipótese, ele opina que não lhe cabe morrer, pois a morte pode não se resumir em apenas dormir, pode ser também sonhar. Ele opta então por viver. Mas como viver? Sofrendo passivamente ou insurgindo-se? E se decide pela ação, pela realização de uma catastrófica trama de vingança.

A rigor, num texto literário, nem encontramos questões individuais nem questões universais, porque a Arte, como forma de conhecimento, nem reflete o individual nem o universal. A Ciência reflete o universal; a História e a Ciência aplicada refletem o individual. Na Arte, porém, opera-se a síntese entre a questão universal e a questão individual. A Arte não é História, não é Ciência, não é Filosofia, é uma livre criação do espírito.

Quando Alencar e Gonçalves Dias tematizam o índio, quando Castro Alves e Bernardo Guimarães tematizam o negro, eles abordam, por acaso, uma questão universal? – Não, porque a arte não é Antropologia.

Quando Dostoiévski narra a sua prisão, em *Memórias da Casa dos Mortos*, a questão é individual? – Não, porque, como adverte Aristóteles, "a Poesia é mais filosófica que a História".

A Literatura capta "a particularidade", "o típico". Não visa ao alegórico, mas ao simbólico.

O *status quaestionis* na Literatura

1) *Status conjecturae.*
No julgamento de Zé Bebelo, em *Grande Sertão*, discute-se se o réu cometeu algum crime contra "o código jagunço". Existiu o crime?
Houve uma guerra entre bandos rivais de cangaceiros, o bando de Joca Ramiro contra o bando de Zé Bebelo. Este é vencido e preso. Que fazer com ele?
– "Matar não. Vão dar julgamento"...
– "Ou me matam logo, aqui, ou então eu exijo julgamento correto legal...", contesta Zé Bebelo.
Joca Ramiro é o juiz: – "A gente pode principiar a acusação". Hermógenes faz o primeiro discurso de acusação; Sô Candelário faz o segundo..."
Titão Passos, embora no papel de acusador, nega a existência do crime: – "Sem querer ofender ninguém – vou afiançando. O que eu acho é que é o seguinte: que este homem não tem crime constável".
Riobaldo defende o réu baseado na inexistência do crime: "Portanto, que digo, ele merece um absolvido escorreito". (*Grande Sertão: Veredas*, João Guimarães Rosa).
O herói de *O Processo*, de Kafka, realmente cometeu algum crime? *An sit?* O autor desenvolve genialmente seu romance sob essa perspectiva.
Na obra imortal de Dostoiévski, *Os irmãos Karamázov*, o crime realmente aconteceu, o pai foi assassinado e roubado. Não se discute a existência dos fatos. A questão de conjectura fica, pois, fora de debate. O livro aprofunda as circunstâncias do crime.
2) *Status definitionis.*
No livro de Mário de Andrade, *Macunaíma* há uma deliciosa cena retórica de dois discursos em choque. Num determinado momento, um mulato faz um discurso provando que a constelação que ilumina nossos céus se chama Cruzeiro. *Macunaíma*, – (herói sem nenhum caráter que aprendeu a falar aos seis anos e, antes de vir para São Paulo, não tinha costume de fazer dis-

cursos, hábito que adquire depois de chegar a essa cidade prolixa e depois que se tornou branco e loiro), – Macunaíma contesta com outro discurso:
– "Não é não!... Minha gente! Aquelas quatro estrelas não é o Cruzeiro... É o Pai do Mutum!... É Pauí-Pódole..."
Como se evidencia, os dois oradores enfrentam o estado de definição e, é claro, que, no nível folclórico, o nome é a definição. (*Macunaíma*, Mario de Andrade, cap. X)).
No romance *Ressurreição*, de Tolstói, um dos episódios mais significativos é a cena do julgamento pelo Tribunal do Júri de um homem e duas mulheres. O presidente do Tribunal explica aos jurados o questionário para que não confundam um furto simples com um roubo. No final do julgamento, um dos réus, Simão, é condenado por homicídio e roubo, quer dizer, latrocínio, sua companheira Eufêmia é absolvida de homicídio e acusada de roubo com atenuantes. Maslova, a heroína, obtém absolvição do roubo, mas é acusada de matar sem intenção de matar!

3) *Status qualitatis*
No citado romance de Tolstói, *Ressurreição*, além do julgamento principal em que a heroína é a ré, há um outro processo secundário e ilustrativo da tese do autor russo. O Tribunal do Júri julga um pobre moço acusado de arrombar a porta de um celeiro para roubar umas vassouras velhas. O fato se deu, não há negar, chama-se roubo. Do ponto de vista do estado de qualificação, se conclui que não houve premeditação e que o réu não oferece periculosidade. *Quale sit*?

2. Os gêneros retóricos

A presença do gênero epidítico na Literatura

Dos três gêneros, o epidítico é o que mais afinidade mantém com a Literatura, funcionando mesmo, por assim dizer, como ponte de passagem entre a Literatura e a Retórica.

A crítica literária é eminentemente epidítica. Discute-se o valor ou desvalor de um texto.

Na Literatura, há formas poéticas que se enquadram perfeitamente no gênero epidítico:
– As grandes epopeias louvam os homens valorosos e seus feitos.
– Os hinos louvam heróis e instituições.
– Os epinícios são hinos em que se louvam as vitórias de atletas ou guerreiros.
– Os poemas de ambiente bucólico e pastoril, isto é, as églogas ou idílios exaltam a vida campestre com seus bosques, pomares, jardins, pastos, riachos sussurrantes... No fundo, desejando provar que a vida no campo vale mais que a vida na cidade.

– Os ditirambos são hinos em honra do deus Baco, nos quais se celebram, com entusiasmo, os prazeres da vida, sobretudo os prazeres do festim ao redor do vinho, colhendo como um fruto o dia que passa.
– Os poemas genetlíacos elogiam um aniversariante.
– Os epitalâmios dirigem loas aos recém-casados.
– As sátiras vituperam os vícios, com humor.
– Poemas burlescos são cômicos, grotescos, paródicos e satíricos, pretendendo vituperar.
– Poemas didáticos exaltam o que ensinam. Veja-se, o *"de Rerum Natura"* de Lucrécio exaltando a doutrina de Epicuro.
– A epistolografia se presta muito ao louvor e às queixas.
– Os acalantos e cantigas de ninar, *"berceuse"*, servem para embalar o sono. Persuade-se alguém a dormir.
– A ode. Tynjanov, no seu ensaio: *A Ode como Gênero Oratório* demonstrou que o traço dominante da ode, sem dúvida, da ode épica, pindárica é a oratória. (*Formalismo e Storia litteraria.* Turim, Einaudi, 1973).
– O ufanismo. *Por que me ufano de meu país* de Afonso Celso abriu um dos mais assinalados atalhos do louvor nacional, do qual não nos devemos envergonhar!
– *Os Lusíadas* de Camões se destacam pelo tom fortemente epidítico: "As armas e os barões assinalados... cantando espalharei por toda parte"... A certa altura do poema, se estabelece a ideologia do louvor que só se deve prestar, sem lisonja, a quem o mereça por obras dignas (7,78-87).
– Campo versus Cidade. – *A Cidade e as Serras* de Eça de Queiroz retoma o velho tema horaciano do confronto entre campo e cidade, sobrepondo o campo à cidade. O futurismo, em contrapartida, faz um discurso contrário, enaltecendo as megalópoles enfumaçadas, poluídas.
Merece louvor ou vitupério o celibato eclesiástico no romance: *Eurico, o Presbítero* de Alexandre Herculano?
– A oração fúnebre louva um morto, por ocasião dos funerais.
– O panegírico é o discurso mais ou menos solene de louvor. Plínio, o jovem, escreveu o *Panegírico de Trajano* que se tornou modelar. É famoso o livro de Erasmo de Rotterdam (1467-1536): *O Elogio da loucura*, onde se faz, com espírito satírico, o elogio da boa loucura.
Com o tempo, a Retórica desenvolveu verdadeiros chavões do elogio.
– Os prefácios dos livros têm marcado acento epidítico.
– A publicidade, com seu discurso propagandístico de efeitos estéticos, inclui-se, sem dúvida, no gênero epidítico.

A presença do gênero Judiciário na Literatura

A rigor, o discurso judiciário deve ser seguido de um julgamento formal, o auditório absolve ou condena, mas num sentido amplo considera-se judiciário todo texto em que o justo e injusto entram em conflito, em que se acusa ou defende, em que se condena ou absolve o que quer que seja, independente de que se formalize um processo judiciário. Entretanto, deparamos com muitos textos literários em que se realiza também o processo judiciário.

A Literatura oferece um sem conto de textos que se assemelham ao gênero judiciário, principalmente os que versam o tema do "crime e castigo". Convém observar se o crime se enquadra no judiciário, por ser um fato passado, o castigo se enquadra no gênero deliberativo, por ser um fato futuro.

– No livro de Guimarães Rosa, *Grande Sertão: Veredas*, a certa altura, se processa um julgamento formal de acordo com o código jagunço. Põe-se o problema do crime e do castigo, onde se acentua o caráter político do castigo. O episódio retrata a projeção do bacharelismo no agreste.

– *Os irmãos Karamázov*, romance imortal de Dostoiévski, se patenteia como modelo rigoroso do gênero judiciário, uma obra-prima. Primeiro o autor descreve o ambiente psicossocial em que acontece um crime: Fiodor Pavlovtch é assassinado e roubado. Depois vem a descrição minuciosa do funcionamento do Tribunal do Júri, com discursos completos de acusação e defesa e há mesmo uma tréplica. Aponta-se como suspeito Mítia, um dos filhos da vítima, que vai a julgamento. Na verdade, quem cometeu o crime foi Smierdiákov.

O juiz pergunta a Mítia: – "O acusado reconhece-se culpado?".

Mítia responde: – "Estou inocente da morte do velho, meu pai e inimigo. Não roubei".

O auditório, isto é, os jurados declaram o réu culpado do crime de latrocínio, com premeditação.

Palinódia – verifica-se quando o poeta se retrata de uma posição anterior. Vejam-se, a propósito, os célebres *Sonetos antológicos* de Bocage.

Apologia e apologética

Apologia (= discurso em defesa). Apologia significa defesa, justificação, prestação de contas, é inicialmente um discurso em que o acusado faz em defesa própria, assim foi a *Apologia de Sócrates*, que se defende da acusação de corromper a juventude, assim a *Apologia de Apuleio* (Século II) que se defende da acusação de magia. Depois, passou a significar qualquer discurso em defesa própria ou de outrem. Finalmente, como quem defende acaba também exaltando daí vem o sentido moderno, a saber, um discurso misto de defesa e louvor em que o elogio sobressai. É um discurso fortemente epidítico, quem louva defende. Lembremo-nos de *Os Gênios do Cristianismo* de Chateaubriand (1768-1848).

A palavra apologética é um adjetivo substantivado que deriva de apologia, mas nela acaba predominando a defesa sobre o louvor, guardando, desta forma, o sentido primitivo da palavra apologia. O *Apologeticum* de Tertuliano é uma justificação do cristianismo e uma acusação do paganismo. É um discurso tendendo para o judiciário. Apologia é encômio; apologética é defesa.

A presença do gênero deliberativo na Literatura

Os Lusíadas, a despeito de seu caráter epidítico, não deixam de entremostrar um alto teor deliberativo ao aconselhar ao rei e ao povo português que se livrem da cobiça e vil tristeza. A cada passo do poema, emerge o deliberativo: no discurso do velho do Restelo, nos discursos dos deuses no Olimpo e no palácio de Netuno... A questão essencial que, no fundo, se debate é se Portugal deve ou não lançar-se à aventura da colonização para dilatar a fé e o império e encher as arcas com ouro. Isso é útil ou nocivo? Navegar é realmente preciso?

Os romances de "crime e castigo", como vimos, quando discutem o crime pertencem ao judiciário, quando discutem o castigo pertencem ao deliberativo, o crime situa-se no passado, o castigo, no futuro.

Na Retórica ideal de Platão, o crime é indefensável e o castigo imperdoável.

– *Crime e Castigo* de Dostoiévski vem a ser o romance exemplar da relação crime e castigo. Ele conclui com Platão que todo crime, sem exceção, merece castigo e que o castigo redime o culpado.

– *Os Irmãos Karamázov* mostram a impotência do aparelho da justiça que comete erros e castiga injustamente.

– Do mesmo modo, em *Memórias da Casa dos Mortos* de Dostoiévski, debate-se o significado dos castigos.

– *O Processo* de Kafka documenta o castigo sem crime, o que denuncia o aparelho da justiça como uma engrenagem descontrolada.

– *As Minhas Prisões* de Sílvio Pellico estigmatizam a opressão.

– *A Divina Comédia* é um poema epidítico, judiciário, deliberativo, pois, ele louva e vitupera, condena e absolve e faz muita política.

A mistura dos gêneros. É muito frequente e não raro de bom efeito a mistura dos gêneros num texto literário ou não. A Ave-Maria é um pequeno discurso epidítico e judiciário.

Efeito da equivocidade na mistura dos gêneros

Nos textos literários, o autor não raro tira partido da equivocidade do gênero. O leitor hesita em classificar um texto, que ora parece que pertence a um gênero, ora parece que pertence a outro gênero.

– *Ressurreição* de Tolstói. Este romance tem tudo para ser classificado como gênero judiciário. Numa primeira parte, descreve como funciona a justiça, nas suas várias instâncias e, numa segunda parte, discute a aplicação do castigo. É, fora de dúvida, judiciário até certo ponto, mas o deliberativo supera. O que o autor, em verdade, se propõe é criticar o aparelho da justiça, mormente da justiça criminal e penal. Ele, por assim dizer, leva a Justiça ao banco dos réus e a julga e a condena. Prega uma mudança radical. A raiz do crime, em sua concepção, vem da propriedade individual da terra e, pois, com a coletivização das terras acabaria a miséria e a criminalidade. Quanto ao castigo, se revolta contra sua deformação e inocuidade, aconselhando que, em lugar dos castigos odiosos, se aplique o perdão cristão. E assim também, de certa forma, apela para o gênero epidítico enquanto exalta a posse comum da terra e o perdão cristão.

– Contudo, a meu ver, o mais contundente exemplo de jogo com a ambiguidade dos gêneros oratórios, encontramos no discurso de Marco Antônio, na peça *Júlio César* de Shakespeare, uma peça que não se desculpa de ser retórica! Toda ela, de começo a fim, é retórica enquanto analisa a influência entre as personagens. Os conspiradores tentam enlear Brutus, persuadindo-o que César aspirava à ditadura e mereceria ser eliminado.

Depois que os conspiradores matam César, nos idos de março, na Cúria, Marco Antônio, amigo fiel do morto, pede humildemente licença para promover os funerais devidos e pronunciar a oração fúnebre. Ele obtém a permissão de falar desde que seu discurso seja meramente epidítico e que, antes dele, Brutus dirija sua palavra ao povo romano.

Marco Antônio, no nível do parecer, faz um discurso fúnebre e, pois, epidítico, mas, faz, ao mesmo tempo, no nível do ser, um discurso judiciário: pois que transforma o povo de mero ouvinte, em tribunal, provando que não houve, de forma nenhuma, o crime que se imputava a César, de cobiçar a tirania para realizar suas ambições desmedidas, sobrepondo-se à lei. Pelo contrário, César era um homem desapegado, que amava profundamente o povo, como se evidencia pelo testamento que Marco Antônio segura nas mãos, pelo qual testamento César deixava ao povo romano parte dos seus bens em herança.

Enfim, depois que o povo condena os assassinos de César, sutilmente, Marco Antônio transforma seu discurso judiciário em deliberativo, levando o povo a ajustar contas com os conspiradores. A partir daí, a guerra civil se desencadeia.

Provavelmente, apraz a Shakespeare, como escritor "maneirista", em vez de manter os princípios da pureza clássica, misturar os gêneros. Aqui vai a amostra de um modelo retórico geral e de um modelo retórico especial: "a Retórica da ficção".

O modelo como instrumento crítico. Depois de formalizado o modelo retórico geral e especial, no seu conjunto, eles se convertem num instrumento crítico. De fato, todo modelo é um instrumento crítico possível.

4ª PARTE
O modelo retórico

I. O MODELO RETÓRICO GERAL

I. O texto

O texto, objeto de investigação, deve ser um discurso ou o equivalente de um discurso. Sempre se requer um texto fechado, completo, com princípio, meio e fim, formando um todo.

Conversão para linguagem verbal. O texto para ser estudado tem de ser verbal ou se converter em um texto verbal. Assim Barthes estuda a "retórica da moda", através de revistas que falam da moda.

II. O orador – autor

Abordam-se os traços biográficos do autor-orador que ajudam a compreender melhor o discurso analisado. Como ler hoje a *Oração da Coroa* sem saber quem foi Demóstenes? Como ler hoje *As Filípicas* sem saber quem foi Cícero? A personalidade do orador tem força argumentativa, ética.

III. Auditório

Deve-se, através do texto, identificar o auditório possível a que se destina o discurso. Pode ser um auditório real ou construído pelo autor. Segundo Perelman, o auditório pode ser universal ou particular. O "auditório semiótico" se constitui indiferentemente de ouvintes ou leitores.

IV. A questão: O tema é o assunto de que se trata.

A questão – é o tema problematizado, o que se discute sobre o tema.
"Tese e hipótese". A questão pode ser posta em termos gerais e abstratos ou posta em termos particulares e concretos.
O Estado da questão ou constituição da causa de uma questão podem ser de:
1) existência: aconteceu ou não ?
2) definição: qual sua natureza ?
3) qualificação: quais suas circunstâncias ?

V. Retoricidade do texto:

Texto dialético-persuasivo

Estes dois traços caracterizam um texto como retórico.

Dialético – qual a opinião do autor a respeito da questão discutida. Não se busca a verdade.
Persuasivo: convencer, comover, agradar.
Persuasivo – quando se tenta fazer um auditório aceitar uma opinião.
Aqui se analisa a força persuasiva do texto, a saber, qual o principal tipo de persuasão que se pratica: racional: convencendo a mente, doutrinando; afetiva: comovendo o coração; estética: agradando o gosto. Pode-se mesmo denunciar se o texto pretende persuadir que não pretende persuadir.
Conflito entre "*ars bene dicendi* ou *persuadendi*"
O texto cultiva mais a persuasão ou a arte de falar bem.

Os dois discursos

A Retórica supõe sempre dois discursos possíveis em choque por qualquer que seja a diferença de opinião. Todo discurso supõe um outro discurso efetivo ou em potência.

Reconstrução do discurso do outro: se o discurso de oposição não existe, ele pode ser presumido e reconstruído.

VI. As partes da Retórica

1. Invenção

A invenção é todo o material de que é feito o discurso. A rigor, o material é constituído pelas provas e tudo que, de uma forma ou de outra, tem caráter de prova. Na prática, compreende toda a argumentação a favor e contra que deve ser rigorosamente relacionada e avaliada.

Quadro geral das provas

Divisão geral das provas. As provas são intrínsecas ou extrínsecas.

Provas extrínsecas. São as provas que o autor-orador recebe de fora e são reelaboradas por ele. Compreende o testemunho de uma testemunha que pode ser uma pessoa, coisa ou evento. Entre estas provas, se destaca a citação. Aqui se situa o problema da intertextualidade, em que um texto depende de outros textos.

Provas intrínsecas. São totalmente elaboradas de acordo com as instruções da Retórica. Compreende os silogismos, os exemplos, o caráter moral do orador, as paixões despertadas nos receptores.

As provas intrínsecas se dividem em lógicas e psicológicas.
As provas psicológicas se dividem em éticas e patéticas.
Éticas. Qual a imagem moral que o autor transmite dos participantes do discurso e, sobretudo, de si mesmo, de modo a persuadir? *Patéticas*. Quais as paixões que incita nos receptores?
As provas lógicas se dividem em dedutivas e indutivas.
Provas indutivas: os exemplos. – São as provas mediante a narração de pequenos fatos que podem ser verdadeiros ou fictícios, verdadeiros como um fato histórico, fictícios como uma fábula...
Provas dedutivas: os silogismos – Silogismo é a expressão de um raciocínio encadeado. Pela liberdade como os silogismos são montados na Retórica, eles são chamados de silogismos oratórios ou "entimemas" e devem ser reconstruídos pelo receptor.
Nota bene: Em última análise, toda e qualquer prova se converte inevitavelmente em um silogismo.
Tópoi ou *Loci* ou lugares-comuns. Verificam-se aqui: os lugares-comuns, no sentido argumentativo, aristotélico que são constituídos por palavras que traduzem conceitos gerais, a partir dos quais se formulam os raciocínios. Eis o nome de alguns lugares: definição, divisão, etimologia, comparação, causa... Verificam-se também os lugares-comuns modernos não argumentativos, concebidos como motivos repetidos e motivos "eternos", isto é, arquétipos.

2. Disposição

Como se organiza o material recolhido. As partes do discurso presentes. Como o material está organizado dentro de cada uma das partes. A organização é mais lógica ou psicológica? A disposição é uma questão metodológica.

As partes do discurso

a) Exórdio. Como se inicia o texto, como se prepara o receptor para prestar atenção ao que se vai expor, mostrando benevolência e docilidade.
Princípio e insinuação. A divisão do exórdio em princípio e insinuação deve ser corretamente discutida. Princípio é o exórdio de uma causa mais fácil, bem aceita. Insinuação é o exórdio de uma causa mais difícil que oferece resistência. Cabe verificar aqui se a insinuação não está sendo usada a serviço de uma causa difícil porque torpe, o que merece severa crítica.
Causa torpe ou honesta. Verificar se a causa que o texto patrocina é honesta ou torpe.
b) Narração. A narração é eventual, depende da natureza da causa. É obrigatória quando postulada pelo esclarecimento da questão. Não é em si uma

modo de prova. Todavia, a boa narração ajuda muito na promoção da causa. Não se confunda narração com exemplo.

d) Proposição. A proposição resulta do estado da questão. Investiga-se qual a tese que o autor pretende provar ou refutar, resumindo-a em uma sentença que é a proposição.

e) Partição. Examina-se em quantas partes a proposição vai ser dividida.

f) Argumentação. O levantamento das provas se faz na invenção. As provas podem ser: refutativas – contra as provas defendidas pelo adversário; confirmativas – provas a favor da própria posição. Principalmente, nesse ponto, se constata sempre a presença do discurso do outro!

g) Peroração. Qual a conclusão que o texto sugere de modo claro ou subentendido? A conclusão é coerente? É a opinião mais provável? Há uma recapitulação final?

Partes eventuais

a) Digressão. Identificar, onde quer que seja, a presença de digressão funcional ou não. Qual seu objetivo?

b) Alteração. Quando há aluma forma de debate entre orador e ouvinte.

c) Amplificação e ampliação
Identificar os recursos que não só ampliam o discurso, mas que o intensificam.

3. Elocução

Aqui se faz a análise lógica, gramatical e estilística do texto. Note-se que esta análise se subordina aos objetivos retóricos, a saber, como os efeitos da linguagem concorrem para persuadir?

Qualidades da elocução: Adequação, clareza, correção, elegância. Estilos: simples, médio, elevado. O estilo ático: abundante ou econômico.

Figuras

Colhem-se todas as figuras do texto, as flores de estilo e se indaga sobre o valor argumentativo ou decorativo das figuras.

4. Memória

De um ponto de vista semiótico, não importa por que "meios" se conserva o texto para sua apresentação e recordação. Pode ser armazenado seja pela memória humana seja pelos meios físicos de gravação. O que importa é que se trate de um texto digno de ser lembrado.

5. Ação

De um ponto de vista semiótico, é a representação do texto aos receptores em qualquer linguaguem e sublinguagem. Tanto nos referimos a um sermão, como à exibição de um filme.

Gêneros de discurso. Qual o gênero de discurso que predomina: 1) forense Discute-se o justo ou injusto, condena-se ou absolve. 2) deliberativo Discute-se o útil ou nocivo, vota-se a favor ou contra. 3) epidítico Discute-se o vício ou a virtude, o belo ou feio, louva-se ou vitupera.

Ideologia. Qual a "filosofia de vida" que emerge de todo o texto?

Nota Bene:
O modelo compreende uma série de elementos que podem ser analisados na sua totalidade e na ordem mais vantajosa e adequada, correlacionando-os entre si. Pode-se também analisar apenas um ou alguns dos tópicos sem perder, contudo, o espírito do discurso retórico.

II. O MODELO SEMIÓTICO ESPECIAL

1. A RETÓRICA DA NARRATIVA OU RETÓRICA DA FICÇÃO

Curiosamente, os antecedentes de uma teoria geral da narrativa, hoje em ampla divulgação, se encontram precisamente na *Poética* de Aristóteles e nos tratados de Retórica Antiga.

Já nos primórdios da Retórica, nas escolas, se praticavam exercícios retóricos a partir de narrativas reais ou fictícias das quais se extraía uma questão que dividia a classe em dois partidos a favor ou contra.

Assim, modernamente, ao lado do modelo geral da Retórica, que reconstruímos e que se aplica a qualquer texto dotado de retoricidade, ao lado, vão se formando modelos especiais e complementares. E como a Semiótica tem particular interesse pela narrativa é natural que se formassem modelos especiais destinados ao estudo do aspecto retórico das narrativas. Assim, a Semiótica que se interessa pela retoricidade da narrativa costuma ser chamada de "retórica da ficção".

Por Retórica da narrativa ou "Retórica da ficção" se entende o estudo das relações de retoricidade entre emissores e receptores nos vários níveis da narrativa.

Vamos, a seguir, exemplificar com algumas das mais importantes contribuições da retórica da narrativa em circulação.

2. A RELAÇÃO ENTRE AUTOR E LEITOR. A "RETÓRICA DA FICÇÃO": (BOOTH, WAYNE, C. *A RETÓRICA DA FICÇÃO*. LISBOA, ARCÁDIA)

Uma das mais importantes abordagens da narrativa Retórica foi elaborada por Booth. Foi ele quem deu à Retórica da narrativa o nome de "retórica da ficção", mas sua pesquisa se restringe ao estudo da relação entre autor e leitor. O autor corresponde ao orador e o leitor corresponde ao ouvinte. Qual a natureza da comunicação entre um e outro?

De acordo com esse ponto de vista, as narrativas se dividem em: narrativas retóricas e não retóricas.

As narrativas são retóricas quando o autor e o leitor se mostram na narrativa, se deixam identificar e podem ser considerados como personagens. Essas narrativas também se dizem transparentes porque autor e leitor se deixam ver atrás da narrativa.

Nas narrativas não retóricas, nem autor nem leitor se deixam ver atrás da narrativa, por isso elas também se chamam de narrativas opacas. Autor e leitor não se manifestam na narrativa, não dão sinal de si. A história conta-se por si. O narrador não dirige a palavra a um receptor que nem se configura.

Caracterização das narrativas retóricas

A presença do autor e do leitor. O autor-narrador-orador procura influenciar explicitamente o leitor-narratário-ouvinte. O narrador fala de si, dá opinião, diz o que sente (naturalmente visando ao leitor). Assim quando o autor chama a atenção para si mesmo, trata-se da função emotiva; quando o autor dirige e manipula o leitor, trata-se da função conativa; quando o autor verifica se o canal funciona, trata-se da função fática; quando o autor discute com o leitor problemas de técnica narrativa, trata-se da função metalinguística. O leitor sente, ao ler a narrativa, que alguém o controla e orienta.

Mostrar e contar. Na narrativa retórica, o autor conta os fatos; na narrativa não retórica, o autor mostra os fatos.

Dramatizar e resumir. Na narrativa retórica, o autor resume o que acontece por meio de sumários, por meio de uma visão panorâmica. Contar e resumir marcam a presença do retórico. Mostrar e dramatizar revelam a ausência do retórico.

Onisciência. Outra manifestação dessa retoricidade também ocorre quando o autor se comporta como onisciente, como quem sabe tudo, contando o que se passa na mente das personagens e o que acontece fora do alcance da observação, à distância ou atrás das paredes. O retórico desaparece quando o narrador se comporta como quem não sabe nada, só sabe depois que as coisas acontecem ou que uma personagem testemunha conte.

O valor da retórica da ficção. A certa altura, Booth se põe o problema: a Retórica da ficção, afinal de contas, é um desvalor, um demérito, um vício, como muitos críticos pensam? "A casa da ficção" deve ser purificada, livrando-se da presença do autor?

Adversários da retórica da ficção. A Retórica da ficção foi violentamente combatida por H. James, Lubbock, Ford Madox Ford. Deles deriva um código antirretórico da narrativa: a narrativa deve ser realista, narrar como se realmente tivesse acontecido. Na vida, ninguém lê os pensamentos de ninguém, ninguém sabe o que se passa à distância, atrás das portas. O que se passa na mente de alguém deve ser exteriorizado para que se fique sabendo. O que ocorre, ao longe, deve ser revelado por um participante. Exige-se que o autor-narrador se apague, desapareça como intermediário entre o leitor e a história, deve ignorar o público, deixar o leitor sozinho diante da história, sem sugestioná-lo, mostrando-a como se fosse o desenrolar de uma cena, evitando contar, resumir, comentar.

Booth refuta o antirretoricismo da narrativa. Ele demonstra que a ausência do autor, a não comunicação com o leitor, o não controle do leitor, de si mesmo, não é o ideal estético da narrativa. Alguém pode contar melhor que outro que apenas mostre. Pode haver belos sumários e péssimas cenas. Bastaria lembrar que as obras-primas da Literatura Universal são retóricas. Imagine-se um Machado de Assis ausente de suas narrativas! A Retórica da ficção nem é um valor, nem um desvalor, tudo depende do que se faça com ela.

3. DOIS TIPOS DE NARRATIVAS: AS ETICISTAS E AS ESTETIZANTES. O AUTOR PERSUADE OU SE NEGA A PERSUADIR O LEITOR

Nas narrativas retóricas eticistas, o autor se esforça por incentivar, por meio de sua narrativa, o leitor a aceitar uma determinada visão transformadora de mundo.

Nas narrativas não retóricas, estetizantes, o autor, por meio de sua narrativa, se nega a influenciar a mente do leitor, pretendendo apenas agradar.

Eis algumas Retóricas eticistas:

O realismo, em geral, e o Realismo Socialista, em particular, que parte do princípio de que a arte não só reflete a realidade como deve contribuir para modificar a realidade, melhorando-a. A narrativa é engajada.

Realismo radical. Há uma linha ética radical, que faz da narrativa apenas um pretexto de "pregação" revolucionária, mas que desnatura a arte.

O realismo moderado. Há uma linha moderada ética e estética, representada por Engels, segundo o qual a tese que o autor defende na sua narrativa deve brotar da própria ação, sem que seja explicitamente formulada, sem que degenere num mero alegorismo moral. Não se fazem discursos, mas se provam as ideias pelo desenrolar dos fatos. A obra de Balzac se impõe como modelar a esse respeito.

Retóricas esteticistas

Em compensação, todos os movimentos narrativos de caráter esteticista que tratam a arte como arte, condenam a submissão de uma narrativa a outros objetivos que não sejam os puramente estéticos.

O filosofo italiano, B. Croce afirma que os traços retóricos de uma obra a desclassificam como arte pura. (Croce, B. *A Poesia*. Porto Alegre: UFRGS, 1967).

Mas a posição mais radical vem por parte de uma determinada linha semiótica aqui representada por R. Barthes. Ele reduz a Literatura à linguagem: "a literatura é tão somente uma linguagem". A linguagem nem é verdadeira nem falsa, é apenas válida ou não. Nada tem a ver com o real. O sentido fica suspenso, a fábula reduz-se ao "grau zero", dá-se o aniquilamento da história. O autor não conta. (R. Barthes. *Crítica e Verdade*. São Paulo. Perspectiva).

O fato inconcusso é que não existe obra neutra, todas, em grau maior ou menor, persuadem. Quer queiramos ou não, sempre há alguém atrás do texto a convencer, comover, agradar.

4. RELAÇÃO DE INFLUÊNCIA ENTRE PERSONAGENS – BREMOND

A Retórica da narrativa de Bremond se ocupa não da influência do autor sobre o leitor, mas da influência mútua entre as personagens e pretende, com esse critério, levantar uma classificação dos papéis narrativos retóricos.

Na sua análise, ele se restringe apenas à persuasão do ponto de vista afetivo. Quanto à influência entre as personagens surge uma primeira grande classificação entre ativos e passivos: a personagem influenciadora e a influenciada.

Quanto à motivação do influenciador, ela pode ser hedônica, pragmática, ética.

Quanto ao efeito da influência, ou será incitadora, inibidora, ambivalente, neutralizadora.

Esses critérios permitem um inventário de papéis: o sedutor: o que tem móveis hedônicos; o obrigador: o que tem móveis éticos e, por objetivo, o dever; o interditor: o que tem móveis éticos e se apoia na proibição; o conselheiro: o que tem móveis pragmáticos e aconselha a fazer. Etc.

Essas, em linhas gerais, as sugestões que derivam da obra importante de Bremond e que abrem um campo imenso à análise semiótica da narrativa, sob o ponto de vista retórico. (BREMOND, Claude. *Logique du récit*. Paris: Seuil, 1973).

5. BAKHTIN: RELAÇÃO ENTRE AUTOR E PERSONAGENS: NARRATIVAS MONOLÓGICAS E DIALÓGICAS, (BAKHTIN, M. *PROBLEMAS DA POÉTICA DE DOSTOIÉVSKI*).

Bakhtin, do ponto de vista retórico, se concentra na relação entre autor e personagens. E deste ponto de vista, ele classifica todas as narrativas em monológicas ou dialógicas (ou polifônicas).

Investigando o que singulariza a obra portentosa de Dostoiévski em confronto com as narrativas tradicionais, verifica que ela se especifica pelo fato de ser uma obra polifônica-dialógica.

Uma narrativa se diz monológica quando só há um discurso efetivo na narrativa, o discurso do autor. As personagens falam apenas em nome do autor, só o autor tem voz. E como consequência só há uma visão de mundo. Na narrativa monológica, só há uma voz, um só discurso, não há contraposição dentro do discurso, só vale a tese do autor. O romance de Tolstói, *Ressurreição*, traduz a filosofia de vida de Tolstói.

Uma narrativa se diz dialógica ou polifônica quando o discurso do autor e das personagens é autônomo e independente, ninguém fala em nome de ninguém, cada qual tem o seu discurso, o autor não fala pelas personagens e nenhuma personagem fala pelo autor, que não tem porta-voz. Diz-se dialógico ou polifônico quando as vozes da narrativa são realmente retóricas e dialéticas, na medida em que há nelas uma contundente oposição de discursos que se confrontam, que dialogam. Os romances de Dostoiévski são assim.

As origens da narrativa dialógica. Onde estão as origens do romance dialógico ou polifônico de Dostoiévski? Bakhtin encontra suas raízes na literatura que se origina do espírito do carnaval como a sátira menipeia, o diálogo socrático.

Ora o espírito do carnaval é profundamente retórico-dialético. O espírito do carnaval apresenta um mundo às avessas, desaparece a hierarquia social, todos são iguais, vigora total liberdade, foge-se do padrão, da regra. No teatro da vida, desfaz-se a distinção entre atores e espectadores.

No espírito do carnaval não se concebe o discurso único, vigora o debate, em igualdade de condições, tanto o senhor como o escravo tem direito de fazer o seu discurso a favor ou contra. Vale a lei da "ágora" ateniense: todos têm direito à palavra!

A Teoria de Bakhtin faz lembrar de uma famosa sátira de Horácio, na qual o poeta discute com seu escravo Davo, por ocasião das Saturnais, quando se invertiam os papéis entre senhor e escravos, Davo se aproveita para dizer tudo que pensa de seu patrão. Entre outras coisas considera-o um homem manipulado. No final de seu discurso (só nesse dia era possível o discurso do escravo), ele pergunta a Horácio, seu amo: "*Quisnam igitur liber?*" De nós dois quem é de fato livre (Sat. 2,7)?

A análise de Bakhtin revela a natureza retórica da literatura polifônica e dialógica. Discute-se sempre uma questão, formam-se partidos, de modo que autor e personagem defendem discursos próprios e independentes, cada qual impondo sua opinião. Dostoiévski, em seus romances polifônicos, se funda na natureza dialógica que, a rigor, tem toda palavra, toda ideia e a própria língua. A língua é naturalmente dialógica. A língua, segundo Bakhtin, é ideológica e Retórica! (BAKHTIN, Mikhail. *Problemas da poética de Dostoiévski*).

5ª PARTE
Aplicação crítica do modelo a um poema

APLICAÇÃO CRÍTICA DO MODELO A UM POEMA

I. DISCURSO – TEXTO:

A Jesus Cristo Nosso Senhor

Gregório de Matos Guerra

Pequei, Senhor, mas não porque hei pecado,
da vossa alta clemência me despido,
porque, quanto mais tenho delinquido,
vos tenho a perdoar mais empenhado.

Se basta a vos irar tanto pecado,
a abrandar-vos sobeja um só gemido:
que a mesma culpa, que vos há ofendido,
vos tem para o perdão lisonjeado.

Se uma ovelha perdida e já cobrada
glória tal e prazer tão repentino
vos deu, como afirmais na sacra história,

eu sou, Senhor, a ovelha desgarrada,
cobrai-a; e não queirais, Pastor Divino,
perder na vossa ovelha a vossa glória.

II. ORADOR – AUTOR

Gregório de Matos Guerra (1623-1696), celebrado poeta baiano, é o orador, não importa que, em outro lugar, ele mesmo se repute "um fraco orador".
 Este soneto se vincula profundamente com toda a vida do poeta. Nos cursos de humanidades que frequentou, recebeu marcada influência católica por parte dos jesuítas, o que determinou, em última análise, sua visão teológica que aqui se revela. Praticamente, sua vida e obra giram às voltas com a justiça humana e divina. Ele sabe o que é julgar e o que é ser julgado pela justiça humana, quase sempre "bastarda, vendida e injusta". Como poeta satírico, em sua "lira maldizente", se arvorou em censor parcial e pouco caridoso do próximo. Como juiz dos tribunais humanos, que

foi, ele julgou e, por seus desmandos, também foi julgado e condenado "pelo crime de sua poesia".

Contudo, no poema que ora comentamos, ele comparece como réu, réu confesso, diante do Tribunal da Justiça Divina e como advogado de profissão, se defende em causa própria.

III. AUDITÓRIO

É o orador quem cria seu auditório. Nosso poeta-orador se dirige a dois auditórios.

a)Trata-se rigorosamente de um auditório individual. Ele se dirige a Jesus Cristo a quem chama de "Senhor" e "Pastor", o qual, decerto, é o destinatário essencial e único do discurso, pois a Retórica considera como auditório quem, depois de ouvido o discurso, tem poder de apreciar ou decidir a questão. E note-se que ele se situa no plano da revelação cristã, dirigindo-se a Deus por intervenção de Seu Filho, Jesus Cristo, Segunda Pessoa da Santíssima Trindade, Deus feito homem, Criador, Redentor e Juiz dos homens.

b)Indiretamente se dirige aos seus leitores contemporâneos e futuros, pretendendo prestar contas de sua vida tempestuosa e reparar os danos de seus maus exemplos.

IV. A QUESTÃO

1. Tema: a Glória divina

Há uma certa relatividade na identificação de um tema, porque uma obra artística oferece sempre certa abertura. Aqui também o tema apresenta à consideração vários aspectos. Que é que ele efetivamente exalta: a Misericórdia, a Justiça divina...? A mim me parece que o tema se centraliza no conceito da Glória divina que é a síntese entre a Misericórdia e a Justiça. O poeta pecador se humilha para enaltecer a Glória divina, visto que, ao reconhecermos nossos pecados, damos glória a Deus, como ensina a Escritura (*Josué* 7,19). Dar glória a Deus significa publicar Sua divindade, como Ser Supremo, Criador universal e Providência infinita. Pelo pecado, a alma nega a glória divina. O arrependimento do pecador restabelece o esplendor da glória divina. Gregório de Matos testemunha essa doutrina da Escritura quando diz textualmente, no seu soneto, que uma ovelha perdida e já cobrada deu tamanha "glória" a Deus! É isso que o poeta pretende, por sua parte: louvar a glória divina com sua conversão! A glória, na visão de Cícero e Santo Agostinho, consiste em ser conhecido de modo refulgente pelo valor e ser louvado por isso. Não basta conhecer a majestade infinita de Deus com profundidade teológica, importa também difundir a glória divina aos quatro cantos. Gregório de Matos pretende aqui o que já se propôs alhures:

"Justo será que publique
em seu pergaminho lhano
vossa glória, o peito humano".

Deus criou o mundo para sua Glória, pelo que celebrar a Glória divina é a finalidade de todos os seres do universo: racionais e irracionais. Assim Gregório se dirige, em outra passagem, ao "Soberano rei da Glória":

"Todos os brutos vos louvam,
troncos, penhas, montes, vales,
e pois vos louva o sensível,
louve-vos o vegetal".

Tudo existe para glorificar a Deus: "ó Onipotência que nada embalde criaste!". Assim se explica a existência das coisas fora de Deus. Aqui, Gregório de Matos se revela um conhecedor profundo da Teologia porque lhe sondou a essência, sendo este o dogma central.

Desse modo, parece se desvelar um mistério incomensurável da divindade: a Misericórdia harmonizando-se com a Justiça em função da Glória divina! A alma que se salva louvará a Deus, face a face, por toda a eternidade: "na glória só de vos ver". A alma, que se perde, deixa de render loas ao Eterno. A Glória de Deus decorre de sua infinitude e de sua santidade, cabe ao homem reconhecer tanta grandeza e prestar um culto de louvores a Deus, nos limites da própria "rudeza", como reconhece Gregório de Matos.

Os Exercícios Espirituais de Santo Inácio. Goldmann na *Sociologia do Romance* ensinou que todo autor apresenta um aspecto individual e um aspecto coletivo. Coletivo enquanto representa grupos vitais de seu convívio. Decerto que nosso poeta representa a Teologia da Ordem dos jesuítas (1534), "a boa teologia", como reconhece ele, cuja máxima suprema sugere que se deve fazer tudo para a Glória divina: *Ad majorem Dei gloriam.* O soneto do nosso poeta se encaixa completamente no espírito dos *Exercícios Espirituais de Santo Inácio*, o fundador da Companhia de Jesus, onde se diz "que o homem foi criado para louvar, reverenciar e servir a Deus Nosso Senhor", esse é o fim porque foi criado!

Esse soneto pertence a um grupo de poemas diante de Cristo crucificado. E Santo Inácio recomenda que o cristão sempre se imagine "diante de Cristo crucificado". Seguindo esta lição, Gregório de Matos, neste e em outros sonetos, efetivamente se imagina, na hora de sua morte, diante de Jesus Cristo crucificado! A implacável justiça divina se abranda sob o aspecto de Cristo crucificado.

Prece. Não passa despercebido que este discurso apresenta também o caráter de uma prece (*oratio* = prece). Convém recordar que a prece, por sua natureza, equivale a um discurso (*oratio* = discurso). O Sermão de seu contemporâneo, o Padre Vieira (1608-1697), *Contra as Armas de Holanda*, é um discurso e, ao mesmo tempo, uma longa prece: "a vosso peito divino se há de dirigir todo o sermão".

2. A questão

A propósito do tema, nosso autor levanta a seguinte questão controversa: se ele Gregório de Matos, como réu, deve ser condenado por seus muitos pecados ou salvo pela homenagem que presta à Glória divina ao arrepender-se de seus pecados.

A questão é geral ou particular? A questão é particular, trata da avaliação do comportamento do poeta, mas é inseparável de uma questão geral teórica: a economia da salvação.

Status quaestionis

1º) *An sit*. Ele não nega a existência do fato, a saber, que é pecador, isso ele concede plenamente: "Pequei...".

2º) *Quid sit*. Não nega a natureza do fato de que é acusado. Considera que pecou, que provocou a ira divina, que é uma ovelha perdida, desgarrada, todavia, aqui, não revela a natureza de seus pecados que confessou tantas vezes em outros poemas.

3º) *Quale sit*. Entretanto, em sua defesa, acresce uma circunstância que pode ser resgatada pela glória divina.

V. RETORICIDADE: TEXTO DIALÉTICO – PERSUASIVO

Na invenção, acumulam-se as provas que se destinam a persuadir, fazendo com que o Divino Ouvinte lhe tenha opinião benévola. Em dois momentos principais do poema, denota sua intenção retórica de persuadir: "vos tenho a perdoar mais empenhado"; "vos tem para o perdão lisonjeado". Ele está convencido de que ninguém pode se "despedir" da Clemência Divina.

Qual o tipo de persuasão que domina: a afetiva, a racional ou a estética? Do ponto de vista estético, o soneto se inclui entre as obras-primas da Literatura Universal. Apesar do tom emotivo que sustenta o poema, o aspecto racional se sobrepõe, porque se entretece, de começo a fim, de silogismos oratórios. É uma peça argumentativa cerrada! Do ponto de vista estético este soneto documenta como um texto pode ser retórico sem deixar de ser surpreendentemente fascinante!

Como crente, Gregório transforma em analítico o dialético. As premissas derivadas da Bíblia são mais do que analíticas, são verdades incontestáveis, não opiniões discutíveis. Ele não discute opinião, pretende demonstrar verdades. A argumentação dialética é como se fosse analítica.

Reconstrução do discurso contrário. A Retórica supõe sempre discursos em confronto. Um discurso implica sempre ou um discurso anterior ou posterior. Aqui, Gregório de Matos responde a um discurso ouvido, sem dúvida, no fundo de sua consciência, o que o abalou e iluminou. Ele deixa entrever a veemência desse outro discurso que certamente concluía assim: "Pecaste, estás despedido da Clemência divina, provocaste a ira divina". Portanto, ele ouviu um discurso de acusação, agora tem de se defender, como réu que é, com outro discurso.

VI. AS PARTES DO DISCURSO

1. Invenção

É a fase da argumentação, quando se arregimentam as provas. A invenção consiste no material que o poeta recolheu para montar seu discurso. O material retórico se constitui de provas.

Quadro geral das provas

As provas podem ser intrínsecas e extrínsecas.

As provas extrínsecas. É desta classe a prova mais forte do texto, uma citação da Sacra História: a parábola do Bom Pastor. A favor de sua tese, ele alega as próprias palavras divinas, o que faz do próprio Juiz sua testemunha! Usa as próprias palavras da acusação para se defender. É um argumento "*ad hominem*": "se uma ovelha perdida...". A parábola do bom Pastor é um texto sob o texto do soneto, um intertexto básico.

As provas intrínsecas. São as provas que a própria arte retórica ensina a achar sem depender de nada vindo de fora.

As provas intrínsecas se dividem em lógicas e psicológicas.

As provas psicológicas – se subdividem em éticas e patéticas.

– Ética é uma prova de caráter afetivo que resulta da imagem que o orador transmite de si mesmo para o Ouvinte. Ele já de início se apresenta humildemente como pecador: "Pequei". E se compara à ovelha desgarrada.

– Patética – o orador suscita no divino Ouvinte as paixões que interessam à sua causa. Em lugar da Ira divina, que seus pecados incitaram, ele provoca a Clemência ou Misericórdia. Deus não pode deixar de se indignar diante do pecado, mas a Ira não se separa da Misericórdia pelo pecador. O poeta se julga também com direitos à Misericórdia.

As provas lógicas – se desmembram em duas espécies: exemplo e silogismo (= entimema).

O exemplo

O orador se serve de um exemplo, uma pequena narrativa para ajudar a provar o que pretende. Para provar que não merece condenação alude à parábola do Bom Pastor. Entretanto, esta parábola tem no texto um duplo valor, como prova extrínseca, enquanto citação do Evangelho e prova intrínseca, enquanto ilustração de uma verdade por meio de um exemplo.

O silogismo (= entimema) que é o silogismo acomodado ao gosto retórico, isto é, mais literário, menos formal. O soneto consta de um punhado de silogismos, baseados em alguns poucos lugares-comuns. Dedutivamente, Gregório de Matos desenvolve uma argumentação coesa e contundente, numa escalada crescente, amplificando-se.

Os principais silogismos oratórios ou entimemas do texto

1º) Entimema: Pecado e Clemência divina não se excluem, se atraem. Sem pecado, não haveria clemência, logo...

2º) Entimema: Pelo contrário, *a fortiori*, quanto maior o pecado, maior o perdão. Logo...

3º) Entimema: Para excitar a Ira divina carece de muito pecado, para abrandá-la sobeja o menor sinal de arrependimento. Logo...

4º) Entimema: A mesma culpa causa a ofensa e o perdão. Logo...

Estes argumentos se baseiam no mistério incompreensível para a razão humana, a saber, como no abismo da Divindade se conciliam a Misericórdia e a Justiça e se não se conciliassem, Deus não seria Deus.

5º) Entimema: um argumento culminante e fundamental que justifica os anteriores: se Deus não me salva, a Glória divina sofre diminuição:

cobrai-a; e não queirais, Pastor divino,
perder na vossa ovelha a vossa glória...

6º) Mas o entimema máximo: consiste em que, neste poema, para reivindicar o perdão de suas ofensas, não apela para o amor infinito de Deus, nem apela para a misericórdia divina, mas apela para a Glória divina. Em outro lugar, o poeta explica explicitamente que o pecado impede de glorificar a Deus, supremo dever do homem:

"Se a Glória, que dais sem fim
perdida num Serafim
se perder em mim também".

Lugares-comuns. Entre outros lugares-comuns da argumentação, aparecem: a noção de causa-efeito, *a fortiori*, termos contrários, o possível e o impossível, a proporção, a definição...

2. Disposição

É a fase em que se divide o discurso em partes e se coloca cada coisa em ordem dentro de cada parte.

As partes do discurso

a) Exórdio. Há um brevíssimo exórdio, resumido pela palavra inicial: Pequei! Ele insiste aqui nos argumentos éticos. O poeta chamado de "boca do inferno", que julgou os pecados dos seus contemporâneos, agora se apresenta humilde, confessando-se pecador. Isso, decerto, lhe valeria benevolência, atenção, docilidade.
O exórdio não se faz por insinuação, mas por princípio, não sofisma.
b) Narração. O soneto é predominantemente lírico, mas tem relevante caráter narrativo e dramático, é autobiográfico, caracterizando um momento capital da vida do poeta. Ele se confessa pecador, mas aqui não relaciona a longa lista de seus pecados que, em outros lugares, ele confessou e que Deus, em sua Sabedoria, conhece.
Através da narrativa, ele permite que se discuta a existência ou não dos fatos, sua natureza e circunstâncias.
Nesta narrativa destacam-se duas personagens: Cristo e o poeta. O tempo e espaço da narrativa se situam entre o Céu e a Terra, entre a História e a Eternidade.
d) Proposição que resulta do estado da questão
Daí a tese central que vai defender em seu arrazoado: "Pequei, Senhor; mas não porque hei pecado, da vossa alta clemência me despido".
e) Partição. A proposição enuncia a bipartição do discurso: o pecado e o resgate pela graça divina.
f) A argumentação: busca das provas (ver invenção). Aqui se cuida da colocação devida das provas
g) Peroração. É a conclusão da última estrofe. Não há predeterminação. Sem dúvida que depois de tão fundamentada argumentação, ele alimenta esperança de vencer a causa. "E não queirais, Pastor Divino..."
h) Digressão. O soneto, por sua natureza, evita a digressão. A altercação é reconstituída. Quanto à amplificação: veja-se "Se uma ovelha perdida já cobrada..." "Quanto mais tenho delinquido...". O soneto é todo amplificativo.

3. A elocução: as figuras

Vamos tocar apenas nas principais figuras ilustrativas e argumentativas. Podemos considerar todo o poema como uma apóstrofe, em que ele interrompe a fala que mantém com os contemporâneos para se dirigir ao seu Criador. Como de se esperar, domina, no poema todo, a antítese. De um lado "eu", ora elíptico ora claro, que é o poeta, de outro: "Vós", que é Jesus Cristo; de um lado, ele pecador, de outro, o Senhor; de um lado, a Justiça, de outro, a Misericórdia. Aqui, ele revela o caráter conflituoso do barroco, mas seguido de conciliação, explicada pela metáfora: – Eu sou (como) a ovelha – Vós (sois como) o Pastor divino. A Glória sintetiza a Justiça e a Misericórdia. Afirma-se o paradoxo cristão de quanto maior o pecado maior a misericórdia. O poema é alusivo às Escrituras. As metáforas se desenvolvem em alegoria. O poema é atravessado por dois símbolos: o Pastor e a ovelha. Há algumas figuras de repetição pequei, hei pecado,/ perdida, perder (poliptoto). Sinédoque: "me despido", em que se toma a parte pelo todo, quem se afasta começa por se despedir; quem quer recuperar começa por cobrar uma dívida. Não faltam algumas inversões...

4. Memória

O poema se mantém, há vários séculos, na memória do povo brasileiro, sendo incessantemente relembrado.

5. Ação

O poema, com muita frequência, é copiado, relido e recitado. Facilmente as palavras do soneto sugerem os gestos.

VII. QUAL O GÊNERO DO DISCURSO?

Soneto = discurso retórico. Trata-se de um soneto, que tradicionalmente se compara com um discurso, isto é, um silogismo desenvolvido.

O poema do ponto de vista do gênero literário. É um soneto predominantemente lírico, pois o poeta fala de si, traduz seus sentimentos, manifestando sua piedade e devoção. O lirismo é subsidiado pelo caráter épico ou narrativo, pois conta, em confissão, os rumos de sua vida. O soneto ainda destaca elementos dramáticos, havendo uma conversa potencial entre as personagens, a saber, o poeta e Cristo. Recriminado, o poeta contesta e espera a resposta divina.

Qual o gênero Retórico? A qual dos três gêneros de discurso pertence o soneto de Gregório de Matos: epidítico, político, forense?

À primeira vista, se destaca o caráter forense do discurso, visto que está em causa um fato passado que se discute, na perspectiva do justo e do injusto. Ele se defende, o que supõe uma acusação. Comporta-se como réu. Espera uma condenação ou absolvição. No fim de tudo, será inocente ou culpado. Embora se julgando culpado, pede absolvição. Advoga em causa própria e, ao mesmo tempo, se apoia na mediação do próprio Juiz. Aqui, ele revela sua formação de bacharel.

Além disso, subsidiariamente, o discurso tem também um forte traço deliberativo, qual seja a discussão da pena, do castigo, como um resultado futuro. Deve ser castigado ou não? O que convém à Glória divina? Ele acha que não, e vai tentar se justificar, revelando aqui sua formação política.

Todavia, num nível mais profundo, se destaca o caráter epidítico que, para todos os efeitos, acaba por ser o definitivo, porque, acima de tudo, o que o poeta ambiciona é exaltar a glória divina. Efetivamente, seu soneto representa uma homenagem que o poeta consagra à Glória Divina.

O retorno do espírito satírico

O poeta ainda aqui é satírico? No entanto, é possível pensar-se em Gregório de Matos, totalmente despojado de seu famoso humor? Um dia, em sua vida, um juiz o proibiu de satirizar! É bem possível que, aqui, ele indiretamente possa ter querido satirizar os que não sabem perdoar.

Modelo especial: a Retórica da Ficção

Como se trata de um texto lírico e não de um texto narrativo de ficção, o modelo especial só se aplica em linhas muito gerais. Há forte relação do autor-narrador com o leitor-ouvinte. Ele tenta influenciar seus contemporâneos, diante dos quais se justifica e tenta igualmente conquistar a posteridade para sua obra. Na Relação entre personagens, o próprio narrador, num texto autobiográfico, é personagem e contracena com Cristo a quem tenta influenciar. De certa forma, no modo de tratar a personagem, sem dúvida que esboça uma criação polifônica da personagem de Cristo por sua independência. Ele contrapõe dois discursos autônomos.

ESTE SONETO É UM PLÁGIO?

VIII. IDEOLOGIA DOS DOIS POEMAS

O soneto de Gregório seria uma tradução, ou uma paráfrase ou um plágio de um soneto atribuído a Sá de Miranda?

Confrontemos os dois sonetos. Eis o soneto atribuído ao poeta português, Sá de Miranda (1481-1558). O soneto foi escrito em espanhol e aqui é traduzido literalmente, em versos livres.

Pequei, Senhor, mas não porque hei pecado
de teu amor e clemência me despido;
temo, segundo minhas culpas, ser perdido,
e espero em tua bondade ser perdoado.

Receio-me, segundo me hás esperado,
ser por minha ingratitude aborrecido,
e assim meu pecado mais crescido
é ser tão digno tu de ser amado.

Se não fora por ti, de mim que fora?
E a mim, de mim, sem ti, quem me livrara,
se tua graça a mão não me dera?

Mas, ai, a não ser eu, quem não te amara?
E se não foras tu, quem me sofrera,
e a ti, sem ti, meu Deus, quem me levara?

O soneto de Sá de Miranda é apenas um intertexto. Sem dúvida que há uma relação evidente de dependência entre os dois sonetos. Mas nem se trata de uma tradução, nem de uma paráfrase, muito menos de um plágio. O tema é comum na poesia religiosa universal. O soneto de Sá de Miranda certamente terá estimulado o poeta baiano a tratar do mesmo assunto. Por outro lado, era uma técnica literária, em voga, citar, num poema, versos famosos de outros poetas. Gregório de Matos gosta muito de citar versos de Camões.

Há entre os dois sonetos uma semelhança marcante apenas no primeiro verso que, de fato, Gregório, de modo transparente, traduz do poema de Sá de Miranda. Mas toda semelhança para por aí. A partir do segundo verso, as divergências vão se aprofundando.

Há, entre ambos os sonetos, assinalada diferença de estilo, o soneto de Sá de Miranda é maneirista: "E a mim, de mim, sem ti, quem me livrara, se tua graça a mão não me dera?" Ao passo que o soneto de Gregório é barroco.

Repara-se que, contraditoriamente, Sá de Miranda trata o Senhor por "Tu", de modo mais íntimo. Gregório, embora mais confiante, trata-o por "Vós", de modo mais formal. No entanto, Sá de Miranda está sob o domínio do temor, Gregório de Matos está sob o domínio da confiança.

Todavia, a diferença capital reside na perspectiva teológica que um e outro revelam. Vejamos.

Ambos os poetas se confessam pecadores. Ambos esperam o perdão divino. Da parte de Gregório há absoluta confiança no perdão. Trata-se de um direito constitucional. Ao passo que Sá de Miranda se inquieta, teme e receia. Tudo vai depender da clemência, do amor, da bondade, da graça divina.

A diferença se concentra mais no que se refere ao motivo pelo qual se espera o perdão divino. Sá de Miranda espera o perdão baseado no amor que Deus tem e na sua bondade. Gregório de Matos espera o perdão, com toda confiança, baseado num argumento mais forte: pois, segundo o testemunho do Evangelho, o fundamento do perdão reside na própria Glória divina. Ora, dar glória a Deus é o fim da criatura, dado que Deus criou o universo para sua glória. O que peca renega a glória divina, o que se converte, retoma a glorificação divina. A clemência divina está em função da glória divina.

Os dois sonetos refletem posições teológicas em confronto na época. Gregório de Matos vive mais o clima da doutrina "molinista", Sá de Miranda vive mais o clima da doutrina "jansenista". Para Sá de Miranda, a salvação depende da eficácia da graça, "se tua graça a mão não me dera". Só os escolhidos glorificarão a Deus. Para Gregório, a salvação depende da vontade humana e da Graça, cabendo ao homem se arrepender: "a abrandar-vos sobeja um só gemido".

6ª PARTE
Retórica e Ideologia

I. RETÓRICA IDEOLÓGICA E IDEOLOGIA RETÓRICA

A ideologia pode ser entendida em duas acepções: num sentido neutro e num sentido comprometido.

1) Num sentido neutro, entende-se por ideologia a mera descrição da visão de mundo de um indivíduo ou grupo.

2) Num sentido comprometido, a ideologia é um modo sofístico de pensar no interesse de um grupo explorador. Para entendê-lo corretamente devemos partir do conceito etimológico inicial de ideologia, segundo o qual ela é um modo peculiar de pensar. Ora, de acordo com Aristóteles há três modos essenciais de pensar: um modo científico, um modo dialético e um modo sofístico.

A ideologia não é um modo científico de pensar porque nesse modo de pensar se busca a certeza gerada pela verdade, revelada pela evidência. O científico não é ideológico.

A ideologia não é igualmente um modo dialético de pensar, no sentido aristotélico, porque esse modo controverso de pensar, embora não possa chegar à certeza, à verdade, à evidência, se aproxima da opinião mais verossímil. A ideologia não é um modo de pensar dialético porque esse modo de pensar supõe sempre um debate crítico de opiniões, a propósito de uma questão discutível e exige a participação democrática do auditório.

A ideologia é um modo sofístico de pensar no interesse de um grupo dominador.

Ideológico adjetivamente é tudo que se refere à ideologia. Substantivamente, a ideologia é a sistematização do conjunto de conhecimentos sofísticos. Assim concebida, a ideologia produz sofismas que Barthes prefere chamar de mitos exatamente porque os mitos dão ao que é histórico um caráter natural, representando falsas evidências coletivas, como um instrumento de poder. Daí porque ele chama o estudo da ideologia de Mitologia.

1. A RETÓRICA É IDEOLÓGICA ?

a) Por sua natureza, a Retórica não é ideológica e não é ideológica por ser uma disciplina dialética.

Como disciplina dialética, ela tem por objetivo promover o debate de discursos sobre uma questão discutível, sendo um legítimo direito de se discutir opiniões. A Retórica é um instrumento democrático de acordo com a qual todos têm direito à palavra. Ela sempre admite o discurso de contestação.

O conhecimento dialético, enquanto efetivamente dialético, não é ideológico porque nele se discutem posições contrárias. Embora ele não chegue à certeza, chega, porém, a opiniões fundamentadas e, o que é importante, mediante um debate livre. O conhecimento dialético parte sempre de uma questão discutível que admite pontos de vista em conflito. Daí decorre necessariamente um confronto, em igualdade de condições. Pelo que a Retórica se converte num instrumento crítico e democrático. Ela acusa e defende, aconselha e desaconselha, vitupera e exalta. No final, o auditório decide em nome da maioria ou da maior parte ou da elite.

Desde que, na Retórica, se realizem todas as condições de uma situação dialética, afugentamos o demônio da ideologia porque a Dialética, em sua plenitude, é sempre crítica e onde há autêntica crítica, não há ideologia.

A Retórica como disciplina dialética não se põe a serviço do sofisma. O conhecimento sofístico é, por natureza, ideológico porque é um conhecimento falso e enganador, com aparência de verdade. Esse o reino da ideologia que se nutre de sofismas. Cabe à Retórica exatamente não arquitetar sofistas, mas desmascarar sofismas.

b) Eventualmente, a Retórica quando unidirecional pode ser ideológica.

Isto acontece quando não se permite o debate de opiniões. A Retórica então se desvirtua por parte de indivíduos ou grupos mal intencionados, deixando, por isso, de ser dialética, o que sempre ocorre, nas sociedades "unidirecionais" de classe dominante. Então, a Retórica degenera num simulacro, com falsa aparência de confronto. Tal encenação não engana que se assiste a um monólogo. Só um lado fala. Desaparece o debate. O auditório perde a autonomia. Na ditadura, não há lugar para uma verdadeira Retórica, ao passo que, na autêntica democracia grega, entre os direitos naturais, se exigia que a todo discurso correspondesse um discurso contrário. Até Helena de Troia mereceu um discurso de defesa por parte do genial rétor: Isócrates! Um déspota, mesmo que seja dotado de muita eloquência, mutila a oratória não permitindo que a oposição conteste. Na ditadura, a ideologia é sofística e desvirtua a Retórica.

2. A IDEOLOGIA É RETÓRICA?

Segundo V. Pareto, a função da ideologia é exatamente persuadir, exercer o controle do comportamento coletivo por meio de crenças. Por isso, a ideologia para se difundir e dominar precisa da Retórica, mas ela se serve da Retórica, desfigurando-a. Acontece que se a ideologia usar de uma verdadeira Retórica, se autodestrói porque se põe a si mesma em debate. Torna-se objeto de crítica imparcial porque, ao mesmo tempo que se esforça por se impor, aceita igualmente o discurso contrário. A ideologia, porém, para sobreviver tem de proibir a existência de um discurso contrário.

Por isso, a má consciência ideológica, "numa sociedade fechada", tem de deformar a Retórica, produzindo uma Retórica unidimensional, repressiva, que não admite resposta livre. Assim, a ideologia amordaça a Retórica e desfigura-a na medida de seus interesses escusos. A ideologia só se sustenta por meio de uma Retórica autoritária e formalmente empobrecida, sem um verdadeiro debate crítico.

II. RETÓRICA E "IDEOLOGIA" DA LÍNGUA

A língua é retórica? Ela transmite uma visão ideológica ao usuário?

A língua, na definição de Saussure, é um sistema de signos adotados por uma comunidade para permitir aos indivíduos o exercício da linguagem, isto é, para permitir aos indivíduos a "fala", a produção de "textos", de "discursos".

O problema. É o pensamento quem determina a língua ou é a língua quem determina o pensamento? Nesses termos se discute se a língua é ou não retórica e instrumento de ideologia.

1a. Hipótese: Teoria da veste (*cloak*). A língua não seria, em si, nem retórica nem ideológica, ela funcionaria apenas como uma "veste do pensamento". Essa hipótese admite quando muito uma "posição fraca".

2ª. Hipótese: Teoria do molde (*mould*). Segundo essa hipótese, a língua é dotada de um poder psicagógico e seria retórica, isto é, persuasiva, enquanto transmite uma visão de mundo, moldando a mentalidade do usuário.

Tal é essa força dialética e persuasiva da língua que K. R. Popper postula uma nova função da linguagem: "a função argumentativa".

A favor da 1ª. hipótese: segundo a qual a língua não é retórica nem ideológica, deparamos, entre outros, nada menos do que com J. Stálin (1879-1953) (*Le marxisme et les problèmes de linguistique*). Esse nome assustador nos deixa perplexos. E de fato, ele afirma dogmaticamente que a língua não deriva de uma base econômica determinada, nem faz parte da superestrutura. Não serve aos interesses escusos de nenhuma classe social, servindo apenas à necessidade de comunicação da comunidade. E alega como prova: a própria língua russa que não sofreu modificação essencial na passagem do tzarismo para a Revolução de Outubro. Acrescente-se que países ideologicamente diferentes têm a mesma língua e países semelhantes ideologicamente têm línguas diferentes.

J. Paulhan também é contra o pretenso poder das palavras. Ele sustenta que a língua se bem que não seja de todo inocente, todavia, não admite que exista um tal poder de influência das palavras. A doutrina do poder das palavras não passa de uma ilusão, um mito inverificável, um falso problema. Ninguém morre pela palavra liberdade, mas se morre para que a liberdade não seja apenas uma palavra. Maliciosamente, faz-se com que o escritor acredite que é oprimido pelo poder das palavras e, então, o crítico proíbe o escritor de usar o que já foi usado, não se permite a repetição, como no jardim da cidade de Tarbes, onde se proíbe entrar com flores no jardim. (*Les fleurs de Tarbes ou la Terreur dans les lettres*).

A 2ª. hipótese defende que a língua é retórica e ideológica, exercendo influência sobre o pensamento e a cultura. Aqui nos interessa considerar apenas as "posições fortes", mais radicais, que atribuem à língua um poder absoluto capaz de condicionar o modo de pensar e construir o mundo dos falantes. Não haveria mesmo um poder maior! A linguagem encarcera o indivíduo. A realidade é parte da linguagem. A sociedade só se torna possível pela linguagem. A Cultura seria um produto da linguagem. (Benveniste, *Problèmes de linguistique générale* I, p. 24). A retoricidade da linguagem veicularia uma ideologia enquanto visão de mundo que se impõe sobre a comunidade. É a carroça puxando os cavalos!

Note bem se a língua é retórica, isto é, persuasiva, significa que um discurso retórico é duplamente retórico enquanto persuade como língua e como discurso retórico.

Vamos rememorar o nome de alguns precursores da 2ª hipótese:
– J. Locke (1632-1704), no *Ensaio acerca do Entendimento Humano*, trata da imperfeição da linguagem e os desmandos que se cometem no uso das palavras e sugere algum remédio para semelhante mal.
– E.B. de Condillac (1715-1780), na sua *Lógica*, ensina que "só pensamos com o socorro das palavras" e que "as línguas formam os nossos conhecimentos, opiniões e geram nossas preocupações", sem que a linguagem da própria ciência se livre desse fardo. "A arte de pensar se reduz a uma língua bem feita".
– Rousseau (1712-1778) também concorda que os pensamentos adquirem as tonalidades do idioma.
– Tal maneira de ver expande-se, de modo particular, no Romantismo, com Humboldt (1769-1959), que defende o ponto de vista segundo o qual a nação é anterior ao indivíduo. O espírito da nação cria a língua que determina a visão de mundo da comunidade. A língua é a manifestação exterior do espírito de um povo.
Note-se que Humboldt influi em Franz Boas (1858-1942), que influi em Edward Sapir (1884-1939), que influi em Benjamin Lee Whorf (1897-1941).
– A hipótese Sapir-Whorf
É, pois, nos Estados Unidos, que essa teoria do molde se consolida de modo exemplar. Em honra dos autores a quem ela se deve, se chama "hipótese Sapir-Whorf". Importa notar que essa hipótese é lançada por Sapir (1929) e é reassumida por Whorf (1930), sendo vulgarizada na década de 50 do século XX. A teoria discute as relações entre: língua, pensamento e realidade. Quem determina quem? O realismo filosófico defende que a realidade determina o pensamento e este, a língua. A hipótese Sapir-Whorf caminha na contramão.

As duas teses fundamentais que sustentam esta doutrina: 1) O "determinismo linguístico". A língua determina o pensamento e organiza o mundo estabelecendo nosso sistema conceptual mediante o qual se interpreta a realidade e se programa o comportamento. "O homem vive à mercê da língua", "o mundo é construído pela linguagem", diz Sapir. 2) O "relativismo linguístico". A visão de mundo de uma cultura varia de acordo com a língua. Línguas diversas concebem o mundo de modo diverso. Enquanto os norte-americanos, como exemplifica Whorf, têm uma só palavra para significar "*snow*" (= neve), os esquimós tem uma palavra especial para cada aspecto da neve. A cultura é condicionada pela língua. "Dizei-me a língua de alguém e lhe direi o seu modo de pensar, sua visão de mundo". A língua que marca um indivíduo é a nativa. Quando se adota uma outra língua, sofre-se uma ruptura interior.

A intraduzibilidade. Como consequência, a tradução de uma língua para outra se torna problemática e praticamente inviável. Um poema traduzido é transportado para uma outra visão de mundo.

A Hipótese Sapir-Whorf repudia a ideia de que uma língua seja mera "veste do pensamento", como acreditavam os neoclássicos. Pelo contrário, segue a teoria romântica, em que se considera "a língua como um molde", um modelador do pensamento e da realidade.

Esta teoria sobrevive em *A Galáxia de Gutenberg* de MacLuhan: Os novos meios de comunicação são responsáveis pela transformação da sociedade e dos indivíduos. "Os meios são a mensagem", naturalmente para uma sociedade deseducada, não crítica.

Para Barthes "a linguagem é fascista". Dentro da concepção marxista, mas em oposição a Stálin, ele afirma que "a língua é uma legislação opressiva a serviço do poder". Pelo que, a língua nem é reacionária nem progressista, "é fascista", pois a língua não só permite dizer, mas impede e obriga a dizer. "A linguagem pode ser mítica ou não. A linguagem tem predisposição para o mito". "Ela oferece fraca resistência ao mito". Note-se que mítico em Barthes quer dizer ideológico. Ele observa que a larga maioria dos mitos é de direita. A linguagem se configura como um terrível veículo ideológico e retórico. (*Aula*, 1977, Cultrix).

III. TERAPÊUTICA DA LINGUAGEM

O CONTROLE DA INFLUÊNCIA DIALÉTICA E PERSUASIVA DAS LÍNGUAS

No episódio da Torre de Babel, a confusão das línguas não se deu apenas pela multiplicação das línguas, pois a técnica da tradução superaria esse obstáculo, mas porque aconteceu que cada uma das línguas perdeu a própria inocência, traduzindo visões diversas de mundo. O pecado original penetrou no âmago das línguas. Então, à primitiva precisão das palavras, seguiu-se a ambiguidade. A língua passou a ser uma "arte de confundir o pensamento".

Urge então remediar os danos provocados pelo poder da língua sobre os indivíduos. Pelo que surgem em contrapartida as doutrinas terapêuticas de modo a resguardar o falante dessa nefasta influência. O homem precisa ser o senhor das palavras. Fénelon lembra a sentença de Santo Agostinho que o homem deve dominar as palavras para não ser dominado pelas palavras. Urge encontrar um remédio.

1. WITTGENSTEIN (1889-1951) E A TERAPÊUTICA DA LINGUAGEM

A proposta exemplar de terapêutica da linguagem vem por parte de Ludwig Wittgenstein. A Filosofia, segundo ele, tem por finalidade livrar a mente do enfeitiçamento pela linguagem: "A filosofia é a luta contra o enfeitiçamento de nossa mente pela linguagem".

Segundo Wittgenstein, a linguagem arma ciladas, engendra superstições das quais o homem tem de se desvencilhar. Ele propõe então uma cura da linguagem. Cabe à Filosofia o papel de esclarecer o que é a linguagem, livrando-a de mal-entendidos e distorções. O perigo seria buscar o significado das palavras e orações. O que se deve buscar é o uso que essas peças têm no jogo que é uma língua com suas regras. Uma língua é como um jogo de xadrez onde as peças funcionam, não significam. (Veja-se: *Investigações filosóficas*). Aqui, vamos exemplificar o processo da terapêutica da linguagem, proposto por um pensador extremado, que sofre particular influência de Wittgenstein. Trata-se de Korzybski.

2. "A SEMÂNTICA GERAL" DE A. KORZYBSKI (1879-1950)

Korzybski, o fundador do movimento da Semântica Geral, nasceu na Polônia, onde se formou engenheiro. Participa da Primeira Guerra Mundial que marca profundamente o rumo de seu pensamento, pois, diante de tanta calamidade, passa a se questionar amargamente: como foi possível chegar-se a tanta barbárie? A certa altura, ele fixa residência nos Estados Unidos. Faz estágios em hospital psiquiátrico no interesse do desenvolvimento da sua doutrina, visto que os extravios da linguagem podem levar à loucura.

Em 1921, publica o livro, *Maioridade da Humanidade*: ciência e arte da engenharia humana (*Manhood of Humanity*). Em 1933, publica *Ciência e Sanidade* (*Science and sanity*), uma introdução aos sistemas não aristotélicos e Semântica Geral. Com essa obra, ele cria uma nova ciência do homem, sob o nome de: "Semântica Geral".

E em 1938, funda, em Chicago, o "Instituto de Semântica Geral", uma espécie de hospital, destinado ao tratamento dos males da linguagem. Em 1938, funda a Sociedade Internacional de Semântica Geral, que se espalha pelo mundo.

Em linhas gerais, ele afirma a influência recíproca entre pensamento e linguagem. Sua doutrina se funda na concepção de que a raiz de todos os males do homem resulta dos desajustes da linguagem, produzidos por desvios do pensamento que derivam de uma falsa visão do universo.

Doutrina e programa

Uma nova definição do homem. O homem se define em oposição aos animais. Enquanto os animais se ligam entre si apenas através do espaço, o homem, além de se ligar aos outros homens através do espaço, se liga também através do tempo, ele é um "*time–binders*", pois "vincula" (*bind*) uma geração à outra. Uma geração transmite à outra a sua herança. Todavia, o homem deveria avaliar mais rigorosamente a herança recebida e buscar novos e melhores caminhos. Korzybski então se pergunta por que a cultura que recebemos tanto nos leva a lavrar a terra, construir escolas, pontes, estradas... como nos leva ao extremo de fomentar a bestialidade das guerras? Por que o homem sofre de tantos males?

Salta aos olhos que há, na atualidade, uma cultura construtiva às voltas com uma cultura destrutiva.

A raiz dessa diferença depende do tipo de Lógica que está atrás dessas culturas antagônicas e do modo peculiar de cada uma dessas duas culturas se comunicar. Há, entre nós, duas linguagens em conflito. Qualquer problema do homem se põe a partir da linguagem. Sofremos distúrbios porque nos comunicamos mal e isso porque pensamos mal e pensamos mal porque somos mal instruídos cientificamente.

A cultura destrutiva. Essa cultura, segundo Korzybski, se baseia nada menos que na Lógica aristotélica regida ferreamente pelos "primeiros princípios" que determinam finalmente uma falsa visão científica do mundo. De fato, de Aristóteles deriva Euclides, com sua concepção de um mundo tridimensional e, mais tarde, vem Newton, com sua concepção de um espaço absoluto. Essas são as fontes dos desvios da linguagem: Aristóteles, Euclides, Newton!

A cultura construtiva. De outro lado, tenta, a custo, abrir-se caminho uma cultura sadia e salvadora fundada em uma Lógica não aristotélica, fundada numa física não euclidiana, não newtoniana, mas numa nova lógica baseada na quarta dimensão, na relatividade.

Os que vivem sob o império da lógica aristotélica necessariamente pensam mal, têm uma visão científica falsa do mundo e se envenenam pela comunicação desordenada. A linguagem causa então problemas e sofrimentos, pois a linguagem nasce dos nervos. Pelo contrário, os que vivem segundo a visão da Física e da Matemática modernas, constroem uma nova lógica, alcançando a sanidade sem sofrer o desgoverno da linguagem. Só a ciência (não aristotélica) salva o homem das perturbações semânticas.

Resumindo: distúrbios de comportamento derivam de distúrbios da linguagem que derivam de uma lógica mal construída e que fundamenta uma falsa ciência.

Na atualidade, a linguagem humana está doente e só encontra cura numa correta visão científica do mundo e numa nova lógica.

Que fazer? Seguir a lição da Semântica Geral proposta por Korzybski. Antes de mais nada, repudiar a Lógica aristotélica e a ciência construída sobre ela, submetendo, ao mesmo tempo, a linguagem a uma rígida avaliação, livrando-a assim de seus mal-entendidos.

Importa substituir o mundo concebido por Euclides, Newton pelo mundo concebido por Einstein, aceitando suas consequências lógicas e linguísticas.

A Semântica geral é uma espécie de lógica antiaristotélica.

O propósito fundamental dessa batalha consiste em combater renhidamente os três princípios fundamentais que governam toda a Lógica de Aristóteles que assim se enunciam:

O princípio de identidade segundo o qual todo objeto é igual a si mesmo (A = A). O princípio de contradição segundo o qual uma coisa não pode ser e não ser ao mesmo tempo e sob o mesmo respeito. Uma árvore não pode ser e não ser ao mesmo tempo uma árvore. O Princípio do terceiro excluído, segundo o qual ou é A ou é B, "*non datur tertium*". O princípio de identidade seria o mais diabólico dos três! E, de fato, como os três juntos infernizam a linguagem!

Devem-se substituir os princípios aristotélicos por novos princípios que realmente protejam a linguagem.

Eis os novos princípios lógicos não aristotélicos

Princípio da individuação. Substitua-se o princípio de identidade pelo princípio da individuação (ou não identidade). Não identificar, mas individualizar. "Cada coisa é uma coisa", como se diz. Deve-se adotar uma atitude multipolar, não maniqueísta. A identificação confunde. Há uma verdadeira mania de identificar tudo, quando nada se identifica. Nada, no mundo, se repete. Tudo muda. Uma coisa pode ser uma coisa ou outra coisa.

Do princípio da não identidade decorrem os seguintes subprincípios:

Princípio da não totalidade. A formação de totalidades é sempre perigosa, pois é uma forma de identificação por meio de uma generalização, ou abstração indevida. Evite-se a falácia das induções. Todo brasileiro é...

Princípio do não elementarismo. Individualizar não quer dizer isolar, fragmentar. Não se isola o que deve ser associado. Num determinado caso, se se diz: "isto é um fato psíquico", estou fazendo uma identificação, acontece que, no caso, não é só psíquico, pode também ser sociológico.

Processo da abstração. Abstrair é separar parte de um todo e depois nos esquecemos que abstraímos. Em vez de abstrair, prefira-se selecionar.

Novos princípios linguísticos da semântica geral

Korzybski formula, com antecipação, os seguintes princípios linguísticos que fazem dele quase o criador da Neurolinguística:

"O mapa não é o território". "o mapa não é todo o território". "A palavra não é a coisa". O território é a realidade, o mapa é a sua representação. Não se pode sacrificar o território para salvar o mapa. O mapa é que se deve adequar à realidade. A palavra é o mapa da coisa. Na linguagem da verdadeira ciência, o mapa se aproxima mais do território. A ciência de cunho aristotélico é um mapa que reflete mal a realidade.

Perigos da autorreflexidade (ou metalinguagem). Korzybski chama a metalinguagem de autorreflexividade. A autorreflexidade acontece quando a linguagem fala da linguagem. Faz-se o mapa do mapa, gerando um processo ao infinito, sem saída, à procura de um mapa ideal.

Os adeptos da Semântica Geral recomendam então que se deixe de usar o verbo ser quando ele implica identificação entre substantivos, como: "o homem é um animal".

Ferramentas práticas defensivas:
Indexar – marcar, com um sinal, os diferentes valores de uma palavra para não identificá-las: cão[1] (animal), Cão[2] (constelação), cão[3] (ofensa).
Datar – era assim em tal época, mas não em outra época...
Aspas – pôr aspas para resguardar um sentido.
Hífen (traço de união) – serve para combater o elementarismo. Não se separa o que deve ser unido: "psicossomático". Não importa que se contrariem as regras ortográficas.
Et coetera – lança-se mão dessa expressão latina (*et coetera* = e outras coisas) como um recurso para evitar uma enumeração incompleta, uma falsa totalidade.

A semântica de Korzybski em oposição à semântica de Michel Bréal

Foi Michel Bréal (1832-1915), em seu *Essai Sémantique*, quem criou o nome e a disciplina chamada Semântica, note-se bem como uma disciplina meramente Linguística. A Semântica se define apenas como uma "ciência das significações" seja no nível sincrônico, seja no nível diacrônico. Trata-se de uma disciplina descritiva e objetiva.

A Semântica Geral de Korzybski, porém, é uma moderna ciência geral do homem. É uma disciplina neurológica vinculada a uma determinada visão do mundo. Ela tem por objeto a comunicação humana, sob ponto de vista da sanidade ou da insanidade. A Comunicação pode ser de boa ou má qualidade, conforme as fontes de que dimana.

A Semântica Geral diagnostica os males do homem a partir da avaliação da linguagem porque qualquer problema do homem é um problema da linguagem, um desencontro verbal. Desordem verbal significa desordem mental e vice-versa.

Cabe à Semântica Geral livrar o homem da insanidade, visando transformar a comunicação humana conflituosa em cooperativa.

Repare-se no nome de um dos livros de S. I. Hayakawa, um ilustre adepto do movimento: *A linguagem no Pensamento e na Ação. Uma nova educação*. A Semântica deve reeducar o homem, desde criança, de modo a criar um mundo de colaboração, não de hostilidades. O ponto central se localiza no controle da linguagem.

A Semântica Geral é a salvação pela prática da "engenharia humana". A engenharia humana é uma metáfora. Em termos gerais, Korzybski pretende dizer que a ação humana deve se espelhar na Engenharia que é dotada da capacidade de fazer previsão e de construir com eficiência e proveito, por exemplo, pontes, estradas... e, quando preciso, tem recursos para reparar seus erros. Ao passo que as ciências humanas derivadas de Aristóteles produzem guerras e desentendimentos.

A Semântica Geral é também uma neurolinguística, uma linguística que se relaciona com o sistema nervoso. Ele adota aqui a lição de Bloofield que a linguagem é regida principalmente pelos nervos (Language). Note-se que a palavra neurolinguística foi criada por Korzybski.

Pelo que a Semântica Geral estuda não a mera significação de uma palavra, mas a reação neurológica que essa significação provoca. Essa reação pode ser saudável ou doentia. Existe uma boa e uma má linguagem.

Avaliação final. Korzybski merece ser considerado como um precursor da "Neurolinguística" e da "engenharia humana". Todavia, manifesta muita parcialidade em fazer de Aristóteles o bode expiatório de todos os males da humanidade! Talvez não se precise ir tão longe, pois uma lúcida pesquisa etimológica das palavras seria suficiente para proteger o homem contra o influxo pernicioso das palavras. Não é em vão que a palavra "etimologia" significa: o sentido verdadeiro das palavras. Por exemplo, quando se vai pronunciar uma "sentença" importa ter cuidado com o sentido etimológico da palavra sentença: o que se sente! Exatamente essa observação não passou despercebida de Quintiliano (8,5,1)!

Basta que o homem tome posição crítica diante do significado das palavras, não se comportando como escravo, mas como senhor, o que obriga a investigá-las, a fundo, em todos os seus estratos diacrônicos e sincrônicos. Deixadas a si, as palavras criam deuses: *"nomina, numina"*. Não se entende por que o homem tenha de se alienar sob o poder das palavras quando elas procedem dele. O conhecimento semântico histórico diminui a tirania das palavras. Por acaso, não causa inquietação que "setembro" seja o nono mês do ano?

Infelizmente contra Korzybski, se permite levantar uma terrível objeção, a saber, que foi essa mesma ciência avançada, que ele endeusou, quem construiu, justificou e lançou a bomba atômica!

IV. AS FIGURAS DE RETÓRICA E IDEOLOGIA

A ideologia pode ser transmitida por linguagem figurada ou não figurada. Pascal diz: "Todos os homens se odeiam naturalmente entre si", mas Hobbes diz: "O homem é o lobo de outro homem".

As figuras servem de reforço, ilustração e explicação da ideologia, tornando-a mais atraente, mais persuasiva. Veja-se o seguinte exemplo:
"De cada um segundo sua capacidade,
a cada um segundo sua necessidade".

Nós temos, aqui, um dístico alexandrino, com rima, anáfora, elipse, paralelismo, simetria, antítese, epanalepse...

Quem diz "força de trabalho", em vez de "trabalho", faz uma sinédoque, usando a parte pelo todo.

A serviço da ideologia, as figuras se convertem em maliciosos ouropéis, como a famosa antítese "uns nascem para servir, outros, para serem servidos".

A ideologia se vale de algumas figuras como um processo de conhecimento. Entre tais figuras, se destacam as figuras baseadas na comparação: a metáfora, o símbolo, a alegoria. Das três, a mais poderosa é a metáfora. Na verdade, o símbolo e a alegoria não passam de variantes de metáfora. Mas ao cabo, tem razão R. Etiemble: *Comparaison n'est pas raison*. (Gallimard, 1963).

AS PRINCIPAIS FIGURAS COGNITIVAS: 1. METÁFORA E 2. A OPOSIÇÃO: ALEGORIA E SÍMBOLO

1. A metáfora, segundo Lakoff

Quem melhor desenvolveu o estudo do poder de conhecimento da metáfora foi G. Lakoff, segundo o qual as metáforas conceptualizam o mundo e podem ser usadas para o bem e para o mal. Em resumo, as metáforas podem ser verossímeis ou sofismas.

Para ele, a metáfora se define como um processo de conhecimento pelo qual nós só entendemos uma área de conhecimento pela comparação com outra área de conhecimento mais familiar. O conjunto de correspondências entre os dois domínios de conhecimento constitui a metáfora. Nada melhor do que entender o "aprendizado" pelo ato de "comer", pois no aprender se devora, se digere, se mastiga, se degusta... Explica-se a vida (domínio meta) pelo conceito de viagem (domínio fonte). Compare-se o "amor" com o "fogo"; o "tempo" com o "dinheiro", TIME IS MONEY. Basta confrontar e mapear a relação entre os dois domínios.

A metáfora existe no nível profundo e se realiza no nível superficial, em palavras, expressões. Lakoff exprime uma metáfora por meio de uma oração em letra maiúscula: A DISCUSSÃO É UMA GUERRA.

A metáfora conceptual não é privativa da linguagem artística. Ela faz parte de toda nossa vida cotidiana. A metáfora é um processo cognitivo dominante. Não é algo desnecessário, pois, nós praticamente pensamos e agimos por meio de metáforas. Não vivemos sem elas.

Segundo Lakoff, nosso sistema conceptual é metafórico, tanto que se discute se se pode compreender um domínio cognitivo por si mesmo, diretamente, sem ser por meio de outro domínio mais conhecido.

Acentue-se, no entanto, que na concepção de Lakoff a metáfora não deixa de ser uma forma analógica de conhecimento. A metáfora é sempre um símile, uma comparação. Ele não vai de encontro à velha concepção de metáfora. Não reforma, mas aprofunda, evidenciando o valor cognoscitivo da metáfora.

Ao conceptualizar o mundo, as metáforas podem fazê-lo corretamente ou incorretamente. Pelo que podem ser usadas para o bem ou para o mal. (Ver G. Lakoff e M. Johnson, *Metáforas da vida cotidiana*).

E sob essa perspectiva, Lakoff se concentra no estudo das "metáforas políticas", sobretudo, na política internacional, estudando particularmente a "metáfora e a guerra". Nesse sentido, ele devassa a "Guerra do Golfo" pelas metáforas que a descrevem e justificam. Nela, Saddam é um novo Hitler... Nem vale a pena lembrar as metáforas impiedosas com as quais o nazismo procurava despertar o ódio contra os judeus.

Isso quer dizer, conclui Lakoff, que "as metáforas podem matar". (*Carta aberta*, 1991).

Susan Sontag, ilustre escritora norte-americana, publicou, a propósito, um livro famoso onde estuda o modo como se mistifica e ideologiza a doença por meio de metáforas (*A doença como metáfora*). Não raro, a classe dominante usa metáforas que exploram a culpa. Importa policiar as metáforas que estigmatizam certas doenças típicas de certas épocas.

Hoje, "o Santo Graal" é metáfora de Maria Madalena e já foi, durante a Segunda Guerra Mundial, metáfora do sangue ariano e já foi a taça da Santa Ceia...

2. A oposição: "alegoria e símbolo"

Essas duas figuras equivalem a metáforas. Tomadas em oposição, elas se tornam um instrumento poderoso de investigação, indicando dois modos de conhecer e explicar. A alegoria tem, em geral, um significado utilitário. Já fizemos referência à alegoria da "caverna de Platão" e à alegoria da "nau do Estado" de Horácio... O símbolo tem, no seu auge, um significado místico ou estético.

a) Oposição entre o sentido utilitário da alegoria e o sentido místico do símbolo

Alegoria é:
1) racional,
2) discursiva,
3) didática, ilustrativa,
4) utilitária, meio, não fim
5) transparente,
6) fechada, completa,
7) unívoca,
8) sentido determinado,
9) dizível,
10) pictórica, *"ut pictura"*,
11) descritiva.
12) Exemplo: a balança

Símbolo é:
1) irracional,
2) intuitivo, anagógico
3) hermético, difícil,
4) gratuito, fim,
5) opaco,
6) aberto, inacabado,
7) polissêmico, vago,
8) sentido indeterminado,
9) inefável,
10) musical, *"ut musica"*,
11) sugestivo.
12) Exemplo: a cruz

A alegoria é analítica, busca a verdade, a certeza;
o símbolo é dialético, busca a opinião provável.

b) A oposição alegoria e símbolo como categoria estética fundamental

A partir do romantismo, a oposição alegoria-símbolo passou a valer como categoria estética fundamental. Foi Goethe (1749-1832) em suas máximas e reflexões quem sugeriu e desenvolveu a referida oposição como categoria estética central.

A arte se caracteriza como símbolo ou como alegoria?

Essa oposição se verifica em várias oportunidades. Vamos exemplificar com dois exemplos:

1º. Oposição entre escolas literárias tradicionais
O movimento simbolista em oposição ao realismo alegórico

O simbolismo, (fins do século XIX e começo do século XX) reage contra o realismo alegórico que é uma explicação da realidade. De acordo com o simbolismo, a verdadeira realidade não se alcança pelos sentidos, mas pela intuição. A poesia se liga à música, deve ser como a música, que faz evocar, sonhar. Assim, o verso por sua sonoridade e por seu significado deve provocar, como a música, uma livre associação de imagens e ideias. Como a música, o verso transporta o homem deste mundo para um mundo além. Então, símbolo, no simbolismo, significa qualquer signo que desperta, em nós, o mistério. Efetivamente, os estoicos já tinham advertido que o signo de *per si*, por sua própria natureza, tem sempre algo de obscuro, de revelador. No fundo, todo signo seria misterioso, místico e simbólico. O símbolo tende para o hermético, o que é difícil de interpretar e a alegoria se explica.

2º. **A oposição entre escolas realistas-socialistas. As duas correntes estéticas**

Uma que faz do simbólico a essência da arte, outra que faz não só do simbólico a essência da arte, mas principalmente o alegórico. Lukács representa a primeira; Galvano della Volpe representa a segunda.

A primeira corrente estética

A transformação do simbólico em traço essencial da arte. A alegoria pertence a outro plano, apenas ilustra um conceito por meio de uma ficção.

Em nossos dias, G.Lukács (1885-1971) retoma, assume e divulga, dentro de uma perspectiva marxista, as concepções de Goethe. A arte define-se como simbólica. A alegoria faz parte do método didático, é uma técnica de exposição. (*Introdução a uma Estética Marxista.* Civilização, Brasileira, 1971).

O simbólico = típico = particularidade. Mas que significa efetivamente simbólico para Goethe e para Lukács? Ambos subordinam o conceito de simbólico a um conceito mais profundo: a particularidade. O simbólico é uma manifestação da categoria de particularidade. Que vem a ser particularidade? Não se trata do conceito Escolástico de particularidade em função da quantidade do sujeito da oração. Agora, se estabelece uma nova relação entre o singular, o particular e o universal.

O singular diz respeito ao fenômeno que sempre é individual. O universal revela a essência do fenômeno. Em todo fenômeno individual subjaz uma essência universal. O particular funciona como síntese do singular e do universal. É simbólico. Fica no centro e realiza a mediação entre os extremos, não como mera faixa de transição, mas como um campo de forças. O universal e o singular se encontram no particular. Mas o particular não é apenas o individual, nem apenas o universal. A arte nem é ciência (universal) nem História (individual). O poeta, como diz Croce, não exprime o sentimento vivido, mas contemplado.

Teoria do reflexo. É preciso acrescentar que a arte, na concepção do romantismo de Goethe e de Lukács é uma forma de conhecimento. Lukács traz, a propósito, a contribuição da teoria do conhecimento marxista, como um reflexo da realidade. O conhecimento reflete a realidade singular, particular e universal.

O típico. O conhecimento científico é um reflexo do universal e se pode aplicar ao conhecimento do individual, como num diagnóstico médico. A História procura entender o singular. E a arte? A arte reflete o particular. O particular na arte também se chama de típico. O simbólico da arte traduz o típico, o particular. A alegoria, por meio de uma ficção, revela o universal.

O conhecimento científico se realiza por meio de conceitos elaborados pelo intelecto. O conhecimento da arte se realiza por meio de imagens produzidas pela fantasia envolvida em sentimentos. O conhecimento científico separa o fenômeno (individual) da essência (universal) e fica só com o universal, o conceito. No conhecimento artístico, a essência não se separa do fenômeno e forma uma unidade em que ambos perdem a autonomia. A ciência se desliga do fenômeno, descarta-o, a partir dos fatos, deduz as leis. Só há ciência do universal como quer Platão. Pelo que a arte, como adverte Lukács, se aproxima mais da vida porque salva o fenômeno e a essência.

Cabe agora perguntar: Lukács se exime da acusação de romantismo, de misticismo? Um outro marxista de envergadura, como Galvano Della Volpe (1895-l968), diz que não.

A segunda corrente estética

Galvano Della Volpe (*Crítica do gosto*. Lisboa: Editorial Presença).

Lukács acaba aderindo à concepção mística de símbolo que Della Volpe repudia, recuperando, ao mesmo tempo, para a Literatura, o sentido de símbolo e de alegoria, sem idealismo.

Della Volpe também se considera herdeiro das categorias de Goethe, mas lhes dá um outro alcance. Ele admite a oposição entre singular, particular (= típico, simbólico) e universal. Mas não aceita que haja outra forma de conhecimento que não seja pela razão e por meio de conceitos. Neste sentido, nem a arte é uma forma de conhecimento diferente, como Croce pretende, fazendo da arte uma forma de conhecimento pela chamada intuição pura, um conhecimento pela fantasia independente da razão... O lado verbal da Literatura a liga necessariamente com o pensamento, pois não há pensamento sem linguagem. A palavra é conceitual. Contra Croce que define o verossímil apenas como a coerência interna do texto, Della Volpe retoma o conceito de verossímil como o possível.

Ele se indigna contra o medo romântico do "conceito", contra o medo injustificável das ideias na arte. A arte é uma forma de conhecimento da mesma natureza que a ciência e a filosofia, um conhecimento racional, discursivo.

Do ponto de vista do conteúdo, conhecimento científico e artístico se equivalem apenas se distinguem pela expressão, pela linguagem, pelo estilo: as palavras, na arte, são polissêmicas, na ciência são unívocas. Na arte, as palavras valem dentro de um contexto fechado; na ciência, dentro de um contexto aberto, de modo a ter o mesmo valor em todos os contextos. A partir daqui, Della

Volpe envereda pelo positivismo lógico. A alegoria pode ser artística, sem dúvida. *A Divina Comédia* não transborda de alegoria? Há alegorias de mau gosto, alegorias que degeneram num mero didatismo. Ele não aceita que a poesia revele o mistério sem conceitos.

Della Volpe investe contra os ranços de romantismo e idealismo em Lukács que lembra Croce. Este último pensador definia a arte como símbolo, não símbolo natural, isto é, signo de uma outra coisa determinada, mas como forma de conhecimento "auroral" pela fantasia, independente da razão. A alegoria nunca se inclui na arte, mas faz parte de uma outra categoria mista de arte e não arte que hoje se costuma chamar de paraliteratura.

Não se tenha medo de analisar o nível conceitual discursivo, usando de paráfrases, velho processo que ele redime. A paráfrase não é uma falácia. Contra Croce ele afirma que a poesia é traduzível.

Do ponto de vista artístico, importa analisar o estilo e verificar como se harmoniza com o conteúdo.

A título de exercício, reflitamos em que medida *A Divina Comédia* é alegórica, conceitual e, em que medida mística, simbólica.

V. "LUGARES-COMUNS" E IDEOLOGIA

Vimos qual é o papel das figuras em relação com a ideologia, agora vem a propósito verificar a relação dos "lugares-comuns" aristotélicos com a ideologia. A ideologia é o modo sofístico de raciocinar e argumentar no interesse dos mais poderosos. Os lugares-comuns são os nomes gerais que indicam classes de argumentos prováveis. Por exemplo, a divisão, a causa, o efeito...

A História da Filosofia, já de longa data, manifesta forte tendência de se envolver com os lugares-comuns peculiares da ideologia, mas só recentemente com Barthes surgiu a preocupação de enfrentar de modo sistemático o problema, não importando que ele chame os lugares-comuns de figuras.

Não se confunda lugares-comuns aristotélicos com figuras de estilo. Lugares-comuns são nomes que designam classes de argumentos. "Definição" é um exemplo de lugar-comum, pois se prova apelando para a definição. As figuras, porém, são nomes de certos enfeites da linguagem.

Ao que nos importa, tem-se tentado reduzir toda a manifestação ideológica a algumas categorias fundamentais de argumentação. A ideologia se construiria sempre a partir de um conjunto de lugares-comuns invariantes. O que se busca são os lugares próprios, específicos da ideologia, os lugares que caracterizam e diferenciam a ideologia.

Todavia essa preocupação de registrar os lugares-comuns da ideologia se encontra, no passado, em muitos ilustres precursores de Barthes, praticamente quando eles fazem o levantamento dos sofismas. Assim, antes de fazer referência às sugestões propostas por Barthes, vamos relembrar a contribuição de alguns de seus ilustres predecessores: Aristóteles, Bacon.

ARISTÓTELES

Em seu livro *Refutações Sofísticas*, encontramos um esboço de lugares-comuns genéricos da ideologia, sob o nome de sofismas ou falácias. O sofisma, revestindo-se de aparência de verdade, desenvolve um falso raciocínio, com a intenção de enganar. Por meio de trapaça, pretende-se fazer o erro passar por verdade. O sofisma se chama paralogismo se não houver intenção de enganar.

Aristóteles distingue os sofismas em dois grupos: os que comprometem a linguagem e os que não comprometem a linguagem. O catálogo dos sofismas foi retomado pela Escolástica, na Idade Média. Exemplificando:
• Equivocação – quando se provoca a ideologia por meio de uma palavra de duplo sentido: A cadeira tem quatro pés, logo é um quadrúpede...

• Anfibologia acontece quando a ambiguidade é causada por uma sentença. O santuário de Apolo, em resposta a uma consulta de Pirro, respondeu-lhe: "*aio te, Aecida, romanos vincere posse*", "digo-te, Pirro, poder vencer os romanos". A profecia não se compromete quer Pirro vença ou perca!
• O jogo de palavras: o trocadilho é um modo de enganar pelo jogo de palavras que brincam entre si: as Faculdades – são facilidades!
• Falácia – *compositionis et divisionis* ou falácia do sentido composto e de sentido dividido – quando se entende separado o que se deve entender junto, ou quando se entende junto o que se deve entender separado. "Homero era um poeta cego", "roube, mas não mate", "quem está sentado, não anda, logo Pedro, (que está sentado), não anda"... O número 5 é par e ímpar, pois, é formado de 2 e 3, o que é verdade na composição, mas falso no total. O Evangelho diz que "os cegos veem" no sentido diviso.
• Falácia *simpliciter et secundum quid* – quando se toma de modo absoluto (*simpliciter*) o que se deveria tomar sob certas condições (*secundum quid*). Assim, "o etíope é branco" quanto aos dentes! Que o etíope é branco é verdade *secundum quid*. Faz-se uma restrição mental.
• Falácia do acidente – quando se supõe como essencial o que é eventual: "um médico é mau, logo todos são maus", "é bom pai, logo bom patrão", o que se baseia numa falsa indução.
• Ignorância do elenco – "*elenchus*" é uma palavra grega que significa "refutação". Acontece quando se refuta o adversário fora do assunto, porque se ignora "a proposição".
• Petição de princípio – ou círculo vicioso
Pressupõe provado ou refutado o que deve ser provado ou refutado, "*quod est demonstrandum*". Por isso se exige (*petere*) que a premissa inicial seja provada. Assim é o caso de quem define repetindo a palavra definida. Descartes prova a existência do mundo, pela existência de Deus. Diz-se que o ópio faz dormir porque tem *virtus dormitiva*. Provo a imortalidade da alma por sua espiritualidade e provo sua espiritualidade por sua imortalidade. Prova-se a utilidade da serpente porque ela produz seu contraveneno. A petição forma um círculo que deve ser rompido. Prova-se o mesmo pelo mesmo, "*idem per idem*".
• Falácia do consequente – quando se pretende inferir erroneamente o antecedente do consequente: a calçada está molhada, logo choveu. "*Non convertuntur*". Quem tem paludismo tem febre, mas não se segue que quem tem febre tem paludismo. Se Pedro lê, não dorme. Ora, ele não dorme, logo lê? Tira-se uma conclusão ilegítima de uma condicional.
• *Post hoc, ergo propter hoc* – "depois disso, logo por causa disso". Pelo fato de uma coisa vir depois da outra se toma a primeira como causa da segunda. Não se confunda sucessão temporal com causal. O que acontece depois não

significa que seja efeito: há inflação porque houve aumento de salário?
• Interrogação múltipla – indagam-se várias questões numa mesma pergunta, com o fim de confundir, exigindo-se uma só resposta. Exemplo: "A virtude e o vício são bons ou maus?" Esse caso nada tem a ver com "pergunta de múltipla escolha" que é um teste de verificação. A resposta exige que se faça uma distinção.

FRANCIS BACON (1561-1626)

De certa forma, os "*idola*" de F. Bacon também se podem considerar como um recenseamento de lugares-comuns genéricos da ideologia. K. Mannheim reputa os "*idola*" de Bacon como um antecedente do conceito de ideologia.

Idola são falsas noções, sofismas que impedem a mente humana de alcançar a verdade e evitar o erro.

Segundo Bacon são quatro os gêneros de ídolos:
• *Idola tribus* (= ídolos da tribo) – compreendem sofismas que resultam de condições peculiares a toda a espécie humana. O homem, não raro, baseia seu julgamento na visão antropológica que tem do universo, estabelecendo causas finais para tudo. "O nariz foi feito para suportar os óculos". O homem se projeta fora de si e introjeta o mundo dentro de si. Os ídolos resultam da confiança excessiva nos sentidos e no intelecto que, não raro, espelham uma realidade distorcida, quase sempre se deixando levar pela primeira impressão, concluindo sem uma indução correta e sem uma verificação segura, confundindo entre desejos e realidades.
• *Idola specus* (ídolos da caverna) – são sofismas que resultam da má condição do indivíduo. "Cada cabeça uma sentença". Veja-se a atitude do homem diante do novo e do velho. As diferenças e semelhanças que se estabelecem entre as coisas sempre sob uma perspectiva de interesse pessoal.
• *Idola fori* (= ídolos da praça) – são os sofismas que resultam do convívio entre indivíduos. Eles procedem dos ruídos da comunicação pelo mau uso da linguagem na vida cotidiana. Substitui-se o conhecimento real pelo conhecimento meramente verbal. Explica-se a realidade por meio de palavras. Julga-se que o nome revela a essência. As palavras geram obscuridades, controvérsias. Um hábil político já disse que "a palavra é a arte de esconder o pensamento". Os teóricos da comunicação são, em geral, incompreensíveis. Em geral, os promotores dos direitos humanos não sabem se explicar.
• *Idola theatri* (= ídolos do teatro) – são os enganos que resultam da autoridade indevida de certas doutrinas que, em vez de iluminar, desencaminham a mente. Essas doutrinas em vez de mostrar a realidade do mundo, encenam ficções e fábulas, transformando a História da Filosofia num palco. E quem são os atores

que se exibem nesse palco? São todos aqueles que divulgam, em discursos, falsas ideias, visando mais ao aplauso que à instrução, baseando-se em argumentos que têm apenas aparência de verdade, sem fundamento na experimentação. São doutrinas que equivalem a uma peça de teatro (*Novum organum*).

ROLAND BARTHES (1915-1981)

Roland Barthes, o mais ilustre estruturalista francês, foi quem deu contornos próprios ao problema, começando a codificar, de modo sistemático e específico, os principais lugares da ideologia que ele prefere chamar de figuras ideológicas. Trata-se de um projeto fantástico. Mereceria continuação, pois, certamente que toda manifestação ideológica se reduz a algumas "figuras retóricas básicas".

Barthes chama à disciplina crítica que estuda a ideologia de Mitologia, cujo objetivo é denunciar o mito, realizando um trabalho de desmitificação. Pelo que ele define a ideologia como um sistema de mitos ou de sofismas no interesse da classe "arrogante", a burguesia.

Mitos. A ideologia se exprime por meio de mitos. Os mitos são sofismas, produzidos por efabulação, com a pretensão de dar ao que é histórico o caráter de eterno. O mito é sempre uma fala despolitizada que deforma, corrompe. Na sua maioria, os mitos se produzem no interesse da direita. O mito sempre tem uma fonte produtora, um consumidor e um intérprete, o mitólogo.

O mito situa-se na linguagem conotativa. Toda linguagem tem dois níveis: denotativo e conotativo. Linguagem denotativa é a linguagem literal, primeira. Linguagem conotativa é a linguagem segunda que se acrescenta sobre a primeira. O que importa não é o que a linguagem diz diretamente, mas o que ela sugere: "rosa" na linguagem conotativa pode significar paixão.

O plano de expressão da ideologia é retórico. Barthes define a Retórica como um conjunto de figuras fixas, transparentes, estabelecidas, insistentes, nas quais se encaixa o mito, o sofisma. O significado da ideologia reside no plano do conteúdo.

Barthes exemplifica. Na capa de uma revista, vê-se um jovem negro, vestido com o uniforme do exército francês, fazendo saudação à bandeira francesa. Ele traduz essa imagem retórica não verbal para verbal. A seguir faz a leitura denotativa e conotativa do mito. Essa imagem tem um sentido primeiro, literal: "um soldado fazendo continência à bandeira francesa" e um sentido secundário, conotativo, figurado, que substitui o primeiro sentido por um segundo sentido mítico que pretende responder aos que denunciam o colonialismo francês que todos os filhos da França, sem distinção de cor, servem sob a mesma bandeira.

Em última análise, os mitos para serem interpretados devem ser traduzidos em linguagem verbal. Assim, ele estuda a "moda", em revistas de moda.

Lugares exclusivos da ideologia propostos por Barthes

Entretanto, força é notar, que o próprio Barthes não apresenta uma relação definitiva, mas coube a ele ter posto, em circulação, um problema de tanta relevância. Vale a proposta como ponto de partida. Faça-se, de novo, a reserva que Barthes chama os lugares-comuns de figuras.

• *Vacina* – Simula-se o mecanismo da vacinação. Inocula-se no receptor uma pequena dose da doença para imunizá-lo. Admite-se um mal de pequena monta para mascarar, assim, um mal muito maior. "Ninguém nega alguns irrelevantes privilégios da corporação". "Na greve, alguns poucos companheiros se excederam". "Eu até torço para que o plano dê certo". "Em nossa categoria, o corrupto é exceção". Perde-se o anel, para não perder os dedos, simulando-se um comportamento liberal.

• *Omissão da história* – investe-se em um fato histórico, como se fosse um fato natural. Diz-se: "Sempre foi assim, sempre será", "a propriedade é um direito natural". Supõe-se eterno o que é uma opção acidental e que acontece num determinado momento, por determinadas razões. Naturaliza-se a História. O homem torna-se irresponsável. Supõe-se como essencial o que é acidental. Segundo Aristóteles: "Uns homens nascem para servir, outros para serem servidos". Transformam-se as leis do mercado em leis naturais: "Deixada a si, a economia se autorregula", "a livre competição corrige os preços". Em épocas diferentes se diz: "Todo poder vem do Alto", "o Estado não sabe administrar"...

• *Identificação* – O burguês antropomorfiza tudo, sendo incapaz de compreender o outro, toma seu lugar e fala por ele. "O homem é a medida de todas as coisas". O que eu penso, os outros também devem pensar. "Ninguém admite o voto do analfabeto". Não se respeitam diferenças, individualidades, minorias. O herói colonizador das Américas impõe, a ferro e fogo, o que o vencido deveria fazer ou não fazer.

• *Tautologia* – é um procedimento verbal em que se define o mesmo pelo mesmo, demonstrando caráter autoritário. Finge-se não encontrar explicação, nem palavras adequadas: "é assim porque é assim e ponto final", nada precisa ser mudado. "Porque sim!" "A autoridade é a autoridade". Mas cabe ao intérprete do mito revelar que, no fundo, se trata de uma falsa tautologia, pois, o segundo termo tem um sentido maliciosamente diferente: veja-se: "o negro é negro"! Isto quer dizer: o negro (1) (sentido denotativo, objetivo) é negro (2) (sentido conotativo, subjetivo, preconceituoso).

• *Ninismo* – põe em choque duas posições contrárias para rejeitar as duas, fingindo que não há escolha a fazer, para se deixar tudo como está: "Nem esquerda nem direita". As duas coisas dão no mesmo. Nem a favor nem contra, antes muito pelo contrário.

• *Quantificação da qualidade* – reduz-se a qualidade à quantidade: "os mais vendidos". "Toda unanimidade é burra". Quem afirma que toda unanimidade é burra está afirmando uma unanimidade. Logo... também se inclui na burrice!

• *Constatação* – para não se precisar provar ou explicar se traduz a própria conveniência por uma máxima: "Querer é poder", "o povo não sabe votar"! "Obras, não palavras", mas tais palavras de ordem são feitas de palavras! "Decisão judicial não se discute, se cumpre" e por que não se discute? "É proibido proibir", como se essa não fosse a mais grosseira das proibições! Atribuir-se constitucionalidade ou inconstitucionalidade a um enunciado passa a ser uma espécie de *deus ex machina*. Note-se que Barthes sem esgotar a lista de figuras, já começa a reduzir todas as figuras a duas essenciais:

1ª. A quantificação
2ª. A identificação do meramente histórico com o natural (*Mitologias*).

VI. RETÓRICA E MÚSICA: ATHANASIUS KIRCHER (1601/2-1680)

Retórica musical e música retórica. Quer se saber o que há de musical na Retórica e o que há de retórico na Música. Existe, sem dúvida, uma profunda vinculação entre uma e outra, a Música tem muito da Retórica e a Retórica tem muito da Música. Há, entre elas, uma relação não apenas documentada estruturalmente, mas historicamente.

Essa vinculação entre ambas tem um caráter semiótico, pois se trata do intercâmbio de duas linguagens. A Retórica participa da música e a música participa da Retórica.

Dessa relação decorrem dois problemas básicos: a musicalidade da Retórica e a retoricidade da música.

No que se refere à musicalidade da Retórica, já Quintiliano ensinava que a música era indispensável na formação do aluno de Retórica. A esse propósito, o fato mais relevante é a invenção da "cláusula rítmica" que são finais de parágrafos metrificados. Na Roma antiga, não raro, um flautista dava o tom ao orador. A Retórica tem forte potencial de musicalidade, sobretudo quando busca o ritmo na prosa e a melodia da declamação.

No que se refere à retoricidade da Música importa, de início, distinguir a retoricidade da música com palavras e da música sem palavras.

Retoricidade da música sem palavras. Convém advertir que, mesmo a música sem palavra apresenta muito significado, com a ressalva que, nesse caso, a significação musical não é fixa, mas é indeterminada, vaga, aberta, disponível. Depende do estado de alma do ouvinte. Ninguém é obrigado a recuperar exatamente o pensamento e a emoção do compositor. Como se percebe, o signo musical revive a natureza mística fundamental do signo. Cada ouvinte do discurso musical se deixa emocionar a seu modo, liberando o pensamento. O significado do signo na música tem algo de um conhecimento "simbólico", fazendo sentir, pensar e sonhar. Quem resiste à eloquência de Beethoven?

De qualquer forma, a vinculação da música com a Retórica se intensifica depois da descoberta dos manuscritos de Quintiliano, na Renascença. O momento mais alto desse encontro se dá com o Barroco. A elaboração musical passa a ser traduzida pela linguagem retórica.

O texto musical é como um discurso que visa a persuadir convencendo, agradando e, sobretudo, comovendo.

A música parte sempre de uma questão discutível, assumindo sempre uma atitude. Por isso, toda música tem sempre algo de persuasivo. Ela nunca é neutra, sempre defendendo um ponto de vista aberto. Ela não busca a verdade e a certeza, mas a verossimilhança e a probabilidade.

Gêneros retóricos da Música se dividem, de acordo com a Retórica, em judiciário, em que se acusa ou defende; deliberativo, em que se decide entre o útil ou nocivo; laudatório, em que se louva ou vitupera.

A música segue o processo da realização do discurso. Há uma fase da elaboração do discurso musical e uma fase da execução do discurso musical.

Como o discurso, o texto musical se processa partindo de uma questão geral ou particular.

Na invenção, o compositor (= orador) desenvolve o tema e motivos argumentando a favor ou contra o ponto de vista assumido.

Na disposição, ele coloca o material achado, dentro do esquema tradicional da Retórica: exórdio, narração, proposição, partição, argumentação, digressão e peroração.

Na elocução, ele redige a composição como um texto. A elocução implica particularmente o uso das figuras de estilo musicais que compreendem principalmente figuras de repetição, substituição, inversão, oposição, tais como antíteses, ironias, metáforas, anáforas...

A memória age na produção da música e na sua conservação.

A ação é a execução do discurso musical

RETORICIDADE DA MÚSICA COM PALAVRAS

Tem particular interesse a retoricidade da música com palavras, é de se lembrar que a música nasceu inseparável das palavras. Ela nasceu cantada. E desde seu início, visava a persuadir, convencendo, comovendo, agradando. Na música com palavras, o problema da retoricidade é mais intenso.

A mitologia clássica testemunha o poder do discurso musicado. O discurso era cantado e o canto era um discurso. Orfeu e Anfião persuadiram os homens a emigrarem da selvageria para a civilização por meio de discursos cantados, ao som da lira. Conta Horácio (*Arte poética*, 391) que Orfeu, com o poder de seu discurso cantado ao som de sua lira, abrandava tigres e leões, querendo significar que ele persuadia os homens a se espiritualizarem. Conta também que Anfião arrastava as pedras com seu canto e sua lira para a construção de Tebas, querendo significar que ele levou os homens a viverem solidários em cidades. O pitagorismo que descende de Orfeu explorava, de modo místico, o poder psicagógico da música, isto é, o poder de conduzir almas.

ATHANASIUS KIRCHER E A MÚSICA COM PALAVRAS

Vamos documentar a retoricidade da música com palavras por meio da obra do erudito jesuíta Athanasius Kircher, precisamente, numa época dominada ao mesmo tempo pela música e pela Retórica, o Barroco do século XVII.

A obra de Kircher se destaca por dois aspectos principais: a aplicação do modelo retórico à música e a composição mecânica.

Sob o influxo da magia e do barroco, Athanasius Kircher, nascido na Alemanha e falecido em Roma, realiza uma das mais originais aplicações do modelo retórico à música e baseado em sua concepção retórica da música, inventa um método de composição para quem não sabe nada de música. Ele foi um homem da Renascença, de saber universal, um investigador, sendo, entre outras coisas, um precursor do cinema!

No que concerne à música, escreveu uma obra enciclopédica em dez livros: *Musurgia universalis* (1650), do qual *Musurgia Mirifica* é o livro oitavo, no qual trata, entre outros assuntos, da técnica de composição mecânica e, sobretudo, relaciona a música com a Retórica.

Na *Musurgia rhetorica*, se serve da Retórica como um instrumento de trabalho, aplicando minuciosamente à música o modelo geral da Retórica.

Música *pathetica*. Do ponto de vista retórico, Kircher explora principalmente o efeito emocional da música enquanto poder de persuasão.

Como aplica, em geral, sua teoria à música de poemas latinos, ele se sente na obrigação de expor sistematicamente a prosódia e a métrica latina na parte intitulada *Musurgia Rhythimica*.

Kircher descobre um método que permite ensinar a quem não sabe nada de música ou não tem nenhuma inspiração a compor de modo mecânico. A obra se destinava particularmente aos missionários jesuítas, a fim de ajudá-los a musicar poemas a serviço da catequese, bastando ajuntar mecanicamente certos elementos constitutivos da música.

VII. RETÓRICA E MORAL

A Moral ou Ética avalia o valor da conduta humana sob o ponto de vista do bem e do mal. Ela tem como fundamento a norma segundo a qual se deve fazer o bem e evitar o mal.

A Retórica, como qualquer atividade humana, pode ser usada para o bem ou para o mal e, pois, se subordina à moral. O problema se põe para todo e qualquer gênero de discurso, pois todo discurso deve persuadir o bem e dissuadir o mal. Por isso, a Retórica implica risco.

A Retórica nasceu sob bons auspícios. O primeiro manual de Retórica foi escrito logo depois da queda da ditadura, em Siracusa, como um meio pacífico de reparação de danos. Ela se propunha substituir a violência pelo debate democrático de discursos.

Nada obstante, desde suas origens, a Retórica é encampada pelos sofistas nas mãos dos quais ela, ao mesmo tempo, se desenvolve e se degrada. Para os mestres dessa escola valia acima de tudo o prazer de vencer e tripudiar sobre o adversário. A Retórica ficava aquém e além da moral. Tudo podia ser defendido e atacado. O que importava era a performance do orador. Essa a moral sofística da Retórica.

Platão, precursor da tolerância zero. Ele investe pesadamente contra a Retórica sofística, em moda, em seu tempo que considerava incompatível com os princípios da rigorosa Filosofia que construía. Segundo Platão, a Retórica cultivada pelos sofistas era profundamente deseducativa. Não melhorava ninguém, como pelo contrário corrompia o próprio orador e o auditório. Era inaceitável uma prática que tanto defendia o bem como o mal. Ele não admitia que, na Retórica Judiciária, sobretudo no setor criminal, somente se pretendesse ganhar a causa a qualquer preço, sem escrúpulos de defender indiferentemente o justo ou o injusto, inocentando, por manobras suspeitas, o culpado e condenando o inocente. Não admitia que, na Retórica laudatória, se exaltasse tanto o vício como a virtude, o belo como o feio. Não admitia que, no deliberativo, se aconselhasse tanto o útil como o nocivo.

Para Platão, o orador deve defender o que é realmente justo e condenar o que é realmente injusto e nunca defender ou condenar "o que lhe parece ser" justo ou injusto, de acordo com suas conveniências.

"Importa exercer retamente a Retórica" que, no seu modo de ver, só acontece se se adotar a tolerância zero. Platão estabelece, de acordo com sua doutrina, um código do que o orador deve ou não deve fazer. Nem tudo é lícito. Compete à verdadeira Retórica melhorar os homens, pondo-se a serviço do bem comum não de interesses pessoais indignos. Ela não pode ser mero instrumento demagógico de adulação dos maus instintos da plebe ignara. A verdade sempre deve triunfar. O bem deve dominar sobre o mal. Além de tudo, o orador deve buscar sempre a justiça e não a mera aparência de justiça. A justiça é o maior bem do mundo e a injustiça, o pior dos males do mundo. A maior felicidade do orador é, portanto, realizar a justiça. Nunca deve cometer a injustiça sob nenhum pretexto, não hesitando sequer em processar parentes e amigos. Jamais aceitará defender o culpado, jamais condenará o inocente. O culpado merece sempre ser punido. A punição é um bem. Nenhum culpado pode ficar impune, aliás, o próprio culpado deve desejar ser punido! Por meio da punição, ele se redime. Embora, a situação ideal fosse nem praticar nem sofrer a injustiça, mas entre uma coisa e outra, vale a máxima fundamental platônica, constantemente repetida: antes sofrer a injustiça que praticar a injustiça. Parece que Platão não esposa o aforismo jurídico hoje dominante nos nossos tribunais condescendentes: "*in dubio pro reo*", que na dúvida se inocente o réu. Para Platão, na dúvida, se vota a favor da Justiça.

Platão lamenta e ridiculariza todos quantos defendem as "razões do lobo" da Fábula! No fundo, ele propugna pela moralização de qualquer gênero de discurso, não aceitando que o objetivo fundamental da Retórica seja persuadir a favor de uma opinião pessoal. Persuadir é um método para ensinar a verdade. A persuasão tem um papel secundário, é um instrumento não de produção da verdade, mas do ensino da verdade. A persuasão, em hipótese nenhuma, deve ficar a serviço do verossímil. Essa persuasão lhe parece perigosa, sobretudo, manipulada por homens perversos que ficam livres de persuadir o bem como o mal.

Como se percebe, a despeito da nobreza das ideias de Platão, ele desfigura a Retórica para atacá-la. Ele não trata da autêntica Retórica, mas de outra coisa. Ele acha que uma Retórica correta deveria estar a serviço da Filosofia e não a Filosofia a serviço da Retórica como quer Isócrates. Mas ele se engana quando pretende que a verdadeira Retórica deve estar a serviço da verdade. A Retórica como corretamente estabelece Aristóteles não busca a verdade, mas a melhor opinião num debate democrático.

A Retórica funciona quando, na vida, as opiniões se chocam e se busca, num debate honesto, a opinião mais provável. Por isso, o moralismo de Platão cai num impasse. Ele limita os direitos do homem, negando-lhe o debate de opiniões.

Contudo, em nossos tempos de extrema tolerância, fica a lição imortal de Platão, como um ideal acalentador! Platão mostra para a Humanidade um caminho para o qual ainda hoje não está preparada para trilhar. Ele exige da Retórica e particularmente da Retórica jurídica, uma honestidade em choque com a lassidão de nossas consciências. Tanta nobreza, só será possível, um dia, na República dos sonhos de Platão, não nos nossos auditórios, assembleias e foros de tanta complacência. Não é possível que alguém seja pago para fazer um discurso provando que a ovelhinha, que bebe água bem mais abaixo da correnteza, esteja realmente turvando a água do lobo que bebe bem mais acima da correnteza!

Aristóteles retífica o foco da questão. A Retórica se define como um instrumento neutro, formal, puramente técnico, dialético, pois, tem como objetivo apenas identificar, em cada questão, os meios de persuadir. Por outro lado, ela se situa entre a Dialética e a Ética e Política. Como todas as coisas neutras, ela pode ser usada tanto para o bem como para o mal, dependendo da responsabilidade do orador. Aristóteles sentencia: "não se deve persuadir o que é imoral" e exige que se faça um justo emprego da Retórica. A Ética rege a conduta individual do homem e a Política a conduta social. O orador, como todo ser humano está sujeito a deveres.

Não é a Retórica que é desonesta, mas o orador que não faz dela o uso devido. Louvar a virtude é honesto, louvar o vício é desonesto. Vituperar o vício é honesto, vituperar a virtude é desonesto. Defender o justo é honesto, defender o injusto é desonesto. Aconselhar o que é útil é honesto, aconselhar o nocivo é desonesto. Mas acontece que, na prática, não operamos com a verdade mas com dúvidas. Nem sempre temos a chance de saber qual a melhor opinião sem uma séria investigação.

Disciplina dialética. Por outro lado, sendo uma disciplina dialética no sentido de Aristóteles e não no sentido de Platão, conclui-se que a Retórica só é imoral quando se impede o debate livre e crítico dos discursos de ambos os lados e a livre manifestação democrática do auditório. Cabe à comunidade, depois de ouvidas as partes em litígio, tomar sua decisão.

Aristóteles concorda que possa haver abusos, trapaças e por isso escreveu uma arte de descobrir os sofismas. A Retórica não se vale dos sofismas, incumbe-lhe, pelo contrário, desmascará-los. Ela não lida com a verdade, objeto da ciência, lida com a opinião, buscando sempre chegar à opinião mais provável. E, nestas circunstâncias, uma vez que a verdade nem sempre é acessível, o homem que não pode sempre "suspender o juízo", deve tentar, no mínimo, se aproximar da verdade.

As sentenças dos dois mestres gregos ficaram na consciência da humanidade como matéria de perpétua reflexão crítica.

A RETÓRICA ROMANA EM UMA ENCRUZILHADA

Com reflexo para a posteridade, em Roma, conflui, em cambulhada, o ponto de vista sofístico, platônico, isocrático e aristotélico. O romano, ao mesmo tempo que sente irresistível atração pela atividade retórica, sofre repressão por parte das classes conservadoras que, em nome do *"mos maiorum"*, em nome dos austeros costumes dos antepassados, não admite as astúcias praticadas pelos oradores. A certa altura, os mestres gregos de Oratória são expulsos de Roma. A Retórica só retorna graças a uma conciliação, por meio de um artifício lógico, que integra, no plano teórico, a honestidade como caracterização do orador.

O orador se define como *"vir bonus dicendi peritus"*.

Coube ao severo Catão (234-149 a.C.), o Censor, inspirado na inflexibilidade platônica, propugnar pela doutrina que caracteriza o orador como, um homem virtuoso e honesto, perito na arte de falar bem. Não basta ser perito. No ponto de vista lógico, não vem ao caso que se peque contra as leis da definição, incluindo a honestidade na essência do conceito de orador, desde que se satisfaçam as exigências de Platão que coincidem com o *"mos maiorum"* dos velhos tempos.

Quintiliano, também sob influência platônica, tenta excluir a persuasão da definição da Retórica para livrá-la do risco de imoralidade. Ele se apavora com o conceito de persuasão e passa a definir a Retórica não como arte de persuadir, porque se pode persuadir o mal, mas como arte de falar bem. De acordo com a doutrina de Catão, não basta que o orador fale bem, ele deve ser acima de tudo honesto, isto é, capaz de persuadir só o bem. A honestidade passa a fazer parte da definição essencial do orador. Nesse sentido, Hitler não seria um bom orador. Martin Luther King, sem dúvida, seria um bom orador.

AS BRECHAS ABERTAS

Todavia, essa frágil tentativa de salvar a Retórica se frustra sob o impacto da divulgação da doutrina da "classificação das causas" e da divisão do exórdio" em dois tipos em função das causas!

a) A classificação das causas

A Retórica a Herênio (entre 86 a 82 a.C.) divide as causas que um orador tem de enfrentar em quatro classes: "honestas, torpes, dúbias e humildes". Causa honesta é concebida como aquela em que os ouvintes em sua maioria são favoráveis e não oferecem resistência. A causa torpe é concebida como aquela em que se combate o bem e se defende o mal. A causa dúbia é em parte honesta e em parte desonesta. Humilde é a causa de pouca monta, como se houvesse, "na luta pelo direito", uma causa de pouca monta. O manual, entretanto, não proíbe que se assuma uma causa torpe, pelo contrário procura dar armas para vencê-las.

Cícero, em confronto com as quatro classes de causas divulgadas pela *Retórica a Herênio*, propõe uma outra classificação das causas em cinco classes: honestas, admiráveis, humildes, dúbias e obscuras. Com alguma astúcia, ele conserva as causas honestas e elimina aparentemente as torpes e acrescenta as admiráveis e as obscuras.

Quintiliano encampa a classificação ciceroniana, mas faz uma advertência de arrepiar, afirmando que alguns tratadistas ainda incluem entre as causas, as torpes e que o fazem "corretamente". Além disso, adverte que outros autores salvam as causas torpes abrigando-as nas causas admiráveis e nas humildes! Medite-se na lição moral que Quintiliano nos deixa: "é preciso colorir a deformidade do vício"! "Ao se aconselhar a um homem de bem uma ação desonesta, não se deve, porém, apresentá-la como tal!". E admite, sem cerimônias, que alegar o falso pelo verdadeiro se justifica quando há boa intenção (2.18).

Quintiliano, acusado de acobertar a causa torpe, se defende e tenta justificar que um homem de bem pode defender uma causa injusta desde que escudado em algum motivo legítimo. É preciso haver uma boa razão para se defender um culpado, mas ele não explica bem qual seja essa boa razão.

b) A divisão do exórdio

E como corolário da existência de causas torpes veladas ou não, abre-se mais uma nova brecha na muralha moral que deveria proteger a Retórica. O exórdio passa ser dividido em "princípio" e "insinuação". Há insinuação quando se tem de subornar o ouvinte.

Em função da existência de causas torpes e honestas, os manuais de Retórica, a partir da *Retórica a Herênio*, se sentem na necessidade de acolher a diferença do exórdio em princípio e insinuação. Usa-se o princípio quando a causa não oferece problemas. Usa-se a insinuação, ao contrário, quando oferece problemas. Em outros termos, usa-se o princípio quando a causa é "honesta", isto é, tem aceitação geral. Usa-se a insinuação quando encontra resistência, em outros termos, quando é desonesta. Nesse último caso, o orador tem de se imiscuir nos meandros obscuros do espírito do ouvinte! Essa distinção do exórdio se pereniza. "Se a causa é torpe, recorra-se à insinuação", aconselha Quintiliano e tantos outros depois dele.

O problema é que a divisão das causas do discurso em honestas e desonestas, fazendo parte do programa de Retórica, implicava não apenas instruir o aluno para distinguir as causas honestas das desonestas, como também se preparava o aluno para patrocinar tanto umas como outras. O futuro orador poderia "defender a causa do lobo da fábula"!

Nas escolas de Retórica, na antiguidade, se costumava defender os dois lados de uma questão, visando a desenvolver a capacidade crítica do aluno. Afiava-se o instrumento profissional de trabalho, sem preocupação com a moral. Acusava-se e defendia-se Helena de Troia.

O cristianismo concilia Platão com Aristóteles. Deste último recebe o instrumento de trabalho, a Retórica; daquele a submissão implacável do instrumento à causa do bem e da verdade.

Conclusão. Teoricamente, do ponto de vista moral, todo discurso deve defender só o que é honesto e atacar só o que é desonesto. Mas na prática nem sempre se sabe onde está uma coisa ou outra. É preciso investigar. A investigação se faz pelo embate de discursos em disputa. Nesse embate não se busca a verdade, mas a melhor opinião. A moral da Retórica se situa no nível dialético.

Independente de tudo, tem-se de salvar o direito universal, sagrado e democrático de defesa que todos têm. É que em toda causa desonesta pode existir um aspecto honesto que deve ser resgatado e, do mesmo modo, em toda causa honesta pode haver um aspecto desonesto que deve ser repudiado. O acusado só responde até o limite da culpa. Nesse sentido sempre se justifica o debate de discursos. Existe sempre o direito do discurso contrário. Ninguém pode ser condenado sem defesa. Cabe ao auditório a decisão crítica e democrática.

VIII. A RETÓRICA E A MULHER

Sempre se considerou a Retórica como um negócio de homens do qual as mulheres eram excluídas. A razão fundamental é que elas também não partilhavam, até um tempo atrás, das profissões que implicavam o cultivo da Oratória, como são as atividades da vida judiciária, política e da crítica de valores... Por que ser oradora, se não se lhes permitia penetrar as barras de um tribunal, se não se lhes permitia ocupar uma tribuna legislativa, se não se lhes permitia reger uma cátedra...? Excepcionalmente deparamos com algumas mulheres que se destacaram na oratória como, por exemplo, Diotima de Mantineia, Aspásia de Mileto, Hortênsia, filha do famoso orador romano Hortênsio, amigo de Cícero, Christine de Pisa...

E como consequência, pelo fato óbvio de escassear, no rol dos oradores festejados, a presença de mulheres se inferia racionalizando que isso se devia à incapacidade da mulher para a Oratória, uma vez que a natureza não as destinara para tal mister, quase como se disséssemos que o homem nasce orador e se faz orador e que a mulher não nasce orador(a) e não consegue se fazer orador(a). Do não acontecer, se concluía pelo não poder ser. Julgava-se que a mulher fosse incompatível com as exigências da Retórica pelo caráter predominantemente apaixonado, subjetivo, impressionista que as domina. Contra elas se dizia que eram incapazes de seguir um plano, um roteiro normal de desenvolvimento. Em suma, dizia-se mesmo que elas nunca se apropriariam do estilo oratório. Mas a acusação mais grave e ultrajante vinha do espírito shopenhauriano que lhes negava a aptidão de engendrar ideias consistentes. Enfim a Oratória exigia esforço, trabalho, disciplina e mesmo capacidade física, o que definitivamente afastava as mulheres da Oratória, pois lhes faltavam tais predicados que se reputam preconceituosamente privativos do homem-varão.

Lembremos que a Igreja cristã primitiva decretava que, no culto religioso, as mulheres deviam se calar (São Paulo 1a aos Coríntios, 14,34). Santo Tomás de Aquino, na *Suma Teológica*, (IIa IIae, questão 177) interpreta a passagem de São Paulo como se a mulher pudesse falar em particular, no lar, mas não em público. Vale a lei do *Gênesis* (3,16) que a mulher fique sob a sombra do marido!

Nos fins da Idade Média, um gênio como Dante Alighieri toma partido, na apaixonante questão, em debate, a respeito de quem teria falado primeiro, de acordo com a narração bíblica, o homem ou a mulher. O realmente genial poeta afirma categoricamente, não sem despeito, que não seria razoável nem conveniente admitir-se que a mulher tenha falado antes que o homem mesmo que o testemunho das Escrituras seja a favor das mulheres. Assim pensava o poeta florentino que imortalizou não tanto Beatriz como seu amor por Beatriz. (*De Vulgari eloquentia* I,IV).

A Retórica, na Antiguidade, cobrava do orador o conhecimento do contexto psicossocial do auditório, a fim de tirar o máximo proveito persuasivo do discurso. Insistia no conhecimento da idade dos ouvintes, para saber se se referia a um auditório de jovens ou de homens maduros ou velhos e se preocupava com a classe social, se se referia a um auditório de homens ricos ou pobres ou remediados. Mas não se requeria do orador conhecimento da psicologia feminina, porque a mulher não constituía auditório, no sentido efetivo da palavra, que depois de ouvido o discurso julga ou decide, quando muito poderia ser ouvinte complacente e passiva do discurso laudatório.

Os inimigos de Cícero para agredi-lo acusavam seu estilo de efeminado! Entre os tratadistas de Retórica era um lugar-comum discutir-se "a decadência da Retórica" e com frequência se apontava como uma das principais causas desse fato, o "efeminamento dos discursos" que deveriam ser viris, másculos. Quintiliano insiste que o adorno do discurso deve ser varonil, não efeminado (8,3,1).

Aqui e ali surgem cursos e livros de Retórica destinados às jovens, "*a l'usage des demoiselles*", sobretudo escritos, no clima da Revolução. No entanto, nesses tratados se reduz a Retórica apenas a três partes: invenção, disposição e elocução e se omite exatamente a memória e a ação que dão realidade ao discurso, "*in presentiae*"!

Em 1928, surge o livro de Fernand Corcos (1875-1956) que aborda o problema da Retórica e da mulher: *L'Art de parler en publique*. Convém ler o Capítulo VIII: "La femme et l'art oratoire" e o Apêndice. No Apêndice, (imagine-se!) o autor reproduz dois artigos da imprensa de seu tempo, um a favor da eloquência feminina estampado em *Le Temps*, outro contra a eloquência feminina estampado no *Mercure de France*!

No referido capítulo, o autor... participa dessa polêmica em moda. Ele faz do direito da mulher à eloquência um postulado democrático. Sem a voz da mulher a humanidade não fica completamente representada. De fato, o absurdo da tese que negava às mulheres o exercício da Retórica, implicava alijá-las da participação na luta pelo bem comum, privando-as de um instrumento fundamental de ação.

Cumpre, pois, romper com a resistência dos costumes que ainda se recusam aceitar a mulher oradora.

Por sua parte, a mulher tem de tirar partido de suas peculiaridades, criando um estilo de oratória feminina, valorizando o timbre da própria voz, não se restringindo a copiar o homem.

Na verdade, sob o pretexto de se negar a capacidade retórica da mulher, se lhe nega o direito de competir com o homem no mercado de trabalho.

Nos tempos modernos, a mulher se dispõe a conquistar o direito democrático à Oratória e, note-se bem, com os próprios recursos da Oratória. A mulher necessita ajudar-se da Retórica para derrotar as discriminações de que sofre.

Sem dúvida, hoje, a situação vem se transformando. Definitivamente, a mulher não admite mais que o homem fale por ela.

IX. A RETÓRICA E AS CIÊNCIAS

Importa ter em mente a divisão das ciências: em Ciências humanas e Ciências naturais também ditas experimentais. A Retórica é uma ciência humana, veja-se a obra de Perelman. Portanto, o confronto que se vai fazer aqui é entre a Retórica, um tipo peculiar e privilegiado de Ciência humana e as Ciências naturais. Há, entre as Ciências naturais e a Retórica, diferenças profundas e algumas analogias surpreendentes dignas de confronto.

As diferenças profundas entre Retórica e Ciências naturais não impedem de se verificar as analogias que vigoram entre ambas. Quer se saber o que há de retórico nas ciências naturais e o que há de científico na Retórica.

Há que se levar em conta que o discurso retórico se desenvolveu muitos milênios antes do discurso científico, sendo que o discurso retórico, por isso mesmo, serviu de modelo inicial para o discurso científico.

AS DIFERENÇAS

A Retórica é "dialética" e as Ciências naturais são "analíticas". Como dialética, a Retórica parte de opiniões aceitas por todos, pela maioria ou pela elite e pretende chegar a uma conclusão provável. As Ciências naturais partem de verdades e pretendem chegar a novas verdades. A Retórica versa sobre o mundo da opinião, as Ciências naturais versam sobre o mundo da certeza que procede da verdade que procede da evidência. A Retórica tem opinião sobre a verdade, as Ciências naturais têm certeza sobre a verdade. As opiniões devem ser aceitas ou não pela maioria, as verdades independem de aceitação ou não por maioria ou minoria.

As provas retóricas e as provas das Ciências naturais têm valores diferentes. As provas retóricas se baseiam na opinião e não geram a certeza, mas probabilidades e não probabilismo. As provas das Ciências naturais se baseiam na verificação e visam chegar à verdade ou a "hipóteses fortes", resistentes que equivalem a verdades. Procura-se provar a hipótese alegando tudo que a confirme ou refutando as razões contrárias que tentam invalidá-la. Se ela resiste e, enquanto resiste, é uma hipótese forte = verdadeira; se ela resiste, em parte, deve ser reformulada; se ela não resiste, deve ser rejeitada. Uma hipótese científica é como um réu, num tribunal de justiça, tem de ouvir o advogado de acusação e de defesa.

A Retórica argumenta baseada em premissas prováveis; as Ciências naturais demonstram baseadas em premissas verdadeiras e chegam a conclusões verdadeiras. A Ciência não necessita como a Retórica necessita de comover e agradar, apenas visa a esclarecer a razão.

AS ANALOGIAS

O fundamento da analogia. Efetivamente, segundo Popper, toda e qualquer ciência segue um modelo comum, baseado em três pontos: – a existência de um problema inicial, – uma conjectura que tenta resolver o problema, – finalmente uma refutação que visa a confirmar, por meio de provas, a validade da hipótese proposta.

Aqui parece que as Ciências naturais seguem o velho modelo da Retórica que sempre tem como ponto de partida uma questão, a seguir, o orador, por meio de seu discurso, defende uma opinião a respeito do que se disputa, essa opinião equivale a uma hipótese explicativa, finalmente o orador refuta ou confirma sua tese.

As etapas em comum. As Ciências naturais seguem, de alguma sorte, o mesmo processo da elaboração do discurso, distinguindo uma fase de produção e uma fase de comunicação.

O processo de produção do discurso. A questão e a hipótese. A Retórica como as Ciências naturais partem sempre e inevitavelmente de uma questão, de um problema. Sem uma dificuldade inicial nem se configura o discurso científico nem o retórico.

A Ciência depois de posto o problema levanta uma hipótese explicativa, onde uma outra hipótese explicativa não fica excluída do debate. Do mesmo modo, na Retórica, posta a questão levantam-se posições divergentes que equivalem a hipóteses em conflito. A Retórica supõe sempre dois discursos em choque. A verdadeira Ciência só caminha pelo confronto de hipóteses.

A invenção. Na elaboração do discurso retórico e científico, primeiro se levantam os dados, isto é, o conjunto das provas, submetendo-as a uma reflexão crítica. Na Retórica, a palavra invenção tem o sentido de busca das provas em suas fontes. Nas Ciências naturais, a invenção quer dizer criatividade. Todavia, no que se refere à criatividade, as Ciências naturais encontram inspiração nas artes, sobretudo na Poesia e não na Retórica. As Ciências naturais se beneficiam da "moral do país das fadas", de que fala Chesterton, onde tudo é possível. Sem dúvida que, historicamente, as Ciências naturais devem muito à Retórica do ponto de vista prático. As Ciências naturais, porém, não progridem sem ficção, sem bom gosto. Assim, ambas, a Retórica e a Poesia, cada qual a seu modo, servem às ciências naturais, integrando o cientista à vida.

Disposição. A seguir se estabelece o roteiro do trabalho, a fase da disposição. O trabalho científico deve apresentar uma exposição ordenada, cada coisa no seu devido lugar, nada solto, tudo sistematizado.

Processo de comunicação do discurso

Elocução. Só então se passa à redação dos apontamentos, é a fase da elocução. E aqui, o trabalho científico não se dispensa dos atributos da elocução retórica: clara, correta, adequada e não sem uma discreta elegância. A redação científica não se livra do estilo, não necessita, porém, sobrecarregar nos efeitos de linguagem, devendo cultivar um estilo em consonância com o assunto em obediência a uma regra Retórica.

Memória. Para a Retórica Antiga, vinha a seguir a fase da memória, o orador decora o discurso, pronuncia-o e o divulga por escrito. Para o progresso da ciência, importa muito a memória coletiva do trabalho científico. O trabalho deve ficar arquivado, à disposição, sendo facilmente acessível.

Ação. A fase da ação da Retórica corresponde à efetiva comunicação do trabalho científico diante de auditórios especializados ou populares. É, sobretudo, na comunicação do trabalho científico, seja num nível acadêmico, seja num nível de divulgação popular, que as relações entre Retórica e Ciências humanas se estreitam.

X. HUMANISMO RETÓRICO

O humanismo é retórico. Historicamente, a Retórica nasceu do humanismo e lhe coube a primeira grande reflexão sobre o próprio humanismo. O primeiro humanismo vem à luz, na Grécia, com os sofistas, toma vulto com Isócrates e atinge sua plenitude, em Roma, com Cícero que o teoriza e transmite à Renascença, que o aprofunda, é então que o humanismo se confunde com o ciceronianismo

Na Antiguidade grega e latina, sobretudo, latina, a Retórica ocupa o mais alto degrau na escala de valores e marca o limite da mais alta realização humana. Não se concebia maior nobreza do que ser orador.

Que é, pois, o humanismo, o humanismo retórico?

Antes de tudo, o humanismo objetiva marcar o que distingue e especifica o homem como homem em confronto com os demais seres do universo. Isto posto, deve-se cultivar, ao máximo, esse traço opositivo e diferenciador. Nestes dois pontos se assenta a definição do humanismo: caracterizar especificamente o homem como homem e cultivar esta característica específica ao máximo.

O que especifica o homem. Que é o homem? Como se define? Diz-se, em geral, que "o homem é um animal racional". Essa definição, no entanto, apesar de logicamente perfeita não distingue e particulariza o homem em face de todas as esferas de seres do universo. Não traduz o traço único e exclusivo que se espera, pois o homem participa da animalidade com os animais e da racionalidade com os demais seres espirituais estabelecidos pelo menos pela cultura, como são, por exemplo, os anjos.

Onde achar o traço que discrimina o homem tanto em oposição aos animais como em oposição aos seres espirituais? Aí se encontra a essência do homem e a linha de força do humanismo.

O que diferencia o homem: o homem é um animal, racional, falante. O homem animal racional se individualiza no concerto do universo porque é um animal racional, falante. O que, em última análise, distingue e especifica o homem é a fala, não importa em que língua. Como consequência deriva daí um segundo traço, o homem é um "animal político", sendo que então a fala constitui a essência da sociabilidade. Assim, os anjos e os animais só falam nos mitos e nas fábulas, quando se antropomorfizam.

A fala postula animalidade, racionalidade e sociabilidade. Os animais não falam porque destituídos de racionalidade, os seres espirituais, sobrenaturais não falam porque destituídos de animalidade. Do ponto de vista social, os animais formam agregados; os seres espirituais vivem juntos a própria solidão.

Portanto, o humanismo se funda na valorização da fala que particulariza o homem e o distingue dos animais e de outros seres espirituais. Mas o cultivo da fala, por sua vez, valoriza e faz sobressair uns homens em relação a outros homens. Em função da perfeição da linguagem, um homem pode ser mais homem. O humanismo é, pois, competitivo. Existem línguas cultivadas e línguas bárbaras. Para Cícero e para os humanistas as mais perfeitas línguas que existiram eram o grego e o latim, elas funcionam como modelo e padrão.

Importa agora saber qual o aspecto da fala que mais dignifica o homem. Qual o mais alto nível que a fala consegue atingir?

A Retórica, o fastígio da linguagem. Segundo o humanismo ciceroniano, o ápice da fala se alcança por meio da Retórica, da Oratória, da Eloquência.

O aticismo. A Escola Ática, entre as escolas de Retórica, atingiu o mais alto fastígio. O aticismo é o auge histórico do humanismo seja na sua forma distensa ou contraída.

Em resumo, a "*summa humanitas*" aspira a falar com clareza, correção, adequação, elegância e sabedoria sobre qualquer questão que diga respeito ao homem, na verdade, "o homem é um animal retórico".

Horácio e mais tarde Dante Alighieri se determinam a criar um humanismo lírico. Todavia, o lirismo não dispõe do poder político da Retórica por intervenção da qual a sociedade caminha, no fórum, nos comícios, nos congressos, nas portas de fabrica, nos campos de batalha...

XI. O BACHARELISMO: RUI BARBOSA

Aqui cuidamos do bacharelismo que marcou a civilização brasileira e se caracteriza pelos seguintes aspectos: é jurídico, liberal, oratório e, em geral, do ponto de vista crítico, aquilatado como um desvalor.

O bacharelismo surge a partir da era colonial e atinge o apogeu depois da criação dos cursos jurídicos em São Paulo e Olinda. Começa a declinar quando fustigado pelas sátiras mordentes do "modernismo" e praticamente desaparece esmagado pela ditadura getulista. Não nos esqueçamos de que "a Revolução Constitucional Paulista" foi um movimento de libertação promovido por bacharéis.

O bacharelismo é jurídico porque se constitui de bacharéis em Direito. Politicamente, o bacharelismo é liberal pelo culto que devota à liberdade. Entretanto, o bacharelismo brasileiro jurídico e liberal é oratório, esse seu traço mais marcante.

Ele merece efetivamente desprezo?

Como se explica a concepção pessimista que sempre o envolveu? Entretanto, ninguém fez uma crítica mais correta do bacharelismo que o insuspeito Rui.

Rui Barbosa e o bacharelismo. O mestre não acha que o bacharelismo deva ser condenado por seu aspecto jurídico, pelo contrário, é esse seu valor mais estimável, pois que se engrandece pela devoção à lei e à justiça. "Oxalá fôssemos uma nação de juristas", anseia Rui.

Não lhe parece que o bacharelismo deva ser condenado por seu aspecto liberal, pelo contrário, é esse outro valor altamente dignificante, graças ao culto da liberdade que promove sob cujo regime reina a igualdade, a tolerância, a livre discussão de opiniões, pois a "lei ampara a fraqueza contra a força". Em seu manifesto político, Rui crê na "liberdade onipotente" e "abomina a ditadura".

O ponto fraco do bacharelismo, segundo Rui e que merece, de sua parte, severa condenação, não vem do fato, note-se bem, do fato de que o bacharelismo seja simplesmente oratório, como aliás pensam os que não o entenderam devidamente. O bacharelismo merece ser condenado não por ser oratório, mas pelo mau uso que faz da Oratória. Em vez de uma autêntica oratória, ele se deixa dominar por uma falsa oratória, vazia, oca, verborrágica, empolada, buscando requintes de efeitos de estilo, não raro raiando pelo ridículo.

Daí a famosa distinção que Rui adota entre Retórica e Eloquência, entre as quais, doutrina ele, "vai uma distância incomensurável", a saber, "a eloquência é o privilegio divino da palavra... na sua expressão mais bela". "É uma das maiores criações de Deus". A "Retórica" seria o abuso da Eloquência, sua corrupção.

Portanto, o mal do bacharelismo brasileiro decorre da circunstância de ser "retórico". "Oxalá fôssemos uma nação de juristas, mas o que somos é uma nação de retóricos", lamenta Rui.

Que é, pois, o bacharelismo brasileiro, segundo Rui? – "O arbítrio palavreado, eis o regime brasileiro".

Fique bem claro que na verdadeira Oratória, a Eloquência é um supremo valor humano. A propósito argumenta Rui: "No governo do povo pelo povo, a palavra é o grande poder, a tribuna, a força das forças".

Sustentado por uma oratória desorientada, o bacharelismo brasileiro se enfraquece na defesa do direito e da liberdade. Rui deixa entrever que o bacharelismo pode ser salvo pelo culto e cultivo do direito, da justiça, da liberdade e de uma sadia oratória.

Esse foi, sem dúvida, o ideal de vida do grande tribuno, jurista e político: tornar-se um mestre consumado do direito, um defensor incansável da liberdade por meio de uma brilhante Eloquência que conjuga, a um tempo, uma vastíssima erudição com o estilo ático de dizer, não com o estilo ático parcimonioso, mas com o estilo ático copioso, abundante. O que importa não é falar pouco nem falar muito, mas falar bem. (*Antologia de Rui,* Ediouro).

XII. O ORADOR COMO TIPO PSICOLÓGICO

Vivemos uma civilização retórica. Será que poderíamos falar também em um tipo psicológico retórico, como se fala de um tipo poético? Constata-se facilmente que o retoricismo constitui um estado de alma, sobretudo das classes dirigentes.

Todo indivíduo, inclusive o tímido, é dotado de um certo grau de eloquência, tomando-se eloquência no sentido de dom natural de falar, com desenvoltura, diante de ouvintes, defendendo um ponto de vista. Todo indivíduo tem a competência oratória e inevitavelmente essa competência desperta pela observação dos discursos presenciados. Não importa que o indivíduo não tenha estudado Retórica.

O espírito retórico se compõe de um conjunto de traços que aparecem combinados diversamente, em doses diversas.

Ele se caracteriza antes de tudo pela tendência de discutir, discutir pelo prazer de discutir.

O espírito retórico anda à cata de questões que lhe permitam entabular o debate. Em tudo que ouve, sabe achar sempre um ponto crítico de divergência e sempre que fala espera por contestação.

Nunca fica sem tomar partido. Posiciona-se num dos lados em luta. A partir daí se esforça por persuadir. O espírito retórico é visceralmente persuasivo e aqui tem sua marca mais específica. Transforma tudo em matéria de persuasão. Persuade convencendo por força de argumentos racionais, ou comovendo pelo apelo às paixões que arrastam a mente e a vontade, ou agradando pela força, notadamente, do estilo. Prefere mais convencer ou comover ou agradar conforme a estrutura geral da consciência mais racional ou mais emotiva ou mais estética que tenha.

Preocupa-se com o efeito da própria imagem sobre os ouvintes, dos quais explora a afetividade, despertando-lhes emoções e paixões de acordo com o que almeja provar.

Está sempre aconselhando ou desaconselhando, joga com as categorias do útil e nocivo, no que revela seu caráter político. Acusa e defende o que julga ser justo ou injusto, no que revela seu caráter jurídico, mesmo que amador. Enaltece o belo e a virtude e avilta o feio e o vício, no que revela seu caráter artístico e moralista.

Aguarda, com ânsia, a aprovação final. Aspira ardentemente à vitória sobre o adversário.

Sua exposição prima pelo método, planejamento. Caminha por etapas. Repudia a desordem.

Tudo que diz tem clareza, fala corretamente, tem vocação para a gramática, adapta-se às circunstâncias do contexto social do receptor. Na Antiguidade, Hermógenes fala no "*spiritus rhetoricus*" que deriva da adequação da composição verbal ao discurso.

Tenta atingir, cada vez mais, o maior número de ouvintes do auditório.

Durante o tempo todo, motiva os interlocutores a ouvi-lo, compraz-se na atenção e docilidade com que o acolhem.

Tem memória viva, verdadeiro arsenal de lugares-comuns, à disposição de qualquer deixa.

Declama, representa diante dos outros, tem algo de ator, estuda os gestos que faz e gosta de ouvir a própria voz.

XIII. DECADÊNCIA, MORTE E VITALIDADE DA RETÓRICA

No decorrer dos tempos, a Retórica foi combatida pelas mais variadas razões e quase sempre de modo preconceituoso.

Ela teve a ventura e a desventura de nascer embalada pela filosofia Sofística. Ainda na aurora da vida, sofreu o mais rude golpe de toda a sua carreira por parte de Platão que a maldiz em nome da "Dialética" entendida, a seu modo, como sabedoria suprema. E a maldição platônica pegou e a Retórica sempre precisou de se justificar.

Aristófanes (445-388), em *As nuvens*, ridiculariza a Dialética e a Retórica.

Repetidamente se fala de seu declínio e morte, como um lugar-comum. Quintiliano, Tácito, Sêneca e o autor do *Satyricon*, algumas gerações depois de Cícero, exaltam o Século de Cícero (106-43 a.C.) como se fora o século do esplendor da Retórica ao que se segue uma decadência inevitável! Estranhamente, Cícero vivendo a referida Idade de Ouro da Retórica latina, considera que depois da morte de Hortênsio, ele se torna um dos tutores da orfandade da Eloquência. (Brutus 96). No século XVI, J. Luis Vives, na sua grande obra sobre a corrupção das artes, inclui um capitulo sobre a corrupção da Eloquência. Veja-se que Hume, no Século XVIII, discute, com tristeza, a decadência da brilhante retórica inglesa... Na verdade, o protesto insistente contra a decadência, implica um ideal de perfeição que se exige da Retórica.

De qualquer forma, depois que os romanos recebem a Retórica dos gregos, a consolidam e transmitem como herança para a civilização ocidental.

O cristianismo, a principio, se escandaliza com a Retórica, mas logo a assimila, em função de seus objetivos evangélicos, graças especialmente à intervenção de um ex-professor de Retórica, Santo Agostinho (354-430).

Na Idade Média, ela faz parte do "*Trivium*" e, a partir da Renascença, se mantém nos currículos escolares, por obra dos educadores católicos e protestantes. Todavia, desde então, uma parte da Retórica se torna autônoma e dominante: a elocução. Mais tarde, no século XVIII e começo do século XIX, o estudo das figuras literárias pretende substituir toda a Retórica.

O filósofo I. Kant (1725-1804), fustiga a "Retórica Antiga", como arte de enganar, mas ressalva a "Retórica Clássica" como arte de escrever bem. Renan (1823-1892) capitula a Retórica como o único erro dos gregos. J. Buckhardt (1818-1897) considera a Retórica como "uma monstruosa aberração da antiguidade grega e latina". Dois grandes pedagogos: Locke (1632-1704) e Rousseau (1712-1778) fazem restrição à Retórica Clássica e não à Retórica Antiga. Eles se preocupavam com os perigos da elocução.

O Romantismo, em guerra contra o neoclassicismo, sustenta a liberdade criadora do artista e combate efetivamente, não a Retórica Antiga, mas a Retórica Clássica, que pecava pelo modo intransigente como era ensinada. Os românticos nada tinham contra a arte da composição e do estilo, nada tinham contra o uso de figuras de estilo, mas não admitiam imposições restritivas à inspiração. Quanto à Retórica Antiga, os românticos apenas fazem reserva ao seu caráter racional, ressalvando seu caráter emocional. Victor Hugo (1802-1885) se dedica a uma poderosa eloquência do coração. Ele declara guerra de morte à Retórica, entenda-se a Retórica Clássica que embaraça o gênio do artista, tanto assim que lança a palavra de ordem: "Guerra à Retórica (Clássica), paz à Gramática". Quer dizer que basta obedecer às regras essenciais da Gramática. Entretanto, os românticos, nada têm contra as figuras de estilo das quais se valem largamente, sobretudo das imagens empolgantes, hugoanas, condoreiras.

Depois do Romantismo, a Retórica sofre singular hostilidade por parte dos simbolistas que adotam o credo da "arte pela arte" que repudia o utilitarismo da Retórica. Restaria saber se eles efetivamente conseguiram se livrar da Retórica, basta analisar-lhes as obras para constatar que não. No mínimo, no nível da enunciação, persuadem que não persuadem!

Nos fins do século XIX, a Retórica, em geral, é abolida dos currículos escolares, sob a liderança da França.

Ao mesmo tempo que a Retórica é eliminada dos currículos franceses, nos Estados Unidos acontece, a partir de 1931, a mais retumbante revitalização da Retórica, operada por Dale Carnegie (1888-1955). Ele se torna professor da arte de falar em público e lança livros que alcançam uma difusão sem precedente em sua pátria e pelo mundo afora. Em redor de suas ideias, fundam-se Institutos "Dale Carnegie" por toda parte. Os norte-americanos perceberam que a Retórica, como ocorrera na Antiga Roma, ainda hoje é um instrumento de sucesso e triunfo nos negócios, na amizade, na liderança. A obra mais importante de nosso herói se chama: *How to win friends and influence people*, 1936. O povo mais prático do mundo descobre a Retórica Antiga. Em toda universidade americana, há sempre um próspero Departamento dedicado a essa disciplina.

Sem dúvida que a Retórica conheceu crises profundas, nunca a morte, pois, nunca se deixou de fazer discursos e enquanto houver discursos haverá uma disciplina que os estuda. A Retórica como tecnocracia pode ser menoscabada, nunca a verdadeira Eloquência, dom natural da palavra. Os próprios mestres da Retórica Antiga reconhecem que ela tem fases de obscuridade, de acordo com uma lei, segundo a qual tudo que atinge o fastígio também declina.

Atribuem-se as eventuais crises da Retórica a variadas causas, entre as quais avultam as interferências políticas que oprimem a liberdade de expressão. Não raro, o mau gosto se responsabiliza pelo declínio da Retórica, quando se adorna um conteúdo pobre com excesso de figuras, ampliando-se indefinidamente o discurso e, não raro, defendendo sem escrúpulos o que quer que seja, sem distinguir o honesto do desonesto.

De quando em quando, alguém anuncia a morte da Retórica, mas bem pesadas as coisas, verifica-se que não se trata da morte e sim da tentativa de matá-la! Verlaine manda torcer-lhe o pescoço. E os que tentam enterrá-la, visam a fazer o seu discurso ao pé do túmulo. Nem mesmo Platão escapou à sedução dos discursos! O seu Sócrates é satirizado pelo comediógrafo Aristófanes como um sofista e um mestre decadente de Retórica.

Nos nossos dias, o estruturalismo francês decreta academicamente a morte da Retórica, assim Barthes, Genette, Todorov, Paul Ricoeur, seguidos por uma turbamulta de repetidores. Um deles afirma, com todas as letras, que a Retórica agonizou durante 1.800 anos. Por outro lado, depois do "enterro simbólico" da Retórica, que promovem, esses mestres declaram-se generosos por recuperar algumas de suas partes. No entanto, a Retórica Antiga continua viva, atuante. Ela goza de boa saúde. Não há partes recuperáveis e partes irrecuperáveis. A Retórica integral sobrevive adequando-se criticamente às circunstâncias. O que seria da competição religiosa, política, jurídica sem o instrumento da Retórica?

A luta pelos direitos humanos revitalizou a Retórica. Ela se impõe como uma arma de conquista e defesa dos valores universais.

Hoje, vemos despontar oradores por toda parte, nos comícios, em reuniões de operários em fábricas, em sindicatos, em comunidades de base, em diretórios estudantis, sem falar dos lugares tradicionais, onde habitualmente funciona: no fórum, nas academias, nas assembleias, nos templos...

Nem o convívio íntimo entre pessoas escapa do discurso que influencia e seduz. É retórica a autossugestão, a prece, a magia, o sonho, a propaganda... A civilização se desenvolve graças a um conjunto de discursos em conflito.

Coube a McLuhan repor a Retórica, em questão, quando comprova que o mundo se converteu, de novo, numa aldeia global e a Oratória atinge, com os meios eletrônicos de comunicação, limites nunca sonhados, fala-se para o mundo e, cada vez mais, o mundo se converte num único auditório.

Não há necessidade de se condenar a Oratória sob o nome de Retórica e tentar salvar a Oratória sob o nome de Eloquência, como fazia Rui Barbosa, um paladino da Eloquência.

XIV. RETÓRICA E DEMOCRACIA

Kant não tem razão quando sentencia que a Retórica (Antiga) é uma flor da decadência política! Pelo contrário, por sua natureza intrínseca, a Retórica para sobreviver exige o clima de democracia. Cícero, em seu livro *Brutus*, planeja escrever, a um só tempo, a história da eloquência e da liberdade, de tal sorte as imagina interligadas.

Por coincidência, a Retórica nasce, em Siracusa, no Século V. a.C., com o tratado inaugural de Córax e Tísias, logo depois da queda da tirania, como instrumento de recuperação de direitos espoliados. Certamente que, antes disso, uma eloquência espontânea teria ajudado a derrubar a opressão, criando o ambiente propício ao nascimento da Retórica como disciplina.

Na verdade, a Retórica se consolida, por obra dos sofistas, na empolgante, mas relativa democracia grega, onde se inventou o instituto da isegoria pelo qual se atribuía a todo cidadão, em qualquer questão, o direito ao exercício público da palavra tanto a favor como contra. A liberdade de falar era igual para ambos os lados. A propósito, reclamava Gregório de Matos que fora proibido de satirizar:

antes falar e morrer
que padecer e calar.

Talvez Platão tenha estigmatizado a Retórica porque ele propugna por uma "sociedade fechada", como ideal político. Ditadores como Mussolini, Hitler, Stálin aniquilavam o discurso contrário.

Quando a Grécia se transforma numa colônia romana, a Retórica emigra para Roma, onde floresce, até o fim da República e, com o avizinhar-se do despotismo da Monarquia Absoluta, refugia-se nas escolas e sorrateiramente se infiltra na literatura e na civilização ocidental.

O cristianismo primitivo enfrenta o poderoso discurso da ditadura Imperial e contrapõe-lhe um outro discurso, em que o supremo argumento extrínseco é o martírio. Martírio, em grego, quer dizer dar testemunho, dar testemunho da própria fé, persuadindo que o "sangue de mártir é semente".

Quando a burguesia francesa se apodera da Oratória, instala-se a Revolução Francesa. Pelo poder da palavra irrompem as revoluções.

A Democracia tem, na Retórica, um instrumento privilegiado para sua própria realização.

O processo retórico é, por vocação, democrático. Ele nunca se verifica numa sociedade totalitária, violenta, dogmática, na qual não há oposição, crítica, contestação. "A eloquência", diz Cícero, "é companheira da paz e sócia do lazer" (*Brutus* 12).

De fato, o ponto de partida da atividade retórica decorre de uma questão posta por uma comunidade "aberta", "multidimensional". A questão provoca posições divergentes. Discursos contrários se confrontam. A decisão final, depois de contrapostos os discursos, cabe à maioria ou aos representantes da maioria.

Por conseguinte, a Retórica contribui com suas forças para a construção da democracia. Pelo que, mesmo na tirania, quando só existe uma farsa de Retórica, esta já ensaia abalar, por suas virtudes interiores, o jugo que a asfixia.

Pela palavra se defendem os direitos humanos e antes de tudo, pela palavra tem-se de conquistar o direito à palavra, à palavra que conduz as almas.

Temamos os que dizem que só querem "*res non verba*", fatos, não palavras, porque eles, por ironia, neste mesmo ato, estão falando, discursando e sufocando, de antemão, o discurso dos outros!

A opção está posta: ou a Retórica ou a violência.

FINAL
A retórica e seus triunfos

Eis um dos supremos momentos de triunfo da Retórica depois do Sermão da Montanha.

"EU TENHO UM SONHO"- MARTIN LUTHER KING, JR.

28 de agosto de 1963
Nos degraus do Memorial de Lincoln, em Washington D.C.

"Há cinco vintenas de anos, um grande americano, sob cuja sombra simbólica, nós permanecemos, assinou a Proclamação da Emancipação. Esse momentoso decreto veio como a luz de um grande farol de esperança para os milhões de Negros escravos que foram chamuscados nas chamas de uma injustiça fulminante. Ele veio como uma jocosa aurora para terminar a longa noite do cativeiro.

Mas uma centena de anos mais tarde, tivemos de enfrentar o trágico fato que o Negro ainda não está livre. Uma centena de anos mais tarde, a vida do Negro está deploravelmente incapacitada pelas algemas da segregação e pelas correntes da discriminação. Uma centena de anos mais tarde, o Negro vive, numa ilha isolada de pobreza, no meio de um vasto oceano da prosperidade material.

Uma centena de anos mais tarde, o Negro está ainda enlanguescendo à margem da sociedade Americana e se percebe a si mesmo, em exílio, em seu próprio país.

Assim viemos, aqui, hoje, para dramatizar uma condição aterradora..."
(*Trecho extraído da Tradução deste discurso feita pelo autor*).

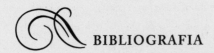
BIBLIOGRAFIA

I. BIBLIOGRAFIA – OFF LINE

AGOSTINHO, SANTO. *A Doutrina cristã*. Trad. Nair de Assis Oliveira. São Paulo: Edições Paulinas, 1991.

ARISTÓTELES. *Retórica*. Texto, tradução Antonio Tovar. Madri: Instituto de Estúdios Políticos, 1971.

ARNAULD, Antoine; NICOLE, Pierre. *La Logique ou l'Art de Penser*. Paris: Gallimard, 1992.

BARILLI, Renato. *Retorica*. Milão: Isedi, 1979.

BARTHES, Roland. *Oeuvres complètes*. Paris: Seuil, 1933-1995.

BORBA, F. DA SILVA. *Introdução aos estudos linguísticos*. São Paulo: Nacional, s.d.

CAPELLA, MARTIANUS. *De nuptiis philologiae et Mercurii*. Teubner, 1983

CORCOS, Fernand. *L'art de parler en publique*. Paris: Jouve, 1945.

CROISET, A; CROISET, M. *Histoire de la littérature grecque*. Paris: Boccard, 1947.

DIXON, Peter. *Rhetoric*. Londres: Methuen, 1971.

DUBOIS, Jean et alii. *Retórica geral*. Trad. Carlos Felipe et alii. São Paulo: Cultrix, 1974.

ECO, Umberto. *A estrutura ausente*. Trad. Pérola de Carvalho. São Paulo: Perspectiva, 1971.

LOPES, E. *Fundamentos da linguística contemporânea*. São Paulo: Cultrix, 1999.

FÉNELON, François. *Dialogues sur l'éloquence*. Paris: Gallimard, 1983.

FLORESCU, Vasile. *La retorica nel suo sviluppo storico*. Trad. Alessandro Serra. Bologna: il Mulino, 1971

FOUQUELIN, Antoine. La Rhétorique Française. In: *Traités de poétique et de rhéorique de la Renaisance*. Introdução e notas de F.Goyet. Paris: Librairie Générale Française, 1990.

GONÇALVES, T.Magali et alii. *Antologia escolar de literatura brasileira*. São Paulo: Musa, 1998.

GOYET, F. (org.) *Traités de poétique et de rhétorique de la Renaissance*. Paris: Librairie Générale Française, 1990.

GREIMAS, Algirdas, Julien e COURTÉS, Joseph. *Dicionário de Semiótica*. São Paulo: Cultrix, 1979.

ISIDORO DE SEVILHA. *Etimologias*. Madri: BAC. s.d.

JAKOBSON, Roman. *Linguística e comunicação*. Trad. Izidoro Blikstien e José Paulo Pais. São Paulo: Cultrix, 1971.

KANT, Emmanuel. *Logique*. Trad. L. Guillermit. Paris: J.Vrin, 1970.

_____. *Crítica del Juicio*. Trad. José Rovira Armengoi. Buenos Aires: Losada, 1961

LAKOFF, G. E M.JOHNSON. *Metáforas da vida cotidiana*.Campinas, Mercado de Letras.

LAMY, Bernard. *La Rhétorique ou l'art de parler*. Paris: PUF. 1998. (Considerada a Retórica de Port-Royal.)

LAUSBERG, Heinrich. *Elementos de retórica literária*. Trad. R.M. Rosado Fernandes. Lisboa: Gulbenkian, 1966.

_____. *Manual de Retórica literária*. Madri: Gredos, 1967.

MARCUSE, Herbert. *O homem unidimensional*. Rio de Janeiro: Zahar, 1964.

MARITAIN, Jacques. *A ordem dos conceitos*. Lógica menor. São Paulo: Agir, 1986.

MCLUHAN, Marshall. *Galáxia de Gutenberg*. São Paulo: Nacional, 1977.

MOLINIÉ, Georges. *Dictionnaire de rhétorique*. Paris: Librairie Générale Française, 1992

MOUNIN, Georges. *Introduction à sémiologie*. Paris: Minuit, 1970

PAULHAN, Jean. *Les fleurs de Tarbes ou la Terreur dans les lettres*. Paris: Gallimard, 1990.

PERELMAN, Chaïm. *L'empire rhétorique*. Paris: Vrin, 1977.

PERELMAN, Chaïm; Lucie OLBRECHTS-TYTECA, L. *Tratado da argumentação. A nova retórica*. São Paulo: Martins Fontes, 1996.

PLATÃO. *Górgias*. Trad. Jaime Bruna. São Paulo: DIFEL, 1966.
_____. *Fedro*. Trad. Jorge Paleikat. Rio de Janeiro: Ediouro,1971
_____. *Apologia de Sócrates*
PLEBE, Armando. *Breve storia della retorica antica*. Bari: Laterza, 1968.
POLITO, Reinaldo. *Gestos e posturas para falar melhor*. São Paulo: Saraiva, 2000.
POPPER, Karl. R. *Conhecimento objetivo*. Trad. Milton Amado. Belo Horizonte: Ed. Itatiaia, 1975.
PRETI, Giulo. *Retorica e logica*. Turim: Einaudi, 1968.
REBOUL, Olivier. *Introduction à la rhétorique*. PUF. Paris: 1971.
Retórica a Herenio. Ed.bilingue de J. Francisco Alcina. Barcelona: Bosch, 1991.
REYES, Alfonso. *La antigua retórica*. In: Obras Completas, t.XIII. Mexico: F.C.E. 1983.
RICHARDS, Ivor Armstrong. *The Philosophy of retoric*. Oxford: University Press, 1936.
ROHDEN, L. *O Poder da linguagem. A arte retórica de Aristóteles*. Porto Alegre: Edipucrs, 1997.
SERTILLANGES, Antonin-Gilbert. *L´Orateur chrétien. Traité de prédication*. Paris: Editions Cerf, 1930.
SICHIROLLO, Livio. *Diáletica*. Milão: Isedi, 1877.
SODRÉ, Hélio. *História universal da eloquência*. Rio de Janeiro: Forense, 1967.
TÁCITO. *Diálogo dos oradores*. Trad. Agostinho da Silva. Lisboa: Livros Horizonte, 1974.
TRINGALI, Dante. *A Retórica amorosa de Casimiro de Abreu*. Revista de Letras, UNESP, 1981.
_____. *A arte poética de Horácio*. São Paulo: Musa Editora, 1994.
VARGA, A. Kibedi. *Rhétorique et littérature*. Paris: Didier, 1970.
VERNEY, Luis Antonio. *Verdadeiro método de estudar*. Lisboa: Livraria Sá da Costa Editora, 1949.
VIEIRA, António. *Os sermões*. Seleção, ensaio Jamil Almansur Haddad. São Paulo: Difel, 1968.
WELLEK, René. *Conceitos de crítica*. Introdução S. G. Nichols, Jr. Trad. Oscar Mendes. São Paulo: Cultrix, 1963.
WITTGENSTEIN, Ludwig. *Investigações filosóficas*. Trad. Carlos Bruni. Coleção: "Os Pensadores". São Paulo: Abril, 1973.
WHORF, Benjamin, Lee. *Language, thought and reality*. Cambridge: Mass., 1956.

II. BIBLIOGRAFIA - ON LINE

Alguns endereços:

Google/ Bing/ Gallica.bnf, fr./ Bibliotheca Augustana/ Intratext/ Project Gutenberg/ Perseus digital library/ Biblioteca virtual Miguel de Cervantes...

ALCUINO, F. A.(735-804) *Disputatio de rhetorica.* 1963
ABBÉ DE BRETTEVILLE, Étienne Dubois. *L'Éloquence de la chaire et du barreau.* (1689)
BARBOZA,J.SOARES. *Instituições oratórias de Quintiliano.*
BARON, A. *De la rhétorique.* (1853)
BARTHÉLEMY SAINT-HILARE, J. *De la logique d´Aristote.*1838.
BARY, René. *La Rhétorique françoise.* (1665).
BLAIR, HUGH. *Rhetoric and belles lettres.* 1839
BONCOMPAGNO DA SIGNA (1170-1240). *Rhetorica novissima.*1235
CARVALHO,F.F.de. *Lições elementares de eloquência nacional.* Lisboa,1840
Campbell, G. *Philosophy of Rhetoric*
CASSIODORO (485-580).*De institutione.* 1589
CÍCERO. *Obras completas.* Tradução de Marcelino Menéndez Pelayo.
CHAIGNET, Anthelme, Edouard. *La rhetorique et son histoire.* 1888.
CREVIER, JBL. *Rhétorique Françoise.*1567.
COLONA, *Domenico di. De arte Rhetorica libri quinque.* (1743)
DUMARSAIS César Chesneau. *Des Tropes.* (1730)
ERASMO DE ROTTERDAM. *Brevissima conficiendarum epistolarum formulae.* (1521).
FREI LUIS DE GRANADA. *Ecclesiasticae Rhetoricae.* (1578)
GIAMBATISTA VICO. *La scienza nuova.* (1744).
GAILLARD, H-G. *Rhétorique française à l´usage des jeunes demoiselles.* (1776)
GUNTHER, Petrus. *De arte rhetorica.* (1568)
HALM,C. *Rhetorici latini minores.* (1863)
HERMÓGENES. *Ars Rhetorica.* (1614)
HARVEY, G. *Rhetor.* (1577)
HAVET, E. *La Rhétorique d´Aristote.* (1846)
KIRCHER, Atanasius. *Musurgia universalis.* (1650)
KORZYBSKI, Alfred. *Science and sanity.* (1958)
LATINI, BRUNETTO. *Rettorica.* (1260)
Le VAYER,F.dE LA MOTHE. *La Rhetorique du prince.* (1651)
MELANCHTHON, Philippus. *Elementorum rhetorices libri duo.* Paris. (1532)
PAIGNON, Eugène. *Éloquence et improvisation.* (1846)
QUINTILIANO, M. F. *Instituciones oratórias.* Trad. I. Rodrigues e P. Sandier. (1887)
RAMÉE, Pierre (ou Ramus, Petrus). *Dialecticae libri duo* (1579)
RICOBONI, ANTONII. *Paraphrasis in Rhetoricam Aristotelis.* (1819)
SOAREZ, Cypriano. *De arte rhetorica.* (1562)
TALON, Omer (ou Talaeus Audimarus). *Rhetorica.* (1569)
TIMON (Cormenin, Louis-Marie de). *Le Livre des orateurs.* (1836)
Trebizonda, G. de. *Rhetoricorum libri quinque.* (1538)
WHATELY, Richard. *Elements of rhetoric.* (1834)
VIVES, Juan Luis. *De causis corruptarum Artium, Liber quartus.*
Wilson, Thomas. *The Art of Rhetoric.* (1553)

A retórica antiga e as outras retóricas foi composto com as tipografias Caslon e Minion, no estúdio Entrelinha Design, impresso em papel pólen 80g pela gráfica Meta Brasil, em maio de 2024.